REVISTA DE DIREITO MERCANTIL
industrial, econômico e financeiro

141

Publicação do
Instituto Brasileiro de Direito Comercial Comparado
e Biblioteca Tullio Ascarelli
do Departamento de Direito Comercial
da Faculdade de Direito da Universidade de São Paulo

Ano XLV (Nova Série)
janeiro-março/2006

MALHEIROS
EDITORES

REVISTA DE DIREITO MERCANTIL

industrial, econômico e financeiro

Nova Série — Ano XLV — n. 141 — janeiro-março de 2006

REVISTA DE DIREITO MERCANTIL
publicação trimestral de
MALHEIROS EDITORES LTDA.
Rua Paes de Araújo, 29, conjunto 171
CEP 04531-940
São Paulo, SP - Brasil
Tel. (011) 3078-7205
Fax: (011) 3168-5495

Diretor Responsável: Álvaro Malheiros
Diretora: Suzana Fleury Malheiros

Assinaturas e comercialização:
CATAVENTO DISTRIBUIDORA DE LIVROS S.A.
Rua Conselheiro Ramalho, 928
CEP 01325-000
São Paulo, SP - Brasil
Tel. (011) 3289-0811
Fax: (011) 3251-3756

Supervisão Gráfica: Vânia Lúcia Amato
Composição: *Scripta*

SUMÁRIO

DOUTRINA

BREVES ACENOS PARA UMA ANÁLISE ESTRUTURALISTA DO CONTRATO 7

— Calixto Salomão Filho

APONTAMENTOS SOBRE ALGUMAS REGRAS DE INTERPRETAÇÃO DOS CONTRATOS COMERCIAIS: POTHIER, CAIRU E CÓDIGO COMERCIAL DE 1850 31

— Paula A. Forgioni

ATUALIDADES

POLÍTICA ECONÔMICA E ESTADO 41

— Giovani Clark

A CONSTITUCIONALIDADE DA "TABLITA" 49

— Arnoldo Wald

REGIME JURÍDICO NA REGULAÇÃO DE SINISTRO COM RESSEGURO OBRIGATÓRIO 52

— Renato Buranello

DIREITO DE RETENÇÃO NO CONTRATO DE EMPREITADA 57

— Renato Ventura Ribeiro

ENDOSSOS PRÓPRIOS E IMPRÓPRIOS, ENDOSSO PÓSTUMO E CIRCULAÇÃO IMPRÓPRIA DOS TÍTULOS DE CRÉDITO (Código Civil, arts. 919 e 920) 69

— Marcelo Vieira Von Adamek

CRÉDITO E TÍTULOS DE CRÉDITOS NA ECONOMIA MODERNA. Uma visão focada na Cédula de Produto Rural – CPR 96

— Haroldo Malheiros Duclerc Verçosa e Nancy Gombossy de Melo Franco

LOS EMISORES LATINOAMERICANOS DE VALORES ANTE EL MERCADO EUROPEO 105

— Javier Valle

DAS AQUISIÇÕES HOSTIS NA PRÁTICA NORTE-AMERICANA E A PERSPECTIVA BRASILEIRA 121

— Gustavo Santamaria Carvalhal Ribas

THEORY AND PRAGMATISM OF GOVERNANCE REFORM IN BUSINESS REORGANIZATION: A CASE STUDY OF BRAZIL 130

— Gustavo Oliva Galizzi

REFLEXÕES SOBRE O REGIME JURÍDICO DA COLIGAÇÃO SOCIETÁRIA E A TRANSFERÊNCIA DE TECNOLOGIA ENTRE SOCIEDADES COLIGADAS 147

— Mauricio Moreira Mendonça de Menezes

REFLEXÕES SOBRE A NOVA LEI FALIMENTAR: OS EFEITOS DA HOMOLOGAÇÃO DO PLANO DE RECUPERAÇÃO EXTRAJUDICIAL 169

— Jean Carlos Fernandes

UMA ANÁLISE DO PRINCÍPIO DA PRESERVAÇÃO DA EMPRESA VIÁVEL NO CONTEXTO DA NOVA LEI DE RECUPERAÇÃO DE EMPRESAS 185

— Eduardo Zilberberg

FRAUDE CONTRA CREDORES: EFEITOS DA SENTENÇA DA AÇÃO PAULIANA 192

— José Eli Salamacha

INEXIGIBILIDADE DE MULTAS TRIBUTÁRIAS DO CONTRIBUINTE NA SUA FALÊNCIA 202

— Vinícius Jose Marques Gontijo

A TRIBUTAÇÃO DA RENDA NAS OPERAÇÕES PRATICADAS NO ÂMBITO DO MERCADO FINANCEIRO E DE CAPITAIS E OS NOVOS TÍTULOS PARA FINANCIAMENTO DO AGRONEGÓCIO 213

— André Ricardo Passos de Souza

A DISCIPLINA DAS VENDAS CASADAS NO DIREITO ANTITRUSTE: ELEMENTOS PARA A CARACTERIZAÇÃO DA CONDUTA COMO INFRAÇÃO À ORDEM ECONÔMICA 231

— Paulo Eduardo Lilla

ESPAÇO DISCENTE

INADIMPLEMENTO NOS CONTRATOS EMPRESARIAIS: UM ESTUDO SOBRE A MORA E AS PERDAS E DANOS NO CÓDIGO CIVIL DE 2002 263

— Tarcisio Teixeira

PARECERES

A EMPRESA QUE FINANCIA OUTRAS DO MESMO GRUPO NÃO SE CARACTERIZA COMO INSTITUIÇÃO FINANCEIRA 275

— Arnoldo Wald

JURISPRUDÊNCIA COMENTADA

EXCLUSÃO DA BASE DE CÁLCULO DA COFINS DO IMPOSTO SOBRE CIRCULAÇÃO DE MERCADORIAS E SERVIÇOS 291

— Renato Pelizzaro

COLABORAM NESTE NÚMERO

André Ricardo Passos de Souza
MBA em Finanças e Mercado de Capitais – MP/FGV/BANCO BBM. LL.M. em Direito do Mercado Financeiro e de Capitais – IBMEC/SP. Advogado em São Paulo e no Rio de Janeiro.

Arnoldo Wald
Professor Catedrático de Direito Civil da Faculdade de Direito da UERJ. Doutor *Honoris Causa* da Faculdade de Direito de Paris (II). Presidente da Academia Internacional de Direito e Economia. Membro da Corte Internacional de Arbitragem da Câmara Internacional de Comércio (CCI). Advogado.

Calixto Salomão Filho
Professor Titular de Direito Comercial da Faculdade de Direito da Universidade de São Paulo – USP.

Eduardo Zilberberg
Graduado pela Pontifícia Universidade Católica no Rio de Janeiro – PUC/RJ. Advogado.

Giovani Clark
Doutor em Direito pela UFMG. Professor da PUC/MG. Membro da Fundação Brasileira de Direito Econômico <www.fbde.org.br>.

Gustavo Oliva Galizzi
Mestre em Direito Comercial pela UFMG. *Master of Laws* (LL.M.) pela University of Texas School of Law. Advogado.

Gustavo Santamaria Carvalhal Ribas
Graduado pela Faculdade de Direito da Universidade de São Paulo – USP. Advogado em São Paulo.

Haroldo Malheiros Duclerc Verçosa
Mestre e Doutor em Direito Comercial pela USP. Professor de Direito Comercial das Faculdades de Direito da USP e da FAAP. Membro do Centro de Mediação e Arbitragem da Câmara de Comércio Brasil-Canadá. Consultor.

Javier Valle
Profesor de Derecho Mercantil en la Universitat Pompeu Fabra (Barcelona). Abogado Español residente en São Paulo.

Jean Carlos Fernandes
Mestre em Direito Comercial pela Faculdade de Direito da UFMG. Doutorando em Direito Privado pela Faculdade Mineira de Direito da PUC/MG. Coordenador e Professor de Direito Comercial dos Cursos de Graduação e Pós-Graduação em Direito do Centro Universitário Newton Paiva em Belo Horizonte. Advogado.

José Eli Salamacha
Mestre em Direito Econômico e Social pela Pontifícia Universidade Católica do Paraná – PUC/PR. Advogado no Paraná.

Marcelo Vieira Von Adamek
Pós-Graduado pelo IBRE/EASP-FGV. Mestre em Direito Comercial pela Faculdade de Direito da USP. Advogado em São Paulo.

Mauricio Moreira Mendonça de Menezes
Professor de Direito Comercial da Universidade do Estado do Rio de Janeiro – UERJ. Mestre e Doutorando em Direito pela UERJ. Advogado.

Nancy Gombossy de Melo Franco
Bacharel e Especialista em Direito Processual Civil pela PUC/SP. Advogada em São Paulo.

Paula A. Forgioni
Livre-Docente em Direito Comercial e Doutora em Direito Econômico pela Faculdade de Direito da Universidade de São Paulo – USP. Professora Associada de Direito Comercial da Faculdade de Direito da USP. Professora de Direito da Escola de Administração de Empresas de São Paulo da FGV/EAESP.

Paulo Eduardo Lilla
Mestrando em Direito Internacional pela Faculdade de Direito da Universidade de São Paulo — USP. Advogado em São Paulo.

Renato Buranello
Mestre em Direito Comercial pela PUC/SP. Membro da Seção Brasileira da Associação Internacional de Direito de Seguro (AIDA) e do Instituto Brasileiro de Direito do Seguro (IBDS).

Renato Pelizzaro
Advogado em São Paulo.

Renato Ventura Ribeiro
Mestre, Doutor e ex-Professor Assistente Temporário da Faculdade de Direito da Universidade de São Paulo – USP. Advogado em São Paulo.

Tarcisio Teixeira
Mestrando em Direito Comercial pela Faculdade de Direito da USP. Especialista em Direito Empresarial pela Escola Paulista da Magistratura – EPM. Professor Universitário. Advogado.

Vinícius Jose Marques Gontijo
Doutor e Mestre em Direito Comercial pela Universidade Federal de Minas Gerais. Professor no Curso de Mestrado *stricto sensu* da Faculdade de Direito Milton Campos. Professor nos Cursos de Graduação e de Pós-Graduação *lato sensu* da Pontifícia Universidade Católica de Minas Gerais. Ex-Professor Substituto na Universidade Federal de Minas Gerais e na Universidade Federal de Ouro Preto.

Doutrina

BREVES ACENOS PARA UMA ANÁLISE ESTRUTURALISTA DO CONTRATO

CALIXTO SALOMÃO FILHO

1. Introdução: da sociedade individualista à sociedade desorganizada. 2. O intimismo do direito privado. 3. A hierarquia substitui o direito. 4. O retorno do direito. 5. Medidas estruturais. 6. Organização de interesses e cooperação: a) Condições para a cooperação; b) Papel do direito no impulso à cooperação; c) Cooperação, organização e disciplina dos contratos. 7. A organização em torno do objetivo comum. 8. Os instrumentos de organização das relações intra-contratuais: causa, boa-fé e disciplina do conflito de interesses: a) Causa e comunhão de objetivos; b) Breves acenos históricos sobre a evolução da causa no direito privado; c) A causa no ordenamento civil brasileiro; d) Princípios da boa-fé e da vedação do conflito de interesses: a idéia da comunhão de esforços; e) Deveres positivos decorrentes do princípio da boa-fé; f) Vedação ao conflito de interesses: do direito comercial ao direito privado. 9. Conclusão: contratos, estruturas e organização social.

1. Introdução: da sociedade individualista à sociedade desorganizada

Um dos traços mais marcantes da sociedade moderna é a substituição das relações jurídicas pelas relações hierárquicas (e de poder) como instrumento de organização das relações sociais.

Segundo a idéia aqui defendida, as causas dessa transformação não se encontram somente no campo econômico e nas espécies de relações de poder ali gestadas. A postura do direito com respeito às relações sociais também influenciou e muito essa situação. Entre outros problemas, a postura intimista do direito privado, crente de que a regulamentação das relações entre particulares só influenciaria os particulares envolvidos naquela específica situação jurídica, e crente de que essas relações deveriam ser resolvidas a partir da consideração exclusiva de seus interesses individuais, muito contribuiu para isso.

Esse traço é particularmente evidente no campo da disciplina civil e comercial dos contratos.

2. O intimismo do direito privado

Há um aspecto muito interessante e muito pouco cuidado da evolução do direito privado desde o Código Civil francês de 1804, marco liberal-individualista do século XIX, até os dias de hoje. Trata-se da perda de unidade do direito privado.

Como destaca F. Wieacker, o positivismo dogmático do século XIX havia se preocupado com a construção de uma teoria geral do direito privado com base no racionalismo jurídico, mas, sobretudo, com a expansão para a sociedade (e para outros campos do direito) do modelo jurídico da sociedade burguesa. Assim, a teoria do direito privado, em especial a pandectística, serviu de modelo no século XIX para a elaboração da teoria geral do direito do Estado e do direito penal.[1]

No século XX desaparece essa prevalência do direito privado. Um primeiro e necessário movimento é a separação dos campos sensíveis do direito social do direito privado.[2] Assim, a autonomia do direito do trabalho e a idéia crescente de regulação dos mercados por meio do Estado, iniciada com a crise de 1929, é que leva à sistematização do direito econômico. Esse movimento, óbvio em função das necessidades de tutela específica – e publicística – de relações de interesse comum tem um efeito secundário relevante e poderosamente influente sobre a sorte do direito privado no século XX. Trata-se do intimismo crescente desse ramo do direito. Liberado das relações mais claramente de interesse comum, reforça-se a crença de que o direito privado pode ser visto como um ramo auto-integrado voltado a regulamentar relações entre particulares e no interesse específico destes.

Mais recentemente, essa crença vem a ser reforçada no campo econômico, em especial pela análise econômica do direito. Segundo essa teoria, cujos fundamentos ultraliberais são bem conhecidos, tentativas de incluir preocupações redistributivistas no direito privado levam necessariamente a acréscimos dos custos econômicos das transações para as partes e, portanto, desestímulo a elas próprias.[3] Reforça-se a crença de que o intimismo do direito privado não é apenas um produto da história mas sim uma necessidade lógica para o próprio funcionamento do direito privado.

Como se verá a seguir, ambas as crenças carecem de sustentação teórica e fática. Mais ainda, essa crença é um poderoso fator de desorganização das relações sociais, pois faz com que uma enorme série de relações (as privadas) sejam consideradas neutras em relação à disciplina das relações sociais. Sua influência sobre estas passa então a ser determinada não por regras jurídicas (e seus imanentes valores), mas sim por relações hierárquicas, em especial, relações de poder.

3. A hierarquia substitui o direito

Um dos movimentos mais importantes do século XX em matéria de organização (ou desorganização) das relações sociais decorre da substituição operada na sociedade moderna de relações jurídicas por relações de hierarquia.

Essa substituição se dá, de um lado, em decorrência do fortalecimento do poder econômico e privado na sociedade capitalista e, de outro, em função do encolhimento do direito a uma função meramente passiva e contemplativa. No campo do direito privado, esse encolhimento revela-se por meio de tendência intimista discutida acima (v. item 2). Há, então, a substituição do direito pela hierarquia. A razão é bastante simples e suas conseqüências têm sido muito pouco investigadas pela teoria jurídica.

Trata-se do fato, hoje bem reconhecido pela teoria econômica, de que a racionalidade de atuação dos agentes econômicos os leva naturalmente ao abuso. Esse fato,

1. Cf. F. Wieacker, *Privatrechtsgeschichte der Neuzeit*, 2ª ed., Göttingen, Vandenhoeck & Ruprecht, 1967, p. 543.

2. Evidentemente, essa passagem é muito mais complexa do que aqui descrito. Não há apenas o destaque de normas do corpo do direito civil. Há a verdadeira formação de novos sistemas normativos, tendo por vértice a Constituição, que lhes dá unidade. É o constitucionalismo do século XX que permite, portanto, dar unidade ao novo polissistema que vem substituir o monossistema novecentista – cf., a respeito, N. Irti, *L'Etá della Decodificazione*, 3ª ed., Milão, Giuffrè, 1989, pp. 72 e ss.

3. Cf., entre outros, em especial no campo dos contratos, R. Crasswell, "Passing on the costs of legal rules: efficiency and distribution in buyer-seller relationships", in *Stanford Law Review* n. 43 (1991), pp. 361 e ss.

reconhecido, repita-se, pela teoria microeconômica, justificou a introdução no direito antitruste de regras estruturais para conter o poder no mercado. A única e exclusiva justificativa da existência dessas regras é que em sua ausência as tradicionais normas de conduta não são capazes de disciplinar a atuação das empresas com poder econômico. Isso porque a naturalidade do abuso modifica o padrão de comportamento do agente que passa a ter como comportamento normal o abuso. Esse abuso deixa de ser exceção, transformando-se em regra. Nessa hipótese, a correção desse padrão por normas de conduta é bastante ineficaz pelo simples fato de que essas normas estão voltadas à sanção de atos isolados, sendo incapazes de disciplinar (e sancionar) uma atividade continuada ou um padrão de comportamento.

Essa constatação é capaz de produzir efeitos em todos os ramos do direito. É difícil imaginar que o sistema jurídico, baseado primordialmente em normas de conduta, possa bem funcionar dominado por agentes econômicos cuja racionalidade é o abuso. Esse é o ponto de interesse geral para o direito. Difundido em determinada sociedade o poder econômico privado, o padrão de comportamento passa a ser o abuso de direitos. Como o direito, baseado em norma de conduta, não é bem capaz de disciplinar essas relações,[4] a sociedade passa a ser organizada a partir das relações de dominação, em uma versão moderna da sociedade escravista. A hierarquia substitui o direito.

Se o direito deve, através da inclusão e reequilíbrio das relações de poder, passar a ter essa função procedimental econômica, em que se abre mão da predefinição de resultados econômicos e se propõe a existência de um processo de interação econômica equânime, equilibrado e não dominado por relações de poder, muitas das questões formuladas na introdução a esse capítulo encontram resposta. Exatamente porque não há e não é possível buscar um resultado único nas relações interindividuais e intersociais, é possível imaginar que a aplicação singular das normas ao caso concreto possa se fazer sem criar problemas de coerência. Aquela preocupação expressada no início com a formulação de políticas públicas em decisões individuais de juízes ou intérpretes perde muito de seu sentido. Se essas decisões individuais forem endereçadas à conformação desse devido processo econômico, participativo e equilibrado, o resultado social e econômico necessariamente será aprimorado.

4. O retorno do direito

Os objetivos acima expostos e o endereçamento das normas a eles ligados contrastam em absoluto com a marcha do direito privado e, em especial, com a perda de sua unidade no século XX. Essa perda de unidade decorre basicamente da incapacidade da sociedade liberal em lidar com os desafios sociais do século XX. Ora, se a sociedade liberal, baseada nos princípios individual-libertários do século XIX não podia subsistir, tampouco poderia fazê-lo a sua principal criação no campo jurídico: o direito privado unitário.[5]

Várias podem ser as interpretações da crise do capitalismo do início do século XX. Uma delas é sem dúvida excesso de poder (econômico) causado por seu funcionamento livre. Muitas das grandes crises sociais (e humanas) do século XX foram decorrência de concentração desmesurada e desregulamentada de poder (econômico). A concentração do poder econômico tem papel importante na queda da República de Weimar e ascensão do nazismo e na própria crise de 1929 no mercado de capitais norte-americano.

4. Cf. sobre a relação entre o tipo de norma e sua função na sociedade, C. Salomão Filho, "Direito como instrumento de transformação social e econômica", in *Revista de Direito Público da Economia*, v. 1, 2003, pp. 15-44.

5. V. para as várias conseqüências dessa perda de unidade a análise ampla de F. Wieacker, *Privatreschtsgeschichte der Neuzeit*, cit., pp. 543 e ss.

Não é de espantar, portanto, que a perda de unidade do direito privado tenha tido como foco exatamente lidar com os reflexos desse poder desmesurado e o conseqüente desequilíbrio causado nas relações sociais.

Essa perda de unidade foi fruto, na verdade, de dois movimentos. De um lado, o aparecimento de disciplinas orientadas a criar direitos sociais reequilibradores de relações que, reguladas pelo direito privado, criavam evidentes desequilíbrios. É o caso típico do direito do trabalho e da necessidade de dar tutela especial aos trabalhadores nos contratos individuais (e coletivos) de trabalho. Mais recentemente, essa tendência revela-se também em outros ramos, como o direito do consumidor.

De outro lado, há também uma tentativa de disciplinar e fiscalizar as estruturas de poder através de regulamentos e instituições para criá-los, aplicá-los e fiscalizar seu cumprimento. Trata-se da construção, sobretudo a partir dos anos 1930, do aparato regulamentar de fiscalização, que hoje constitui boa parte do chamado direito econômico.

Compreendidos dentro da lógica de um capitalismo cada vez mais dominado por estruturas de poder econômico, esses dois sentidos da fragmentação ganham em coerência. Correspondem, na verdade, ao mesmo tipo de movimento que, no direito constitucional, buscou combater o poder político.

Ali a limitação do poder político se deu, historicamente, através dos direitos individuais, de um lado, e das garantias institucionais, de outro. Na história constitucional, os direitos individuais serviram como cláusulas garantidoras de direitos mínimos na relação naturalmente desequilibrada indivíduo/Estado. As garantias institucionais, de outro lado, representaram instrumento de controle e fiscalização e limitação do exercício do poder.

A analogia quase perfeita de instrumentos não deve levar a enganos. Os resultados são bastante diversos. Se no campo político, com todos os percalços e dificuldades, foi possível limitar o poder político, estruturando regimes democráticos, o mesmo não ocorreu no campo econômico. As estruturas de poder continuam dominantes e, aparentemente, cada vez mais capazes de levar adiante seus interesses. Uma das razões para isso está sem dúvida nos diferentes limites estruturais que enfrenta cada tipo de poder.

O poder político tem limite estrutural importante, e que consiste exatamente no voto popular. Periodicamente esse poder é desfeito ou refeito segundo o voto, atomizado e individual (ainda que, como sabido, influenciável por outros tipos de poder – inclusive o econômico) dos cidadãos.

O mesmo não ocorre com o poder econômico. Não há limite legal sério ao seu desenvolvimento. Ao contrário, como visto, a legislação só faz estimular o seu contínuo crescimento.

Daí a premência de se desenvolver um raciocínio estruturalista em torno do poder econômico, apto a elaborar soluções e contrapesos estruturais, aptos a diluir esse poder e incluir novos interesses, e não meramente soluções compensatórias (ou reequilibradoras) tópicas para as relações que envolvem o poder econômico.

5. *Medidas estruturais*

No direito privado, isso significa que se deve reconhecer função de organização social às regras que disciplinam as relações entre particulares. Se a hierarquia substitui o direito como forma de organização social, em função da concentração de poder, o direito precisa reestruturar-se, abandonando o positivismo e retomando seu papel organizador. A retomada do papel do direito como força organizativa da sociedade em uma realidade de poder econômico concentrado exige, entre outras coisas, que se reconheça o impacto externo das relações entre particulares. É esse impacto externo que exige do direito privado potencial organizativo.

O reconhecimento dessa função é de rigor e urgente. Como visto acima, a concentração do poder econômico aliada a essa postura intimista do direito é que faz com que na sociedade moderna a hierarquia venha substituindo o direito na estruturação das relações sociais, com a conseqüente desorganização das sociedades.

Ocorre que para atribuir ao direito força organizativa é preciso aprofundar a própria função das normas jurídicas. Generalizando, é preciso criar uma tipologia de normas não a partir de sua fonte de emanação (como preconizam os positivistas), mas sim de seu objeto. É preciso reconhecer de um lado que existem normas por assim dizer protetivas de interesses. Na boa tradição da jurisprudência dos interesses, essas normas (e sua interpretação) devem ter sempre em conta os interesses dos vários grupos envolvidos pela norma, equilibrando-os ou reequilibrando-os quando for necessário. São normas, portanto, em que a proteção de interesses aparece como objetivo imediato. Exemplo claro são as regras de proteção ao consumidor.

Existe um outro tipo de normas, no entanto, que não exige e não envolve a proteção direta, imediata de interesses. Trata-se das chamadas normas organizativas ou organizativo-funcionais. O objetivo dessas normas não é a proteção imediata de interesses, mas sim a organização social com base em certos princípios e valores básicos. A idéia passa a ser não apenas o equilíbrio ou reequilíbrio de interesses no interior da relação jurídica, mas sim a persecução social de certos valores, instrumentais a um *devido processo econômico*. Assim, por exemplo, uma regra de concorrência que põe no valor isonomia econômica o centro de suas preocupações. Não se trata de uma norma que vise a proteger interesses particulares (de concorrentes e/ou consumidores), mesmo que alguns desses grupos sejam considerados mais frágeis. Esse efeito pode até ser obtido, mas é secundário; o objetivo direto, aplicável a todo o processo econômico, é a criação de um ambiente de equilíbrio de poder. Muitas vezes (como, por exemplo, na disciplina dos preços predatórios), esse objetivo é inclusive contrário ao interesse imediato do consumidor. Esse tipo de norma tem efeito sobre as próprias estruturas econômicas. Bem elaborada e aplicada, permite intervir diretamente nas estruturas econômicas que criam ou reforçam situações de poder.

Ora, é do reconhecimento desse segundo tipo de norma que carece o direito dos contratos. É preciso admitir o efeito sobre a sociedade em geral que tem as normas contratuais. É inegável, do ponto de vista intuitivo, o efeito que um grande contrato de fornecimento entre duas empresas pode ter sobre a comunidade (consumidores, meio ambiente, etc.). Falta ao direito reconhecê-lo e tratar a disciplina desse contrato não apenas como uma disciplina de reequilíbrio (formal) de interesses entre as partes envolvidas, mas também como uma disciplina apta a influir nas estruturas econômicas e, portanto, em última instância, na organização social. É preciso reconhecer, portanto, que o direito civil não é formado apenas por normas sobre proteção de interesses, mas também por regras organizativas.

6. Organização de interesses e cooperação

Organizar interesse e fazê-los conviver exige, em sua forma mais simples, que se evite o confronto entre eles e se criem forma para compatibilizá-los.

A questão da decisão no interesse individual *vs.* decisão no interesse coletivo é algo que há séculos atormenta a reflexão humana. Como e em quais circunstâncias é possível fazer com que o indivíduo, naturalmente e de esponte própria, coopere com seu semelhante?

O que se procurará demonstrar a seguir é que a resposta a essa pergunta não depende da adoção de pressupostos otimistas ou pessimistas em relação à natureza humana. Demonstra-se, com efeito, que o aparecimento ou não da cooperação é função direta da existência de condições (e instituições) que permitam o seu desenvolvimento. Não por acaso a resposta que tem sido mais recentemente fornecida, e que é particularmente interessante para o presente trabalho, é que o aparecimento da cooperação depende basicamente de um problema de informação.

a) Condições para a cooperação

A mais interessante e mais simples expressão do dilema individualismo *vs.* cooperativismo está no famoso dilema do prisioneiro.[6] Nele o que basicamente se contrapõe é a decisão individual e a decisão no interesse coletivo. A perplexidade que dele resulta refere-se exatamente à incapacidade das partes de cooperarem para obter a solução para o conjunto de jogadores considerados.

O interessante é então observar que a solução cooperativa só não é obtida por impossibilidade de informação sobre o comportamento esperado da outra parte e em função do conseqüente comportamento defensivo de um em relação ao outro agente.

O estudo cuidadoso do dilema do prisioneiro e os modernos estudos sobre a cooperação já permitem chegar a algumas conclusões básicas. Três são as condições mínimas para o sucesso de soluções cooperativas: pequeno número de participantes, existência de informação sobre o comportamento dos demais e existência de relação continuada ente os agentes.

Demonstra-se que, sempre raciocinando do ponto de vista estritamente individual, um determinado agente econômico terá tanto mais tendência a cooperar quanto maior for a importância das "rodadas seguintes" do jogo. Traduzindo essa afirmação para termos mais concretos e óbvios: tanto mais haverá tendência a cooperar quanto maior for a importância da relação futura com a contraparte.

Ocorre que todas essas condições são raramente e cada vez menos observáveis no mundo real. A realidade é crescentemente de grandes números e relações impessoais – que tendem a ocorrer uma vez e não se repetir. A tão falada e malfadada globalização só faz acentuar essa tendência e, conseqüentemente, a tendência ao individualismo nas relações sociais.

Conclusão é, portanto, pela necessidade de instituições e valores que induzam e permitam a cooperação.[7]

Muitos são os exemplos históricos a demonstrar a eficácia e até a simplicidade desse tipo de instituição. Talvez o mais eloqüente e mais importante deles seja o cres-

6. O dilema do prisioneiro é um dos primeiros modelos teóricos sobre o qual se estruturou a moderna teoria dos jogos. Sua estrutura é bastante simples. Imaginem-se dois prisioneiros a serem interrogados pela prática do mesmo crime e suponha-se que a cada um deles é dito que se confessar e delatar o outro será perdoado e o outro terá a pena máxima (por hipótese, 20 anos), enquanto que se ambos confessarem e delatarem, ambos terão a pena básica do crime (por hipótese, 10 anos). Por outro lado, se nenhum dos dois confessar, serão aplicadas penas de 5 anos para cada um, relativa ao crime mais simples (por hipótese, único que é possível demonstrar sem a confissão). O comportamento estratégico individual leva ambos os jogadores a confessarem. Essa é seguramente a melhor estratégia individual, pois qualquer que seja o comportamento do outro jogador (e imaginando-se sempre que o outro jogador adotará uma estratégia individual), o comportamento mais conveniente será sempre confessar (pois se o outro não confessar, o primeiro jogador estará livre e se o outro confessar, o primeiro jogador terá evitado a pena máxima). O que ocorre é que, nesse caso, as estratégias individuais representam para os prisioneiros uma opção pior que o comportamento que visa à maximização da utilidade coletiva (que ocorreria se nenhum dos dois confessasse); v. a respeito do dilema do prisioneiro D. Baird, C. Gertner, R. Pickner, *Game Theory and the Law*, Cambridge/Massachusetts/Londres, Harvard University Press, 1994, pp. 48-49.

7. Cf. nesse sentido D. North, *Institutions, Institutional Change and Economic Performance*, Nova York, Cambridge University Press, 1990, pp 15 e 16.

cimento do comércio na Europa Medieval, que exigiu o restabelecimento de níveis de confiança recíproca em uma realidade de grandes distâncias e pouca informação. Esse renascimento pode ser em grande medida atribuída a regras jurídicas e éticas que aumentaram o nível de informação por meio da criação de critérios contábeis e códigos de conduta uniformes para os mercadores.[8]

Interessante é notar, e aqui está outra prova da relevância dos valores conhecimento e informação na sociedade, que as instituições requeridas pela cooperação são apenas aquelas necessárias para criar as condições de seu aparecimento. Criadas essas condições, o cumprimento das decisões econômicas por ela indicadas se faz no mais das vezes de forma natural e não coercitiva. A análise histórica demonstra que soluções adotadas por meio do método cooperativo trazem consigo um nível muito maior de cumprimento voluntário, sem intervenção de terceiros.[9] Assim, regras bem elaboradas, que criem um ambiente cooperativo, acabam sendo cumpridas e seu descumprimento é controlado e policiado pelos próprios participantes da relação. É exatamente em função desse autocumprimento de normas que é possível afirmar que, em presença de valores e instituições que permitam a cooperação, essa surge naturalmente. Essa conclusão é importantíssima para a fixação do papel do direito no incentivo à cooperação.

b) Papel do direito no impulso à cooperação

Resulta evidente das linhas acima que em matéria de cooperação a mais importante tarefa institucional está na criação do ambiente a ela propício.

Existem duas razões bastante claras que permitem chegar a tal conclusão com tanta peremptoriedade. Em primeiro lugar, como já se viu, a cooperação, diversamente do comportamento individual, não aparece naturalmente na sociedade. Não há nessa afirmação qualquer concepção hobbesiana da natureza humana, mas simplesmente o reconhecimento de que existem condicionantes sociais a dificultar seu comportamento. Esse condicionante é basicamente o receio do comportamento estratégico da contraparte. Se assim é, e essa parece ser uma presunção no mínimo razoável, então basta ao direito criar as condições para que desapareça esse receio a fim de que a cooperação encontre campo fértil.

Mas existe ainda uma outra razão para sublinhar o papel do direito na criação de condições para a cooperação. Não é objetivo do presente trabalho substituir o determinismo econômico por um determinismo jurídico que parta de valores predeterminados. O que se quer aqui é apenas permitir que esses valores se transformem a partir de contribuições de toda a sociedade. Daí a busca de valores que possam permitir o autoconhecimento social, como a redistribuição e a difusão do conhecimento econômico. Assim também para a cooperação. Pensar na forma de obtê-la é fundamental para o desenvolvimento econômico, na medida em que abre uma nova alternativa de comportamento social e econômico, eliminando as amarras que prendem o indivíduo ao comportamento egoístico.

Conseqüência disso é que para o direito a cooperação não deve ser, e não é, um valor absoluto. Naquelas situações em que a cooperação não serve como instrumento de conhecimento social, mas sim como forma de estratificação de decisões e concentração de conhecimento econômico, como ocorre nos cartéis, ela deve ser e é severamente reprimida.

De outro, permitir que a cooperação surja como alternativa ao comportamento

8. P. Milgrom, D. North e B. Weingast, "The role of institutions in the revival of trade: the Law Merchant, Private Judges and the Champagne Fairs", in *Economics and Politics*, n. 2 (1990) pp. 1-23.

9. Cf. nesse sentido D. North, *Institutions, Institutional Change and Economic Performance*, cit., p. 38.

individual é tarefa indiscutível do direito. Trata-se de oferecer mais uma alternativa no campo econômico, ampliando as escolhas. Alternativa importante e necessária para a organização social, pois, como visto supra (item I.6), por meio dela surge a possibilidade de compor e, portanto, incluir mais interesses (ainda que só intra-contratuais) no resultado econômico final.

Em síntese, o que se quer dizer é que dadas as condicionantes sociais e supra-individuais do comportamento humano (receio do comportamento do outro, reciprocidade, etc.) a cooperação não é, atualmente, uma alternativa viável de interação social. E trata-se de uma alternativa muito importante para a organização social. Cumpre, portanto, ao direito criar condições para a sua realização.

Por outro lado, ao serem criados os instrumentos que permitam interações sociais baseadas na cooperação, é razoável acreditar, pelas razões supra expostas, que ela surgirá naturalmente.

c) Cooperação, organização e disciplina dos contratos

Compreendido o valor e a utilidade da cooperação como princípio geral, é preciso entender como e por que é possível aplicá-lo à disciplina dos contratos.

Essa aplicação é bastante complexa, pois exige uma aparente reviravolta no paradigma contratual. A concepção clássica do contrato sempre viu nele representados interesses contrapostos. A disciplina passou então a ser interpretada em função dessa concepção, de contraposição de interesses.

O que se pretende demonstrar é exatamente o oposto, *i.e.*, de que o contrato só tem sentido lógico e teleológico enquanto disciplina criadora de convergência de interesses entre as partes, enquanto estrutura capaz de organizar os interesses das partes conflitantes. Como se verá, assim concebido o contrato terá muito maior e mais positivo efeito sobre a estrutura social.

Nesse sentido, essa análise distingue-se profundamente de outras teorias que procuram revisitar os paradigmas contratuais. Em sua maioria, essas teorias procuram generalizar concepções contratuais originárias de contratos específicos para toda a disciplina contratual. A mais conhecida delas, a teoria dos contratos relacionais, faz exatamente isso:[10] identifica princípios específicos a certos contratos de longa duração, que criam relações – de maior cooperação – entre as partes envolvidas. Procura então generalizar os princípios daí derivados para uma larga gama de contratos. Daí decorrem sensíveis e reconhecidos (pelos seus próprios defensores) problemas teóricos e práticos. O maior deles está sem dúvida na indefinição que se cria entre ideário individualista e comunitário. Inexistindo precisa delimitação dos tipos contratuais sujeitos à concepção relacional e seus princípios comunitários, a interpretação contratual flutua entre princípios comunitários e individualistas.[11]

Não é assim na visão organizativa. O que se procura demonstrar é que todos os contratos, independentemente de tipologia, devem ter na visão moderna como objetivo a organização dos interesses envolvidos. A tarefa passa a ser então identificar os pontos de convergência entre os interesses envolvidos. Com relação a eles, a cooperação pode se realizar.

10. Cf., a respeito, o trabalho clássico de I. Mac Neil, *The New Social Contract, an Inquiry into Modern Contractual Relations*, New Haven/Londres, Yale University Press, 1980; na literatura brasileira v. o importante trabalho de R. Porto Macedo, *Contratos Relacionais e Defesa do Consumidor*, São Paulo, Max Limonad, 1998.

11. Cf. R. Porto Macedo, *Contratos Relacionais e Defesa do Consumidor*, cit., p. 244, relatando a tensão entre princípio cooperativo e princípio individualista. A saída do autor para essa tensão é sugerir o desenvolvimento de disciplina que permita estimular a cooperação quando necessário ou desestimulá-la quando o princípio individualista for necessário. Exatamente essa observação, precisa em seus termos, revela como até mesmo na disciplina a indefinição ou flutuação entre princípio cooperativo e individualista permanece.

7. *A organização em torno do objetivo comum*

Identificar na cooperação e na convergência de interesses um princípio contratual é ainda excessivamente genérico para ter eficácia aplicativa.

Isso porque, dependendo da amplitude que se der ao objeto da comunhão criada pelos contratos, pode-se passar de uma visão extremadamente liberal a perfis comunitários elevados. Não é por acaso, portanto, que o ideal contratual-comunitário é defendido, sobretudo na literatura americana, por linhas fortemente liberais de pensamento. O que ocorre é que, nessas hipóteses, o objeto da cooperação é reduzido a um mínimo subjetivista e identificado ao respeito à intenção da outra parte.[12] Esse tipo de visão é uma explicação alternativa com tendencialmente nenhuma influência (ao menos em nosso sistema) sobre a aplicação prática do instituto. Até porque conduz à reafirmação dos princípios individualistas que estão no cerne do princípio da força obrigatória dos contratos.

Não assim se se identificar o objeto da cooperação no objetivo comum das partes ao realizarem o negócio. Essa identificação tem sentido, antes de tudo, lógico. Se as partes firmaram acordo é porque comungavam do mesmo objetivo. Ocorre que se o objetivo é comum (permuta de mercadorias, compra e venda, etc.), é necessário que as partes colaborem antes, durante e após a conclusão do contrato para a sua consecução. Esse objetivo não pode e não deve se esgotar na conclusão do contrato.

Nessa perspectiva, o princípio da força obrigatória dos contratos adquire uma outra função. Passa a ser instrumental não para a garantia dos interesses das partes, mas, sim para a persecução de seu objetivo comum.

Trata-se, no entanto, de princípio necessário, mas não suficiente para a obtenção do resultado cooperativo. É necessário fornecer mais estímulos da disciplina contratual para que a cooperação seja contínua no sentido do objetivo perseguido. Como se verá, esses estímulos podem ser encontrados nas disciplinas da causa, da boa-fé contratual e na vedação do conflito de interesses.

8. *Os instrumentos de organização das relações intra-contratuais: causa, boa-fé e disciplina do conflito de interesses*

Na verdade, vistos sob uma perspectiva organizativa, causa e boa-fé e vedação do conflito de interesses completam-se no sentido da criação de uma comunhão entre as partes. Daí a necessidade de tratá-las dentro de um mesmo capítulo, do estudo da aplicação das idéias de comunhão aos princípios contratuais.

a) Causa e comunhão de objetivos

A primeira observação importante a ser feita a respeito da causa está na sua instrumentalidade para a supra destacada noção cooperativa do pacto contratual.[13]

Para tanto, é preciso de início introduzir uma diferença fundamental. Trata-se da distinção entre causa e motivo no contrato. Segundo essa distinção, tradicional na doutrina alemã,[14] o motivo consiste nas razões subjetivas para a conclusão do con-

12. Cf. a respeito D. Markovits, "Contract and collaboration", in *Yale Law Journal*, mai. 2004, pp. 1.417 e ss., que introduz explicação simplista e com poucos resultados aplicativos de sua idéia subjetivista de colaboração.

13. Essa instrumentalidade é bastante evidente e já destacada por civilistas clássicos como E. Betti, que faz da reconstrução da noção um dos elementos fundamentais para a construção do negócio jurídico (cf. E. Betti, *Teoria Generale del Negozio Giuridico*, 2ª ed., Torino, Torinense, 1950). A amplitude atribuída por Betti à noção de causa (função econômico-social) dificulta sua aplicação concreta dentro de uma tentativa de reconstrução do contrato à luz das necessidades de organização social.

14. Cf., a seu respeito, K. Larenz, *Allgemeiner Teil des deutschen Bürgerlichen Rechts*, 7ª ed., Munique, Beck, 1989, pp. 328-329.

trato. Sua relevância é a mesma da intenção, *i.e.*, trata-se de elemento relevante para a identificação dos vícios de vontade.

A causa, por outro lado, consiste no objetivo do negócio, que permite identificar o objetivo econômico da operação. Assim, na compra e venda, o objetivo de transferir a propriedade de um bem contra o pagamento de uma quantia, etc.

Note-se que esse objetivo reveste-se de ainda maior detalhamento econômico. Basta notar que ao momento da definição da existência do contrato segue-se o questionamento tipológico. É na definição dos tipos contratuais e na construção das listas de tipos que se acaba por identificar os objetivos jurídicos específicos da cada transação.[15] Portanto, e esse ponto é muito importante, é da causa, objetivo ou função econômica que se deduz o objetivo jurídico e não vice-versa. Compreender esse fato evita uma contradição lógica, qual seja, confundir a causa com o sinalagma contratual (nos contratos de permuta).[16] Imaginar que a causa contratual esteja na prestação esperada da outra parte importa adotar uma visão formalista de causa que, na verdade, a torna inútil e a reduz à própria idéia de sinalagma contratual, que não está presente em todos os contratos. Trata-se de engano em que sequer os antigos incidiram.

Feitas essas considerações, parece agora bastante evidente a instrumentalidade do conceito de causa – função ou objetivo econômico comum às partes – para a idéia de cooperação ou organização contratual.[17] A ligação é quase intuitiva. Só a construção de um objetivo comum pode construir a dependência recíproca, necessária para a cooperação contratual (em torno exatamente desse objetivo).

b) Breves acenos históricos sobre a evolução da causa no direito privado

Não por acaso, então, a evolução da causa e sua importância, seguem, com altos e baixos, idas e vindas, a evolução da idéia de organização social no capitalismo.

A própria idéia do acordo de vontade como elemento unificador e capaz de atribuir força obrigatória aos contratos, independentemente de qualquer fato jurídico (a *causa civilis* dos romanos), introduzida no século XV, traz consigo a noção de causa, ainda que naquele limitado sentido liberal, de respeito da vontade de outrem acima mencionado.[18] É a causa, o objetivo jurídico comum das partes, que permite a introdução do princípio genérico da obrigatoriedade dos pactos, pois apenas os pactos revestidos de força obrigatória contêm essa comunhão jurídica.

Evidentemente esse reconhecimento ainda que limitado da causa não poderá sobreviver intacto às ondas liberais que se seguiram, determinadas pela evolução histórica do capitalismo. A primeira delas ocorre já na baixa Idade Média, com o desenvolvimento das feiras medievais.

15. A elaboração da teoria sobre as lista de tipos é como sabido obra de K. Larenz, *Methodenlehre der Rechtswissenschaft*, 6ª ed., Berlim, Springer, 1991, pp. 460 e ss.

16. A causa também não deve ser confundida com a função econômica socialmente reconhecida. Essa idéia, introduzida por E. Betti (*Teoria Generale del Negozio Giuridico*, cit.), foi muito criticada por sua excessiva abstração e pela busca de uma noção comum e geral de causa. Ademais, a ligação à idéia de causa juridicamente reconhecida impede sua distinção do objeto propriamente dito. Nesse sentido, a tipologia econômica de K. Larenz é muito mais útil para a compreensão de causa, representando um verdadeiro passo adiante em relação à famosa teoria de E. Betti.

17. Contraprova interessante dessa instrumentalidade está no fato de que os negócios abstratos (sem causa) são via de regra negócios jurídicos unilaterais (uma só obrigação – títulos de crédito – ao menos os dotados de abstração).

18. Cf. nesse sentido, H. Coing, *Europäisches Privatrecht, Band I Älteres Gemeines Recht*, Munique, Beck, 1985, p. 402. Na verdade, a doutrina da causa substitui e generaliza o elemento unificador medieval para os contratos, o *sinalagma* (reciprocidade de prestações), que nada mais é que uma versão formal e específica para um tipo particular de contrato, da noção de causa.

O grande problema que então se coloca é como criar confiança entre partes ausentes, que não se conhecem e se encontram com baixíssima freqüência. O problema jurídico das feiras é, portanto, um problema típico das situações que incentivam comportamentos individualísticos e não cooperativos (v. item II.1 supra). Nessas situações, a única solução apta a criar confiança é exatamente aquela que leva em conta a impessoalidade das relações. É o que procura fazer uma das mais magníficas criações medievais no campo jurídico: os títulos de crédito. O mais engenhoso é exatamente aliar, em certos casos (cheque, duplicata), a autonomia dos direitos de terceiros à causalidade das relações entre os participantes do negócio original.[19] Desse modo preserva-se a essência causal do negócio jurídico, estimulando a cooperação na busca do objetivo negocial. Ao mesmo tempo, cria-se poderoso instrumento capaz, por meio da mera cártula e dos dizeres ali contidos, de gerar certo grau de confiança entre as partes, em um ambiente de crescente impessoalidade.

Essa impessoalidade só tende a crescer com a evolução do capitalismo. Com a chegada do capitalismo industrial, tudo o que se pretende é criar e disciplinar uma sociedade de massas, capaz de consumir crescentes e diversificadas gamas de produtos. Não é de espantar, portanto, que a partir do século XIX, os negócios abstratos ganhem maior difusão.[20] A causa como critério geral de existência ou validade do negócio jurídico desaparece de muitos códigos. É o que ocorre com o BGB alemão de 1900, que não faz referência à causa, e com o Código Civil brasileiro de 1916. No caso brasileiro, alguns entenderam ser o reconhecimento da causa oblíquo. Na ilicitude do objeto é que alguns doutrinadores tentavam incluí-la,[21] interpretação extensiva igualmente seguida por parte da jurisprudência.[22]

19. Na verdade, como demonstram os estudos históricos, os próprios títulos de créditos nasceram como inteiramente causais. Foram das necessidades financeiras, sentidas especialmente pela necessidade de se realizarem complicadas feiras de trocas de títulos (*Wechselmessen*), que surgiram institutos como o endosso e conseqüentemente a autonomia cambial (v., a respeito, H. Coing, *Europäisches Privatrecht, Band I Älteres Gemeines Recht*, cit., p. 537).

20. Cf. H. Coing, *Europäisches Privatrecht, Band II 19. Jahrhundert*, Muniqque, Beck, 1989, pp. 437 e ss.

21. Nesse sentido, ver P. de Miranda, *Tratado de Direito Privado – Parte Geral*, t. 3, Rio de Janeiro, Borsói, 1954, p. 100, em que afirma que "O Código Civil fala em objeto (art. 82) e não fala em causa. A extirpação é inoperante, porque todo o seu sistema é fundado na causa"; O. Gomes, *Introdução ao Direito Civil*, 12ª ed., São Paulo, Forense, 1997, pp. 377-378, em que afirma que a causa é requisito de validade e eficácia do negócio jurídico, devendo o mesmo ser invalidado toda vez que estivermos diante de causa ilícita; C. M. da Silva Pereira, *Instituições de Direito Civil*, v. 1, 18ª ed., São Paulo, Forense, 1997, p. 319, em que afirma que a causa ilícita afeta o ato jurídico; W. de B. Monteiro, *Curso de Direito Civil – Parte Geral*, 1º v., 31ª ed., São Paulo, Saraiva, 1993, p. 178, em que afirma que a causa se confunde com o próprio escopo do ato jurídico, sendo que sua ilicitude vicia esse ato; e P. B. de Campos Filho, *O Problema da Causa no Código Civil Brasileiro*, São Paulo, Max Limonad, s/d, p. 157, depois de reconhecer que nosso Código é anticausalista, afirma que "é através do 'objeto' que se há de proferir e afirmar esse mesmo juízo de mérito, como, aliás, se vem verificando em todas as legislações que da 'causa' prescindem como condição de validade dos atos. Daí a necessidade de se entender por 'objeto' tudo aquilo a que vise o agente, só se reputando lícitos aqueles atos que não visem à realização de interesses anti-sociais, tomada a expressão no seu mais amplo sentido". Sobre o problema da causa, v. A. Junqueira de Azevedo, *Negócio Jurídico – Existência, Validade e Eficácia*, 2ª ed., São Paulo, Saraiva, 1986, pp. 119-128; V. Ráo, *Ato Jurídico*, 4ª ed., São Paulo, Ed. RT, 1997, pp. 92-98; W. Bulgarelli, *Contratos Mercantis*, 12ª ed., São Paulo, Atlas, 2000, pp. 75-77; M. B. de Mello, *Teoria do Fato Jurídico (Plano da Existência)*, 7ª ed., São Paulo, Saraiva, 1995, p. 124, nota 156; S. de S. Venosa, *Direito Civil – Parte Geral*, São Paulo, Atlas, 2002, pp. 395-397; e N. Nery Júnior e R. M. de Andrade Nery, *Código Civil Anotado e Legislação Extravagante*, 2ª ed., São Paulo, Ed. RT, 2003, pp. 198 e ss.

22. Nesse sentido, v. A. Junqueira de Azevedo, *Negócio Jurídico – Existência, Validade e Eficácia*, cit., p. 127, em que afirma "(...) a propósito da causa ilícita, especialmente da causa imoral, a legislação brasileira é restritiva e a doutrina e a ju-

Essa tendência começa a se inverter com a crítica interna – e externa – que passa a sofrer o capitalismo, sobretudo a partir da terceira década do século XX. A crise do capitalismo e seus desastrosos efeitos sociais põem em xeque a filosofia individualista. Dúvida surge sobre todo o arcabouço jurídico liberal. Especificamente no direito comercial, os valores mobiliários substituem a idéia – liberal – dos títulos de crédito como principal instrumento de circulação financeira e de créditos. E com essa substituição, retorna-se à causa, ainda que com outra vestimenta. Em negócios padronizados e realizados em série, a causa (objetivo jurídico e econômico do negócio) é descrita antes de tudo na lei e na regulamentação. O *status* legal substitui a mera situação contratual como forma de dar proteção aos investidores. Causa e confiança são criadas pela lei e não mais pelo contrato.

Essa tendência à reintrodução regulamentar da causa, ainda que sensível em setores regulamentados, não se expande por todo o direito privado. Com efeito, como se verá, ali o reconhecimento da causa como elemento fundamental para o negócio jurídico ainda não é a regra.

Mas também a teoria dos contratos parece sinalizar no sentido de uma meia volta. A causa retorna, por via transversa, em alguns códigos modernos a ser elemento fundamental para os negócios jurídicos. É o que ocorre, segundo a interpretação aqui defendida, com o recente Código Civil brasileiro.

risprudência são ampliativas, ao se socorrerem do objeto ilícito". Nesse sentido, v. *RT* 189/423 ("*Ato Jurídico* – Nulidade – Causa ilícita, imoral e contrária aos bons costumes – Compromisso de pensão mensal e vitalícia à meretriz, assumido pelo receio de escândalo – Ação de cobrança improcedente – Aplicação dos arts. 82 e 145, II, do Código Civil, combinados com o art. 2º do Código de Processo Civil").

c) A causa no ordenamento civil brasileiro

O destino da causa foi sempre bem diverso nas legislações comerciais e civis brasileiras. No direito comercial, sua importância sempre foi ressaltada e ganhou expresso reconhecimento em nosso Código Comercial de 1850. Incluía o art. 129, n. 3 (dispositivo hoje revogado pelo Código Civil), a causa entre os elementos essenciais para a validade dos contratos comerciais, dispondo serem nulos os contratos "que não designarem a causa certa de que deriva a obrigação".

É fácil compreender porque a especialidade e confiança que deviam reinar entre comerciantes clamavam por idéias que reforçassem os laços comunitários entre eles. A existência de causa nos contratos era sem dúvida um desses elementos. Mais do que isso, como se verá abaixo, a causa aproxima sobremaneira a discussão contratual da idéia de função, elemento essencial para a organização social.

No direito civil, no entanto, a causa sempre foi rejeitada. Não se sabe se por um apego histórico e irracional à idéia formalista de causa que vigia no direito romano,[23] doutrina e legislação parecem repudiar a causa em sua concepção substantiva. Não apenas o Código Civil de 1916 não a reconheceu. O Código Civil de 2002 adota-a, ao menos de modo expresso, apenas nos justos limites necessários para esclarecer a confusão criada pela referência do Código anterior ao objeto ilícito. Agora, passa a ser razão de nulidade também o motivo ilícito (art. 166, inciso III). Deixando de lado a confusão conceitual – pois se

23. Cf. nesse sentido, crítico a esse fundamento para a rejeição da causa, P. de Miranda, *Tratado de Direito Privado*, cit., pp. 78 e ss. Com efeito, a noção de *causa civilis* no direito romano era sabidamente uma noção geral, aplicável a qualquer justificativa (forma, entrega, consenso) que pudesse transformar um nudo pacto em contrato obrigatório.

tratando do objetivo econômico jurídico do contrato a referência deveria ser a causa e não a motivo (confusão que por si só já revela o preconceito de seus elaboradores contra a causa) – é evidente a incoerência sistemática nesse ponto.

Na verdade, é possível demonstrar que o reconhecimento da causa é obrigatório e decorre de princípios e regras adotados pelo próprio Código Civil.

A causa deve ser elemento para a própria existência do negócio jurídico por duas razões fundamentais. Em primeiro lugar porque isso estimula a cooperação das partes em torno do objetivo econômico-jurídico comum e, como essa cooperação é (como já demonstrado) da essência do princípio jurídico da força obrigatória dos contratos, deve ser respeitada por um diploma legal que consagre esse princípio.

Essa razão, de força pragmática, não serve para defender a existência do ponto de vista positivo de reconhecimento da causa. A razão para tanto é bem outra. O que ocorre é que a existência de causa e sua declaração são elementos essenciais para a identificação da função econômica do contrato. A função econômica do contrato deve ser necessariamente conhecida para controlar sua compatibilidade com sua função social. Eventual disfunção só pode ser reconhecida se conhecida a função. Assim, a preocupação – moderníssima e fundamentada – do Código Civil brasileiro com a função social exige uma preocupação com a causa.

Aliás, a menção expressa do art. 421 do Código Civil à função social do contrato como limite para a liberdade de contratar ajuda a remover um óbice levantado pela doutrina à integração da causa ao próprio conceito de negócio. Argumentava-se que seria uma contradição em termos fazer da causa elemento de existência, pois a função de um ato logicamente não pode integrar seu plano de existência.[24]

Essa idéia é de pronto contestável em sua lógica interna. A diferença entre o simples fato e o ato jurídico está exatamente na existência de função. A idéia da voluntariedade, apta a transformar o fato em ato jurídico, desde que despregada de sua raiz subjetivista, aponta no sentido objetivo da função (v. item I.4 supra). Assim, poder-se-ia argumentar exatamente no sentido contrário, *i.e.*, que o que distingue o ato jurídico (e o negócio) do ponto de vista lógico é exatamente a presença da função como elemento constitutivo, de existência.

Modernamente essa hipótese encontra confirmação positiva por uma outra via. Na medida em que a função social do contrato torna-se limite da própria liberdade de contratar, essa liberdade, para que se exerça, exige a presença da função econômica e sua compatibilidade com a função social do contrato. Contrato sem função não é expressão de manifestação de vontade exatamente porque nessa hipótese é impossível garantir que a liberdade de contratar esteja respeitando seus limites (sociais).

Daí porque parece ser possível concluir que, ainda que não prevista expressamente a causa, a mesma deve existir por sua íntima ligação a dois elementos necessários para a própria existência do contrato: o acordo de vontades e função social. A causa, portanto (que deve existir, ainda que não seja declarada), é elemento natural para a existência do negócio jurídico. Negócios para serem abstratos devem ser expressamente reconhecidos como tais pela legislação.

Daí decorrem duas outras conseqüências importantes. Em primeiro lugar, colocada no plano da existência, a causa influencia a tipologia dos contratos. Conforme demonstram as famosas *Typenreihen*, de Larenz, o estudo da função econômica de um negócio jurídico (causa) permite desca-

24. V. nesse sentido A. Junqueira de Azevedo, *Negócio Jurídico – Existência, Validade e Eficácia*, cit., p. 174. Nessa pretensa contradição está a base da rejeição pelo autor da discussão da questão da causa no plano da existência do negócio e sua transposição ora para a validade ora para a eficácia do negócio jurídico.

racterizá-lo como um tipo para caracterizá-lo como outro.[25] A teoria dos negócios indiretos nada mais faz do que uma alteração tipológica a partir da função econômica do negócio jurídico.

Uma outra interessante conseqüência dessa forma de construção da causa é que, colocada no plano da existência, a mesma não exaure sua função no momento da constituição do contrato. Exatamente por definir a existência do contrato deve conduzir sua interpretação. Dessa forma, a causa passa a ser determinante para a vida e a aplicação do contrato.[26]

d) Princípios da boa-fé e da vedação do conflito de interesses: a idéia da comunhão de esforços

Se a idéia da causa serve para garantir a busca comum do objetivo contratual, as duas subseqüentes, boa-fé e vedação do conflito de interesses, servem para garantir que os esforços contratuais dirijam-se para esse fim.

No caso da boa-fé, os problemas aplicativos não advêm, como ocorre com a causa, da falta de reconhecimento, mas, ao contrário, de um muito amplo reconhecimento de sua aplicação no campo contratual.[27] É da amplitude interpretativa da expressão boa-fé que decorre sua dificuldade de aplicação.

Na verdade, como se procurará demonstrar, essa amplitude de interpretação decorre de uma má compreensão do sentido e da função do princípio da boa-fé. Também aqui o dogma subjetivista fez com a que a boa-fé fosse por muito tempo entendida como um limite aos direitos subjetivos individuais. Como tal, era pouco mais que um qualificador genérico da figura de abuso de direito. Não por acaso, em muitos dos ordenamentos que adotam essa visão subjetivista, a boa-fé acabou reduzida a mero critério interpretativo, capaz de restringir a aplicação de direitos subjetivos das partes derivados do contrato.[28]

A distinção entre boa-fé objetiva e subjetiva é, no entanto, apenas a primeira e mais genérica distinção a ser feita. Distinções subseqüentes e mais profundas devem ser realizadas. É necessário dar precisão ao conceito da boa-fé objetiva. Tornar objetiva a noção de boa-fé simplesmente afirmando que assim é possível identificar existência de deveres objetivos no contrato é mui-

25. Cf. K. Larenz, *Methodenlehre der Rechtswissenschaft*, cit., pp. 460 e ss.

26. Não há, portanto, problema em defender que, colocada no plano da existência, a causa serve também para orientar a interpretação do contrato. Isso é diverso, no entanto, da tese de que a causa serve *exclusivamente* para a interpretação do contrato (v., no sentido dessa última tese, G. Alpa, "Causa e contratto: profili attuali", in L. Vacca, *Causa e Contrato nella Prospettiva Storico Comparatistica*, Turim, Giappichelli, 1997, pp. 270 e ss.).

27. A existência de reconhecimento do princípio da boa-fé objetiva no direito comercial já desde o Código de 1850 é bem fundamentada. V., nesse sentido, J. Martins-Costa, *A Boa-Fé no Direito Privado: Sistema e Tópica no Processo Obrigacional*, São Paulo, Ed. RT, 1999, p. 445; J. Martins-Costa, "Mercado e solidariedade social entre *cosmos* e *taxis*: a boa-fé nas relações de consumo", in J. Martins-Costa (coord.), *A Reconstrução do Direito Privado*, São Paulo, Ed. RT, 2002, p. 639, nota 98; R. R. de Aguiar Júnior, "A boa-fé na relação de consumo", in *Revista de Direito do Consumidor* 14, São Paulo, Ed. RT, abr.-jun. 1995; B. Lewick, "Panorama da boa-fé objetiva", in G. Tepedino (coord.), *Problemas de Direito Civil-Constitucional*, São Paulo, Renovar, 2000, p. 63; E. P. Nobre Júnior, "O princípio da boa-fé e o novo Código Civil", in *Revista Forense* 367/69 a 84. Para os fins do presente trabalho importa pouco, no entanto, indagar da evolução histórica do princípio da boa-fé no direito privado brasileiro, mas sim constatar a existência do princípio no Código Civil de 2002 e verificar suas conseqüências.

28. É o que ocorre, marcadamente, no sistema alemão. A referência à boa-fé aparece em dois dispositivos do BGB, §§ 157 e 242. No primeiro, a boa-fé é caracterizada como princípio geral de interpretação contratual (*Verträge sind so auszulegen, wie Treu und Glauben mit Rücksicht auf die Verkerssitte es erfordern*) e no segundo como princípio orientador da forma de cumprimento da obrigação (*Der Schulner ist verpflichtet, die Leistung so zu bewirken, wie Treu und Glauben mit Rücksicht auf die Verkersitte es erfordern*), o que na doutrina é interpretado como um dispositivo que estabelece limites aos direitos subjetivos contratuais.

to pouco. Também é insuficiente, ao menos para a doutrina, simplesmente indicar que a boa-fé, sendo cláusula geral, permite a ampla definição pela jurisprudência do sentido e forma de aplicação do instituto.[29] Exatamente por ser esse o caso, deve a doutrina auxiliar a construção jurisprudencial, tentando atribuir sentido e função à cláusula geral.

A função da idéia de boa-fé no direito contratual, especialmente se este é entendido como instrumento de organização social – e essa é sem dúvida uma premissa que precisa ser aceita para que o raciocínio a seguir tenha sustentação lógica – é permitir a cooperação contratual entre as partes no cumprimento dos objetivos econômicos do contrato. Na verdade, boa-fé nada mais é que um dos corolários da idéia cooperativa. A sua presença como princípio nos códigos civis (v. art. 421 do Código Civil) é prova da presença da idéia cooperativa nos contratos.

Como visto acima (item II.1), para que a cooperação ocorra, é necessária a presença de certas características relacionais básicas. Dentre elas, destacam-se a dependência recíproca, a informação sobre o comportamento dos demais e a relação continuada. As razões então explicitadas para a definição dessas características são simples. A dependência recíproca aumenta os custos do comportamento individual ou estratégico, incentivando, portanto, também por razões egoísticas, a cooperação. Já a informação ampla (o mais possível completa) dificulta a defecção dessa estrutura cooperativa. Finalmente a relação continuada é, de um lado, necessária para criar a dependência recíproca e, de outro, requisito mínimo para a própria subsistência da relação, sem a qual nem cooperação nem conflito podem existir.

Essas idéias informam e muito a identificação dos deveres positivos que decorrem dessa visão organizativa do princípio da boa-fé contratual.

e) Deveres positivos decorrentes do princípio da boa-fé

A compreensão da dependência recíproca é na verdade a compreensão da própria idéia contratual na sua essência. Contratar socialmente nada mais significa que criar um instrumento jurídico de incentivo à dependência recíproca das partes quanto ao cumprimento do objetivo econômico do contrato.

Essa dependência recíproca manifesta-se durante a elaboração do contrato e protrai-se para o momento de seu cumprimento. No momento da elaboração contratual a dependência recíproca impõe uma cooperação das partes para que se chegue ao acordo. A cooperação exige amplo fornecimento de informações, incluindo, até mesmo, a busca conjunta de informações. Do ponto de vista jurídico, trata-se de garantir que o momento de conclusão contratual seja efetivamente cooperativo, não podendo qualquer das partes ser induzida a erro. Há o dever de colaborar para a correta elaboração do contrato. Daí porque uma conseqüência comum do princípio da boa-fé é o alargamento das hipóteses de erro como elemento caracterizador da invalidade do contrato.[30] Serve então o princípio da boa-fé, nessa perspectiva cooperativa, para robustecer o consenso contratual.

Mas a dependência recíproca não existe e não pode existir apenas no momento da contratação; após a contratação também é essencial. Ligar uma parte à outra e aos objetivos contratuais após a conclusão do contrato, *i.e.*, também no momento de cumprimento da obrigação, é essencial para criar

29. A discussão sobre esse ponto existente na teoria geral do direito é muito bem reportada e adaptada ao direito civil brasileiro por J. Martins-Costa (*A Boa-Fé no Direito Privado*, cit., pp. 296 e ss.).

30. Na doutrina alemã o princípio da boa-fé é aplicado por alguns autores para caracterizar como vício de vontade a hipótese de erro recíproco quanto às condições subjetivas do negócio, *i.e.*, condições cuja existência ou aparecimento ambas as partes esperavam (K. Larenz, *Allgemeiner Teil des deutschen bürgerlichen Rechts*, cit., pp. 393 e ss.).

a dependência e a cooperação. Daí porque o art. 214 do Código Comercial de 1850, já revogado, estabelecia para o vendedor a obrigatoriedade de "fazer boa ao comprador a coisa vendida". Esse dispositivo durante muito tempo serviu de instrumento de organização da vida social decorrente do cumprimento dos contratos, especialmente nos campos carentes de regulamentação. Havia nesse dispositivo, sem dúvida, uma visão do potencial organizador do contrato. É verdade que nem sempre os efeitos da visão cooperativa ali estabelecida eram benéficos para a organização social. Assim, por exemplo, naquelas situações em que a cooperação não deve ser estimulada para proteção do consumidor, o dispositivo gerava efeitos inconvenientes. É o caso da famosa obrigação de não restabelecimento, entendida como implícita nas vendas de empresa, exatamente pela necessidade de fazer boa a coisa vendida.[31] Hoje substituída pela discussão concorrencial, de conteúdo publicístico, continua a ser uma demonstração viva, ainda que por antonomásia, do potencial organizativo – ou não – da disciplina contratual.

Outro dever positivo importante derivado do princípio da boa-fé contratual é o da prestação de informação. A introdução expressa desse dever por meio do princípio da boa-fé objetiva é de suma importância pelo fato de não ser comum, sobretudo nos contratos de permuta, a imposição legislativa de deveres expressos de prestação de informação para com a contraparte. A razão é, ainda aí, a tradicional visão liberal-individualista novecentista do contrato.

Essas idéias não mais podem subsistir em face do reconhecimento expresso no novo Código Civil do princípio da boa-fé contratual. Dele decorrem deveres de informação objetivos, em especial com respeito a informações instrumentais à boa persecução do objetivo econômico comum das partes. Note-se que, por definição, as informações relativas diretamente ao objeto do contrato serão não-confidenciais, pois se a parte se dispôs a perseguir esse objetivo (a compra e venda, a troca, etc.) juntamente com a outra então é porque a persecução desse objetivo econômico deve ser regida pela cooperação e não pela competição. Se assim é, informações sobre esse objetivo, ainda que prestadas da maneira mais ampla possível, não afetarão a posição competitiva das partes, não podendo ser confidenciais.

Não há, portanto, qualquer óbice à prestação ampla de informações quanto ao objeto econômico do contrato. Existe, ao contrário, o dever legal de prestá-las.

Finalmente, é preciso abordar a questão da duração da relação contratual. Evidentemente, não há princípio jurídico que possa coagir as partes à convivência, sobretudo quando o desinteresse na convivência contratual sugere que a cooperação não é mais possível. Por outro lado, a disciplina contratual, vista na perspectiva orga-

31. Foi essa, como sabido, a argumentação usada para defender a licitude do comportamento do Conde Penteado no famoso caso da Companhia de Juta (acórdão publicado na *Revista do Supremo Tribunal Federal*, III, n. 2 (1914) p. 187). O caso envolveu uma ação proposta pelos compradores da Cia. de Tecidos de Juta contra seu vendedor, Antônio Álvares Leite Penteado, e sua nova empresa, a Cia. Paulista de Aniagens. O pedido de indenização formulado apontava para o fato de que um ano após a venda da Companhia seu vendedor constituiu nova empresa, no mesmo ramo comercial, fato que, segundo a peticionante, retomava da empresa um de seus principais bens incorpóreos, a clientela – diminuindo-lhe, por conseguinte, o valor. Para fundamentar seu pedido, alegaram as requerentes que na compra da Cia. de Tecidos de Juta o valor pago pela empresa incluía não apenas seus ativos tangíveis, mas também a clientela da Companhia e seu prestígio, conquistado pelo dono anterior, Sr. Álvares Penteado. Os argumentos apresentados por Ruy Barbosa em defesa do vendedor – argumentos esses que permitiram decisão favorável ao vendedor em apelação de acórdão do Supremo Tribunal Federal – centravam-se em dois pontos: (i) a cessão de clientela não priva o cedente de se restabelecer com um estabelecimento semelhante; (ii) ainda que fossem permitidas em certos ordenamentos as cláusulas de restrição de restabelecimento, tais cláusulas não poderiam ser absolutas (em virtude do argumento anterior).

nizativa, deve zelar pela consecução do objetivo econômico dos contratos. É a agregação desses objetivos econômicos, e não das vontades individuais expressas no contrato, que contribuem para a organização social.

Como traçar os limites entre essas duas necessidades (*i.e.*, impossibilidade de convivência das partes e cumprimento dos objetivos do contrato) e compatibilizá-las é a grande questão que a disciplina do cumprimento das obrigações *vis a vis* da disciplina da resolução contratual deve procurar responder.

Uma primeira questão em que estes limites passam a ser testados é a da demora no cumprimento contratual. Trata-se de *fattispecie* tradicionalmente discutida na doutrina alemã que vê no retardo em exigir a obrigação um descumprimento à boa-fé contratual.[32] A aparente perplexidade que causa um tipo de entendimento como este, sobretudo quando analisada numa perspectiva subjetivista, *i.e.*, como legitimidade ou não para o exercício de direitos subjetivos é evidente. A primeira questão que se coloca refere-se à necessidade da disciplina, em vista da existência de disciplina específica da prescrição e decadência, *i.e.*, da perda de direitos em função do decurso do tempo.

Resposta a esta questão só pode ser convenientemente fornecida mudando a perspectiva de análise. Prescrição e decadência só fazem sentido como limites temporais a direitos subjetivos. O princípio da boa-fé objetiva é instrumento útil para a persecução do objetivo econômico comum das partes. Assim, ainda que os direitos subjetivos não tenham atingido seu limite temporal, é possível que seja necessário verificar se o seu não exercício não dificulta ou torna impossível a consecução do objetivo econômico comum das partes. Na última hipótese verificar-se-á sem dúvida descumprimento ao princípio da boa-fé objetiva.

O dilema liberdade da parte *vs.* persecução do objetivo econômico do contrato atinge seu ponto máximo na disciplina da resolução contratual. Evidentemente, quanto maior a liberdade dada à parte, maior será a possibilidade de resolução contratual. Por outro lado, a ampla liberdade de resolução contratual reduz a possibilidade de persecução do objetivo econômico do contrato.

A solução mais coerente para esse dilema não parece ser tentar definir hipóteses de abuso de direito de rescisão, qualificando-os como lesivos ao princípio da boa-fé.[33] Essa solução não enfrenta o dilema na medida em que mais uma vez o problema é colocado em termos subjetivos, de direito e seus limites. Visto sobre o prisma direitos subjetivos *vs.* objetivo econômico a questão se traduz em determinar em qual caso a cooperação para a obtenção dos resultados desejados é ainda possível ou não. A hipótese extrema, de rescisão consensual, é aquela em que evidentemente essa cooperação não é mais possível e, portanto, a rescisão deve ser admitida. No outro extremo, encontram-se as hipóteses, conhecidas como de cumprimento material do contrato (muito comum nas relações de consumo), em que tendo uma parte adimplido substancialmente toda a sua prestação, a outra pleiteia a rescisão do contrato por não adimplemento de parte ínfima. Evidentemente, aí a cooperação é ainda possível. Isso explica porque o princípio da boa-fé deva ser aplicado em todas as relações, mesmo aquelas não desequilibradas em que não há interesse da parte mais frágil a proteger. O objetivo da aplicação da regra é aí organizativo e reside no cumprimento do objetivo econômico contratual.

32. K. Larenz, *Allgemeiner Teil des deutschen bürgerlichen Rechts*, cit., p. 235. Há que se notar que no sistema alemão o princípio da boa-fé é visto nessa hipótese como limite a direitos subjetivos, ficando sujeito, portanto, às perplexidades e críticas expostas no texto.

33. Nesse sentido, de interpretação subjetivista, é a tendência da maioria da jurisprudência (cf. J. Martins-Costa, *A Boa-Fé no Direito Privado*, cit., pp. 457 e ss.).

Nessa perspectiva é que deve ser interpretado o art. 475 do Código Civil à luz do princípio firmado no art. 422 (princípio da boa-fé objetiva).

f) Vedação ao conflito de interesses: do direito comercial ao direito privado

Evidentemente, para garantir que os esforços se dirijam ao objetivo contratual comum não basta impor deveres objetivos. Por mais rigorosos que sejam esses deveres, é preciso em paralelo garantir que as partes não atuem visando interesses particulares externos ao contrato.

É legítimo que as partes, dentro dos parâmetros (cooperativos) estabelecidos pelo contrato busquem proteger seus próprios interesses. O que não se pode admitir é a desconsideração dos objetivos contratuais nessa persecução de interesses.

Essa diferenciação entre interesse particular contratual e interesse particular extracontratual é estranha ao direito civil. Trata-se de questão muito comum no direito comercial, em especial no direito societário, que formula a teoria geral do instituto.

Uma observação inicial deve ser feita sobre a aplicação da regra de conflito. Bem definida a função da regra de conflito, torna-se o centro da disciplina societária. É de sua aplicação que dependerá a coesão dos sócios ou dos contratantes em torno do objetivo social ou contratual. Não é de se estranhar, portanto, que os sistemas que adotam a concepção contratual de sociedade coloquem a regra de conflito ao centro da disciplina societária.[34]

Para bem definir uma regra de conflito assim elevada a primeira tarefa é identificar e definir as hipóteses que podem gerar riscos para os objetivos societários ou do contrato e qual o grau de risco gerado. No direito societário, para defini-las não foi necessário um retorno à espinhosa discussão do interesse social. A regra de conflito liga-se nessa hipótese muito mais ao cumprimento de um dever geral fiduciário em relação à gerência ou intervenção sobre qualquer forma de gestão do patrimônio de terceiros[35] do que o agir conforme o interesse social. Demonstração da inutilidade de uma discussão centrada no interesse social são as sempre fracassadas tentativas de identificação entre a disciplina do conflito de interesses e do ato *ultra-vires*.[36]

No direito contratual se dá o mesmo. Seria pouco eficaz tentar definir hipóteses de conflito a partir de uma definição geral dos objetivos contratuais. Esses objetivos consubstanciam-se tanto na causa contratual quanto nos deveres objetivos de boa-fé. É a partir deles (e daí o fato de eles serem logicamente precedentes ao estudo do conflito) que se devem buscar as hipóteses de conflito.

No direito societário, a análise empírica demonstra que paradoxalmente a regra de conflito tem papel muitíssimo pou-

34. Para a teoria contratualista, o interesse social é traduzido como o interesse comum dos sócios (v. F. Galgano, *Diritto Commerciale, Le Società*, cit., p. 155). No sistema italiano, embora a realização do interesse social possa ser identificada com o exercício de uma atividade econômica (interesse social preliminar), ou como a maximização da eficiência da empresa com vistas à maximização dos lucros (interesse social intermediário), estes não passam de interesses secundários à causa do contrato de sociedade. O fim maior que norteia a disciplina do interesse nesse sistema é a satisfação do interesse dos sócios através da distribuição de dividendos (interesse social final). Nesse sentido, v. F. Galgano, *Diritto Commerciale, Le Società*, cit., p. 19.

35. V. L. Enriques, *Il Conflitto d'Interessi degli Amministratori di Società per Azioni*, Milão, Giuffrè, 2000, p. 187.

36. Na jurisprudência italiana, casos de conflito de interesses envolvendo administradores são freqüentemente decididos com base na disciplina dos atos *ultra vires*. O perigo da equiparação das duas *fattispeci* é o de se chegar ao resultado paradoxal de considerar um ato alheio ao objeto social tão-somente pelo fato de configurar um conflito de interesses, ou mesmo de considerar um ato inerente ao objeto social tão-somente por não responder ao interesse do administrador ou de terceiro, mesmo se tratando do desenvolvimento de atividades incompatíveis com a persecução do objeto social. Nesse sentido, v. L. Enriques, cit., pp. 453 e ss.

co relevante no regulamento interno das sociedades. E a razão para essa incompatibilidade entre função e aplicação é simples. Constata-se que a aplicação de uma regra de conflito de interesses em linha com o princípio geral de conflito nos casos de gestão de patrimônio alheio (as regras de conflito no mandato e na comissão mercantil – v. como exemplo histórico os já revogados arts. 140 e 165 do Código Comercial brasileiro – são bom exemplo desse princípio) não pode ser feita indistintamente para quem efetivamente gere o patrimônio de terceiro (controlador e administrador)[37] e aquele que não tem esse poder (exemplo: acionista minoritário). Conseqüência disso é em geral o deslocamento da reflexão para os chamados deveres fiduciários de administradores e controladores. Se gestores e não gestores têm posições jurídicas distintas é preciso impor obrigações especiais ao controlador e administrador (gestores) – os chamados deveres fiduciários – exatamente por administrarem patrimônio alheio. Esses deveres não podem ou devem ser impostos aos demais sócios exatamente por não gerirem patrimônio alheio. Aqui não se está falando então propriamente de regra de conflito, mas de dever fiduciário.

O problema é que tal solução ainda que correta, representa verdadeira *capitis diminutio* da regra de conflito, que acaba se transformando em uma regra fraca, exatamente por entender-se que o problema será resolvido via imposição de deveres fiduciários.[38] E a realidade exige exatamente o contrário. A discrepância entre posição jurídica e fática dos vários integrantes da pessoa jurídica (controladores e administradores de um lado e acionistas minoritários de outro) impõe que a regra de conflito não adote um critério *de minimis* de incidência. O que se diz é nada mais que o óbvio.

Dessa conclusão óbvia, válida também para o direito dos contratos, decorrem conseqüências aplicativas importantes. A principal delas pode ser formulada da seguinte forma: se a regra de conflito tem valor em si é então a partir dela que deve ser controlado o comportamento dos contratantes. É preciso então indagar de seu sentido específico.

Nada verdade, a regra geral de conflito consiste na elaboração de critérios objetivos para a formulação de um critério de culpa. Por força da influência do direito societário, é interessante notar que o critério não é mais o de culpa *in concreto* do antigo administrador de negócios romano. O critério é aqui o de uma culpa *in abstrato*, parametrada por uma razoabilidade de mercado. Entende-se que as transações de mercado (desde que esse mercado seja competitivo e não monopolizado) fornecem critério muito mais seguro para apuração da razoabilidade da transação (até porque não é freqüente a hipótese em que há comportamentos anteriores do administrador obrando em seu próprio negócio).[39] Assim,

37. É admissível para esses fins a identificação entre controlador e administrador, dada a estrutura societária brasileira, que submete internamente o segundo ao primeiro. Cabe ainda ressaltar que a identificação da função de gestão do patrimônio social nos dois casos levou a lei acionária brasileira em seu art. 117, § 3º, a impor os mesmos deveres e responsabilidades a controlador e administradores: "o acionista controlador que exerce cargo de administrador ou fiscal tem também os deveres e responsabilidades próprios do cargo".

38. Nesse sentido, a lei acionária brasileira, ao estabelecer regras orientadoras das relações entre administradores e companhia e administradores e acionistas, impõe aos gestores do patrimônio social deveres de diligência, lealdade e informação.

39. A evolução do conceito na doutrina privilegia a análise da culpa sob o ponto de vista abstrato. Enquanto no direito romano contrapunham-se os conceitos de culpa *in abstrato* e culpa *in concreto* (a culpa como fato dependente de uma situação individual e variável, em que se confronta a atuação do agente não a um modelo abstrato, mas à suas atitudes anteriores relativas às suas coisas ou interesses), a doutrina elevou o conceito de culpa a um princípio jurídico abstrato (v. R. von Jhering, *Études Complémentaires de l'Esprit du Droit Romain – De la Faute en Droit Privé*, Paris, Editor A. Marescq, Ainé, 1880, pp. 54 e 55). Nesse sentido, o conceito de culpa (*Verschuldung*) contrapõe-se ao de diligência, representativo da conduta esperada do *bonus pater*

como critérios de apuração são geralmente mencionadas operações anteriores da própria sociedade ou operações semelhantes no mercado[40] (critérios evidentes de apuração de culpa *in abstrato* segundo padrões de mercado – são estes de resto os critérios previstos no art. 156, § 1º, da lei societária brasileira).

Aplicado ao direito dos contratos, tal princípio sem dúvida parecerá paradoxal à luz da doutrina clássica. Sendo os interesses eminentemente individuais, não haveria conflito imaginável. Identificado no contrato um objetivo de cooperação, ele parece natural a qualquer contrato, associativo ou de permuta. Seu reconhecimento positivo pode ser encontrado no mesmo art. 421 do Código Civil. A referência expressa ao princípio da probidade, ao lado da boa-fé, é significativa.

Probidade só ganha sentido, como princípio independente da boa-fé, se referido a algum padrão de conduta. Ora o padrão de conduta correta nos contratos é exatamente ao cumprimento do objetivo econômico comum. Ausente esse objetivo e vigente o puro princípio individualista, não existiria critério de probidade possível.

Probidade na conclusão do contrato significa atuar no sentido do cumprimento de seu objetivo econômico. Os padrões de mercado são critérios relevantes para identificar preço e qualidade razoável da mercadoria em um contrato sinalagmático. Eventual discrepância desses padrões, despida de justificativa econômica, caracteriza o conflito de interesses. O mesmo deve ser dito em relação ao momento da execução do contrato. Em um contrato de compra e venda, por exemplo, a entrega preferencial de mercadoria a uma pessoa ligada e não ao contratante, caracteriza o conflito de interesses (ou na nomenclatura do Código, a falta de probidade negocial). E os exemplos não param aí. A rica casuística societária de hipóteses de conflito de interesses material pode em muito ajudar a construir o instituto e tornar mais objetiva sua aplicação na esfera contratual.

Evidentemente, permanecem grandes as distinções entre o efeito dos institutos em ambos os planos, societário e contratual. Enquanto no plano societário a existência de interesse direto contrário ao da sociedade leva à proibição de voto (art. 115 da Lei 6.404/1976), na disciplina contratual a inexistência de probidade pode levar à ineficácia contratual e à não produção de seus efeitos.

Mas a identificação de um princípio geral de conflito de interesse nas relações negociais é importante pois demonstra que nessas relações não é admitida pelo direito a sobreposição dos interesses particulares ao objetivo do negócio (ou da sociedade, no caso societário). Mais importante ainda, demonstra que o relevante para determinar a existência do conflito e sua imputação é a posição jurídica[41] assumida pela

familias (v. B. Winscheid, *Diritto delle Pandette*, v. II, Turim, UTET, 1925, pp. 65 a 69). A mudança de paradigma representada pela adoção de modelos justifica-se pela necessária concretização da norma abstrata de conduta. A adaptação do modelo abstrato de conduta ao tempo e à natureza da atividade permite a correta correlação entre modelo e conduta do agente para fins de aplicação da norma específica (v. A. Azara e E. Eula, *Novissimo Digesto Italiano*, 3ª ed., Turim, UTET, 1958, p. 598). Tal concepção foi claramente adotada pela lei acionária brasileira no seu art. 153 em relação ao dever de diligência dos administradores: "O administrador da companhia deve empregar, no exercício de suas funções, o cuidado e diligência que todo homem ativo e probo costuma empregar na administração dos seus próprios negócios".

40. Cf. R. Clark, *Corporate Law*, cit., p. 147.

41. A posição jurídica (*Rechtsposition*) pode derivar tanto de situações jurídicas estabelecidas quanto de situações de fato. Daí a particular adaptação desse conceito, p. ex., à descrição da natureza jurídica do controle (cf. a respeito F. K. Comparato, C. Salomão Filho, *Poder de Controle na Sociedade Anônima*, 4ª ed., Rio de Janeiro, Forense, 2005, pp. 122 e ss.). Para a definição de posições jurídicas v. a clássica explicação de Larenz, segundo a qual a posição jurídica é oriunda de uma relação jurídica (*Rechtsverhältnis*, termo que abrange tanto a relação formalizada quanto a relação de fato reconhecida pelo direito) e constituída pelo conjunto de con-

parte na relação jurídica, quer na sociedade quer na relação contratual.

9. *Conclusão: contratos, estruturas e organização social*

Em conclusão, é possível inverter a lógica do trabalho exposta, procurando, a partir do estudo desenvolvido sobre os contratos, entender melhor o que significa a compreensão estrutural do direito.

O trabalho partiu da concepção inicial de que não se deve excluir da análise jurídica os vários interesses envolvidos por uma determinada disciplina. Não se deve tampouco restringir ou simplificar os interesses envolvidos em função de pressupostos econômicos ou ideológicos.

Assim, em se tratando de contratos, procurou-se partir da identificação das várias relações e dos vários interesses envolvidos pelos contratos. Nessa tarefa, foi necessário, desde o início, furtar-se à aceitação irrefletida de dogmas. Assim, relações envolvidas pelos contratos foram revisitadas, mesmo aquelas sobre as quais já havia um tradicional e estabelecido consenso na doutrina.

Abordaram-se exatamente as relações internas ao contrato, procurando a natureza dos interesses que ali se expressam. A natureza cooperativa dos interesses revelou-se claramente como alternativa ao consenso contratualista, que tende a enquadrar e reduzir as relações contratuais à mera oposição de interesses.

seqüências jurídicas, isto é, direitos subjetivos, expectativas de direitos, deveres e outras vinculações, obrigações e competências que se originam de uma relação jurídica para ambos os participantes (*die Gesamtheit der Rechtsfolgen, nämlich der subjektiven Rechte, Erwerbsaussichten, Pflichten, sonstige Gebundenheiten, Obliegenheiten, und Zuständigkeiten die sich aus dem Rechtsverhältnis für einen der an ihm Beteiligten ergeben, machen seine Rechtstellung in diesem Rechtsverhältniss aus*) – K. Larenz, *Allgemeiner Teil des deutschen Bürgerlichen Rechts*, 7ª ed., Munique, Beck, 1989, p. 207.

Essa análise – ampla e não tolhida por preconceitos – dos interesses envolvidos, levou à identificação de diversas funções contratuais. O contrato aparece não apenas como anódino instrumento de disciplina individual de relações privadas, mas como meio apto a desempenhar outra função na organização da relação interna entre seus participantes: a cooperação entre agentes (função cooperativa).

Observar essa passagem da identificação de interesses para a identificação de função dos institutos ajuda a esclarecer o sentido do estruturalismo jurídico. Se o direito é capaz de identificar e sopesar interesses e transformar regras e interpretação jurídica em um todo funcional para a consideração desses interesses, ele mesmo ganha novo significado. Estruturas jurídicas não serão mais mera conseqüência de forças econômicas (na visão neoclássica) ou relações econômicas e de classe (na visão marxista) exogenamente determinadas. Ao reverso, o direito é capaz de determinar – e alterar – estruturas sociais. Destaca-se então seu potencial transformador.[42]

Identificar esse potencial transformador do direito e as pré-condições para que ele exista não é tarefa fácil. Na verdade, na história da humanidade, revoluções sempre foram necessárias para transformar o direito, paradigma de estabilidade. E sempre o fizeram. Basta tomar como exemplo três das grandes Revoluções Ocidentais: a Russa, a Francesa e a Americana.[43] Em todos esses casos e em muitos outros que poderiam ser narrados, a transformação social, econômica e política só foi possível através da tomada e radical transformação do Estado. A transformação, também radical do direito que ocorreu nesses períodos, foi

42. Cf. C. Salomão Filho, "Direito como instrumento de transformação social e econômica", in *Revista de Direito Público da Economia*, v. 1, 2003, pp. 15-44.

43. Cf. a respeito o fundamental trabalho de H. Berman, *Law and Revolution – The Formation of the Western Legal Tradition*, Cambridge, Harvard University Press, 1997, p. 20.

conseqüência direta da transformação do Estado.

Face a essa constatação histórica simples, surge diretamente uma pergunta: o direito não seria capaz de modificar ou permitir a modificação radical de uma sociedade? Estaria sempre sujeito a um determinismo político ou econômico? Sua transformação seria sempre o produto de mudanças em outras esferas e jamais a causa? Ou seja, o direito estaria fadado a ser realmente apenas o repositório de tradições e instrumento de garantia de permanência de uma sociedade?

A história dá respostas conflitantes a essa pergunta. A lógica e o bom senso, desde que revestido de bons ideais, parecem indicar que essas características não são necessárias.

De um lado, não há muita dúvida que uma das grandes características da tradição jurídica ocidental é exatamente o fato de ter sido capaz de se sobrepor à esfera política.[44] A razão para tanto está em um fato histórico simples: o estabelecimento das liberdades individuais, proteções do indivíduo contra todos, inclusive e talvez especialmente, o Estado.

Esse fato histórico singelo foi de fundamental importância para o direito. A partir desse momento surgiu um grande motor para transformações na esfera política e das liberdades civis. A possibilidade de formar livremente a consciência e de escolher livremente. Trata-se de uma transformação jurídica fundamental que possibilitou outras transformações. A liberdade de consciência e escolha, imposta a todos, inclusive ao Estado, proporcionou transformações sociais profundas como o movimento dos direitos humanos dos anos 1950 e 1960 nos EUA, as transformações políticas, sociais e raciais da África do Sul nos anos 1990 e a reintrodução paulatina das democracias na América Latina nos anos 1970 e 1980. Em qualquer delas dúvida não há que elemento central e inicial foi a atribuição ou restituição a todos os cidadãos de liberdades fundamentais de consciência e escolha, direitos fundamentais oponíveis inclusive ao Estado. Em todos os casos, essa transformação jurídica fundamental foi um dos elementos centrais propulsionadores de mudanças sociais e políticas radicais, verdadeiramente revolucionárias (ao menos na esfera política e das liberdades civis).

No campo econômico, ao contrário, isso jamais ocorreu. A influência transformadora do direito na esfera econômica é incomparavelmente menor do que na esfera política e das liberdades civis. O direito continua sujeito a determinismos econômicos. Os exemplos existentes de influência do direito na realidade econômica têm, via de regra, duração efêmera e mais cedo ou mais tarde a interpretação de textos legais movidos por intenção transformadora acaba por se render às determinantes econômicas. Bom exemplo disso é o *Sherman Act*, bastante transformador e até revolucionário em sua origem,[45] que no giro de um século foi reduzido e quase desaplicado para dar vazão às teorias econômicas predominantes.

A razão para esse descompasso entre efeitos do direito sobre a esfera política e a esfera econômica está no conteúdo das respectivas regras. Enquanto as primeiras são procedimentais, proporcionando a escolha a todos e conseqüentemente a transformação social, as últimas são deterministas, são via de regra mera definição de instrumentos de política econômica. Ao contrário do direito das liberdades civis, não há qualquer preocupação com a escolha econômica. O direito econômico jamais foi capaz de estabelecer a liberdade de formação de conhecimento e a liberdade de escolha em matéria econômica, únicas regras dotadas

44. Cf. H. Berman, *Law and Revolution – The Formation of The Western Legal Tradition*, cit.

45. Cf. a respeito da história política e social do *Sherman Act*, a obra de H. Thorelli, *The Federal Antitrust Policy*, Londres, George Allen and Unwin Ltd., 1955.

verdadeiramente de potencial transformador autônomo, pois só elas permitem que as mudanças sejam introduzidas pela própria sociedade e não pelo Estado.

O que se disse acima pode ser dito de outra forma: existe democracia política em muitas sociedades ocidentais, o que possibilita a transformação política da sociedade e para isso o direito muito contribuiu. Por outro lado, são raríssimas e historicamente efêmeras as experiências sociais em que se verificou a existência de democracia econômica. E para isso o direito deve ser chamado a dar sua contribuição. Note-se que essa observação ganha bastante força nos dias atuais, nos quais o Estado e a esfera política são cada vez menos capazes de influenciar a esfera econômica – ao contrário, são cada vez mais por ela influenciados e pressionados. Democracia política, portanto, cada vez menos é capaz de se traduzir em transformação econômica.

Urge, portanto, examinar os (poucos) exemplos históricos de transformação estrutural econômica através do direito e verificar em que sentido indicam. Alguns exemplos históricos podem ser colacionados. Por outro lado, é também verdade que o tradicional emaranhado produzido pela história entre causas e conseqüências permitirá, para cada exemplo, a crítica de que se trata de uma conseqüência e não causa das mudanças econômicas.

Ainda assim, o indiscutível impacto sobre a realidade econômica que tiveram serve para demonstrar que a relação entre forças sociais e economia é muito mais complexa e rica do que pretendem as explicações neoclássica e marxista. Tome-se como exemplo as leis de participação operária nas grandes empresas alemãs dos anos 1960 (*Mitbestimmungsgesetze*). Subproduto indiscutível da luta de classes na Alemanha dos anos 1960, a transformação do sistema econômico e produtivo alemão gerada foi profunda a ponto de distingui-lo como um novo modelo de capitalismo, mais ligado a investimentos industriais de longo prazo e mais social.[46] O direito aí influenciado pela importância atribuída aos grupos de interesses foi capaz de alterar a esfera econômica, ainda que os influxos de poder dessa esfera indicassem inteiramente em outra direção.

Não houve aí, portanto, determinação direta da esfera jurídica a partir dos grupos dominantes na esfera econômica, mas, ao contrário, a luta de classes e a identificação de interesses que exigiam tutela a partir dela levou à transformação do sistema econômico.

O mesmo pode ser dito da própria lei *Sherman*, mais antiga, que, tanto em sua concepção como aplicação, levou em conta grupos de interesse adversamente afetados e foi capaz de transformar o sistema econômico. Trata-se da lei *Sherman* norte-americana de 1890. A espoliação de consumidores pelos grandes grupos econômicos e cartéis àquela época levou a verdadeiro movimento popular captado na lei em sua interpretação.[47] A desconstrução de estruturas econômicas dominantes que se seguiu foi marcante para o desenvolvimento econômico daquele país,[48] durando até meados dos anos 1970, período em que se iniciou sua revogação tácita pela Escola de Chicago.

Em ambos os casos, a mudança estrutural econômica por obra do direito parece ter receita semelhante. É exatamente a pro-

46. M. Albert, *Capitalismo Versus Capitalismo*, São Paulo, Loyola, 1992, trad. do original *Capitalisme Contre Capitalisme*, Paris, Seuil, 1991.

47. Cf. H. Thorelli, *The Federal Antitrust Policy*, cit.

48. Conforme mencionado acima, o trabalho de W. Comanor e R. Smiley, "Monopoly and the distribution of wealth", in *The Quarterly Journal of Economics* 89, 2 (1975), pp. 177 e ss., demonstrou, dentre outras coisas, que entre 1890 e 1963, período de aplicação mais incisiva da legislação anti-monopólio, a concentração de riqueza tornou-se menos desigual nos Estados Unidos da América. Sobre o tema, v. tb., C. Salomão Filho, *Direito Concorrencial – As Estruturas*, 2ª ed., São Paulo, Malheiros Editores, 2002, pp. 58-65.

cura, consideração e inclusão de interesses sociais relevantes para a aplicação da norma – e não a predefinição, jurídica ou econômica do sentido que deve ter a aplicação da norma – que torna o direito apto a garantir transformações estruturais na esfera econômica.

Em matéria contratual isso se verifica, como visto ao longo do trabalho, de forma particular. Identificar interesses e deduzir funções implica expurgar o contrato da idéia de proteção exclusiva ou mesmo primordial de direitos subjetivos individuais. A idéia estruturalista traz consigo a concepção de comunidade (ainda que uma micro-comunidade) que pode e deve ser criada por meio do contrato, através da consideração da coordenação dos vários interesses por ele afetados – conseqüentemente – das várias funções a serem por ele desempenhadas. Só assim pode a disciplina contratual representar verdadeira contribuição para que o direito retome seu papel organizador das relações sociais, função essa quase totalmente entregue nos dias de hoje às relações hierárquicas de poder.

Doutrina

APONTAMENTOS SOBRE ALGUMAS REGRAS DE INTERPRETAÇÃO DOS CONTRATOS COMERCIAIS: POTHIER, CAIRU E CÓDIGO COMERCIAL DE 1850

PAULA A. FORGIONE

Quem observa a moderna *praxis* do direito mercantil depara-se com fenômeno peculiar: no mais das vezes, as lições trazidas pela doutrina especializada simplesmente ignoram a realidade de grande parte dos contratos empresarias, deixando de trazer soluções para os problemas e conflitos que deles afloram. Pouca ou nenhuma importância dá-se à atividade de interpretação desses negócios, como se a letra do instrumento existisse por si só, e por si só fosse capaz de disciplinar a relação formatada pelos agentes econômicos nos amplos quadrantes da autonomia privada.

Uma das possíveis explicações para esse fenômeno está na preponderância, até meados da década de 1980, do movimento positivista que, a pretexto da obtenção de maior grau de segurança e de previsibilidade jurídicas, renegava a atividade interpretativa a segundo plano. O "intérprete deve ater-se à mera interpretação literal ou remeter-se sempre á 'interpretação autêntica' – entendida esta como a dada ao texto pelo legislador".[1] Há de se reservar "ao legislador o papel de único intérprete, negando-se o mesmo aos juízes".

Nessa linha, interpretar não deveria ir além de expor o "verdadeiro sentido de uma lei obscura por defeitos de sua redação, ou duvidosa com relação aos fatos ocorrentes ou silenciosa. Por conseguinte, não" teria "lugar sempre que a lei, em relação aos fatos sujeitos ao seu domínio, é clara e precisa".

Na súmula de Gaudemet sobre a Escola Exegética: "toute solution juridique doit se tirer d'un texte du Code, soit directement, soit par déduction, soit par induction; (...) tout problème de droit se réduit à la recherche de la volonté, expresse ou présumée, du législateur".[2]

Gerações influenciadas por Paula Baptista, ainda que o neguem formalmente, ou façam-no inconscientemente,[3] seguem reproduzindo as seguintes máximas:

1. Cf. Eros Roberto Grau, explicando a "interpretação negativa" e dando notícia de sua superação pela "nova hermenêutica" (*Ensaio e Discurso sobre a Interpretação/Aplicação do Direito*, 2ª ed., São Paulo, Malheiros Editores, 2003, p. 66).

2. Eugène Gaudemet, *L'Interpretation du Code Civil en France depuis 1804*, La Mémoire du Droit, Paris, 2002, p. 51. Vale, também, considerar o resumo de Fernand Mallieux sobre a doutrina de Laurent (*L'Exégèse des Codes et la Nature du Raisonnement Juridique*, Paris, Giard & Brière, 1908, pp. 13 e ss.).

3. Em 1983, Alfredo Buzaid afirmava que o compendio de Paula Baptista "conserva palpitante atualidade, podendo ser lido e consultado, com real proveito, por juristas, professores, juízes, advogados e membros do Ministério Público" ("Apresentação" in Francisco de Paula Baptista, *Compêndio de Hermenêutica Jurídica*, São Paulo, Saraiva, 1984).

• a interpretação deve limitar-se aos "casos acidentais de obscuridade nas leis". A doutrina que nega esse pressuposto possui natureza "vaga e absoluta", que "pode fascinar o intérprete, de modo a fazê-lo sair dos limites da interpretação para entrar no domínio da formação do direito";

• o primeiro dos meios de interpretação é o exame da construção do texto segundo as regras da ortografia, da sintaxe, e "do mais que respeita à pureza da linguagem". Após, "[d]eve-se também recorrer aos diversos sentidos das palavras, o gramatical, jurídico, usual, absoluto ou relativo, exemplificativo ou taxativo, simplesmente enunciativo ou dispositivo, etc., conforme o caso exigir, e sempre com o cuidado de dar às palavras a significação que tinham ao tempo em que a lei foi feita. Conseguindo-se, assim, ligar ao texto seu verdadeiro sentido, já não é lícito aventurar-se a outros meios, salvo se servirem de corroborar este mesmo sentido, redobrando sua força e autoridade";

• "[e]m nenhum caso (...) é permitido negar execução ou alterar o sentido de uma lei clara por ser a sua letra rigorosa, dura e desarrazoada, e não se lhe pode atribuir um motivo justo e razoável, porquanto a ignorância dos verdadeiros motivos da lei não fá-la decair de sua força e autoridade, e por muito que o intérprete presuma de si, deverá convencer-se de que, neste caso, a falta é antes sua do que do legislador";[4]

• "[f]ica subentendido que, quando a disposição da lei é clara é ilimitada, se não devem fazer distinções arbitrárias, que enervem o seu sentido, e destruam a sua generalidade".[5]

Compõe ainda esse cenário – cujo principal apanágio é o ostracismo da atividade interpretativa – o fato de apenas recentemente termos-nos dado conta de que o regramento jurídico talhado para contratos de intercâmbio (i.e., cujo escopo é estabelecer prestação e contraprestação destinadas a exaurir-se no momento do adimplemento) não basta à disciplina dos contratos de longa duração, cujo foco é o estabelecimento de uma relação duradoura entre as partes e não somente uma troca imediata ("contratos relacionais").

Assim, até bem pouco tempo, as discussões jurídicas sobre os negócios mercantis gravitam quase que exclusivamente[6] em torno de contratos em que o lucro de uma parte significa o prejuízo da outra ("meu lucro é o seu prejuízo"),[7] tais como as operações de compra e venda. Ao adquirente interessa obter o menor preço possível pelo bem, ao passo em que o alienante pretenderá aliená-lo pela maior quantia possível.

No entanto, as empresas, visando à maior eficiência, optam por estabelecer relações estáveis com outros agentes econômicos, que se concretizam por meio da celebração dos contratos relacionais, a que acima nos referimos. Neles, o agente econômico não mais visualiza o outro como "contraparte", mas sim como "parceiro", cuja atividade auxiliará a persecução do lucro; aqui, "seu lucro é meu lucro".

É mesmo óbvio que esses contatos, ao manterem certo viés de intercâmbio, não encerram uma onírica comunhão completa de interesses. Mas essa busca da auto-satisfação mescla-se e é suplantada pelo caráter colaborativo.[8]

4. Paula Baptista, *Compêndio de Hermenêutica Jurídica*, cit., p. 37.

5. Paula Baptista, *Compêndio de Hermenêutica Jurídica*, cit., p. 39

6. Não se pode deixar de mencionar que, como sempre, a genialidade de Ascarelli dele faz exceção. A análise de suas ponderações sobre os contratos plurilaterais é indispensável ("O contrato plurilateral", *Problemas das Sociedades Anônimas*, 2ª ed., São Paulo, Saraiva, 1946, pp. 273-332).

7. Na expressão de Jhering, resgatada por Eros Roberto Grau.

8. Como exemplo, tomemos o contrato de distribuição ou de concessão comercial. O fabricante fornece seus produtos ao distribuidor e, em um primeiro momento, interessa-lhe o maior preço possível. Ao mesmo tempo, o fornecedor beneficia-se com o maior volume de vendas efetuadas pelo distribui-

Em virtude da longa duração planejada para os contratos relacionais, busca-se de forma mais acentuada a disciplina de problemas futuros que serão enfrentados pelas partes; não se visa apenas estabelecer regras sobre as trocas em si, mas disciplinar o relacionamento a ser fruído ao longo da vida do contrato. É comum que, na redação do instrumento, as partes valham-se de termos amplos, sem significado claramente definido no momento da celebração do ato. Lançam-se as bases para um futuro comportamento colaborativo, mais do que a ordem específica de obrigações determinadas. Certa interdependência é instaurada entre os contratantes, uma vez que o sucesso de uma (e do negócio globalmente considerado) reverterá em benefício da outra (i.e., de todas elas).

Sem prejuízo da pouca importância dada à atividade interpretativa, já no passado alguns autores elaboraram máximas, cuja criação, embora muitas vezes inspirada no direito romano, levava em *conta a necessidade de pautas para viabilizar a concreção dos negócios jurídicos e, consequentemente, o comércio.* Reavivar essas regras é possível porque, de há muito, o direito comercial desenvolve-se sobre pressupostos semelhantes. Não afirmamos com isso que nada teria mudado nos últimos séculos ou que, desde o início, a acumulação de capital fosse o escopo perseguido pelos agentes econômicos (mesmo porque essas regras foram inicialmente talhadas para os contratos em geral e não apenas para aqueles mercantis). Apenas lembramos que as modificações não alteraram a principal função do direito comercial, motivo mesmo de sua gênese: dar condições para a atividade dos mercadores, diminuindo custos de transação e eliminando efeitos autodestrutíveis decorrentes do funcionamento do próprio sistema.[9-10]

Especialmente quando se cuida da interpretação contratual, muitas dessas antigas direções atendem ao escopo de azeitar as relações do mercado, aumentando o grau de segurança e de previsibilidade a partir do momento em que impõem o respeito à boa-fé, à confiança, à proteção da legítima expectativa da contraparte (enfim, consideram uma *racionalidade jurídica*).[11]

As mais famosas dessas regras de interpretação contratual foram sistematizadas/construídas por Pothier, editadas em 1761 e traduzidas para a língua portuguesa em 1835 por Corrêa Telles.[12] Regras incorporadas ao Código de Napoleão,[13-14] que

dor a terceiros. Há intercâmbio, na medida em que fornecedor e distribuidor alimentam interesses conflitantes quanto ao preço dos bens objeto do contrato. Igualmente, há colaboração, porquanto o maior volume de vendas do distribuidor beneficiará a ambos.

9. Ainda que a racionalidade econômica fosse orientada a um sentido outro que não a acumulação do capital.

10. Cf. Douglass C. North, "Institutions, transaction costs, and the rise of merchant empires", *The Political Economy of Merchant Empires*, New York, Cambridge University Press, 1991, pp. 22-40.

11. A respeito da racionalidade jurídica, v., de minha autoria, "A interpretação dos negócios empresariais no novo Código Civil brasileiro", *RDM* 130/7-38, São Paulo, Malheiros Editores, 2003.

12. Sobre as influências sofridas por Pothier, inclusive do direito romano, v. Menezes Cordeiro, *Da Boa-Fé no Direito Civil*, Lisboa, Coimbra, 1997, pp. 242 e ss.

13. *In verbis*: "*Section 5*: *De l'interprétation des conventions*. *Article 1.156*: On doit dans les conventions rechercher quelle a été la commune intention des parties contractantes, plutôt que de s'arrêter au sens littéral des termes. *Article 1.157*: Lorsqu'une clause est susceptible de deux sens, on doit plutôt l'entendre dans celui avec lequel elle peut avoir quelque effet, que dans le sens avec lequel elle n'en pourrait produire aucun. *Article 1.158*: Les termes susceptibles de deux sens doivent être pris dans le sens qui convient le plus à la matière du contrat. *Article 1.159*: Ce qui est ambigu s'interprète par ce qui est d'usage dans le pays où le contrat est passé. *Article 1.160*: On doit suppléer dans le contrat les clauses qui y sont d'usage, quoiqu'elles n'y soient pas exprimées. *Article 1.161*: Toutes les clauses des conventions s'interprètent les unes par les autres, en donnant à chacune le sens qui résulte de l'acte entier. *Article 1.162*: Dans le doute, la convention s'interprète contre celui qui a stipulé et en faveur de celui qui a contracté l'obligation. *Article 1.163*: Quelque généraux que soient les termes dans lesquels une convention est conçue, elle ne comprend que les

claramente influenciaram nosso Visconde de Cairu e acabaram positivadas no art. 131 no Código de 1850.[15-16] Considerando que, muitas vezes, a manualística predominante refere-se a essas regras sem indicar sua origem – e sem lhes tributar sua real dimensão no sistema de direito comercial – vale revisá-las uma a uma,[17] lembrando que "mais do que meras máximas de experiência", essas regras "assumem como conteúdo uma exigência ética de correção social", imprimindo "à atividade interpretativa um endereço, uma diretiva, que exprime em si um juízo de valor",[18] especialmente útil à interpretação dos contratos mercantis.

Primeira regra: "Nas convenções mais se deve indagar qual foi a intenção commum das partes contrahentes, do que qual he o sentido grammatical das palavras".

Pothier refere-se à "intenção commum das partes" e não, meramente, à "intenção das partes". Isso significa que a primeira regra de interpretação toca ao *intento comum*, àquilo que chamamos de "causa objetiva", relacionada aos usos e costumes

choses sur lesquelles il paraît que les parties se sont proposé de contracter. *Article 1.164*: Lorsque dans un contrat on a exprimé un cas pour l'explication de l'obligation, on n'est pas censé avoir voulu par là restreindre l'étendue que l'engagement reçoit de droit aux cas non exprimés".

14. Sobre a influênia de Pothier na redação do *Code Civil*, v. Jean-Louis Halpérin, "La lecture de Pothier per la doctrine du XIXe siècle", *Robert-Joseph Pothier, d'hier à aujourd'hui*, Paris, Economica, 2001, pp. 66 e ss.

15. A respeito, na dicção do Prof. Bulgarelli, "obviamente, serviu-se o legislador de 1850 das 14 regras de Pothier, que ainda continuam bastante oportunas" (*Contratos Mercantis*, 4ª ed., São Paulo, Atlas, 1987, p. 143).

16. E também nos arts. 1.362 a 1.371 do *Codice Civile*: "*Dell'interpretazione del contratto. Art. 1.362. Intenzione dei contraenti*: Nell'interpretare il contratto si deve indagare quale sia stata la comune intenzione delle parti e non limitarsi al senso letterale delle parole. Per determinare la comune intenzione delle parti, si deve valutare il loro comportamento complessivo anche posteriore alla conclusione del contratto. *Art. 1.363. Interpretazione complessiva delle clausole*: Le clausole del contratto si interpretano le une per mezzo delle altre, attribuendo a ciascuna il senso che risulta dal complesso dell'atto (1.419). *Art. 1.364. Espressioni generali:* Per quanto generali siano le espressioni usate nel contratto, questo non comprende che gli oggetti sui quali le parti si sono proposte di contrattare. *Art. 1.365. Indicazioni esemplificative:* Quando in un contratto si è espresso un caso al fine di spiegare un patto, non si presumono esclusi i casi non espressi, ai quali, secondo ragione, può estendersi lo stesso patto. *Art. 1.366. Interpretazione di* ***buona fede***: Il contratto deve essere interpretato secondo buona fede (1.337, 1.371, 1.375). *Art. 1.367. Conservazione del contratto:* Nel dubbio, il contratto o le singole clausole devono interpretarsi nel senso in cui possono avere qualche effetto, anziché in quello secondo cui non ne avrebbero alcuno (1.424). *Art. 1.368. Pratiche generali interpretative:* Le clausole ambigue s'interpretano secondo ciò che si pratica generalmente nel luogo in cui il contratto è stato concluso. Nei contratti in cui una delle parti è un imprenditore (2.082), le clausole ambigue s'interpretano secondo ciò che si pratica generalmente nel luogo in cui è la sede dell'impresa. *Art. 1.369. Espressioni con più sensi:* Le espressioni che possono avere più sensi devono, nel dubbio, essere intese nel senso più conveniente alla natura e all'oggetto del contratto. *Art. 1.370. Interpretazione contro l'autore della clausola:* Le clausole inserite nelle condizioni generali di contratto (1.341) o in moduli o formulari (1.342) predisposti da uno dei contraenti s'interpretano, nel dubbio, a favore dell'altro. *Art. 1.371. Regole finali:* Qualora, nonostante l'applicazione delle norme contenute in questo capo (1.362 e seguenti), il contratto rimanga oscuro, esso deve essere inteso nel senso meno gravoso per l'obbligato, se è a titolo gratuito, e nel senso che realizzi l'equo contemperamento degli interessi delle parti, se è a titolo oneroso".

17. Essa necessidade faz-se sentir de forma ainda mais aguda quando nos damos conta que a semelhança entre as disposições do Código Comercial brasileiro de 1850 e as regras vigentes no *Codice Civile* explica-se pela raiz comum encontrada na sistematização de Pothier. Sua extirpação do atual Código Civil brasileiro é inexplicável e parece pretender abandonar – sem sucesso – a objetivação da interpretação através de sua inserção no contexto e na realidade contratual, privilegiando um amorfo subjetivismo já ultrapassado pela boa doutrina e pela jurisprudência. Não podemos deixar de notar que, no que tange às regras de interpretação, o Código brasileiro afastou-se de sua declarada fonte de inspiração e – o que é muito pior – de nossa tradição, corporificada no Código Comercial. Desastrada opção legislativa, cuja conseqüência apenas resta lamentar.

18. As palavras são de Betti, a pretexto dos comentários aos arts. 1.362 e ss. do *Codice Civile* (*Teoria Generale del Negozio Giuridico*, Camerino, Edizini Scientifiche Italiane, p. 249).

comerciais. Afinal, qual a função econômica que as partes pretenderam obter com a avença? Para que a celebraram? Qual a racionalidade (jurídica) que deve ser considerada como mote interpretativo, levando em conta a objetivação trazida pelo mercado? O que, no mercado, normalmente se busca com tal prática? (a "intenção comum" deve ser entendida como reflexa da práxis mercadológica, ou de fatos socialmente reconhecíveis, como ensina Betti).

Essa primeira regra – que, repisemos, toca à *intenção comum, objetiva*, das partes – abrange os seguintes pressupostos, cuja consideração é indispensável para a análise dos contratos empresariais:

O primeiro é que os agentes econômicos não contratam pelo mero prazer de trocar declarações de vontade,[19] ou seja, ao se vincularem, as empresas[20] têm em vista determinado escopo, que se mescla com a função econômica que esperam o negócio desempenhe.

O segundo é que a empresa, ao contratar, parte do pressuposto que o negócio trar-lhe-á mais vantagens do que desvantagens. Pode até ser que essa perspectiva frustre-se no futuro – levando o agente econômico ao rompimento do contrato – mas, no momento da celebração, ambas as partes acreditam que estarão "melhor com o contrato do que sem ele".

Por terceiro, como já observamos com Eros Roberto Grau, as partes, quando negociam e contratam, não tomam confortavelmente assento diante de um código e escolhem, entre fórmulas preexistentes (i.e., tipificadas), aquela que mais lhes apraz. O negócio é formatado pelos empresários para a satisfação de suas necessidades econômicas; daí que os contratos empresariais nascem da prática dos comerciantes e raramente de tipos normativos preconcebidos por autoridades exógenas ao mercado.[21]

Todos esses aspectos já estão contidos na primeira (e talvez mais importante) regra de Pothier.

Segunda regra: "Quando huma clausula he susceptivel de dous sentidos, deve entender-se naquelle, em que ella póde ter effeito; e não naquelle, em que não teria effeito algum".

Se as partes não contratam meramente pelo prazer de trocar declarações de vontade, o contrato é concebido com uma função (= função econômica = causa) e a interpretação da avença deve levar à sua consecução. Caso contrário, atirar-se-ia o contrato à inutilidade – decisão incompatível com a lógica do sistema. Em suma: se as empresas contrataram, seu escopo era atingir determinada função econômica, porque o negócio não pode racionalmente ser entendido como atividade de deleite. Deve-se atender à função econômica, porque esse o destino dos contratos no sistema jurídico. Negar-lhe a função típica (ou querida pelas partes) é negar seu pressuposto de existência.

Terceira regra: "Quando em hum contracto os termos são susceptíveis de dous sentidos, devem entender-se no sentido que mais convém à natureza do contrato".

A "natureza do contrato" está ligada à sua tipificação social, ou seja, aos efeitos que dele normalmente decorrem. É verdade que a idéia da "natureza do contrato" liga-se a sua função econômica (por óbvio, juridicamente reconhecida, na lição de As-

19. No original: "Le parti non stipulano contratti per il piacere di scambiarsi dichiarazioni di volontà; ma in vista di certe finalitá pel conseguimento delle quali entrano reciprocamente in rapporto" (v. Chiovenda, *Istituzioni di Diritto Processuale Civile*, v. I, Napoli, Joneve, 1933, p. 188).

20. Não nos ateremos à exata distinção terminológica entre sociedade (sujeito de direito) e empresa (objeto de direito). Para sua precisão, especialmente em relação à empresa, v. Bulgarelli, "Perspectivas da empresa perante o direito comercial", *Estudos e Pareceres de Direito Empresarial (O Direito das Empresas)*, São Paulo, Ed. RT, 1980, pp. 1 a 62.

21. Embora o Estado, até mesmo para subjugar os determinismos econômicos, regulamente os tipos normativos e imponha limites à autonomia privada.

carelli), às conseqüências que lhe são próprias por força de lei ou mesmo da tipificação social. Enfim, mais uma vez, a interpretação contratual há de se basear sobre os efeitos da avença normalmente esperados (i.e., socialmente, mercadologicamente esperados) – e, portanto, calculáveis.

Essa mesma "natureza do contrato" foi referida pelo art. 131 do Código Comercial, como veremos adiante.

Quarta regra: "Aquillo que em hum contracto he ambiguo, interpreta-se conforme o uso do paiz".

Dentro de um critério de racionalidade, de proteção da boa-fé, da confiança e, conseqüentemente, da legítima expectativa da outra parte, não se pode compreender que um contrato tenha interpretação diversa da práxis, base do sistema de direito comercial. Essa regra de Pothier deixa claro que os usos e costumes, no direito comercial, não ocupam lugar apenas como fonte do direito (ou seja, como pólo emanador de normas jurídicas vinculantes), mas também como pauta de interpretação dos contratos.

A objetivação social dos efeitos típicos torna-os previamente reconhecidos e queridos pelas partes autorizando a interpretação conforme a práxis. Esse procedimento reverte-se a favor da segurança e da previsibilidade, dando lugar a um melhor cálculo das jogadas.

Ademais, atentemos ao fato de que Pothier refere-se ao "uso do paiz", ou seja, aos efeitos típicos esperados naquele determinado mercado, por aquele específico grupo de pessoas. Mais tarde, Ascarelli chamaria atenção para as "premissas implícitas" de cada ordenamento, que devem ser consideradas no momento da interpretação dos negócios. Pouco ou nada adianta perquirir qual o impacto de uma cláusula de exclusividade no mercado norte-americano, se aqueles do nosso sistema forem diversos.

Quinta regra: "O uso he de tamanha authoridade na interpretação dos contratos; que se subentendem as cláusulas do uso, ainda que se não exprimissem".

Aqui, os usos vão assumir uma função de integração contratual, preenchendo as lacunas eventualmente encontradas na declaração das vontades. Retomam-se, pois, a racionalidade e a função econômica da avença, conforme espelhada no mercado, para autorizar a presunção de que os partícipes do acordo agem segundo as "notas de anônima repetição" apontadas por Irti.

Essa função integrativa vem expressamente referida no art. 133 do Código Comercial. *In verbis*: "omitindo-se na redação do contrato cláusulas necessárias à sua execução, deverá presumir-se que as partes se sujeitaram ao que é de uso e prática em tais casos entre os comerciantes, no lugar da execução do contrato".

Aquilo que é comum integra-se ao regramento particular, como se toda a praxe fosse acoplada ao negócio. Essa regra básica de interpretação corrobora a idéia de que a legítima expectativa da outra parte, baseada naquilo que normalmente ocorre no mercado, há de ser preservada. Sua *ratio* somente pode ser entendida tendo em mente a facilitação dos negócios: no processo interpretativo deve-se ter em conta aquilo que geralmente acontece e que as partes, racionalmente, incorporaram como base para estimar a atuação de determinado comportamento da outra.[22]

Sexta regra: "Huma clausula deve interpretar-se pelas outras do mesmo instrumento, ou ellas precedão, ou ellas se sigão áquella".

O negócio jurídico, enquanto expressão de uma racionalidade e modo de atingir um resultado (função), é uno. Essa unicidade há de presidir a interpretação con-

22. Ou, na dicção de Savigny: "L'interpretation ne doit pas être basée sur la supposition que l'auteur de l'acte a eu vue un cas tout à fait extraordinaire, et ne se présentant que très-rarement" (*Le Droit des Obligations*, trad. Gérardin e Jozon, Paris, Auguste Durand, 1863).

tratual, sob pena de se chegar a conclusões incompatíveis com a eficiência que se espera traga a avença.

Sétima regra: "Na duvida huma clausula deve interpretar-se contra aquelle que tem estipulado huma cousa, em descargo daquelle que tem contrahido a obrigação".

Pothier, na explicação dessa regra, parte implicitamente de pressuposição interessante: quem está em superioridade costuma ditar as regras do negócio. Assim, diz Pothier que o erro do credor deve a ele ser imputado, ou "O credor deve imputar a si o não se ter explicado melhor". Essa regra permeia a interpretação dos contratos de adesão, mas pode ser trazida ao auxílio do estabelecimento da correta dimensão dos contratos empresariais em geral: afinal, aquele que está em situação de dependência econômica não pode restar obrigado além dos termos expressamente contratados. Desautoriza-se, portanto, interpretação extensiva que prejudique o agente em posição de sujeição.

Oitava regra: "Por muito genericos que sejão os termos em que foi concebida uma convenção, ella só comprehende as cousas, sobre as quaes parece que os contrahentes se propozerão tratar, e não as cousas em que elles não pensárão".

Novamente, a função econômica do contrato deve imperar. Se concebido para determinado fim, não se pode admitir uma interpretação extensiva que o desvie daquilo que objetivamente dele se esperava.

Nona regra: "Quando o objeto da convenção he huma universalidade de cousas, comprehende todas as cousas particulares que compõem aquella universalidade, ainda aquellas de que as partes não tivessem conhecimento".

Esta nona regra protege a integridade do objeto do contrato quando este for uma universalidade, evitando o seu esfacelamento durante a transferência. A título exemplificativo, pensemos que o art. 1.148 do novo Código Civil (equivalente ao art. 2.558 do *Codice Civile*) esteja embasado nesse princípio, norteador dos negócios que envolvem universalidades.[23]

Décima regra: "Quando em hum contracto se exprimio hum caso, por causa da dúvida que poderia haver, se a obrigação resultante do contrato se estenderia áquelle caso; não se julga por isso ter querido restringir a extensão da obrigação, nos outros casos que por direito se comprehendem nella, como se fossem expressos".

Undécima regra: "Nos contratos, bem como nos testamentos, huma cláusula concebida no plural se distribue muitas vezes em muitas clausulas singulares".

Duodécima regra: "O que está no fim de uma fraze ordinariamente se refere a toda a fraze, e não áquillo só que a precede immediatamente; com tanto que este final da fraze concorde em genero e numero com a fraze toda".

Essas três regras finais determinam formas para auferir-se a intenção das partes quando da celebração do negócio. Observe-se que, por ser a regra de interpretação objetiva (sabida e conhecida por todos), ao aplicá-la despreza-se a intenção íntima para chegar a uma motivação mais objetiva, comum aos partícipes.

O art. 131 do Código Comercial, por sua vez, traz importantes pautas para interpretação e integração contratual. Sua revogação formal, como é logo de se perceber, não logrou extirpá-las de nosso sistema jurídico. Assim como é impossível revogar as regras de Pothier, acima estudadas, não se pode extirpar a penadas a tradição que existe nas entranhas de nosso direito mercantil.

Já observamos anteriormente os pontos centrais do art. 131:[24-25]

23. Cf. Campobasso, *Diritto Commerciale – Diritto dell'Impresa*, 3ª ed., Torino, Utet, 1997, p. 137.

24. Já observava o Prof. Bulgarelli: "o Código Comercial, no art. 131, dá ênfase à boa-fé dos contratantes, à verdadeira intenção das partes, aos usos e costumes (também no art. 130), ao contrato, como um conjunto, e à própria conduta dos contratantes

(i) respeito à boa-fé objetiva (e não subjetiva);

(ii) força normativa dos usos e costumes;

(iii) vontade objetiva e desprezo pela intenção individual de cada um dos contratantes – note-se que o texto legal faz referência expressa ao "espírito do contrato" e à "natureza do contrato" e não à intenção de cada uma das partes, individualmente considerada;

(iv) comportamento das partes como forma de chegar à vontade comum, ao espírito do contrato;

(v) interpretação a favor do devedor;

(vi) respeito à autonomia privada.

Nesse sistema, é importante dar o devido relevo ao art. 133 do Código Comercial que, a exemplo da quinta regra de Pothier, consagra os usos e costumes do mercado como fonte de direito, apta a integrar os termos contratuais, a que acima referimos.

Voltando os olhos para a realidade brasileira, destacam-se algumas lições de interpretação contratual do Visconde de Cairu[26] que, como dissemos, são calcadas em Pothier e apuradas no caldo do nosso direito comercial. Para nosso comercialista, o contrato é o "consenso recíproco de duas ou mais pessôas sobre fazer ou dar alguma cousa" e, dos seus ensinamentos, podemos extrair as seguintes principais regras interpretativas:

(i) "Havendo duvida sobre a intelligencia e força de hum Contrato mercantil, deve-se interpretar a mente dos contrahentes segundo o uso, ou Estatuto da Praça e lugar em que se fez o mesmo contracto; e bem assim o Juizo dos Commerciantes costumados a praticar essa espécie de negocio, ainda que aliás as palavras do trato, ou escripto diversamente signifiquem: pois sempre a boa fé o o estylo mercantil he que deve prevalecer e reger, e não o estreito significado dos termos e menos ainda as intelligencias cavillosas e contrarias ao verdadeiro espirito do contrato".

Aqui, destacam-se alguns pontos centrais do pensamento de Cairu:

a) a vontade dos contraentes deve ser interpretada de acordo com os usos e costumes comerciais, repelindo-se, portanto, a exegese que leva à prevalência da causa subjetiva sobre a causa objetiva;

b) o perfil do negócio deriva da função econômica que normalmente é esperada pelos agentes que atuam naquele mercado. Resgata-se, aqui, a lição de Simão Vaz Barbosa Lusitano, colacionada por Teixeira de Freitas: "Ato julga-se pelo seu fim (*actus omnis a fine judicatur*). Seu fim jurídico, bem entendido, que determina sua espécie segundo a intenção dos agentes";[27]

c) o parâmetro a ser considerado como de normalidade é aquele dos "comerciantes costumados a praticar essa espécie de negocio" e não o do cidadão comum, distanciado daquele *business*. Enfim, um contrato de bolsa deve ser valorado conforme o fazem os homens que lá atuam, e não conforme os padrões do comerciante que compra e vende alfaias. A correta interpretação do negócio pressupõe o profundo conhecimento de sua práxis;

d) a racionalidade a ser considerada para fins de interpretação da avença – determinação dos parâmetros da licitude – é aquela conforme a boa-fé, necessária ao "estylo" comercial. Não se pode pressupor uma racionalidade ardilosa, predatória, oportunista, sob pena de comprometimento do sistema;

posterior ao contrato, consagrando, portanto, em sua linguagem clássica, os princípios e métodos de que se serve a moderna teoria interpretativa dos contratos" (*Contratos Mercantis*, 4ª ed., cit., p. 143).

25. V., de minha autoria, "A interpretação dos negócios empresariais no novo Código Civil brasileiro", cit., *RDM* 130/7-38.

26. José da Silva Lisboa, *Princípios de Direito Mercantil e Leis de Marinha*, 6ª ed., Rio de Janeiro, Typographia Acadêmica, 1874, pp. 469 e ss.

27. *Regras de Direito*, São Paulo, Lejus, 2000, p. 15.

e) o "espírito do contrato" leva em conta fatores como a boa-fé e a mútua confiança. Mesmo que o contratante não tenha sido realmente movido por essa regra no estabelecimento da avença, a interpretação do negócio somente pode corroborar o respeito a esse princípio. Em outras palavras, a racionalidade aceita pelo direito comercial é aquela segundo seus pontos cardeais (boa-fé, que vai ao encontro do "estylo do comércio");

f) Cairu faz o mesmo raciocínio dos modernos doutrinadores europeus, para quem os usos e costumes devem vir ligados à boa-fé; agir conforme a boa-fé é respeitar os usos e costumes do mercado, o "estylo" comercial. Ou seja, os usos e costumes aportam uma objetividade que corrigiria o elemento subjetivo da boa-fé.[28]

(ii) Ensina Cairu: "porque deve tambem cada hum conhecer a condição daquelle, com quem contracta, e a quem encarrega seus negocios, e deve por tanto imputar a si o ter empregado o ministerio de hum humem pouco activo e desleixado" (...) "porque os graos de diligencia mais, ou menos exacta se devem regular segundo a qualidade, a difficuldade do negocio compettido, usos do Commercio, e estylo das praças, e dos Comerciantes cordatos (...)".[29]

Concluímos com Cairu que o sistema exige do mercador, para o bem do comércio, que aja como um homem diligente. Mas o padrão de normalidade aceitável, para fins de cálculo do comportamento da outra parte, é o comerciante habituado àquele mercado. A racionalidade jurídica, mais uma vez, é aquela calcada pelo mercado.

(iii) "O Contrato feito por qualquer dos Socios em nome social obriga a todos os outros quanto aos negocios da Sociedade, ainda que na estipulação se não fizesse menção dos mesmos Sócios, e aliás no escripturado Acto social seja convindo, que a Sociedade fosse só administrada por hum Caixa; pois assim o pede a boa-fé, e o gyro mercantil; ninguém tendo a obrigação de examinar, se cada Socio he ou não o Caixa, ou o acreditado pra tratar dos negócios da Sociedade".

Embora Cairu trate especificamente do contrato de sociedade, é importante analisar a força que a aparência assume no direito, sempre atendendo às necessidades do "gyro comercial". O que Cairu chama de "gyro comercial" é o que nós, modernamente, chamamos de "adequada fluência de relações no mercado". A idéia que o Visconde relata é bastante fértil: é preciso proteger a aparência para viabilizar a celeridade do fluxo de relações econômicas. Portanto, o resguardo da boa-fé, da confiança, leva ao bom "gyro mercantil". Eis uma lição que não pode ser esquecida e é hoje retomada, com certa bulha, pelos modernos economistas que tratam da organização industrial. A doutrina italiana também dá destaque a esse verdadeiro princípio de direito comercial. Colocando as razões práticas de sua existência "especialmente nas relações comerciais", Alpa e Bessone destacam que é melhor privilegiar aquilo que aparece sem dever pesquisar a efetiva vontade do declarante, porque isso "economiza tempo e dá certeza às relações jurídicas".[30]

(iv) "Quem percebe o commodo, não deve recusar o incommodo". Cairu traz para o direito comercial uma velha máxima que, no contexto do seu pensamento, assume outra dimensão: o negócio é uno e deve ser interpretado dentro de sua unidade. Não se pode – sob pena de subversão da boa-fé e da confiança úteis ao bom "gyro comercial" – segmentar o negócio, dele retirando, apenas, os efeitos que seriam favoráveis. O mesmo princípio embasa a regra: "Quem quer o conseqüente, quer o antecedente, isto

28. Para a visão crítica dessa posição, Béatrice Jaluzot, *La Bonne Foi dans les Contrats*, Paris, Dalloz, 2001, p. 107.

29. *Princípios de Direito Mercantil e Leis de Marinha*, 6ª ed., cit., p. 479.

30. *Elementi di Diritto Privato*, Roma, Laterza, 2001, p. 159.

he, quem quer os fins, he visto querer os meios, que a elle tendem".

(v) "Não pode pretender lucro quem não concorreu para algum negócio com fundo, industrial, ordem, ou risco". A noção de que o lucro é a remuneração do risco, cardeal na organização do sistema de direito comercial, aparece clara nessa regra de interpretação dos negócios mercantis. Embora modernamente o escopo de lucro tenha sido substituído pela economicidade, essa pedra de toque há de nortear a exegese da avença. O fruto da atividade comercial tem um preço: o risco que a ela é inerente. Lucro e risco, conceitos orientadores do sistema comercial, já presentes na obra de Cairu.

Como se vê, ao nos depararmos com as novas fronteiras do direito comercial, o repúdio dogmático à atividade interpretativa é injustificável e perigoso, desaguando – ao contrário do que criam os antigos – no aumento do grau de insegurança e de imprevisibilidade jurídicas. É preciso, pois, refutar esse positivismo distorcido, que deixa os agentes à míngua de soluções jurídicas para suas necessidades econômicas. No movimento de resgate exegético, a volta e compreensão de antigas máximas interpretativas são um bom começo.

No entanto, antes de cair na tentação das fórmulas certeiras e suas respostas fáceis, automáticas – tão comuns em um mundo dominado por cursos jurídicos que visam ao lucro de seus organizadores e não à formação humanística – é importante lembrar que as regras de interpretação sedimentaram-se ao longo do tempo, respondendo às necessidades que se colocavam aos pensadores do direito. Por conta disso, embora dotadas de função sistêmica importante, não podem ir além de sua consideração como *instrumento* – e jamais como fim em si mesmas.[31]

31. No dizer de Carlos Maximiliano: "as objeções (...) não justificam o repúdio dos adágios, e, sim, o cuidado de os aplicar sempre com discernimento, atenção e senso jurídico. (...) [N]enhum dogma jurídico dispensa o critério, a cultura e a experiência de seus aplicadores" (*Hermenêutica e Aplicação do Direito*, 4ª ed., Rio de Janeiro, Freitas Bastos, 1947).

POLÍTICA ECONÔMICA E ESTADO

Giovani Clark

As políticas econômicas ditadas pelo aparelho estatal possuem seus fins, objetivos e princípios esculpidos pelos Textos Constitucionais em geral, inclusive pela Carta Magna brasileira de 1988, por intermédio da consagrada, doutrinariamente, Constituição Econômica. Ensina o eminente jurista mineiro Washington Peluso Albino de Souza (2005) a respeito daquela:

"A presença de temas econômicos, quer esparsos em artigos isolados por todo o texto das constituições, quer localizados em um de seus 'títulos' ou 'capítulos', vem sendo denominado 'Constituição Econômica'.

"Significa, portanto, que o assunto econômico assume sentido jurídico, ou se 'juridiciza', em grau constitucional."

As políticas econômicas podem ser desenvolvidas tanto pelos poderes públicos, quanto pela iniciativa privada. Invariavelmente elas se interpenetram e se sujeitam aos planos. No caso das efetuadas pelo Estado, são ações coordenadas, ditadas por normas jurídicas, onde os órgãos públicos atuam na vida econômica presente e futura, e automaticamente nas relações sociais, em busca, hipoteticamente, da efetivação dos comandos da Constituição Econômica. Em síntese, política econômica estatal é um conjunto de decisões públicas dirigidas a satisfazer as necessidades sociais e individuais, com um menor esforço, diante de um quadro de carência de meios. É, ainda, uma das espécies do gênero políticas públicas.

"Definindo-se, políticas públicas é um conjunto de ações coordenadas pelos entes estatais, em grande parte por eles realizadas, destinadas a alterar as relações sociais existentes. Como prática estatal surge e se cristaliza por norma jurídica. A política pública é composta de ações estatais e decisões administrativas competentes" (Derani, 2004, p. 22).

Inúmeras podem ser as ações tomadas pelo poderes públicos na órbita econômica, dentre elas: compra e venda de moeda estrangeira; elevação ou redução dos tributos; ampliação do volume da moeda nacional na economia; edição de normas legais de remessa de lucros ao exterior, de repressão do poder econômico e de defesa do consumidor; emissão de títulos públicos no sistema financeiro que conseqüentemente influenciarão nos juros a serem pagos pelo Estado.

E ainda, podem significar: concessão de créditos subsidiados a setores econômicos; cessão de terras públicas ou redução de exigências burocráticas a fim incentivar o turismo; realização de obras governamentais em prol do crescimento modernizante; criação de agências reguladoras produtoras de marcos legais regulatórios de mercado; abertura de empresas estatais fabricantes de bens e prestadoras de serviços, voltadas ao desenvolvimento sustentável, etc.

Logicamente, as políticas econômicas estatais não podem ser analisadas isoladamente, fora de um contexto internacional, porque se sujeitam às influências do poder econômico transnacional, dos Estados Desenvolvidos e Comunitários, Entes Internacionais (Organização Mundial do Comércio, Fundo Monetário Internacional, Banco Mundial), sem excluir, contudo, a interdependência daquelas com as políticas econômicas do capital privado nacional. Inclusive, as democracias contemporâneas vêm sofrendo abalos pelos desvirtuamentos das atuações econômicas estatais, diante do poderio do setor privado.

"A profunda crise que as nossas democracias liberais atravessam, marcada nomeadamente pela perda de confiança das populações no mundo político e o enfraquecimento dos poderes públicos face aos poderes privados, em geral multinacionais, conduziram a um receio do interesse geral face aos interesses particulares" (Remiche, 1999, p. 284).

Durante a guerra fria, no século passado (1945 a 1990), imperou na economia de mercado às políticas econômicas neoliberais de regulamentação, onde o Estado Nacional transfigurou-se em Social, realizando a sua atuação direta, via empresa pública, sociedade de economia mista e fundações; ou indireta, através das normas legais de direito, no domínio econômico, em nome do desenvolvimento ou do crescimento.

Naqueles tempos de regulamentação, os capitais privados eram investidos internacionalmente na indústria de consumo, mas também na rendosa indústria armamentícia. Assim sendo, o poder econômico privado nacional e internacional precisava da ação estatal em setores de baixa lucratividade, de riscos financeiros ou carentes de investimentos tecnológicos, como as áreas de infra-estrutura (energia, estradas, água potável, telefonia) e social (educação, saúde, previdência), a fim de possibilitar o progresso da economia de mercado, refrear os movimentos sociais reivindicativos (dos trabalhadores, por exemplo) e remover o fantasma do socialismo. Dessa forma, se norteavam as ações econômicas públicas reservando à iniciativa privada ampliação de seus ganhos.

No fim do século XX e no início do século XXI, as políticas neoliberais de regulamentação passaram a restringir a expansão e a mobilidade do capital. O novo ambiente mundial de fim da guerra fria, queda do socialismo real e de alta evolução tecnológica resulta em pressões por outras políticas econômicas ao gosto dos donos do capital. Os Estados nacionais passam a executar o neoliberalismo de regulação transferindo serviços e atividades à iniciativa privada (via privatização e desestatização) agora, atraentes ao capital, em face da "redução" dos ganhos com a indústria bélica da guerra fria e dos avanços científicos. A tecnologia tornou lucrativos setores que anteriormente tinham baixa lucratividade, ou não tinham, e estavam nas mãos do Estado.

A partir da regulação, usada como único remédio salvador do mundo e protegida de grandes contestações pela mídia dos "donos do poder" (Faoro, 2000), o Estado passou a adotar uma nova técnica de ação na vida econômica, ou seja, o neoliberalismo de regulação. O poder estatal continuou a intervir indiretamente no domínio econômico, através das normas legais (leis, decretos, portaria); assim como intermediaria, via agências de regulação. Diferentemente das empresas estatais, as agências não produzem bens nem prestam serviços à população, mas somente fiscalizam e regulam o mercado ditando "comandos técnicos" de expansão, qualidade, indicadores de reajuste de preços, etc.

Todavia, é prudente frisar, que a técnica intervencionista de regulação permite a existência de algumas empresas estatais, em menor número, atuando no âmbito do mercado. Contudo, sem desempenhar o papel anterior e possuindo uma reduzida capacidade de ingerência na vida econômica.

"Diante das discussões alimentadas por defensores de uma 'regulação', como forma de 'modernidade' (traduzindo as predominâncias mais acentuadamente liberais) do Neoliberalismo, ante a figura da regulamentação (que seria comprometido com as técnicas intervencionistas menos acentuadas naquele sentido), deparamos com um panorama de oscilações próprio dessa ideologia mista. Por considerá-las como forma de 'ação', admitiremos, no máximo, que se diferenciam pelo grau assumido na relação Estado-sociedade, ou nas formas de Estado Máximo e Estado Mínimo. A menos que se trate de Estado Zero, absolutamente absenteísta (já desviado para a ideologia do Anarquismo), os instrumentos jurídicos utilizados por ambos afastam-se da hipótese do funcionamento auto-regulador do mercado. Em caso de opção pelo livre funcionamento das forças do mercado, contra a 'regulamentação' ou a 'regulação' que as direcionaria, o fundamento haverá de ser baseado na 'ordem natural' (introduzida na doutrina econômica dos Fisiocratas), que leva à 'força jurígena do fato'. Mesmo assim, o 'fato' dela decorrente deveria ser 'juridificado' para legitimar os 'efeitos jurídicos da abstenção', ou seja, da 'omissão'.

"Em caso contrário, deixaria de produzir efeitos indispensáveis ao seu reconhecimento nas relações sociais, mesmo em termos de direitos das partes em negociação nos mercados.

"Os 'objetivos' da 'regulação', portanto, enquadram-se no mesmo sistema operacional da 'intervenção'. De certo modo, a Regulação afasta-se da forma densamente intervencionista do Estado Bem-Estar, ou das atuações diretas do Estado-Empresário. Orienta-se no sentido do absenteísmo, sem jamais atingi-lo completamente, sob pena de negar a sua existência, por ser, ela própria, uma forma de 'ação' do Estado (...)" (Souza, 2005, p. 331).

Mais uma vez, as políticas econômicas públicas são modificadas pelas influências do capital privado. O próprio Estado nacional sofre mutações em seu poder de influenciar e gerir a vida social e econômica dos povos com a passagem do neoliberalismo de regulamentação para o de regulação. Os poderes públicos minimizaram suas forças naquelas áreas e o regramento socioeconômico passou, parcialmente, para os Estados Comunitários, Entes Internacionais e empresas transnacionais.

Todavia, dentro de um pensamento dialético e ciente que as Cartas Magnas foram alteradas em nome da regulação, no plano nacional as políticas econômicas estatais contemporâneas devem seguir, também, os ditames da Constituição a fim de possibilitar sua eficácia. Assim sendo, a participação dos movimentos consumeristas, sindicatos de trabalhadores, associações ambientalistas, entidades empresariais na elaboração, execução e contestação das normas de política econômica são primordiais na construção do Estado e da Democracia.

As complexidades sociais, os antagonismos de interesses e os ventos democráticos, dentro da sociedade pós-moderna, não permitem mais a produção de normas jurídicas estatais, principalmente as de Direito Econômico, formuladas unilateralmente pelos governantes e seus estafes burocráticos, sempre sujeitos às influências de "invisíveis" grupos de pressões. Porém, em relação à democracia, não podemos esquecer de seus limites na atualidade.

"Naturalmente, a presença de elites no poder não elimina a diferença entre regimes democráticos e regimes autocráticos. Sabia disso inclusive Mosca, um conservador que se declarava liberal mas não democrático e que imaginou uma complexa tipologia de formas de governo com o objetivo de mostrar que, apesar de não eliminarem jamais as oligarquias no poder, as diversas formas de governo se distinguem com base na sua diversa formação e organização. Mas desde que partir de uma definição predominantemente procedimental de democracia, não se pode esquecer que um dos impulsionadores desta interpretação,

Joseph Schumpeter, acertou em cheio quando sustentou que a característica de um governo democrático não é a ausência de elites mas a presenças de muitas elites em concorrência entre si para a conquista do voto popular (...)" (Bobbio, 2004, p. 39).

Não existe democracia participativa se os segmentos sociais organizados, e até mesmos os desorganizados, não construírem coletivamente os parâmetros legais das políticas econômicas ditadas pelo Direito Econômico. É nesse ramo do Direito que viabilizamos o desenvolvimento sustentável, ou apenas, o crescimento modernizante das Nações; ou então, optamos pelo incremento do mercado exportador em detrimento do nacional; ou ainda, abraçamos os desafios de equalizar a distribuição de renda, frente à sua histórica concentração, principalmente nos Estados em fase de desenvolvimento. Enfim, é o Direito Econômico que possibilita a efetivação dos direitos sociais, culturais e econômicos no tecido social, essenciais dentro de um real Estado Democrático de Direito ou qualquer outro tipo de Estado.

"O Direito Econômico dita o 'dever-ser' para as atividades econômicas, já que impõe normas jurídicas de comportamento para os agentes econômicos que atuam nessa órbita, motivados pelo imperioso interesse de estancar suas múltiplas necessidades/carências, individuais e coletivas, diante da raridade de recursos. Por certo, o Direito Econômico tem como objeto a regulamentação das políticas econômicas dos agentes econômicos (empresas, Estados, indivíduos, organizações não governamentais) no intuito de que todos, ou pelo menos a maioria, possam suprir suas necessidades (...)" (Clark, 2001, p. 7).

Apesar do poderio do capital privado e de sua influência forte na engrenagem produtiva e nos mercados de consumo dos Estados nacionais, devido à "globalização", existe a possibilidade da formulação de políticas econômicas endógenas por parte daqueles Estados, distintas das engendradas pelo poder econômico internacional, a serem construídas pelos atores sociais nacionais, dentro dos diversos espaços internos de poder (parlamentos, conselhos, fóruns, câmaras setoriais, judiciário), e afirmadas no plano internacional, a fim de que as ditas políticas econômicas estatais não se afastem dos comandos das Constituições Econômicas e das carências socioeconômicas dos povos.

"Globalização é um mito que exagera o peso e o alcance das forças econômicas de âmbito internacional. Os Estados nacionais, sobretudo nos países bem-sucedidos, não estão indefesos diante de processos econômicos 'globais' incontroláveis ou irresistíveis.

"Ao contrário do que sugere o fatalismo associado à ideologia da globalização, o desempenho das economias e o raio de manobra dos governos continuam a depender crucialmente de escolhas nacionais.

"O fascínio da 'globalização' é revelador do estado de prostração mental e desarmamento intelectual em que se encontram países como o Brasil. Para superá-lo, poderíamos começar por uma reavaliação do quadro externo e do papel dos Estados nacionais, desenvolvidos, sem inibições, a nossa própria concepção dos rumos que devem tomar as relações internacionais da economia brasileira" (Batista Jr., 2005, p. 52).

O capitalismo e Estado sempre foram interdependentes. Aliás, como ensina Huberman (1986) o Estado atual foi formatado para possibilitar o incremento das atividades comerciais nascente, em síntese do capitalismo, sobretudo no velho continente europeu.

"O mais rico é quem mais preocupa-se com o número de guardas que há em seu quarteirão. Os que se utilizam das estradas para enviar suas mercadorias ou dinheiro a outros lugares são os que mais reclamam proteção contra assaltos e isenção de taxas de pedágios. A confusão e a insegurança não são boas para os negócios. A classe média queria ordem e segurança.

"Para quem se poderia voltar? Quem, na organização feudal, lhe poderia garantir a ordem e a segurança? No passado, a proteção era proporcionada pela nobreza, pelos senhores feudais. Mas fora contra as extorsões desses mesmos senhores que as cidades haviam lutado. Eram os exércitos feudais que pilhavam, destruíam e roubavam. Os soldados dos nobres, não recebendo pagamento regular pelos seus serviços, saqueavam cidades e roubavam tudo o que podiam levar. As lutas entre os senhores guerreiros freqüentemente representavam desgraça para a população local, qualquer que fosse o vencedor. Era a presença de senhores diferentes em diferentes lugares ao longo das estradas comerciais que tornava os negócios tão difíceis. Necessitava-se de uma autoridade central, um Estado nacional. Um poder supremo que pudesse colocar em ordem o caos feudal. Os velhos senhores já não podiam preencher sua função social. Sua época passara. Era chegado o momento oportuno para um poder central forte" (Huberman, 1986, pp. 70-71).

Assim sendo, existe uma simbiose entre Estado e economia de mercado. Não existe esta última sem o primeiro. Por intermédio de inúmeras ações realizadas através dos tempos, o Estado ora dilata sua intervenção no domínio econômico como no período das políticas econômicas mercantilistas, patrocinadas pelos Estados absolutistas do século XVII, ou então, a restringe como nas políticas econômicas liberais construídas pelos Estados de Direito do século XIX.

Atualmente, o Estado Democrático de Direito do século XXI age "contidamente" na vida econômica, por intermédio da política econômica de regulação, diferente dos tempos do Estado Social do século XX onde aquela era chamada de regulamentação e a atuação pública foi mais aguda. Contudo, historicamente, o Estado sempre agiu na vida econômica de diferentes formas e intensidade.

No Brasil, logicamente, a realidade não foi distinta. A construção do modelo econômico exportador dependente é implementado pelo Estado, em conjunto com as elites e o poder econômico internacional, desde os idos do Brasil imperial, como ensina o saudoso Faoro (2000). Todavia tal modelo, incluindo suas políticas econômicas, fora arquitetado e também executado em nosso período colonial.

"Em discurso pronunciado na comemoração dos dez anos do Instituto de Estudos para o Desenvolvimento Industrial – IEDI, o empresário José Ermírio de Moraes Filho contou que estava sendo leiloado o original do célebre alvará emitido em 1785 pela rainha portuguesa D. Maria I, que restringiu severamente a instalação de indústria no Brasil. Por essa decisão, ficaram proibidas todas as manufaturas de fios, panos e bordados na colônia, com a única exceção de fazendas grossas de algodão que serviam para vestuário dos escravos ou para empregar em sacaria.

"D. Maria I acabou entrando para a história com a Rainha Louca. Em 1785, contudo, ainda estava em plena forma, defendendo a ferro e fogo a aplicação do sistema colonial. O famoso decreto era uma reação ao desenvolvimento incipiente de algumas fábricas no Brasil. Ao substituir importações, essas fábricas brasileiras acarretavam prejuízos às indústrias de Portugal e às receitas do governo metropolitano, que auferia direitos alfandegários sobre a entrada no Brasil de produtos têxteis da Inglaterra e de outros países" (Batista Jr., 2005, p. 103).

A intervenção do Estado brasileiro no domínio econômico sempre perdurou através dos tempos, independentemente de possuirmos uma economia eminentemente agrícola ou industrial como demonstra o Prof. Alberto Venancio Filho (1998), em sua clássica obra *A Intervenção do Estado no Domínio Econômico*. Infelizmente, o referido intervencionismo sempre teve como marca registrada, em suas raízes históricas, a supremacia dos interesses privados sobre os sociais e os públicos.

"Considerando ainda que durante a vida colonial e todo império podemos perceber uma predominância do poder privado sobre o poder público teremos, então, o quadro das características do Estado brasileiro como moldura do exame da intervenção no domínio econômico" (Venancio Filho, 1998, p. 38).

Não tardou muito para o tema da ação do aparelho estatal na vida econômica e outros chegarem de forma clara e articulada nas Cartas Magnas. Era o nascimento formal da consagrada Constituição Econômica, que fixa o dever-ser para a vida econômica, ou seja, estabelecendo os parâmetros constitucionais para as políticas econômicas do Estado e dos particulares.

Todavia, apesar dos Textos Constitucionais anteriores tratarem de forma fragmentada do tema econômico, até o início do século XX, isto não significou a inexistência de legislação infraconstitucional sobre aquele. Aliás, pelo contrário, a partir da revolução industrial, versar sobre política econômica passou a ser uma constância. Inclusive, as próprias Cartas Magnas liberais possuíam suas Constituições Econômicas.

"(...) A Constituição Econômica não é uma inovação do 'constitucionalismo social' do século XX, mas está presente em todas as Constituições, inclusive nas liberais dos séculos XVIII e XIX.

"Durante o liberalismo, a visão predominante era da existência de uma ordem econômica natural, fora das esferas jurídicas e políticas, que, em tese, não precisaria ser garantida pela Constituição. No entanto, todas as Constituições liberais possuíam disposições econômicas em seus textos. A Constituição Econômica liberal existia para sancionar o existente, garantindo os fundamentos do sistema econômico liberal, ao prever dispositivos que preservavam a liberdade de comércio, a liberdade de indústria, a liberdade contratual e, fundamentalmente, o direito de propriedade" (Bercovici, 2005, p. 32).

As primeiras Cartas Políticas a possuírem uma Constituição Econômica articulada foram a mexicana, de 1917, e a alemã, de Weimar, em 1919, seguindo os ventos dos Estados Sociais, com suas políticas econômicas neoliberais de regulamentação. O primeiro Texto Constitucional brasileiro a marchar nessa linha foi o de 1934, por intermédio do Título Da Ordem Econômica e Social, continuada com as demais Cartas Políticas, inclusive a de 1988, através do Capítulo Da Ordem Econômica e Financeira (arts. 170 a 192 da CF).

Portanto, nesses tempos atuais são explícitos os contornos constitucionais da política econômica, sejam dos poderes públicos ou privados, com fins, princípios e objetivos a serem efetivados. Assim sendo, é um poder-dever para os legisladores ordinários, membros do Executivo e do Judiciário, bem como para a sociedade civil retirar a Constituição Econômica do universo imaginário do dever-ser e implantá-la na difícil e complexa realidade do ser.

Versar sobre as políticas econômicas públicas pelo viés da obediência da Carta Magna é de fundamental importância nesses tempos atuais, onde se questiona o papel do Estado na economia, se valoriza a participação social, e se descobre a magnitude do poder econômico privado, por vezes, bem superior do público.

"Um 'governo paralelo' que passa por cima da sociedade civil é estabelecido pelas instituições financeiras internacionais (IFIs). Os países que não aceitam as 'metas de desempenho' são colocados na lista negra.

"Embora adotado em nome da 'democracia' e do chamado 'bom governo', o PAE requer o esforço do aparato de segurança interna: a repressão política – em conluio com as elites do Terceiro Mundo – apóia um processo paralelo de 'repressão econômica'.

"O 'bom governo' e a manutenção de eleições multipartidárias são condições adicionais impostas pelos doadores e credores. Todavia a própria natureza da reformas econômicas impede uma genuína democratização – isto é, sua implementação requer (contrariando o espírito do liberalismo anglo-saxão) invariavelmente o apoio do Exército e Estado autoritário. O ajuste estrutural promove instituições falsas e uma democracia parlamentar fictícia, que, por sua vez, patrocina o processo de reestruturação econômica (Chossudovsky, p. 28).

"Em todo o Terceiro Mundo, a situação é de desespero social e falta de perspectiva para uma população empobrecida pelo jogo imperativo das forças do mercado" (Diniz, 2005, p. 43).

No Brasil, Nação em desenvolvimento, as políticas econômicas públicas são produzidas prevalentemente pela União, grande responsável constitucional por aquelas, e realizadas em nome da coletividade, com o minguado dinheiro de nossos sacrificados contribuintes. Isso no intuito de efetivar, no cenário da realidade social, as imposições da atual Carta Magna de democracia participativa, justiça distributiva e soberania nacional. Infelizmente, as citadas imposições não são alçadas por diversos motivos, dentre outros, a concentração dos poderes de legislar nas mãos da esfera central do poder.

"A Constituição de 1988, apesar de ter ampliado as competências e os poderes dos Municípios e dos Estados-membros, em face da Constituição de 1967 e da Emenda Constitucional n. 1 de 1969, com o seu 'federalismo nominal' (Silva, 1999), não o fez de modo suficiente para possibilitar a real autonomia daqueles em relação ao Poder Central.

"A autonomia fica limitada, sobretudo, devido à dependência econômica dos Estados-membros e Municípios em relação à União, em virtude das parcas receitas tributárias, pelas práticas demagógicas e antidemocráticas nas relações entre as instâncias de poder territorial e os governados, pelas políticas econômicas da União que destroem as finanças e a capacidade de execução de políticas públicas próprias por parte dos Municípios e Estados-membros, pela efetiva falta de participação dos cidadãos nas decisões, devido à inexistência de instâncias alternativas de poder, e ainda, pelas restritas competências legislativas" (Clark, 2001, p. 87).

Na verdade, o Brasil e os Estados em desenvolvimento possuem uma realidade socioeconômica caótica e perversa à maioria do tecido social, promovida pelas "políticas econômicas genocídas" (Clark, 2004), orquestradas pelas elites nacionais e estrangeiras, em nome da ditadura do mercado e da democracia do dinheiro. As políticas econômicas de regulação são distanciadas dos compromissos sociais e econômicos ditados pelas Constituições Econômicas, além de reforçarem, em bases pós-modernas, o antigo colonialismo.

Aquelas são esculpidas e impingidas, a ferro e a fogo, pelos donos do capital, multiplicando seus lucros, em uma disputa desigual entre as classes nos variados espaços sociais de poder. Contudo, a organização das forças sociais e o planejamento democrático, poderão nos ajudar a engendrar caminhos para a extinção dos ciclos viciosos de ilegalidades, explorações e mortes.

Referências bibliográficas

BATISTA JR., Paulo Nogueira (2005). *A Economia como Ela É...* 3ª ed., São Paulo, Boitempo Editorial, 441 pp.

BERCOVICI, Gilberto (2005). *Constituição Econômica e Desenvolvimento.* São Paulo, Malheiros Editores, 190 pp.

BOBBIO, Norberto (2004). *O Futuro da Democracia.* Trad. Marco Aurélio Nogueira. 9ª ed., Rio de Janeiro, Paz e Terra, 207 pp.

CLARK, Giovani (2001). *O Município em Face do Direito Econômico.* Belo Horizonte, Del Rey, 266 pp.

______. (2004) "O genocídio econômico", *Revista do Tribunal Regional da 1ª Região* 1/45-49, Ano 16, Brasília, janeiro.

DINIZ, Arthur José Almeida (2005). "Direito Internacional Público em crise", *Revista da Faculdade de Direito da UFMG* 46/38-53, Belo Horizonte, janeiro-junho.

FAORO, Raimundo (2000). *Os Donos do Poder*. 2 vs., 10ª ed., São Paulo, Globo, Publifolha, 750 pp.

HUBERMAN, Leo (1986). *História da Riqueza do Homem*. Trad. Waltensir Dutra. 21ª ed., Rio de Janeiro, Guanabara, 313 pp.

REMICHE, Bernard *et al.* (1999). "Direito económico, mercado e interesse geral". Trad. Jorge Pinheiro. In *Filosofia do Direito e Direito Económico*. Lisboa, Instituto Piaget, pp. 281–288.

SOUZA, Washington Peluso Albino (2005). *Primeiras Linhas de Direito Econômico*. 6ª ed. São Paulo, LTr, 603 pp.

VENANCIO FILHO, Alberto (1998). *A Intervenção do Estado no Domínio Econômico*. Rio de Janeiro, Renovar, 607 pp.

A CONSTITUCIONALIDADE DA "TABLITA"

ARNOLDO WALD

O acórdão do Supremo Tribunal Federal, referente à *tablita* de 1987 (RE n. 141.190), que acaba de ser publicado se reveste da maior importância, tanto no tocante ao direito monetário quanto à definição, pelo Supremo Tribunal Federal, da exata conceituação do direito adquirido. É também uma das primeiras decisões da nossa Suprema Corte, na qual vários dos votos proferidos incluem um estudo econômico-financeiro, que serve de fundamento à orientação adotada pelo Tribunal.

Embora, no passado, se tenha feito referências pontuais ao direito monetário, procurando até fazer a distinção entre cláusulas de reajustamento das prestações e das cláusulas monetárias, é a primeira vez que o STF reconhece os efeitos específicos da política monetária e analisa a moeda como valor de troca, conciliando as suas funções de instrumento de pagamento e de garantia da manutenção de um determinado poder aquisitivo. O Poder Judiciário realiza, assim, a adequada e eqüitativa composição entre o nominalismo e o realismo monetário, conciliando o interesse público e os direitos individuais.

Não obstante tenham sido distintos os fundamentos dos vários votos proferidos, há um consenso entre os Ministros no sentido de reconhecer a peculiaridade do fenômeno monetário, não se podendo equiparar a moeda a uma mercadoria, nem considerar a operação bancária como sendo uma prestação de serviços.

Em relação à conceituação do direito adquirido, também houve uma clarificação importante, fazendo-se a síntese de uma evolução jurisprudencial que ocorreu nos últimos vinte anos, em virtude das importantes modificações sociais, econômicas e tecnológicas que o país sofreu. Sem que se possa admitir a relativização do direito adquirido, não há como manter conceitos com o sentido que tiveram no século XIX, quando a sociedade era muito mais estável, no chamado "mundo da segurança" então existente, e no qual as mudanças não se realizavam com o ritmo que adquiriram nas últimas décadas.

Efetivamente, se no século XXI vivemos na era da velocidade, na qual desapareceram as distâncias, o direito deve adaptar-se a essa evolução, revendo sua dogmática e tentando conciliar a tradição com as novas necessidades.

Já em meados do século passado, San Tiago Dantas reconhecia que existiam em nosso país dois direitos: o dos códigos e dos tratados de direito civil, de um lado e, do outro, o dos tribunais, das chamadas leis extravagantes e da prática. E afirmava que era preciso ultrapassar o hiato existente entre o direito dos livros e o da vida. Essa lição adquiriu ainda maior atualidade no fim do século XX e no início do nosso.

Por outro lado, o direito tem que manter os seus princípios adaptando a aplicação dos mesmos às novas condições de vida. Uma das áreas nas quais se faz mais agudo o conflito entre o direito tradicional e as exigências atuais da evolução econômico-financeira do país é o do direito monetário, abrangendo as várias leis de indexação e de desindexação e os chamados planos econômicos, que ensejaram problemas jurídicos complexos e ações que congestionaram os nossos tribunais, durante mais de dez anos.

Podemos resumir a evolução que ocorreu considerando que, numa primeira fase, as leis monetárias foram consideradas como sendo de ordem pública e como tais, de aplicação imediata (RE n. 107.512, in *RTJ* 121/705 e outros recursos). Num segundo momento, o Supremo Tribunal Federal fez a distinção entre as normas referentes às instituições e as que tratam da matéria contratual. Rejeitando e superando a distinção entre normas de ordem pública, que seriam de aplicação imediata, e normas supletivas, em relação às quais não se admitia a retroatividade mínima, considerou o STF que, na área institucional, a lei nova deveria ser aplicada de imediato, enquanto o mesmo não tinha que ocorrer em relação aos contratos. Foi a tese sustentada na ADI n. 493 (*RTJ* 143/724), na qual o relator, após ter citado a nossa obra a respeito da cláusula de escala móvel, concluiu que a TR não era indexador monetário. Fez-se, outrossim, a distinção entre leis que modificavam a unidade monetária e outras que se limitavam a fixar novas regras para a indexação.

Ficava a dúvida quanto à aplicação aos contratos privados de regras de caráter institucional, discutindo-se a aplicação imediata das normas monetárias no que tange às relações entre particulares. Assim, por exemplo, o Poder Judiciário modificou os índices do Plano Verão, mas considerou constitucional o Plano Collor (Súmula n. 725).

O acórdão da *tablita* mantém a distinção entre normas institucionais e contratuais, porém admitindo exceções. Assim, considera que as normas monetárias, abrangendo tanto a moeda como o seu poder aquisitivo, ou seja, os indexadores, devem ser aplicadas imediatamente, desde que obedeçam ao princípio da proporcionalidade.

Ficam, assim, esclarecidas e superadas as dúvidas que tinham surgido na jurisprudência anterior do Supremo Tribunal Federal em relação ao efeito imediato da lei, reconhecendo a Corte Suprema que não há direito adquirido a um regime jurídico determinado, especialmente no campo monetário, quer em relação à moeda, quer em relação ao indexador constantes do contrato.

Por outro lado, afirmou-se que devia ser respeitado o princípio da proporcionalidade, apreciando-se os efeitos práticos da nova legislação. Não se trata mais da razoabilidade encarada abstratamente, numa apreciação lógica do texto legal, mas do exame de suas conseqüências econômicas, que não podem conflitar com os princípios fundamentais da nossa Constituição.

Há quase vinte anos, o Ministro Bilac Pinto, inicialmente em artigo publicado na *Revista Forense* (*RF* 82/561) e, em seguida, em voto proferido no Supremo Tribunal Federal, no RE n. 72.071-GB (*RTJ* 58/699), examinando a legislação referente a acidentes do trabalho, entendeu que determinadas leis podiam ser formalmente constitucionais, mas materialmente inconstitucionais. A distinção se aplicaria tanto no direito fiscal como no direito processual. Tive o ensejo de defender a ampliação do campo da distinção para também fazê-la incidir no direito monetário, em artigo que então publicamos na *Revista de Informação Legislativa* (112/299) e que aqui republicamos.

Em certo sentido, a síntese feita pelo Ministro Gilmar Mendes, no seu voto, no caso da *tablita*, aplicando o princípio da proporcionalidade para legitimar a intervenção do Estado no contrato, mediante medidas monetárias, adota posição análoga, admitindo um poder monetário que não pode ser abusivo nem arbitrário.

Cabe acrescentar que os princípios da razoabilidade e da proporcionalidade, no passado, eram baseados exclusiva ou principalmente em pressupostos jurídicos, invocando-se a lógica e o raciocínio, enquanto, agora, talvez pela primeira vez, a proporcionalidade se fundamenta em estudos econômicos.

Efetivamente, a decisão da Suprema Corte no caso da *tablita* reconhece o Poder Monetário da União, mas o limita; admite o efeito imediato da lei, mas não permite que tenha efeito confiscatório; não desconhece o fato, que é a situação inflacionária, à qual dá relevância, mas não submete o direito à economia. São, pois qualidades criativas e fecundas da maior importância que indicam uma nova fase da jurisprudência pátria e até, mais do que isso, uma nova visão do direito no século XXI.

Os tribunais que, ainda há meio século, desconheciam o fenômeno inflacionário e acreditavam na estabilidade da moeda, evoluíram e progressivamente, atribuíram efeitos importantes à desvalorização monetária, que tentaram compensar de modo eqüitativo. Posteriormente, ora intervieram na fixação do indexador, ora negaram efeito imediato às leis monetárias, tendo inclusive, em alguns poucos casos, em relação ao Plano Real, admitido um enriquecimento sem causa do investidor em detrimento da sociedade. Com o acórdão referente à *tablita*, chegamos, agora, a uma fase construtiva de equilíbrio na qual, de acordo com as lições de Jean Carbonnier "a soberania monetária deve ser limitada por uma moral, uma ética monetária".

REGIME JURÍDICO NA REGULAÇÃO DE SINISTRO COM RESSEGURO OBRIGATÓRIO

Renato Buranello

1. O poder regulamentar dentro do Sistema Nacional de Seguros Privados. 2. Contrato de resseguro e a relação funcional com o contrato de seguro. 3. Regulação e liquidação de sinistro no caso de resseguro obrigatório.

Este artigo destaca e descreve os procedimentos legais aplicáveis na regulação de sinistro, em especial no pagamento de indenização dentro das operações de seguro garantia de obrigações contratuais com resseguro obrigatório junto ao IRB-Brasil Resseguros S/A (Circular SUSEP n. 232, de 3.6.2003).

1. O poder regulamentar dentro do Sistema Nacional de Seguros Privados

O Sistema Nacional de Seguros Privados, parte integrante do Sistema Financeiro Nacional, é disciplinado por um conjunto de normas cujo texto principal é o Decreto-lei n. 73, de 21 de novembro de 1966. O art. 7º deste decreto (com redação dada pelo Decreto-lei n. 296, de 1967) confere à União o poder de formular a política de seguros privados, legislar sobre suas normas gerais e fiscalizar as operações no mercado nacional. Já o art. 8º da mesma norma estabelece que o Sistema Nacional de Seguros Privados é constituído pelas seguintes entidades e profissionais:

a) Conselho Nacional de Seguros Privados (CNSP);

b) Superintendência de Seguros Privados (SUSEP);

c) IRB-Brasil Resseguros S/A (IRB);

d) sociedades autorizadas a operar em seguros privados; e

e) corretores habilitados.

O Conselho Nacional de Seguros Privados tem natureza política, na medida em que lhe cabe fixar as diretrizes e normas da política de seguros privados, bem como estabelecer as diretrizes gerais das operações de resseguro. É dotado de poder de polícia, tanto que pode determinar a aplicação de penalidades às sociedades seguradoras e aos corretores (art. 32, II, do Decreto-lei n. 73/1966). Ainda, *é dotado de poder hierárquico sobre as demais instituições que operam o sistema de seguros, tanto que ele pode conhecer dos recursos de decisão da Superintendência de Seguros Privados e do IRB-Resseguros S/A*.

A Superintendência de Seguros Privados foi criada pelo Decreto-lei n. 73/1966. Trata-se de uma entidade autárquica, dotada de personalidade jurídica de direito público, com autonomia administrativa e financeira. Atua como órgão fiscalizador da constituição, organização, funcionamento e operações das sociedades seguradoras, podendo, inclusive, baixar instruções e expedir circulares relativas à regulamentação das operações de seguro, de acordo com as diretrizes do Conselho Nacional de Seguros Privados, e fixar condições de apólices, planos de operações e tarifas a serem utilizadas obrigatoriamente pelo mercado segurador nacional.

O antigo Instituto de Resseguros do Brasil foi criado pelo Decreto-lei n. 1.186, de 3 de abril de 1939, mas seu regime jurídico hoje está consolidado no texto do Decreto-lei n. 73/1966,[1] que o define como sociedade de economia mista controlada pela União Federal.[2] Sua finalidade, fixada pelo art. 42 do citado decreto, é "regular o co-seguro, o resseguro e a retrocessão, bem como promover o desenvolvimento das operações de seguro, segundo as diretrizes do Conselho Nacional de Seguros Privados". Importa destacar que a Lei n. 9.932, de 20 de dezembro de 1999, transferiu do Instituto de Resseguros do Brasil para a Superintendência de Seguros Privados as funções regulatórias e de fiscalização do mercado de resseguro, inclusive a competência para conceder autorizações. Esta lei, no entanto, foi objeto da Ação Direta de Inconstitucionalidade n. 2.223, na qual foi concedida medida cautelar. Depois da concessão da liminar, veio a Emenda Constitucional n. 40, de 29 de maio de 2003, que revogou a exigência de lei complementar para disciplinar, e o relator da ação direta terminou julgando a ação prejudicada. Destaca-se, nos termos do art. 44, I, *b* e *c*, do Decreto-lei n. 73/1966, que o IRB-Brasil Resseguros S/A deverá, entre outras obrigações, aceitar o resseguro obrigatório e facultativo, e reter o resseguro aceito, na totalidade ou em parte. Deste modo, as operações de resseguro e retrocessão em vigor e que vierem a ser realizadas com o Instituto de Resseguros do Brasil (até a data da transferência de seu controle acionário) deverão atender ao disposto na resolução CNSP n. 2, de 14 de janeiro de 2000 e, ainda, as Circulares Presi-032-2005 e Presi-003-2006, sendo a primeira como norma geral de resseguro e retrocessão do instituto (NGRR).

2. *Contrato de resseguro e a relação funcional com o contrato de seguro*

Em linhas gerais, podemos considerar que a natureza jurídica do contrato de resseguro é similar a de um contrato de seguro. Especificamente, importa destacar que entendemos que a natureza do contrato de resseguro é de um seguro de responsabilidade civil do segurador. No entanto, nos parece indiscutível que o contrato de seguro e o de resseguro, tanto do ponto de vista material como jurídico, são contratos absolutamente distintos. Os elementos característicos de ambos os contratos são destacadamente diferentes:

a) as partes contratantes são diversas em cada contrato;

b) são diversos os riscos cobertos;

c) são distintos os interesses seguráveis;

d) há condições específicas para cada contrato.

Contudo, entendemos que *o resseguro não pode desprender-se totalmente da realidade operacional do contrato de seguro, nem podem existir incoerências entre as soluções que se concluam em cada uma das relações jurídicas definidas.* Se assim não se processasse, o segurador cedente estaria em uma situação de falta de proteção, sempre que viesse a responder ao segurado, sem receber a correspondente participação do resseguro contratado. Desta forma, o risco do resseguro está subordinado a um duplo pressuposto: o risco que suporta o segurado originário e o contrato

1. Com as alterações introduzidas pela Lei n. 9.482, de 13.8.1997.

2. Em assim sendo, a competência para o julgamento de causas em que o Instituto de Resseguros do Brasil seja parte é da justiça estadual comum. Neste sentido, ver a decisão da 2ª Seção do STJ no Conflito de Competência n. 874-PE, julgado em 14.2.1990, relatado pelo Ministro Cláudio Santos, *Diário da Justiça* 12.3.1990, p. 1.698.

de seguro que supõe para o segurador uma possibilidade do nascimento da obrigação de indenizar. O segurador não poderá, sob o pretexto de haver transferido parte do prêmio recebido para o ressegurador, eximir-se do cumprimento do contrato de seguro. O segurado não é chamado a participar do contrato de resseguro. Negócio estranho para ele, mantém íntegro seu direito de reclamar do segurador qualquer inadimplemento contratual, ainda que toda a obrigação tenha sido transferida ao ressegurador. Situação bem diferente é a do contrato de resseguro que não tem a mesma autonomia. Há entre o contrato de resseguro e o de seguro relação funcional, de modo que a validade de um depende da do outro. O resseguro pressupõe a existência do contrato de seguro onde se regulam as condições do risco, comum aos dois. Todo o risco coberto pelo ressegurador é necessariamente o mesmo admitido pelo segurador.

Assim, determina a Circular Presi-032-2005, que respeitadas as limitações e restrições estabelecidas naquelas normas e nas Normas Específicas de Resseguro e Retrocessão (NERR) relativas a cada ramo de seguro, a responsabilidade do ressegurador começa e termina com a da sociedade ressegurada. Ainda, no caso de resseguro não amparado por cobertura automática, a responsabilidade do ressegurador começa e termina nos exatos termos e condições do contrato de aceitação de resseguro ou documento semelhante. Ademais, cabe salientar que, seguindo as disposições gerais do antigo decreto citado, as sociedades seguradoras são obrigadas a ressegurar no Instituto de Resseguros do Brasil as responsabilidades excedentes de seu limite técnico em cada ramo de operações e, em caso de co-seguro, cota que for fixada pelo Conselho Nacional de Seguros Privados (art. 79 do Decreto-lei n. 73/1966).

3. Regulação e liquidação de sinistro no caso de resseguro obrigatório

Comum aos demais ramos do seguro e na preservação das relações entre segurados e segurador reguladas pelo contrato de seguro, as liquidações de sinistros se processam exclusivamente entre as partes contratantes, sem qualquer interferência do ressegurador. Contudo, de acordo com o art. 401 da Circular Presi-032-2005, a regulação do sinistro ficará a cargo do ressegurador, quando a participação do resseguro, no risco sinistrado, for igual ou superior a *cinqüenta por cento* e desde que a estimativa total de prejuízos ultrapasse os limites mínimos, para fins de regulação, por ele divulgadas em instruções próprias.[3]

Não obstante, por vezes a regulação do sinistro implica em atraso no pagamento da indenização ou mesmo em recusa da mesma, o que pode levar o segurado a ajuizar demanda. Quanto a esta demanda propriamente dita, vale esclarecer que a composição de seu pólo passivo pode ser diferenciada em dois momentos históricos – antes e depois da Lei n. 9.932/1999. Antes da aludida lei, vigia o art. 68 do Decreto-lei n. 73/1966, que dispunha que o Instituto de Resseguros do Brasil seria considerado litisconsorte necessário[4] nas ações de seguro, sempre que tivesse responsabilidade no pedido, de sorte que a não citação daquele para responder à demanda juntamente com a seguradora deflagraria nulidade total do processo (art. 47, *in fine*, do CPC). Ou seja, era obrigação do segurado acionar tanto o segurador quanto o ressegurador, sob pena de nulidade processual.

Sobre o tema, vale esclarecer, o Superior Tribunal de Justiça mantinha pacífico entendimento, *verbis*:

3. Não obstante o disposto no citado *caput* deste artigo, o ressegurador poderá delegar a regulação do sinistro a ressegurada, independentemente do nível de cessão de resseguro e da estimativa dos prejuízos. De toda forma, poderá o ressegurador assistir, interferir ou avocar a regulação a qualquer tempo.

4. Assinala Humberto Theodoro Júnior poder-se "concluir que o litisconsórcio necessário, ativo ou passivo, é aquele sem cuja observância não será eficaz a sentença, seja por exigência da própria lei, seja pela natureza da relação jurídica litigiosa" (*Curso de Direito Processual Civil*, 44ª ed., Rio de Janeiro, Forense, 2006, p. 124).

Seguro e resseguro. Litisconsórcio necessário. Quando o Instituto de Resseguros do Brasil participa da soma reclamada. Artigos 68, § 1º, do Decreto-lei n. 73/1966 e 47 do CPC. Preclusão desacolhida.

I – O artigo 68 do Decreto-lei n. 73/1966 determina a citação do Instituto de Resseguros do Brasil como litisconsorte necessário, sendo nula a sentença proferida sem a concretização dessa providência, tanto por efeito do § 6º desse artigo, como em conseqüência do artigo 47 do Código de Processo Civil.

II – Não impondo a norma a seguradora outra conduta que não a declaração da participação daquele instituto na soma reclamada, não é licito ao julgador exigir prova desse vínculo para determinar seja efetuada a citação.

III – Por determinação legal (art. 68, § 1º, do DL n. 73/1966), incumbe a seguradora declarar, na contestação, se o Instituto de Resseguros do Brasil participa na soma declarada. Assim não ocorrendo, preclusa estará, na causa, a oportunidade de invocar-se o litisconsórcio a que se refere o *caput* do referido dispositivo legal" (STJ, 4ª T., REsp n. 36.671-GO, j. em 21.6.1994, Rel. Ministro Sálvio de Figueiredo Teixeira, *DJ* 15.8.1994, p. 20.338).

Com o advento da Lei n. 9.932/1999, o art. 68 do Decreto-lei n. 73/1966 foi revogado, emergindo então a dúvida de como o Instituto de Resseguros do Brasil interviria em ações cujo sinistro em discussão também fosse coberto por resseguro, já que o segurado não poderia mais demandar diretamente contra o ressegurador, eis que este deixou de ser litisconsorte necessário. A questão foi solucionada, então, com a aplicação do disposto no art. 70, III, do Código de Processo Civil, que assim dispõe:

> A denunciação à lide é obrigatória:
> (...)
> III – àquele que estiver obrigado, pela lei ou pelo contrato, a indenizar, em ação regressiva, o prejuízo do que perder a demanda.

Como se vê, em virtude do aludido dispositivo legal, toda a vez que uma demanda pender sobre contrato de seguro, em que o Instituto de Resseguros do Brasil tenha responsabilidade sobre o sinistro, este deverá ser denunciado. Registre-se, porém, que a invocada obrigatoriedade, no caso de relações securitárias, amparadas por contratos, tem caráter meramente processual, não importando a omissão da parte quanto à denunciação em nulidade processual ou em perda do direito de regresso. A denunciação no caso de ações securitárias serve apenas para que a parte interessada em garantir, já na demanda principal, seu direito ao regresso em face de terceiro responsável, tenha ciência de que tal possibilidade fica condicionada à denunciação à lide, denunciação esta que deve ocorrer na primeira oportunidade que a parte se manifestar nos autos (art. 71 do CPC).

Obviamente, a denunciação caracteriza-se como instrumento altamente vantajoso para o demandante/denunciante, já que no caso deste sucumbir, a mesma sentença que lhe impuser reprimenda em favor do outro demandante, também declarará de pronto a responsabilidade do denunciado para com o demandante/denunciante, desde que fique comprovado, claro, a responsabilidade daquele. Ou seja, no caso de ação ajuizada por segurado em face do segurador, este, já na peça de resistência, pode denunciar à lide o ressegurador com quem dividiu o prêmio e o dever de indenizar o sinistro, de sorte que eventual sentença condenatória na ação principal garanta desde já ao segurador/denunciante o direito de executar o ressegurador na parte que lhe cabia no contrato de resseguro firmado, sem a necessidade de esperar para ajuizar ação de regresso.

Em suma: uma única sentença, um único título executivo permitirá duas execuções forçadas no caso de não cumprimento voluntário das decisões. Sim, porque não se pode confundir a decisão que vincula autor/segurado e réu/segurador/denunciante com aquela imposta ao ressegurador/denunciado. Este não responde diretamente por pendência discutida na relação principal. Destarte, embora na mesma sentença, primeiro se condena o segurador/denunciante a ressarcir o autor, para posteriormente se condenar o ressegurador/denunciado a restituir àquele o valor que lhe couber segundo a relação estabelecida entre eles. No que diz respeito à jurisprudência, vale destacar que o Superior Tribunal de Justiça vem se manifestando no sentido de garantir a possibilidade de denunciação à lide do ressegurador, veja:

> *Indenização.* Seguro. Denunciação da lide ao Instituto de Resseguros do Brasil (IRB). Admissibilidade. Cerceamento de defesa. Prova pericial.
>
> Ainda que revogado o artigo 68 do Decreto-lei n. 73, de 21.11.1966, pelo artigo 12 da Lei n. 9.932, de 20.12.1999, é cabível a denunciação da lide pela companhia de seguros ao Instituto de Resseguros do Brasil, a fim de assegurar o direito regressivo contra este. Realização de prova pericial que não foi definitivamente afastada pelo Juízo de Direito. Imprescindibilidade, de todo modo, de reexame da matéria probatória, a fim de certificar-se sobre a pertinência de sua efetivação no caso (Súmula 7 do STJ). Recurso especial conhecido, em parte, e provido (REsp n. 125.573-PR, Rel. Ministro Barros Monteiro, *DJ* 24.9.2001).
>
> *Ação de indenização.* Danos a imóvel causados por enchente. Seguro e resseguro. Instituto de Resseguros do Brasil. Denunciação à lide. Decreto-lei n. 73/1966, artigo 68.
>
> I – Admitida a denunciação à lide do Instituto de Resseguros do Brasil, em face da sua participação como ressegurador na cobertura da indenização por danos causados a imóvel financiado, em razão de alagamento, responde, ele, solidariamente com a companhia de seguros, pelas custas e honorários sucumbenciais, porém proporcionalmente ao percentual do resseguro.
>
> II – Recurso conhecido e parcialmente provido (REsp n. 36.289-RS, Rel. Ministro Aldir Passarinho Júnior, *DJ* 11.6.2001).

Por oportuno, vale lembrar, caso não denuncie, ainda assim a parte prejudicada por sentença transitada em julgado poderá ser ressarcida por terceiro responsável. Neste caso, entretanto, terá que se valer do ajuizamento de ação de regresso. Aliás, apenas a título de curiosidade, no caso de relações securitárias de caráter consumerista, na hipótese de existir resseguro, a ação de regresso é o único meio judicial que o segurador condenado tem para pleitear junto Instituto de Resseguros do Brasil a parte que este estaria obrigado. Isto porque, o art. 101 do Código de Defesa do Consumidor veda expressamente tal denunciação, impossibilitando a intervenção do instituto, quer como litisconsorte necessário quer como denunciado. Contudo, como o contrato objeto desta análise não se submete ao estatuto consumerista, conclui-se que uma vez que as relações jurídicas (segurado/segurador e segurador/ressegurador) são independentes, caso o segurador seja demandado judicialmente em virtude de sinistro também coberto por resseguro, deverá este se valer do instituto da denunciação da lide, trazendo aos autos o ressegurador como terceiro interveniente, de sorte a garantir que eventual sentença condenatória também imponha ao ressegurador/denunciado o dever de ressarcir ao segurador/denunciante a parte que lhe couber em relação ao contrato de resseguro, incluindo-se ainda nesse ressarcimento eventuais reprimendas indenizatórias decorrentes, por exemplo, de danos causados por atrasos na regulação de sinistros determinados pelo ressegurador. Resumidamente, esses são os principais aspectos processuais e de regulação sobre o tema. Salienta-se que é importante e necessário o contínuo acompanhamento das alterações normativas que o mercado de seguro está adstrito, em especial com o processo de abertura do mercado de resseguro no país, em vias de concretização.

São Paulo, 22 de agosto de 2006.

DIREITO DE RETENÇÃO NO CONTRATO DE EMPREITADA

RENATO VENTURA RIBEIRO

I — Introdução. II — Fundamentos do direito de retenção: 1. Origem e primeiros princípios do direito de retenção; 2. Direito de retenção e "exceptio non adimpleti contractus"; 3. Fundamento do direito de retenção; 4. Natureza jurídica do direito de retenção; 5. O tratamento do direito de retenção nas legislações; 6. Formas de interpretação do direito de retenção: restritiva e extensiva; 7. Requisitos do direito de retenção; 8. Forma de exercício do direito de retenção. III — O direito de retenção na empreitada: 1. O contrato de empreitada civil e comercial; 2. O direito de retenção na empreitada: 2.1 O direito de retenção na empreitada comercial; 2.2 O direito de retenção na empreitada civil; 2.3 O direito de retenção na empreitada em geral; 2.4 O direito de retenção nas incorporações imobiliárias; 2.5 A matéria segundo o novo Código Civil. IV — Conclusões.

I — INTRODUÇÃO

A crise econômica em nosso país tem provocado considerável inadimplência, quer por particulares, quer por entes públicos. Como os últimos são grandes consumidores de obras de construção civil e suas tradicionais dificuldades financeiras foram bastante agravadas pela crise fiscal do Estado, é cada vez mais comum o atraso e até o não pagamento de serviços realizados por construtoras e empreiteiras.

Diante de tal quadro, o tema do direito de retenção no contrato de empreitada reveste-se de grande atualidade. Embora seja assunto bastante antigo, alvo de discussão em tempos idos,[1] e haja entendimento favorável pela quase totalidade da doutrina e da jurisprudência, é pertinente uma análise hodierna da questão. Não só pelos atuais casos práticos, como pela ausência de estudos recentes e até pela diversidade de fundamentos para sua justificação. Além disto, permanecem alguns problemas, sobretudo pela deficiência na legislação brasileira, que não prevê disposição expressa a respeito, exigindo construção doutrinária e jurisprudencial.

1. Cf., entre outros, Carvalho de Mendonça, *Tratado de Direito Comercial Brazileiro* VIII, Livro V, Rio de Janeiro, Frères, 1917, p. 167, nota n. 1, e p. 185; Andrade, *Notas sobre o Direito de Retenção*, São Paulo, Saraiva, 1922, pp. 129-134; Vidal, Parecer em *RF* 42 (1924), pp. 244-245; Fraga, "Bemfeitorias. Immovel hypothecado. Retenção", in *RT* 70 (1929), pp. 19-21; Gomes, *Do Direito de Retenção no Código Civil Brasileiro*, São Paulo, Saraiva, 1931, pp. 260-276; Rezende, *A Posse e sua Protecção*, 2º v., São Paulo, Saraiva, 1937, pp. 493-503; Fonseca, *Direito de Retenção*, 2ª ed., Rio de Janeiro, Forense, 1944, pp. 173-176 e 228-230; Espínola, *Dos Contratos Nominados no Direito Civil Brasileiro*, Rio de Janeiro, Gazeta Judiciária, 1953, pp. 287-288; Miranda Carvalho, *Contrato de Empreitada*, Rio de Janeiro, Freitas Bastos, 1953, pp. 283-290; Paiva, *Aspectos do Contrato de Empreitada*, 2ª ed., Rio de Janeiro, Forense, 1997, pp. 109-125.

Pretende-se, pois, com o presente estudo, apresentar exame atualizado do tema, não só preenchendo a lacuna existente como também trazendo elementos modernos à discussão.

II — Fundamentos do direito de retenção

Inicialmente deve ser feita análise do próprio instituto do direito de retenção, para exame de sua aplicação na empreitada. Isto porque o direito de retenção é matéria difícil e, mesmo após séculos, ainda há muita controvérsia na doutrina e na jurisprudência, não há forma jurídica estável e nem uma teoria geral corrente.[2] Além disto, como pendem diversos debates sobre a matéria, a *fattispecie* do direito de retenção ainda não se encontra totalmente delineada. E as soluções podem variar conforme o prisma pelo qual se enxerga o instituto.

1. Origem e primeiros princípios do direito de retenção

Ao que tudo indica, o direito de retenção é criação romana.[3] A primeira menção é do final da República, em *D.* 14, 2, 2, pr. Surge do direito pretoriano, como *exceptio doli generalis*, em oposição à *rei vindicatio* do dono da coisa. Baseava-se no princípio da eqüidade, para assegurar ao possuidor de coisa alheia uma garantia de pagamento pelos gastos com o bem. Assim, com fulcro no *princípio exceptio doli generalis* e na eqüidade, o pretor concedia a *exceptio doli jure retentionis* para suprir a falta de ação no processo formulário.

No direito romano o direito de retenção já aparece com os quatro requisitos aceitos até hoje (objeto de exame no item n. 8 abaixo):

a) detenção ou posse legítima de coisa, móvel ou imóvel, retida;

b) direito de crédito do retentor contra o dono da coisa;

c) relação de conexão entre o crédito e a coisa;

d) inexistência de convenção contrária ou disposição proibitiva.

Não se encontra, no direito romano, uma sistematização do direito de retenção. Isto em razão do gênio prático e resistência a abstrações dos romanos.[4] Por isto, quando muito, há aplicações do direito de retenção em casos isolados (como, por exemplo, em *D.* 19, 1, 13, 8).

2. Direito de retenção e "exceptio non adimpleti contractus"[5]

Cumpre desde logo diferenciar o direito de retenção da *exceptio non adimpleti contractus*.

Apesar de terem origem comum (*exceptio doli*), serem bastante parecidos sob o aspecto prático e até poderem se confundir, o direito de retenção e a exceção de inadimplemento são bem distintos. As principais diferenças são:

2. Cf. Fonseca, *Direito de Retenção*, cit., p. 32.

3. Sobre o *jus retentionis* no direito romano, a obra clássica de Nardi, *Studi sulla Ritenzione in Diritto Romano*, vs., Milão, Giuffrè, 1947, 1957 e 1957.

4. Sobre a resistência dos romanos à abstração, v. Schulz, *Prinzipien des Römischen Rechts*, Munique, Duncker und Humblot, 1934 (trad. espanhola de Manuel Abellán Velasco, *Principios del Derecho Romano*, Madri, Civitas, 1990, pp. 61-87), em especial à p. 63: "Los conceptos y las reglas generales en el campo del derecho corren siempre el riesgo de producir daños, porque al establecer las reglas de derecho no se consigue dominar plenamente las posibles complicaciones de la vida". Ou, no dizer de Goethe: "os conceitos gerais e a grande obscuridade sempre estão a ponto de gerar terríveis desgraças" (idem, p. 61, trad. nossa).

5. Sobre a relação entre os institutos, Fonseca, *Direito de Retenção*, cit., pp. 122-140; Larenz, *Derecho de Obligaciones* I, trad. espanhola de Santos Briz, Madri, 1958, pp. 273-277; López y López, *Retención y Mandato*, Bolonia, Real Colegio de España, 1976, pp. 14-17.

a) a exceção de contrato não cumprido decorre de contrato sinalagmático, como meio de assegurar-lhe a reciprocidade, e o direito de retenção aplica-se também a situações não contratuais;

b) o direito de retenção pode ter feição real, enquanto a exceção enquadra-se no campo do direito das obrigações, sendo pessoal;

c) o direito de retenção tem por finalidade a prestação de garantia, não tendo o retentor a intenção de ter a coisa retida definitivamente em seu poder. Já a exceção de inadimplemento está centrada no princípio da reciprocidade, sendo resultante da própria convenção, como direito de resolução contratual, podendo em tal hipótese o retentor vir a ficar com o bem;

d) quanto ao objeto, o direito de retenção abrange coisas suscetíveis de detenção material,[6] ao passo que a exceção de contrato não cumprido é aplicável ao objeto de contratos, sejam coisas corpóreas ou prestação de serviços;

e) no direito de retenção, o retentor tem a obrigação de restituir a coisa alheia ao dono, enquanto a exceção de inadimplemento aplica-se a quaisquer outras obrigações;

f) o direito de retenção é direito autônomo, extraprocessual e a exceção é meio jurídico de defesa.

Embora ambos os institutos possam ser aplicados em alguns casos, deve-se diferenciar duas situações: simultaneidade de execução de obrigações recíprocas e conexidade entre o crédito e a coisa.[7] Nos casos em que já houve o cumprimento do contrato pelo retentor (como, por exemplo, no caso do hoteleiro ou do transportador que já efetuaram sua parte e aguardam o pagamento), somente é cabível o direito de retenção e não a exceção de contrato não cumprido, tendo em vista o adimplemento do retentor ser irreversível. Em outros contratos, como o de empreitada no qual a coisa pertence ao empreiteiro, a exceção de contrato não cumprido produz o mesmo efeito do direito de retenção, podendo-se até utilizar o princípio da *exceptio non adimpleti contractus*. Mas se a empreitada for realizada em coisa alheia, cabe só direito de retenção.

3. Fundamento do direito de retenção

Diversas são as tentativas de fundamentação do direito de retenção.[8]

Uma das teses mais antigas, e por muitos defendida, justifica o direito de retenção com base no princípio da *exceptio non adimpleti contractus*. No entanto, pelo exposto no item anterior, embora em alguns casos ambos os institutos possam ser aplicados, são figuras bem distintas, não servindo a exceção para embasar o direito de retenção.

Outra teoria é a da vontade presumida das partes, pela qual o direito de retenção é uma suposta garantia derivada de acordo tácito entre as partes. Porém, nem sempre há vontade do devedor no estabelecimento do direito de retenção. Também não se aplica nos casos em que o bem está em posse do credor.

Outra tese baseia-se na relação de conexão entre o crédito e a coisa retida. A conexão é um dos requisitos, mas não se confunde o requisito com o fundamento.

Pela mesma razão deve-se repelir a teoria do enriquecimento ilícito, segundo a

6. Neste particular, o direito alemão é uma exceção em direito comparado, ao prever o direito de retenção em qualquer espécie de obrigação, inclusive prestação de serviços (cf. Código Civil alemão, § 273).

7. Cf. Planiol, *Traité Élémentaire de Droit Civil*, t. II, 10ª ed., Paris, LGDJ, 1926, pp. 824-825.

8. Sobre as diversas teorias, cf. Legros, *Le Droit de Rétention de Pièces des Avoués*, Paris, LGDJ, 1939, p. 10, *et seq.*; Fonseca, *Direito de Retenção*, cit., pp. 141-148; Onis, *El Derecho de Retención en el Código Civil Español*, Salamanca, Universidad de Salamanca, 1955, pp. 23-27; Lima, *O Direito de Retenção e o Possuidor de Má-Fé*, São Paulo, Lejus, 1995, pp. 29-45.

qual o direito de retenção justifica-se pela idéia de evitar o locupletamento do devedor. Não se pode confundir a razão do crédito com a da garantia concedida. Ademais, o valor pode ser exigido por outros meios, não se podendo falar em enriquecimento indevido.

Outros advogam a tese da igualdade entre as partes. Procura-se evitar que o devedor receba o bem, sem que o credor tenha satisfeito o seu crédito, pondo as partes em igualdade de posições. Caso contrário, o devedor seria beneficiado com o recebimento da coisa, e o credor não teria meio rápido de recebimento da prestação que lhe é devida.

A partir da idéia de igualdade das partes, procura-se abrigo no direito natural como fundamento do direito de retenção. A retenção como direito natural teria como base não só a igualdade das partes, como a defesa natural do retentor contra a pretensão injusta do dono da coisa de receber a coisa sem pagar o que é devido.

Fala-se ainda em aplicação da justiça privada. Porém, no direito de retenção pode não haver ação efetiva do retentor, pois o detentor fica passivo.

Há também a tese da eqüidade, inspirada na idéia de garantia, sendo um aperfeiçoamento da idéia dos romanos.

Para outros,[9] há causas mistas, como a vontade presumida das partes, como derivação da *exceptio non adimpleti contractus* nas relações contratuais e da eqüidade nos vínculos extracontratuais.

De todas, parece-nos mais aceitável a idéia de eqüidade, conferindo-se ao credor não só uma garantia como um meio célere e eficaz de recebimento de seu crédito.

4. Natureza jurídica do direito de retenção

Questiona-se até se a retenção é ou não um direito. Para alguns, é um simples meio de defesa ou então ato jurídico.[10] Não seria direito por falta de ação protetora e o fato da retenção produzir efeitos jurídicos não implica ser ela direito, pois a posse também gera conseqüências jurídicas e é estado de fato. Todavia, a quase totalidade da doutrina tem a retenção como direito.[11] Diverge apenas quanto à sua natureza.

Para alguns, trata-se de direito pessoal do retentor, pois não possui direito de preferência e de seqüela, características dos direitos reais. Mas, como tal, só deve ser oponível ao proprietário da coisa retida e não a terceiros.

Por isto, outros defendem a retenção como direito real, pela relação direta e imediata entre o titular do crédito e a coisa. Sendo direito real, é oponível *erga omnes* e não *inter partes*. No Brasil, a lei de falências anterior considera a retenção direito real.[12] Contra a idéia de retenção como direito real, invoca-se a falta de previsão legal específica, pois os direitos reais somente são aqueles tipificados em lei, bem como a falta do direito de seqüela e de direito de preferência sobre a coisa retida.

Procurando uma conciliação, alguns autores classificam-no como direito real *sui generis*, oponível a terceiros. Não seria direito real genuíno porque o direito do credor se extingue com o término da detenção, não sendo possível perseguir a coisa na mão de quem a possua. Nem é direito pessoal oponível a terceiros, porque a invocação de direito pessoal restringe-se às partes, não abrangendo outros. Fala-se ainda em direito real e pessoal, direito variável (pessoal ou real) conforme o caso concreto, sendo real nos casos de retenção propriamente dita, e até em direito especial.

9. Cf. Butera, *Del Diritto di Ritenzione*, Roma, Foro Italiano, 1937, p. 68.

10. Cf. Velasco, *La Retención de Cosa Ajena*, Barcelona, Bosch, s/d, pp. 37-40.

11. Para visão geral das diversas teorias, cf. Fonseca, *Direito de Retenção*, cit., pp. 238-262.

12. É a conclusão extraída do texto legal, quando afirma "a constituição de direito real de garantia, inclusive a retenção (...)" (cf. Decreto-lei n. 7.661/1945, art. 52, III).

Esquivando-me da discussão doutrinária, dados os limites do presente trabalho, e numa visão pragmática, não importa se a retenção é direito pessoal, real ou especial, desde que seja oponível *erga omnes*,[13] para alcance da finalidade do instituto.

5. *O tratamento do direito de retenção nas legislações*

Os textos legais refletem a pluralidade de visões sobre o instituto. Podem-se agrupar as legislações em três grupos.

No primeiro grupo, aquelas que prevêem o direito de retenção apenas em hipóteses específicas, não trazendo a disciplina de uma teoria geral do direito de retenção. É o caso dos Códigos Civis francês, italiano, português e brasileiro (tanto o de 1916 quanto o atual).

Outras leis, além de casos isolados, trazem também uma teoria geral, como o Código Civil suíço (arts. 895 a 898, seguindo o modelo dos arts. 224 a 228 do Código Federal das Obrigações, de 1881), o argentino de 1869 (art. 3.940) e o japonês (art. 295). Um caso particular é o do Código Civil alemão que, apesar de não trazer teoria geral sistematizada, expõe uma idéia geral do direito de retenção (§§ 273, 274 e 1.000).

Por fim, o último grupo, que, ou restringe o direito somente aos casos previstos em lei (como Código Civil uruguaio, art. 2.057), ou proíbem (Código Civil austríaco, arts. 334 e 471). O último prevê uma só hipótese em matéria comercial, em favor dos comerciantes (art. 313).

6. *Formas de interpretação do direito de retenção: restritiva e extensiva*

No direito comparado, discute-se se os casos de retenção limitam-se aos previstos em lei ou se há tal direito mesmo quando não expressamente previsto. O problema surge a partir do Código Civil francês que não disciplina o direito de retenção como instituto autônomo, inserindo tal previsão apenas em dispositivos esparsos (arts. 673, 687, 1.612, 1.744, 1.749, 2.082, 2.087 e 2.280), sem qualquer sistematização. O mesmo ocorre nos direitos italiano, português e brasileiro.

A doutrina divide-se em duas correntes.[14] A primeira propugnando pela interpretação restrita, afirma que a retenção, por ser medida excepcional, só pode ser tomada nos casos expressamente previstos em lei. Além disto, nenhuma legislação traz o direito de retenção como princípio geral, justificando sua aplicação apenas quando prevista em lei. E, como forma privada de defesa de direito e meio restritivo de direitos, só pode ser exercida nos limites da lei. Aqueles que vêem a retenção como direito real, ainda sustentam que os direitos reais somente podem estar previstos em lei, ao contrário dos direitos pessoais, livremente pactuados entre as partes. Se for um privilégio, não pode ser estendido a casos não previstos em lei.

A segunda defende interpretação extensiva da lei, enxergando o direito de retenção como medida defensiva e fundada na eqüidade, devendo ser aplicado não só nos casos expressamente previstos em lei, como em outros nos quais se configuram seus pressupostos legais. Ademais, apesar de não existir um princípio legal do direito de retenção, não há proibição.

Prevalece a corrente extensiva, entendendo pelo reconhecimento do direito de retenção como garantia ampla, mesmo não havendo previsão legal expressa, desde que haja detenção pelo credor, conexidade e vínculo contratual ou quase contratual.[15]

13. Embora haja dúvida quanto à oponibilidade perante credores hipotecários, como aponta Miranda Carvalho (*Contrato de Empreitada*, cit., pp. 281-282).

14. Sobre o assunto, em especial, cf. Fonseca, *Direito de Retenção*, cit., pp. 148-155.

15. Para visão global das diversas teses, cf. Fonseca, *Direito de Retenção*, cit., pp. 155-163.

7. Requisitos do direito de retenção

Como dito acima, são requisitos do direito de retenção a detenção ou posse legítima de coisa retida, o direito de crédito do retentor contra o dono da coisa, a relação de conexão entre o crédito e a coisa e a inexistência de convenção contrária ou disposição proibitiva.

Quanto à detenção ou posse da coisa retida, cumpre discutir se o direito de retenção restringe-se somente a coisa alheia ou abrange coisas próprias. O direito de retenção deve abranger também a retenção de coisas próprias, como no caso da empreitada com fornecimento de materiais pelo empreiteiro.

Quanto à relação de conexão entre crédito e a coisa, anteriormente aceitava-se apenas a conexão material, mas hoje se exige também a jurídica.[16]

Aos três requisitos clássicos, alguns autores acrescentam a inexistência de convenção contrária ou disposição proibitiva.[17]

8. Forma de exercício do direito de retenção

Quanto à forma de exercício do direito de retenção, alguns entendem que, por se tratar de medida excepcional, a medida deve ser autorizada judicialmente. No entanto, não faz sentido o possuidor de um direito ter a necessidade de recorrer ao Judiciário para exercê-lo. Assim, a maioria entende pela desnecessidade da via judicial para exercício do direito de retenção, mesmo nas hipóteses não expressamente previstas em lei e em contrato.

Deve-se descartar a via judicial na falta de expressa previsão legal, em razão da interpretação extensiva aceita pela maioria da doutrina (cf. item 6 acima).

16. Por todos, cf. autores citados por Lima, *O Direito de Retenção...*, cit., p. 9, nota n. 10.

17. Entre outros, cf. Fonseca, *Direito de Retenção*, cit., p. 45 e nota n. 24.

No caso de falta de previsão contratual, justifica-se a desnecessidade de recurso à via judicial pelo fato do direito de retenção independer de cláusula expressa em contrato.[18] O que, aliás, coaduna-se com seu espírito, tendo em vista que muitos dos contratos de empreitada são verbais, não se devendo falar em previsão contratual escrita.

A desnecessidade de via judicial não implica falta de amparo ao devedor contra eventual abuso ou retenção indevida pelo credor, tendo em vista a possibilidade daquele que se julgar prejudicado buscar amparo no Poder Judiciário. O recurso ao Judiciário deve ocorrer em tais casos excepcionais, para proteção ao devedor contra abusos do credor. E não como via obrigatória ao credor para exercício de seu direito.

Caso o dono da obra proponha ação possessória, o pedido de retenção deve ser feito na contestação, sob pena de preclusão,[19] com as especificações do estado anterior e atual da coisa, o custo das benfeitorias e seu valor atual e a valorização da coisa, decorrente das benfeitorias, sendo insuficiente a menção genérica a benfeitorias, sem a sua individualização.[20]

III — O DIREITO DE RETENÇÃO NA EMPREITADA

1. O contrato de empreitada civil e comercial

O contrato de empreitada também pode ser civil ou comercial. Na legislação

18. A respeito, a síntese de Viana (*Contrato de Construção e Responsabilidade Civil*, 2ª ed., São Paulo, Saraiva, 1981, p. 21): "Mesmo no silêncio do contrato, dispõe o construtor do direito de retenção, como meio de garantir o cumprimento, por parte do dono da obra, das obrigações por ele assumidas".

19. Cf. STJ, 3ª T., AI 46.177-7-MG, rel. Ministro Costa Leite, j. 6.8.1996, *DJU* 2.12.1996, p. 47.670.

20. *RSTJ* 43/393 e REsp 4.073-SP, rel. Ministro Eduardo Ribeiro, j. 30.10.1990, *DJU* 19.11.1990, p. 13.260.

revogada, a *fattispecie* era disciplinada tanto no antigo Código Civil (arts. 1.237 a 1.247) como no revogado Código Comercial (arts. 231 a 246). A empreitada é mercantil se tiver por objeto coisa móvel. E é civil quando versar sobre bem imóvel ou coisa móvel entre não comerciantes.[21] De outro lado, por definição legal, as atividades de construção de imóveis e de engenharia são consideradas mercantis (Lei n. 4.068/1962), sendo disciplinadas, portanto, pelas normas comerciais. Se a empreiteira for sociedade regida pela Lei n. 4.068/1962, o contrato deve ser considerado comercial.

No direito comparado, reconhece-se a empreitada como contrato comercial. O Código Comercial francês de 1807, no conhecido art. 632, ao indicar os atos de comércio, inclui as empresas de *manufactures* e de *fournitures*, nas quais a doutrina abrange também as empresas de construção, com o fornecimento de materiais.[22] Isto porque, assim como a manufatura transforma matérias-primas em outros produtos, o mesmo ocorre com os empreiteiros, que usam os materiais para construção.

Na Alemanha, o § 651 do Código Civil Alemão (*BGB*) considera o empreiteiro como empresário se ele se obriga a realizar a obra fornecendo materiais. Segue a idéia do § 271 do *BGB*, que define como ato de comércio a aquisição de mercadorias para revenda, quer no caso de vendidas como adquiridas ou depois de trabalhadas e transformadas em outras coisas, desde que tal alteração ultrapasse as proporções de um mero trabalho manual (§ 272).

O Código Comercial de Portugal, no art. 230, reputa como comercial a empresa com o objeto de construção de casas para terceiros, com materiais subministrados pelo empreiteiro.

Enquanto na França e em Portugal, o caráter comercial da empreitada dependia do fornecimento de materiais pelo empreiteiro, na Itália a atividade é considerada empresarial mesmo sem o fornecimento de materiais pelo empreiteiro. Na Itália, o antigo Código de Comércio de 1882, no art. 3º, n. 7, precisa entre atos de comércio "imprese di fabbriche e di costruzioni". E a lei falimentar de 1942, no art. 81, prevê a falência do empreiteiro, configurando-o, portanto, como comerciante.

Antes da unificação do direito das obrigações, devia-se apurar, em cada caso concreto, se a empreitada era civil ou comercial. Em ambos os casos, cabível o direito de retenção, como será demonstrado abaixo. A única diferença eram os fundamentos legais, razão pela qual dividimos a exposição do assunto segundo o disposto na legislação civil e comercial. Na empreitada mercantil aplicavam-se subsidiariamente as regras do Código Civil relativas à empreitada (cf. art. 121 do Código Comercial de 1850).

21. Cf. Carvalho de Mendonça, *Tratado de Direito Commercial Brazileiro*, v. VI, Livro IV, Parte II, Rio de Janeiro, Jornal do Commercio, 1927, p. 449 e nota n. 2. Segundo Miranda Carvalho (*Contrato de Empreitada*, cit., p. 15, grifos do original): "podemos concluir, com segurança, que a empreitada será: a) *mercantil*, quando o seu objeto for a manufatura de obras móveis e o empreiteiro, mediante retribuição, as executar por profissão habitual, quer fornecendo os materiais sôbre cujo preço especule, quer apenas o seu trabalho, especulando sôbre a mão de obra; b) *civil* quando, inexistindo a inhabitualidade de profissão, o seu objeto fôr a manufatura de obras móveis mediante retribuição, fornecendo o empreiteiro o material e a mão de obra ou sòmente esta, e ainda quando, existindo ou inexistindo a habitualidade de profissão, o seu objeto fôr a manufatura de obras imóveis, nas demais condições referidas". Na mesma obra, v. ainda, pp. 20-23 e pp. 88-89. Defendendo ainda a comercialidade do contrato de empreitada, Comparato, "As empreitadas de construção imobiliária e o art. 138 do Código Comercial", *RDM* 56 (1984), pp. 121-129 (=*Direito Empresarial: Estudos e Pareceres*, São Paulo, Saraiva, 1990, pp. 426-437); Bessone, "Da comercialidade da empreitada de construção", in *RT* 652 (1990), pp. 7-13.

22. Por todos, cf. Ripert & Roblot, *Traité de Droit Commercial*, 15ª ed., Paris, LGDJ, 1993, p. 119: "La construction ou la réparation d'édifices, de ponts, de routes, le creusement des canaux et des ports sont des travaux industriels".

2. *O direito de retenção na empreitada*

São duas as espécies de empreitada: a empreitada de lavor, na qual o empreiteiro só contribui com seu trabalho e aquela na qual o empreiteiro também fornece os materiais. Em ambos os casos a doutrina e a jurisprudência posicionam-se a favor do direito de retenção.

O direito de retenção vinha expresso na antiga legislação mercantil brasileira. Posteriormente, foi justificada sua aplicação na empreitada civil.

2.1 O direito de retenção na empreitada comercial

O direito de retenção do empreiteiro era previsto na legislação mercantil, tanto no art. 621 do então Regulamento 737, de 1850, como a partir da leitura conjunta dos arts. 156 e 246 do Código Comercial revogado.

No art. 156, o Código Comercial de 1850 prevê o direito de retenção dos mandatários: "O mandatário tem direito para reter, do objeto da operação que lhe foi cometida, quanto baste para pagamento de tudo quanto lhe for devido em conseqüência do mandato". Tal direito de retenção dos mandatários é estendido aos empreiteiros, por força do art. 246 do mesmo Código: "Art. 246. As disposições do Título VI — *Do mandato mercantil* — têm lugar a respeito dos *mestres*, administradores ou diretores de fábricas, na parte em que forem aplicáveis" (grifo nosso).

No transcrito art. 246, o termo "mestre" refere-se a "mestre-de-obras", no sentido de empreiteiro. Lembremos que o Código Comercial é de 1850 e, portanto, foi escrito em linguagem da época.

A propósito, esclarece Miranda Carvalho: "não restando a menor dúvida de que, para o Código Comercial, as palavras 'mestre' e 'empreiteiro de obras' têm uma e mesma significação (v. os arts. 241 e ss. do Cód. Com. e o art. 679 da Consolidação das Leis Civis de Teixeira de Freitas. Em seguida ao Código Comercial vieram o Regulamento n. 737 de 1850 (art. 621), o Decreto n. 917 de 1890 (art. 70-11-b), a Lei n. 859 de 1902 (art. 78-11-b), a Lei n. 2.024 de 1908 (art. 92, n. 2, b), a Lei n. 5.746 de 1929 (art. 92-2º), até que afinal foi expedido o Dec.-lei 7.661 de 21.6.1946 (*sic*), (...), cujas leis conferem tôdas ao empreiteiro o direito de retenção".[23]

Ainda que se entenda ser o empreiteiro um não comerciante (e, portanto, não sujeito às leis comerciais), é cabível o direito de retenção.

2.2 O direito de retenção na empreitada civil

A legislação civil brasileira não trata especificamente do direito de retenção do empreiteiro, como o Código Civil português (art. 1.407). Por isto, alguns julgados mais antigos, com base na interpretação restritiva, negaram o direito de retenção ao empreiteiro, afirmando ainda que o único direito conferido pela lei era o privilégio especial previsto no art. 1.566, IV, do então Código Civil vigente.[24] No entanto, a existência do privilégio não prejudica o direito de retenção.[25] Até porque o privilégio ao empreiteiro está relacionado à hipótese de falência do devedor,[26] enquanto o direito de retenção se aplica a todos os casos. Por outro lado, já foi até afirmado que o privilégio especial configura título bastante para

23. *Contrato de Empreitada*, cit., p. 283.

24. Cf. decisões citadas por Fonseca, *Direito de Retenção*, cit., pp. 173-176 e notas 14 a 20, e exposição da questão feita por Miranda Carvalho, *Contrato de Empreitada*, cit., pp. 286-288.

25. A propósito, pertinentes às observações de Paiva (*Aspectos do Contrato de Empreitada*, cit., pp. 117-118): "O simples fato de haver o Código Civil, em seu art. 1.566, n. IV, reconhecido o privilégio especial a favor de alguém, não quer dizer que lhe teria retirado a faculdade de invocar em defesa de seus direitos os benefícios da retenção".

26. Cf. Fonseca, *Direito de Retenção*, cit., p. 121; Paiva, *Aspectos do Contrato de Empreitada*, cit., p. 118.

o exercício do direito de retenção.[27] Embora sejam institutos distintos, tal equiparação serve para reforçar a idéia de que um não exclui o outro. Há direito de retenção mesmo na ausência de privilégio creditório, como no caso do depositário, que goza de direito de retenção (Código Civil de 1916, art. 1.279), mas não gozava do privilégio creditório (arts. 1.554 a 1.571).

Outras decisões negavam o direito de retenção afirmando que o empreiteiro é detentor e não possuidor direto. O argumento parece pouco relevante. Conceitualmente é requisito do direito de retenção a detenção ou posse da coisa. Mesmo que se fosse cabível a retenção somente para possuidor, há entendimento de que com a passagem da fase da detenção para retenção, o empreiteiro passa a possuidor direto.[28] A jurisprudência já admitiu, inclusive, a possibilidade do empreiteiro interpor interdito proibitório contra o proprietário, possuidor indireto, para garantir o direito de retenção, pois a posse do proprietário e do empreiteiro são próprias e paralelas, enquanto o contrato de empreitada não for rescindido e a posse indireta não anula a posse imediata.[29]

Com base na legislação brasileira então vigente, a doutrina e a jurisprudência invocavam três ordens de fundamentos legais para justificação do direito de retenção do empreiteiro.

Alguns defendem o direito de retenção com base no princípio da exceção de contrato não cumprido, previsto no art. 1.092 do Código Civil de 1916.[30]

Para outros, o direito de retenção do empreiteiro é extraído da interpretação conjunta dos arts. 873 e 516 do revogado Código Civil, assegurando o benefício nos casos em que houve melhoramento em decorrência do trabalho ou dispêndio do detentor.[31] No entanto, permanece a dúvida sobre a aplicação do art. 873 nos casos em que o empreiteiro fornece também o terreno, pois o artigo trata de melhorias em coisa de terceiros.

Por fim, grande parte dos autores aceita a aplicação do direito de retenção ao empreiteiro com base na interpretação extensiva da disciplina da matéria no direito mercantil (cf. item II, 6, acima) ou por analogia à locação (art. 1.199 do revogado Código Civil).

2.3 O direito de retenção na empreitada em geral

Seja a empreitada civil ou comercial, a doutrina e a jurisprudência admitem o direito de retenção do empreiteiro.[32]

27. *RF* 99/124.

28. Cf. Fonseca, *Direito de Retenção*, cit., p. 230: "Nem importa que o empreiteiro, em virtude de seu contrato, passa ser simples detentor e não possuidor direto do prédio construído ou reconstruído, como se alegou, pois, quando passa da fase da detenção para a da retenção, que a lei lhe assegura, torna-se, por fôrça dêsse direito, *possuidor direto*, se antes o não era (...)".

29. Cf. julgado do TJSP, AI 42.418-2, rel. Desembargador Bueno Magano, j. 3.8.1982, v.u., in *Jurisprudência Brasileira — JB* 117/172-174. Em outro caso, afirma-se a posse imprópria e imediata do empreiteiro, mas se reconhece o direito de posse do proprietário em razão do empreiteiro não ter provado o inadimplemento do empreitante, frisando que "Para gozar da retenção da obra, até lhe ser paga, o empreiteiro deve provar a existência de saldo de débito do empreitante" (TARS, ap. civ. 20.264, j. 8.5.1979, *JB* 117/93).

30. Como conclui Miranda Carvalho (*Contrato de Empreitada*, cit., pp. 285-286): "Em resumo: qualquer contrato bilateral confere ao contratante adimplente o direito de retenção contra o contratante moroso, e como a empreitada ou locação de serviços é, sem dúvida, um contrato sinalagmático, insofismável se patenteia, perante o art. 1.092 do Código Civil, o direito de retenção do empreiteiro, embora não comerciante". No mesmo sentido, Rezende, *A Posse e sua Protecção*, cit., pp. 495-496.

31. Cf. Fonseca, *Direito de Retenção*, cit., p. 220.

32. Entre outros, além dos autores e obras citados na nota n. 1, *Arquivo Judiciário* 81/257-259 e Fonseca, *Direito de Retenção*, cit., pp. 173-176, notas 14 a 20, com menção a inúmeros julgados.

Na doutrina mais recente, por todos, Washington de Barros Monteiro:[33] "O empreiteiro pode invocar direito de retenção para assegurar o recebimento do preço, desde que haja cumprido todas as obrigações contratuais". No mesmo sentido, o autor menciona diversos julgados (*RT* 256/499, 248/159, 231/330, 216/315, 199/268, 173/795; *RF* 176/226, 71/114; *AJ* 81/257-259).

A jurisprudência admite, com os mais diversos fundamentos, direito de retenção do empreiteiro. Quando competente para julgar a questão, o E. Supremo Tribunal Federal posicionou-se a respeito: "O empreiteiro construtor tem o direito de reter a obra até que receba a quantia que lhe deva o outro contratante (...)" (*RTJ* 66/780).

Atualmente, o E. Superior Tribunal de Justiça mantém o mesmo entendimento, aceitando a retenção até o total pagamento do valor devido, abrangendo tanto benfeitorias como acessões.[34]

O direito de retenção do empreiteiro deve atingir inclusive bens públicos.[35]

No caso de subempreitada, parece mais razoável afirmar o direito de retenção somente no caso de subempreitada global, pois o subempreiteiro parcial não detém a obra.[36]

2.4 *O direito de retenção nas incorporações imobiliárias*

Questão que merece especial atenção é a retenção nas incorporações imobiliárias.

No âmbito das incorporações imobiliárias também há direito de retenção. Caio Mário da Silva Pereira[37] lembra que a Lei n. 4.591/1964, que procura resguardar os adquirentes de imóveis em construção, condiciona, no art. 52, o recebimento das unidades ao adimplemento de suas obrigações. Em seguida, assinala: "O que a lei quer é que, no momento da entrega, fiquem acertadas todas as contas. (...) não estando em dia com as suas obrigações, não tem direito a receber, podendo o credor retê-las, até que o devedor satisfaça todas as suas obrigações. O direito de retenção estende-se ao débito pelos reajustamentos, devidos ao construtor".

Entretanto, a retenção pode ser utilizada indevidamente por construtor, para exigir obrigação indevida do adquirente, principalmente com base em cláusulas duvidosas inseridas nos contratos de adesão, geralmente adotados na venda de imóveis. Mesmo amparado pela lei, em especial a lei de proteção ao consumidor (Lei n. 8.078/1990), o comprador da unidade fica em extrema situação de desvantagem, pela necessidade da moradia.[38]

33. *Curso de Direito Civil* V: *Direito das Obrigações*, 2ª parte, 32ª ed., São Paulo, Saraiva, 2000, p. 206.

34. *RSTJ* 17/293, 53/183, 55/192 e 83/178. A dúvida decorria do fato do art. 516 do Código Civil de 1916 referir-se somente a benfeitorias. Mas, como explicados nos arestos citados, o direito de retenção aplica-se também a acessões. Primeiro, porque seria injusto assegurar o direito de retenção em obras menores (benfeitorias) e excluí-lo em construções. Segundo, porque o próprio Código Civil de 1916 não é rigoroso no uso das expressões, como no art. 548, ao dispor sobre o ressarcimento do valor de benfeitorias quando o correto seria falar em acessões, por cuidar-se de construção e plantação (*RSTJ* 53/183 e 83/178). Já em *RSTJ* 17/293 e 55/192, com base em precedente (REsp 739), equiparam-se as edificações ou construções, inclusive acessões industriais, a benfeitorias úteis, reconhecendo-se assim o direito de retenção ao possuidor de boa-fé, apoiado na doutrina de Bevilácqua, *Código Civil dos Estados Unidos do Brasil*, v. III, 7ª ed., Rio de Janeiro, Francisco Alves, p. 87, e Castro, *Comentários ao Código de Processo Civil*, v. VIII, São Paulo, Ed. RT, 1974, p. 407, que, interpretando o art. 548 do mesmo código, equiparam edificações a benfeitorias úteis.

35. Cf. Fonseca, *Direito de Retenção*, cit., p. 194.

36. Cf. Ruggiero, *Questões Imobiliárias*, São Paulo, Saraiva, 1997, p. 147.

37. *Condomínio e Incorporações*, 4ª ed., Rio de Janeiro, Forense, 1983, p. 320.

38. Neste sentido, bastante apropriada a análise de Ruggiero, *Questões Imobiliárias*, cit., p. 149: "Infelizmente, sobretudo na área da incorporação imobiliária, alguns inescrupulosos alegam imaginários direitos para, com isso, renegociar a entrega dos apartamentos. Os adquirentes, quase sempre venci-

Assim, o exame do direito de retenção na incorporação imobiliária requer especial prudência. Como adverte Biasi Ruggiero:[39] "se há o próprio título do apartamento ou outra garantia, principalmente no campo da incorporação imobiliária, o direito de retenção deve ser olhado com desconfiança pelos juízes, para que, involuntariamente, não coonestem uma costumeira extorsão".

Apesar de criticado por poder dar margem a eventuais abusos, menciona-se o direito de retenção nas incorporações imobiliárias, decorrente de norma legal específica, como demonstração de reconhecimento pelo legislador de tal direito no caso de construções e obras.

2.5 A matéria segundo o novo Código Civil

Assim como o anterior, o novo Código Civil não prevê expressamente a retenção no contrato de empreitada, nem tampouco traz a disciplina de uma teoria geral do direito de retenção, mencionando apenas raros casos de retenção.

Ao tratar da empreitada (arts. 610 a 626) o novo Código Civil é silente quanto ao direito de retenção, embora o tenha previsto expressamente na disciplina de outros contratos, como locação de coisas (arts. 571, parágrafo único e 578), depósito (art. 644), mandato (arts. 664 e 681), comissão (art. 708) e transporte (art. 742).

Não se sabe se houve omissão proposital ou por descuido de legislador. No entanto, a falta de previsão legal não deve ser entendida como proibição da retenção do empreiteiro. Isto porque, como visto (item II, 5 e 7, acima), as hipóteses legais não são taxativas. Presente os pressupostos do direito, pode ele ser exercido, como, aliás, vem decidindo a jurisprudência.

Mesmo assim, deve continuar a prevalecer o entendimento pelo direito de retenção na empreitada, seja ela civil ou comercial. Não obstante a inexistência de norma especifica sobre a retenção no contrato de empreitada, o Código Civil traz regras que fundamentam o direito. Podem ser invocadas:

a) a interpretação extensiva do direito de retenção, em especial a analogia com o disposto no art. 1.219, que prevê o direito de retenção das benfeitorias necessárias e úteis:

> Art. 1.219. O possuidor de boa-fé tem direito à indenização das benfeitorias necessárias e úteis, bem como, quanto às voluptuárias, se não lhe forem pagas, a levantá-las, quando o puder sem detrimento da coisa, e poderá exercer o direito de retenção pelo valor das benfeitorias necessárias e úteis;

b) a exceção de contrato não cumprido prevista no art. 476:

> Art. 476. Nos contratos bilaterais, nenhum dos contratantes, antes de cumprida a sua obrigação, pode exigir o implemento da do outro.

Quid iuris se a empreitada for contratada apenas para realização de benfeitorias voluptuárias?

O texto legal (art. 1.219) é expresso ao prever o direito de retenção apenas nos casos de benfeitorias necessárias e úteis, excluindo as voluptuárias. Porém, o referido artigo trata apenas da posse, enquanto direito real, disciplinado no Livro III do Código Civil (Do Direito das Coisas). A empreitada é contrato, relação obrigacional, prevalecendo, portanto, a norma específica do art. 476, inserido no Livro I (Do Direito das Obrigações). Assim, cabível a retenção das benfeitorias voluptuárias com base na exceção de contrato não cumprido.

dos pelo cansaço e tendo de morar em algum lugar, ou encontram dificuldade para pagar o aluguel e mais os ônus dos 'direitos' de comprador de unidade imobiliária (prestações, financiamentos, condomínios, novos móveis etc.), ou já rescindiram as locações em que eram inquilinos e têm data certa para restituir a casa em que moravam, pois contavam como certa a entrega do tão sonhado apartamento. Nessa hora, a chave costuma virar gazua e ser utilizada como instrumento de pressão".

39. Idem, ibidem.

IV — Conclusões

O direito de retenção, apesar de pouco cuidado pela maioria das legislações, é excelente meio de solução rápida e eficaz de conflitos, justificando assim sua interpretação extensiva e abrangente, inclusive em bens públicos, não se admitindo tal direito apenas na subempreitada parcial.

É aplicável a retenção no caso da empreitada, seja civil ou comercial, mesmo na ausência de previsão legal ou contratual expressa, sem a necessidade de recurso à via judicial, meio que deve ser utilizado pelo devedor, em casos excepcionais, quando se julgar prejudicado por abuso do credor e retenção indevida.

No direito brasileiro é admissível o direito de retenção do empreiteiro, tanto na empreitada civil como comercial, quando o empreiteiro fornece ou não materiais. Tem como fundamentos legais as disposições dos arts. 1.219 e 476 do novo Código Civil. No caso da retenção de benfeitorias voluptuárias, é cabível somente o último artigo.

ENDOSSOS PRÓPRIOS E IMPRÓPRIOS, ENDOSSO PÓSTUMO E CIRCULAÇÃO IMPRÓPRIA DOS TÍTULOS DE CRÉDITO (Código Civil, arts. 919 e 920)*

MARCELO VIEIRA VON ADAMEK

1. Introdução. 2. Dos endossos próprios e impróprios: 2.1 Endosso próprio: efeitos; 2.2 Endosso impróprio. SEÇÃO 1 – Do endosso-póstumo: 3. Conceito. 4. Classificação. 5. Endosso-póstumo no CC-2002: 5.1 Não existe endosso-póstumo no regime do CC; 5.2 Crítica à redação do art. 920 do CC; 5.3 Deficiência da disciplina codificada. 6. Endosso-póstumo na legislação extravagante: 6.1 Momento decisivo nas diversas leis; 6.2 Endosso sem data e presunção legal. 7. Endosso-póstumo: conseqüências: 7.1 Efeitos de cessão: 7.1.1 Endosso não tem efeito de garantia; 7.1.2 O endossante responde apenas pela existência do crédito; 7.1.3 Oponibilidade das exceções pessoais ao endossante; 7.2 Forma de endosso: notificação do devedor cedido: 7.2.1 Razões pelas quais não é obrigatória a notificação; 7.2.2 Razões pelas quais a notificação pode ser útil; 7.3 Direito de ação do endossatário póstumo. SEÇÃO 2 – Da circulação imprópria dos títulos de crédito à ordem: 8. Circulação própria, imprópria e anômala: definições. 9. Atos de circulação imprópria. 10. Disciplina jurídica da circulação imprópria. 11. Circulação imprópria: características. 12. Endosso do adquirente pelo direito comum.

1. Introdução

O vigente Código Civil brasileiro (Lei n. 10.406, de 10 de janeiro de 2002), como já tivemos a oportunidade de enfatizar noutro estudo,[1] trouxe para o nosso direito, de maneira inovadora, um corpo próprio de regras sobre títulos de crédito destinado a cumprir essencialmente duas funções bastante específicas: (i) criar uma disciplina geral supletivamente aplicável a todos os títulos de crédito, na ausência de regras especiais nas suas respectivas leis de regência (CC, art. 903); e (ii) permitir que, com base nessa disciplina geral, possam ser criados títulos de crédito atípicos (CC, arts. 887 e 889), para instrumentalizar as novas téc-

* O presente artigo corresponde a parte do trabalho apresentado no Curso de Pós-Graduação da Faculdade de Direito da USP, 2º semestre de 2003, na disciplina "Títulos de Crédito em Direito Comercial Comparado: Teoria Geral da Circulação em face do Novo Código Civil", ministrada pelo Prof. Associado Dr. Mauro Rodrigues Penteado, com acréscimos de atualização. Originalmente, o trabalho compreendia ainda o estudo do endosso-mandato, o qual será publicado separadamente.

1. Marcelo Vieira von Adamek, "Títulos de crédito incompletos (títulos típicos e atípicos)", in *Títulos de Crédito: Teoria Geral e Títulos Atípicos em face do Novo Código Civil; Títulos de Crédito Eletrônicos* (obra coletiva), coord. Mauro Rodrigues Penteado, SP, Walmar, 2004, pp. 267-268.

nicas e operações surgidas da prática negocial.[2]

Neste estudo, procuraremos analisar principalmente os preceitos do Código Civil sobre o endosso-póstumo e a circulação imprópria dos títulos de crédito à ordem (CC, arts. 919 e 920). Contudo, e até mesmo para conferir uma visão mais completa e abrangente dos institutos, não deixaremos de aludir às principais leis sobre títulos de crédito típicos, notadamente a Convenção de Genebra sobre Letras de Câmbio e Notas Promissórias (promulgada pelo Decreto n. 57.663, de 24 de janeiro de 1966) e à Lei do Cheque (Lei n. 7.357, de 2 de setembro de 1985). Além disso, para tornar a exposição mais lógica e compreensível, iremos inicialmente apresentar as distinções entre o endosso próprio e os endossos impróprios.

2. *Dos endossos próprios e impróprios*

Para compreender a distinção entre endosso próprio e impróprio, é preciso, de início, recordar que a circulação própria ou regular dos títulos de crédito à ordem opera-se por meio da tradição do título com endosso (CC, art. 910, § 2º), pois é desta forma que se dá a transferência do título e da legitimação cartular, investindo o endossatário na posição de titular de direitos literais e autônomos. Pela tradição do título endossado, o endossatário não sucede o endossante nos seus direitos cartulares, mas se torna titular de direitos autônomos pelo fato de ter-se tornado proprietário do título.[3] Como observou Tullio Ascarelli, "a aquisição do título constitui então o *prius* e, a do direito, *posterius*, pois é da propriedade do primeiro que surge autonomamente a titularidade do segundo".[4]

Por outra retórica, na transferência do título por endosso próprio, regular e tempestivo, não há aquisição derivada de direitos de crédito; o endossatário não é sucessor do endossante nos direitos cartulares.[5] O que ocorre é que, com a tradição do título com endosso (que é uma declaração cambiária, negocial, formal, unilateral, não-receptícia, abstrata e acessória), se transfere o título ao endossatário e, da propriedade do título, resultam ao seu legítimo possuidor os direitos cartulares, autônomos e literais.

O endosso, portanto, difere em muito da cessão de crédito (CC, art. 286), como

2. Além das duas funções assinaladas, Mauro Rodrigues Penteado, argutamente, ainda acrescenta que a disciplina geral do Código Civil "modifica radicalmente o sistema vigente sob a égide do Código Civil de 1916, ao assegurar proteção completa ao possuidor de boa-fé do título, mormente os ao portador, doravante a salvo de reivindicação do proprietário (art. 896), o que vale tanto para os títulos atípicos, quanto para os típicos, reforçando disposições de leis especiais nem sempre bem aplicadas por nossos Tribunais, que a partir de agora tenderão a alinhar a jurisprudência a esse primado fundamental do Direito dos títulos de crédito" e, além disso, também "permite a criação de nova espécie de documento, de forma simplificada, ágil e segura, os títulos atípicos" ("Nota Introdutória" in *Títulos de Crédito:...*, cit., p. IX). Acerca dos propósitos do legislador ao criar uma disciplina geral para os títulos de crédito na codificação civil, vide, com proveito: Mauro Rodrigues Penteado, "Títulos de crédito no Projeto de Código Civil", *RDM* 100/24-45; e Mauro Brandão Lopes, "Títulos de crédito atípicos", *RAASP* 20/24.

3. Cf. Giovanni Luigi Pellizzi e Giulio Partesotti, *Commentario Breve alla Legislazione sulla Cambiale e sugli Assegno*, 2ª ed., Milão, CEDAM, 1995, nota 14-2, p. 50. Contudo, os mesmos juristas italinos frisam, linhas adiante da mesma obra, que, em relação à transmissão do documento de um sujeito a outro, a aquisição se dá a título derivado, ao passo que a aquisição da legitimação para o exercício de todos os direitos inerentes ao título ocorre a título originário.

4. Tullio Ascarelli, *Teoria Geral dos Títulos de Crédito*, SP, Saraiva, 1943, n. 17, p. 152. E mais adiante acrescentou: "o paralelismo, entre propriedade do título e titularidade do direito, encontra a sua explicação mais simples na afirmação de que a determinação do titular ativo do direito decorre da propriedade do título" (ob. cit., n. 13, p. 297).

5. Fran Martins destaca que "com a transferência do título pelo endosso, não há sucessão jurídica entre endossante e endossatário. Este, dado o princípio da autonomia das obrigações cambiárias, adquire um direito autônomo" (*Títulos de Crédito*, v. I, 3ª ed., RJ, Forense, 1991, p. 163).

bem explicou João Eunápio Borges: "enquanto a cessão é sempre contrato bilateral, o endosso constitui ato unilateral; a cessão pode revestir qualquer forma, e o endosso é ato formal; a cessão é ato causal, o endosso abstrato. A cessão transfere ao cessionário um direito derivado, o direito do cedente; o endosso não transfere ao endossatário o direito do endossador; transfere-lhe o título, com os direitos nele assegurados a seu legítimo possuidor. O endossatário adquire o direito literal e autônomo resultante do título, completamente imune às exceções que, na pessoa do antecessor, poderiam paralisar a eficácia da promessa nele contida".[6]

Sucede, todavia, que nem todo endosso se presta a viabilizar a transferência do título. Em certos casos, pretende-se através de endosso apenas legitimar o endossatário a praticar certos atos de cobrança em nome e por conta do endossante, quando então se estará diante de endosso-mandato (CC, art. 917); e, noutros casos, quer-se apenas instrumentalizar uma garantia sobre o título de crédito, através de endosso-penhor (CC, art. 918). Nestas duas últimas hipóteses, é evidente que os endossos (= endossos impróprios) têm características bem distintas do endosso pleno ou translativo (= endosso próprio). De todo conveniente, por isso, ressaltar os diferentes efeitos resultantes de uma e outra espécie de endosso.

2.1 Endosso próprio: efeitos

O endosso, enquanto ato jurídico que é, possui uma causa, isto é, uma função econômico-social. No caso do endosso próprio, pleno ou translativo, a doutrina identifica três funções (ou efeitos) característicos: (i) efetivar a transferênciar do título e, conseqüentemente, dos direitos dele emergentes (função translativa); (ii) atribuir a legitimação primária do portador do título como credor da prestação (função de legitimação); e (iii) positivar a responsabilidade do endossante pelo cumprimento da prestação constante do título (função de garantia) – embora, a rigor, este último efeito ou função não seja essencial, mas meramente *acidental*, no regime do Código Civil, ou *natural* nas demais leis extravagantes sobre títulos de crédito.

De fato, a funçao translativa do endosso (*Übertragungsfunktion*), que por muitos é considerada a principal função do endosso pleno,[7] explica-se pelo fato de que a aquisição autônoma dos direitos emergentes dos títulos à ordem apenas se viabiliza pela tradição do título com endosso (CC, art. 893; LU, art. 14; e LCh, art. 17). É da tradição do título com o endosso que decorre a titularidade do endossatário sobre o título e os respectivos direitos.[8] Neste sentido, diz-se que o endosso realiza a "dinâmica do título de crédito".[9]

Por outro lado, o endosso se presta ainda a legitimar o exercício dos direitos cartulares pelo portador do título, desde que o seja em virtude de uma cadeia regular e

6. João Eunápio Borges, *Títulos de Crédito*, 2ª ed., 5ª tir., RJ, Forense, 1975, n. 78, p. 74. Sobre a distinção entre cessão e endosso, confira-se ainda: Rubens Requião, *Curso de Direito Comercial*, 2º v., 13ª ed., SP, Saraiva, 1984, n. 550, p. 339. Gastone Cottino anota que "la differenza di trattamento tra girata e cessione è sostanziale" (*Diritto Commerciale*, v. 2, t. I, 2ª ed., Pádua, CEDAM, 1992, n. 79, p. 308).

7. Magarinos Torres já dizia que "a função precípua do endosso é a transferência da propriedade" (*Nota Promissória*, 4ª ed., SP, Saraiva, 1935, n. 77, nota 37-B, p. 110).

8. Segue-se daí, segundo a Corte de Cassação francesa, que "la seule remise de la lettre de change en l'absence d'un endossement régulier ne saurait la transférer à celui qui la reçoit" (Nicolas Rontchevsky *et alli*, *Code de Commerce*, 101ª ed., Paris, Dalloz, 2006, nota 1 ao art. 511-8, p. 676).

9. Discorrendo sobre a "letra" em Portugal (que nada mais é do que o título entre nós ainda conhecido por "letra de câmbio", quiçá em virtude de arraigada reminiscência histórica), A. Ferrer Correia anotou que "o endosso realiza o que alguns chamam de 'dinâmica da letra'" (*Lições de Direito Comercial*, Coimbra, Lex, 1994 (*reprint*), n. 49, p. 507).

ininterrupta de endossos (CC, art. 911; LU, art. 14, al. 1ª; e LCh, arts. 20 e 22). É o que a doutrina denomina de efeito legitimador, ou função de legitimação, do endosso (*Legitimationsfunktion*).[10] Segue-se daí que o portador será legítimo, assim, se justificar o seu direito por uma série ininterrupta de endossos, mesmo que o último seja em branco, e, como tal, tem direito de exigir a prestação (legitimação ativa). Reversamente, e ainda como decorrência do efeito de legitimação, o devedor pode efetuar o pagamento com plenos efeitos liberatórios àquele que se apresentar como possuidor do título formalmente legitimado (legitimação passiva).[11]

10. Em matéria de títulos de crédito, é fundamental diferenciar "titularidade" dos direitos mencionados no documento e "legitimação" para o exercício. Giovanni Luigi Pellizzi e Giulio Partesotti bem explicam que "titularidade" é a pertença do direito a um dado sujeito e é atribuída da propriedade do título (opinião dominante). A propriedade do título se presume, até prova em contrário, no que prove ser possuidor (simples ou qualificado), isto é, legitimado. Por sua vez, "legitimação" é o poder de exercício do direito; "legitimação", investidura formal no direito, é a atribuição a um sujeito, na dependência de uma dada situação formal, do poder de exercício do direito. De regra, o titular do direito é também legitimado ao seu exercício, mas há casos nos quais a legitimação cabe a um sujeito diverso do titular do direito (cisão que pode derivar da lei, da vontade do titular ou ainda de uma situação meramente fáctica), de maneira que pode haver um titular não legitimado e um legitimado não titular (ob. cit., nota 1, p. 14).

11. A legitimação passiva, entendida como efeito liberatório do pagamento efetuado mesmo a pessoa diversa do verdadeiro credor, constitui fenômeno já conhecido na disciplina geral do adimplemento das obrigações (cf. Federico Martorano, *Titoli di Credito*, Milão, Giuffrè, 2002, n. 1, p. 190), pois, de acordo com o art. 306 do CC, "o pagamento feito de boa-fé ao credor putativo é válido, ainda provado depois que não era credor". No entanto, como ainda bem observa o mesmo estudioso italiano, a situação jurídica do credor putativo é profundamente diversa daquela do portador qualificado do título, porquanto o primeiro, em realidade, não é legitimado nem a pretender nem a receber o pagamento: é o devedor que é legitimado a invocar a liberação, enquanto tenha efetuado o pagamento a um terceiro que, sob circunstâncias unívocas, aparecia legitimado a recebê-lo (ob. e loc. cits.).

Por fim, o último efeito do endosso é o de garantia (*Garantiefunktion*), já que, por força do endosso, o endossante se torna responsável, perante o endossatário e sucessivos intervenientes, pela pontual realização da prestação cambiária. Não se trata, todavia, de um efeito essencial do endosso pleno, visto que, no regime do Código Civil, o endossante não responde pelo cumprimento da prestação constante do título, salvo se tiver assumido esta obrigação por cláusula expressa (CC, art. 914). Aliás, mesmo no regime da Lei Uniforme sobre Letras de Câmbio e Notas Promissórias e no da Lei do Cheque, trata-se de um efeito natural, mas não essencial, pois poderá ser afastado pelo endossante através da inserção da cláusula "sem garantia" (LU, art. 15; e LCh, art. 21), verdadeira "cláusula de medo" (*Angstklausel*[12]), em virtude da qual não assumirá a obrigação pelo aceite ou pagamento do título (embora, com isso, possa dificultar a circulação do título, deixando nele registradas a sua desconfiança e a incredulidade nas declarações unilaterais até então existentes). De toda forma, porém, a garantia resultante do endosso é apenas, nas palavras de Alfred Hueck e Claus-Wilhelm Canaris, uma "conseqüência acessória"[13] do endosso, que, assim, poderá ou não se fazer presente, dependendo do regime jurídico aplicável *ou* da vontade do próprio endossante.

Estes, portanto, são as funções típicas do endosso próprio, translativo ou pleno, por meio do qual, aliado à tradição, se transfere a propriedade do título e o portador se legitima ao exercício dos direitos literais e autônomos nele mencionados. Contudo, segundo frisado anteriormente, há endossos em que não se verificam todas esses efeitos e, por isso, são denominados de endossos impróprios.

12. A expressão é de Hans Brox (*Handelsrecht und Wertpapierrecht*, 6ª ed., Munique, C. H. Beck, 1987, n. 575, p. 295).

13. Alfred Hueck e Claus-Wilhelm Canaris, *Derechos de los Títulos-Valor*, trad. da 12ª ed. da obra alemã *Recht der Wertpapiere*, por Jesus Alfaro, Barcelona, Ariel, 1988, p. 120.

2.2 Endosso impróprio

O endosso nem sempre terá por efeito transferir a propriedade do título. Em muito casos, efetivamente, surge na prática a necessidade de apenas legitimar uma terceira pessoa a exercer certos direitos cartulares, sem lhe transferir a propriedade do título nem os respectivos direitos. Em casos que tais, poderá o legítimo portador valer-se então de endossos impróprios.[14]

As características típicas dos endossos impróprios (endosso-mandato e endosso-caução) consistem em não serem translativos e operarem a simples legitimação contida dos endossatários. Por meio deles, os endossatários ficam legitimados apenas ao *exercício de direitos cartulares*, mas não se legitimam "para a disposição do direito, mediante a disposição do título", consoante frisa Newton De Lucca.[15]

Para explicar este fenômeno de desdobramento da legitimação cartular entre endossante e endossatário, operada através do endosso impróprio, alude-se então, com muita felicidade, à *legitimação secundária* (de segundo grau ou derivada) do endossatário, restrita ao exercício de certos direitos, e, ainda, à *legitimação primária* (de primeiro grau ou plena) do titular dos direitos sobre o título, que é o endossante.

Esta explicação, que desdobra a legitimação em primária e secundária (plena e derivada), é bastante significativa, pois tem conseqüências práticas de relevo. A *primeira* delas é evidenciar que, ao efetuar o cumprimento da prestação, o devedor há de verificar tanto a legitimação do titular (= endossante-mandante ou endossante-garante) como também a legitimação daquele que está pessoalmente a exigir, em nome próprio ou do endossante, o cumprimento da obrigação cartular (= endossatário-caucionário ou endossatário-mandatário) e, portanto, poderá, e deverá, se negar a cumpri-la se verificar qualquer problema formal nas respectivas cadeias de endossos (CC, art. 911, § 2º).[16] A *segunda* conseqüência prática desta explicação é demonstrar que o endossante, ainda quando tenha investido um terceiro endossatário com a legitimação secundária, não deixa de ser proprietário do título[17] e remanesce como legitimado primário – podendo, em certas condições específicas, mesmo assim praticar atos relacionados ao título de crédito, ainda quando não cancelado o endosso impróprio.[18]

14. Fábio Ulhoa Coelho observa que "através do endosso impróprio, lança-se na cambial um ato que torna legítima a posse do endossatário sobre o documento, sem que ele se torne credor. Chama-se impróprio o endosso, nesse caso, exatamente porque um dos seus efeitos normais – a transferência da titularidade do crédito – não se opera" (*Curso de Direito Comercial*, v. 1, SP, Saraiva, 1998, n. 4.1, p. 396). No mesmo sentido: Luiz Emygdio F. da Rosa Jr., *Títulos de Crédito*, SP, Renovar, 2000, pp. 251-252.

15. Newton De Lucca, *Comentários ao Novo Código Civil*, v. XII, RJ, Forense, 2003, p. 286. Giuseppe Ferri, a propósito, também destacou que "la limitazione della legittimazione deriva dal fatto che il possessore non è investito nel diritto, ma, a seconda dei casi, ha il potere di esercitare il diritto in nome del formalmente investito o invece ha l'investitura in un diritto più limitato. In tutte queste ipotesi, rimane integro il potere del legittimato in ordine all'esercizio del diritto, mentre viene meno il potere di disposizione del documento" (*Manuale di Diritto Commerciale*, 8ª ed., Turim, UTET, 440, p. 685). Em igual senso: Giorgio Cian e Alberto Trabucchi, *Commentario Breve al Codice Civile*, 6ª ed., Pádua, CEDAM, 2002, p. 1.950; e Werter R. Faria, *Ações Cambiárias*, RS, Sérgio Antônio Fabris Editor, 1987, n. 22, p. 38.

16. Cf. Giovanni Luigi Pellizzi e Giulio Partesotti, ob. cit., nota 22-2, p. 72. Esta revelante particularidade foi apreendida por Werter R. Faria, ao destacar que "o devedor precisa verificar seja a legitimação de quem exige a prestação, como endossatário para cobrança (...) seja a legitimação do endossante" (ob. cit., n. 22, p. 38). Aquele que se recusa a pagar título com problemas na cadeia de endossos exerce regularmente o seu direito e, por isso, não pode ser penalizado (cf. STJ, 4ª T., REsp 304.192-MG, Rel. Min. Sálvio de Figueiredo Teixeira, v.u., j. 10.4.2001, *RT* 794/240).

17. Cf. Herbert Wiedemann, *Wertpapierrecht*, 6ª ed., Munique, C. H. Beck, 1994, p. 46.

18. V. Giorgio Cian e Alberto Trabucchi, ob. cit., p. 1.951; Federico Martorano, "Titoli di credito", in *Enciclopedia del Diritto*, v. XLIV, Milão, Giuffrè, p. 616; e Werter R. Faria, ob. cit., n. 22, p. 40.

Ou seja, os endossos impróprios caracterizam-se por não terem nunca efeito translativo e por conferirem apenas efeitos contidos de legitimação[19] – pois, como visto, apenas se prestam a possibilitar que o endossatário possa exercer certos direitos cartulares (exercício esse de direitos mais ou menos extensos, dependendo da espécie de endosso impróprio), sem, porém, deles dispor. Por fim, o efeito de garantia não existe no endosso-mandato e, fora do sistema do Código Civil, é discutível se estaria presente no endosso-caução, preponderando claramente, no entanto, o entendimento de que, também nele, não existiria.[20]

As duas espécies de endosso impróprio são o endosso-mandato e o endosso-caução (ou endosso-penhor). Por serem endossos impróprios: (i) não acarretam a transferência da propriedade do título; (ii) apenas importam na legitimação para o exercício de certos direitos cartulares; (iii) o endossante não se torna responsável cambiariamente perante os endossatários impróprios, que, portanto, apenas poderão exigir o cumprimento da prestação do devedor ou quem no título se obrigou antes do endossante;[21] (iv) por não terem disponibilidade sobre o título, tanto no endosso-mandato como no endosso-caução, os endossatários somente poderão lançar no título outro endosso-mandato (CC, arts. 917, § 1º, e 918, § 1º; LU, arts. 18 e 19; e LCh, art. 26); e, por fim, ambas as espécies de endosso impróprio (iv) exercem funções instrumentais, posto que o endosso-mandato é o instrumento do mandato (CC, art. 653, *in fine*) que legitima o endossatário a praticar os atos de cobrança perante terceiros (regulando, pois, as relações externas, e não as internas que se estabelecem através de um contrato regido pelo direito comum, escrito ou verbal, entre mandante e mandatário[22]), da mesma forma como o endosso-penhor também é instrumento de constituição de penhor sobre títulos de crédito (CC, art. 1.458), pois visa a regular aspectos externos da relação jurídica, e, portanto, não prescinde da existência de um contrato estabelecendo as condições desta garantia.[23]

19. Na realidade, os três efeitos do endosso podem ser restringidos, seja em endossos próprios ou impróprios. Assim: (i) o *efeito de legitimação* pode ser limitado, em maior ou menor extensão, através de endossos impróprios (endosso-mandato ou endosso-caução); (ii) o *efeito de garantia*, quando existente, também poderá ser eliminado (pelo endosso sem garantia); e, por fim, (iii) o *efeito de circulação* também poderá ser restringido, através da inserção de cláusula não à ordem pelo emitente (caso em que o título só circulará por meio de cessão e, por isso, há doutrinadores que sustentam que o título assim emitido nem seria verdadeiro título de crédito, mas simples título de legitimação) *ou* pelo tomador ou outro endossante (caso em que o título não deixará de circular com a forma e com os efeitos cambiários, mas tornará oponíveis aos sucessivos portadores todas as exceções pessoais que o responsável pela inserção da cláusula teria frente ao seu endossatário).

20. Sobre o assunto, v.: STJ, 3ª T., REsp 179.871-SP, Rel. Min. Waldemar Zveiter, v.u., j. 2.5.2000, *DJU* 6.6.2000, *RSTJ* 134/398.

21. Em relação ao endosso-caução, porém, há posições divergentes e, no texto, estamos indicando apenas a que se revela majoritária. Sobre o ponto, confira-se: Giovanni Luigi Pellizzi e Giulio Partesotti, ob. cit., nota 23-5, p. 75.

22. Marc Grüniger, Bruno Hunziker e Gerhard Röth foram bastante precisos ao apontar que o objetivo dos preceitos sobre endosso-mandato é "regular o *relacionamento externo* entre endossante, endossatário-mandatário e devedor cambiário sob o ponto de vista da proteção à circulação. O que vale no *relacionamento interno* entre endossante e endossatário-mandatário – sobre se o último especialmente não está apenas autorizado a cobrar mas também obrigado a fazê-lo, se ele *pode* reendossar o título (de acordo com a lei ele *está autorizado*) etc. – não está regulado" nos preceitos sobre endosso-mandato (*Basler Kommentar zum Schweizerischen Privatrecht – Obligationenrecht II (art. 530-1186 OR)*, 2ª ed., Basel/Genf/Munique, Helbing & Lichtenhahn, 2002, nota 4 ao art. 1.008, p. 1.894). E ainda enfatizaram: "O endossatário-mandatário pode exercer todos os direitos decorrentes da letra de câmbio, contudo em nome do endossante. Se ele também precisa fazê-lo, respectivamente sob quais condições ele pode fazê-lo, é uma questão a ser regulada *internamente* entre ele e o endossante. No relacionamento *externo* pode ele, em todo o caso, com eficácia legal cobrar, protestar, acionar o devedor, como também reendossar a letra para fins de cobrança" (ob. cit., nota 3 ao art. 1.008, p. 1.894). Cuida-se aqui, pois, de fazer a necessária distinção entre poder de representação e negócio jurídico representativo.

23. Luiz Emygdio F. da Rosa Jr. entende que "o endosso-mandato existe autonomamente, enquan-

Contudo, é evidente que, entre o endosso-mandato e o endosso-caução, há diferenças marcantes. Assim é que: (i) o endossatário-mandatário age em nome e por conta do endossante-mandante, ao passo que, no endosso-caução, o endossatário age em nome próprio e no seu interesse; (ii) os devedores podem opor ao endossatário-mandatário somente as exceções que tiverem contra o endossante-mandante, e não aquelas que porventura tenham contra o próprio endossatário (o qual nem age em nome próprio nem em seu interesse), enquanto que, no endosso-caução, os devedores não podem opor ao endossatário as exceções pessoais que teriam contra o endossante, salvo se aquele tiver agido de má-fé; e, por fim, como lembrou Luiz Emygdio F. da Rosa Jr., (iii) "no caso de falência do endossatário-mandatário, o endossante-mandante pode pleitear a restituição do título porque a propriedade lhe pertence, enquanto na falência do endossatário-caucionário o endossante não pode adotar a mencionada medida porque, embora a propriedade do título lhe pertença, o endossatário torna-se titular dos direitos decorrentes do título e é credor da obrigação garantida pelo penhor de direitos.[24] Todavia, o endossante pode, pagando a dívida, reivindicar o título da massa, mas se não efetuar o pagamento, o administrador judicial pode optar entre cobrar-lhe a dívida ou executar o título caucionado".[25]

Realçadas, pois, as principais diferenças entre o endosso próprio e o endosso impróprio, e entre o endosso-mandato e o endosso-caução, iremos doravante analisar o o endosso-póstumo (endosso próprio, translativo, mas que, em virtude do decurso do tempo, deixa de produzir os efeitos característicos da circulação cartular, embora continue a manter a sua respectiva forma), sendo que a análise do endosso-mandato constitui objeto de estudo nosso em separado.

Seção 1 — Do endosso-póstumo

As diversas leis sobre títulos de crédito normalmente regulam não apenas as formas e as condições de sua circulação própria ou regular, mas, igualmente, costumam estabelecer um prazo dentro do qual isso deve ocorrer, findo o qual cessa a vida útil de sua circulação; cessa a sua vitalidade circulatória. Qual seria, porém, o marco do fim do período de vitalidade circulatória dos títulos de crédito? Qual o evento apto a balizar tão importante momento?

to o endosso-caução pressupõe a existência de uma obrigação principal" (ob. cit., p. 267). Contudo, é bem de ver que o endosso-mandato não existe autonomamente; ele sinaliza a terceiros a existência de um relacionamento eventual de mandato, mas não constitui de per si esse relacionamento. Tem razão o autor, porém, ao observar que o endosso-penhor pressupõe uma obrigação principal, mas, na realidade, isso se deve ao fato de ser o penhor um direito real de garantia. Contudo, tal como sucede com o endosso-mandato, o endosso-penhor não esgota a relação pignoratícia.

24. Cf. 1º TACivSP, 5ª C., Ap. 436.629-6, Rel. Juiz Renato Takiguthi, v.u., j. 6.9.1990, *JUTACivSP-Lex* 128/85.

25. Luiz Emygdio F. da Rosa Jr., ob. cit., pp. 267-268. Este autor ainda diferencia os endossos impróprios dizendo que "o endosso-mandato pode ter por objeto qualquer título de crédito, enquanto o endosso-caução não pode ser dado no cheque porque consubstancia ordem de pagamento à vista". Esta observação, conquanto dogmaticamente correta, merece ser questionada, pois a prática negocial brasileira criou, à matroca, a figura dos cheques pré-datados (ou pós-datados), os quais vêm sendo dados em garantia através de contratos de penhor rotativo (sem o emprego do endosso-caução, que não tem previsão na Lei do Cheque). Agora, com a disciplina geral supletiva do Código Civil, seria concebível até mesmo endosso-caução de cheques (CPC, art. 903). Daí porque, apesar da doutrina estrangeira verberar a possibilidade de uma ordem de pagamento receber endosso-caução, isso parece concebível para os cheques pré-datados – que não deixam, por isso, de ser ordens de pagamento (já que o acordo de pré-datação constitui mera convenção extracartular a que as partes se obrigam a cumprir, diretamente ou por derivação contratual). Sobre a caução de cheques pré-datados, confira-se os estudos de Athos Gusmão Carneiro (*Temas Atuais de Direito e de Processo*, Brasília, Brasília Jurídica, 1997, pp. 7-39) e Joaquim Antonio de Vizeu Penalva Santos ("Cheque pós-datado dado em garantia", *Revista de Direito Bancário e do Mercado de Capitais* 1/77-84).

De acordo com uma concepção estreita do fenômeno econômico, poder-se-ia supor que, com o vencimento do título, não haveria motivos para continuar a prestigiar e tutelar a circulação própria (também conhecida por circulação cambiária), sendo que essa visão, no passado, chegou a ser prestigiada pelo nosso legislador (Decreto n. 2.044, de 31 de dezembro de 1908, art. 8º, § 2º) e pelos legisladores de diversos outros países.

Contudo, as necessidades da prática negocial soaram mais alto e puseram em evidência a conveniência de prolongar a circulação cartular, autônoma, mais segura e ágil, para além do vencimento, em virtude da existência de operações e negócios realizados com títulos já vencidos.[26]

Daí porque as legislações mais modernas, na linha da orientação tradicional germânica, prolongaram a vitalidade circulatória dos títulos de crédito, estendendo-a até o instante em que os mesmos sejam protestados por falta de pagamento (ou neles venha a ser lançada declaração equivalente) ou, alternativamente, até que expire o prazo para se fazer ditos protestos necessários (LU, art. 20; e LCh, art. 27), já que, a partir de então, e somente a partir de então, não haveria mais razão para prestigiar a circulação autônoma ou para tutelar a posição de terceiros portadores: "o adquirente de uma letra reconhecível como não honrada" – destacam Grüniger, Hunziker e Röth – "não mais merece de agora em diante, com certeza, a proteção especial do direito cambiário".[27]

Contudo, o fato de o legislador pôr termo à circulação própria a partir de dado instante estabelecido em lei, longe está de significar que, daquele momento em diante, restem preclusas outras formas de transferência. Afinal, ainda que vencidos e mesmo que protestados, os títulos de crédito continuam a ter conteúdo econômico, representam direitos de crédito e, portanto, podem ser (como efetivamente são) objeto de negociação entre os particulares.[28]

Ocorre, todavia, que essa circulação, que tem lugar após finda a época de circulação cartular, não goza mais dos atributos cambiários característicos, na medida em que, como assinalado, não há mais necessidade (ou, ao menos, o legislador entende que não há mais necessidade) de tutelar a posição de terceiros e prestigiar a troca de valores de recuperação duvidosa. Portanto, a circulação que se segue ao fim da vida útil não se desenvolve mais com autonomia de posições típica da circulação cartular; não se opera mais propriamente sobre um documento do qual derivam direitos literais e autônomos (direitos esses cuja titularidade se estabelece em função da propriedade do título e que são imunes a exceções pessoais oponíveis aos antecessores), mas, a partir de então, a circulação tem por objeto somente a transmissão derivada de direitos de crédito. O regime jurídico aplicável a esta circulação já não mais será aquele próprio das cousas móveis e das regras de tutela da boa-fé (CC, art. 896), mas o da cessão de crédito (CC, arts. 286 a 298).

Por isso, o endosso lançado no título após o término da fase de circulação cartular (própria ou regular) não mais terá os efeitos próprios de um endosso pleno e tempestivo. Será reputado um endosso tardio, tardo ou póstumo (*Nachindossament*).

3. *Conceito*

O conceito de endosso-póstumo pode ser elaborado a partir de premissas completamente distintas. De fato, poder-se-ia

26. Cf. Joaquín Garrigues, *Curso de Derecho Mercantil*, t. III, Colômbia, Temis, 1987, p. 221.

27. "Der Erwerber eines erkennbar Not leidenden Wechsels verdient nun allerdings den besonderen, wechselrechtlichen Schutz nicht mehr" (Marc Grüniger, Bruno Hunziker e Gerhard Röth, ob. cit., nota 1 ao art. 1.010, p. 1.897).

28. Entre nós, vários são os negócios realizados com títulos de crédito vencidos e protestados, normalmente por empresas especializadas, que adquirem esses documentos, com substancial deságio, e depois cuidam de tentar providenciar a sua cobrança, extrajudicial e judicial, por conta própria.

simplesmente afirmar, com total alheamento do regime jurídico aplicável ao instituto, que endosso-póstumo é o endosso translativo passado após o vencimento do título.[29] Ou, então, o que se nos afigura mais recomendável (por ter implicações práticas concretas), estabelecer que endosso-póstumo ou tardio é o endosso translativo que, conquanto realizado pela forma normal de um endosso pleno, produz apenas os efeitos de uma cessão de crédito, por ter sido lançado no título após o término do período de vida útil de circulação própria ou regular, definido na respectiva lei de regência do documento.

Sob esta última perspectiva, aderente ao regime jurídico específico de cada título de crédito, o que define o caráter póstumo do endosso não é genericamente o vencimento, mas o transcurso do período de circulação cartular estabelecido em lei. Poderá ser o vencimento *ou* o protesto (época do protesto ou declaração equivalente), *ou* outro evento qualquer (p. ex., tantos meses depois do vencimento), dependendo do que for previsto na lei de regência de cada título de crédito, já que será a partir de então que os endossos subseqüentes não mais terão aqueles efeitos próprios da circulação cartular autônoma, mas apenas os de uma simples cessão de crédito.

Afinal, qualificar o endosso como póstumo apenas porque feito depois do vencimento, é elaborar conceito desprovido de qualquer sentido prático e que em nada auxilia à compreensão dos diversos problemas jurídicos. Ou, vale indagar, teria alguma repercussão prática denominar de póstumo o endosso de letra de câmbio vencida, feito antes de findo o prazo para protesto? No que diferiria este endosso de outro feito antes do vencimento, se a lei não o submete a um regime jurídico distinto? E se esse endosso, feito depois do vencimento mas antes de esgotado o prazo para protesto, fosse classificado de póstumo, como seria batizado o endosso que o seguisse, depois do protesto? "Endosso-póstumo tardio", "endosso mais do que póstumo" ou "endosso pós-póstumo"? Pensamos não ser preciso aqui ir além. As considerações até agora tecidas demonstram, com efeito, a necessidade de o caráter póstumo ou não do endosso ser estabelecido *à luz do direito posto*, sob pena de chancelar-se classificação desprovida de repercussões práticas.

Por isso, reiteramos que, neste estudo, endosso-póstumo, tardo ou tardio será considerado unicamente aquele endosso translativo que, conquanto realizado pela forma normal de um endosso pleno, produz apenas os efeitos de uma cessão de crédito, por ter sido lançado no título após o término do período de vida útil de circulação cartular definido na sua respectiva lei de regência.

4. Classificação

De acordo com as considerações apresentadas no item 2 deste estudo, o endosso-póstumo constitui espécie de endosso próprio,[30] na medida em que o endossatário (ainda que não de forma autônoma, mas derivada) torna-se titular dos direitos emergentes do título e fica legitimado a exercê-

29. Fernando Netto Boiteux, p. ex.o, afirma que "endosso póstumo é aquele lançado posteriormente ao vencimento do título" ("A circulação dos títulos de crédito no novo Código Civil", *RAASP* 71/42-43). Na mesma linha, v. ainda as lições de Fran Martins (*Títulos de Crédito*, cit., v. I, n. 44, p. 173) e de Waldirio Bulgarelli (*Títulos de Crédito*, 9ª ed., SP, Atlas, 1992, p. 155). Ainda neste sentido parece ser a opinião de Pedro A. Batista Martins ("Sobrevôo aos títulos de crédito no novo Código Civil", in *Direito da Empresa no Novo Código Civil*, coord. Frederico Viana Rodrigues, RJ, Forense, 2004, p. 570).

30. Neste sentido: Fran Martins, *Títulos de Crédito*, v. II, 5ª ed., RJ, Forense, 1991, n. 63, p. 89 (que reconhece tratar-se de endosso translativo, embora o chame de impróprio); e Luiz Emygdio F. da Rosa Jr., ob. cit., p. 250. É certo que A. Ferrer Correia afirma que o endosso-póstumo seria endosso impróprio, mas isso porque, de acordo com a sua concepção, impróprios seriam genericamente os "endossos que transmitem apenas determinados direitos, ou que os transmitem de modo diferente do normal" (ob. cit., n. 54, p. 512).

los de forma plena. É verdade, ainda, que, do endosso-póstumo, não resultam os efeitos de garantia (*Garantiefunktion*), mas esses efeitos, como também já frisamos, não são essenciais do endosso próprio. Seja porque são meramente acidentais no regime codificado (CC, art. 914), seja porque podem ser afastados no regime das leis extravagantes (LU, art. 15; e LCh, art. 21), sem que isso desnature o endosso como pleno. O mesmo se diga a propósito da oponibilidade das exceções, sempre passível de ocorrer até mesmo em caso de endosso pleno e tempestivo, se o endossatário tiver agido de má-fé (CC, art. 916; LU, art. 17; e LCh, art. 25[31]).

Além de translativo, o endosso-póstumo sujeita-se a todas as regras formais e substanciais de outro endosso pleno qualquer, até mesmo porque o título endossado postumamente não deixa de ser título de crédito.[32] Porém, e este é o seu real traço distintivo, conquanto formalmente seja endosso, os seus efeitos são os de uma cessão de crédito – o que significa dizer que importa numa circulação não-autônoma: o adquirente sucede o alienante em seus direitos (com a mesma extensão e os vícios); o devedor poderá opor ao endossatário as exceções fundadas sobre relações pessoais dele com o endossante até o momento em que tiver conhecimento da transferência; e o endossante não assume qualquer garantia pelo endosso, não respondendo pela solvência do devedor, mas apenas pela existência do crédito. Tais aspectos serão adiante melhor esmiuçados (item 7, infra).

Todavia, apesar das limitações ora postas em destaque, o endosso-póstumo constitui meio bastante ágil e simples de transferência de crédito, pois opera-se pela forma de endosso, e não como uma solene e trabalhosa cessão de crédito. Por isso, tem inegável relevância na prática negocial – como assim também anotaram Christian Gavalda e Jean Stoufflet, enfatizando que "l'endossement tardif produit des effets restreints mais non négligeables. Il reste un moyen simples de transmettre la créance cambiare".[33]

Vejamos, por isso, como o instituto vem atualmente regulado no direito pátrio, com especial ênfase na disciplina do Código Civil.

5. Endosso-póstumo no CC-2002

O Código Civil de 2002, ao disciplinar a vida útil de circulação regular dos títulos de crédito emitidos com base nas suas respectivas disposições (e que são os títulos de crédito atípicos e os títulos típicos que se valem supletivamente das regras codificadas), limitou-se a prescrever, no art. 920, que "o endosso posterior ao vencimento produz os mesmos efeitos do anterior".[34] Fora isso, não limitou temporalmente a circulação dos títulos de crédito.

31. Os argumentos são de Luiz Emygdio F. da Rosa Jr., para quem "o endosso tardio não deixa de ser próprio pelo fato de o endossante não garantir o pagamento do título porque se trata de efeito decorrente de lei, que pode, inclusive, ser afastado por cláusula aposta no título pelo endossante (LUG, art. 15, al. 1ª, e LC, art. 21). Finalmente, o endosso tardio também não se caracteriza como impróprio pelo fato de o portador ficar vulnerável às exceções que possam ser opostas pelos devedores, uma vez que isto também ocorre no endosso próprio em relação ao terceiro adquirente de má-fé (LUG, art. 17, e LC, art. 25)" (ob. cit., pp. 251-252).

32. Realmente, o título endossado postumamente não deixa de ser título de crédito. Tullio Ascarelli observou que já houve quem pretendesse classificá-lo como título de legitimação, mas, com muita exatidão, observou que para "classificar um título cumpre ter presente o seu tipo normal, prescindindo dos seus efeitos em casos especiais. Não pode ser posto em dúvida que, considerada no seu tipo normal, a cambial seja título de crédito" (*Teoria...*, cit., n. 27, pp. 250-251).

33. Christian Gavalda e Jean Stoufflet, *Droit Commercial*, v. 2, *Chèques et Effets de Commerce*, Paris, PUF, 1978, n. 116, p. 145.

34. A redação do art. 920 do Código Civil é praticamente idêntica à primeira parte do art. 20 da Lei Uniforme sobre Letras de Câmbio e Notas Promissórias: "Art. 20. O endosso posterior ao vencimento tem os mesmos efeitos que o endosso anterior (...)".

Diante disso, parece-nos irretorquível a seguinte inferência.

5.1 Não existe endosso-póstumo no regime do CC

Realmente, se o Código Civil cingiu-se a assentar o princípio de que o endosso, feito antes ou depois do vencimento, tem sempre os mesmos efeitos e se, além disso, não limitou temporalmente a circulação cartular dos títulos de crédito (circulação própria), é claro então que não contemplou a figura do endosso-póstumo – a não ser que se queira, por mero apego a denominações, chamar de póstumo o endosso feito depois do vencimento, não obstante uma tal classificação seja, de todo e em todo, balda de qualquer sentido jurídico e, na realidade, somente viria a baralhar a própria compreensão do instituto, com a criação de uma inusitada hipótese em que o endosso-póstumo tem os mesmos efeitos de um endosso tempestivo...

À vista disso, seguramente será melhor, em coerência com o critério de classificação adotado no presente estudo (no item 4, supra), afirmar peremptoriamente que o nosso Código Civil não prevê o endosso-póstumo[35] e que, portanto, a circulação própria dos títulos de crédito, com base nele emitidos ou regulados, projeta-se para além do vencimento, encerrando-se coevamente à sua própria morte; até lá, circularão com plena autonomia.

É claro, contudo, que essa disciplina inovadora do art. 920, do Código Civil, tem sido alvo de críticas, a merecerem doravante a nossa exposição e análise.

5.2 Crítica à redação do art. 920 do CC

A primeira censura feita ao art. 920, do Código Civil, refere-se à sua redação, tida por excessivamente concisa por Antônio Mercado Jr.,[36] na medida em que no aludido artigo o legislador limitou-se a prever que "o endosso posterior ao vencimento produz os mesmos efeitos do anterior".

Diante disso, Newton De Lucca crê ser preciso tomar cuidado ao interpretar o referido artigo, a fim de "que se entenda a expressão *anterior* com todo o cuidado para que não se chegue a um resultado absolutamente diverso daquele efetivamente preconizado pela lei. Se o artigo tivesse dito, pura e simplesmente, que a eficácia do endosso seria sempre a mesma, quer tenha sido ele feito anteriormente, quer posteriormente ao vencimento do título, nenhum problema de interpretação diversa poderia subsistir. Sucede que, ao utilizar o artigo do nosso Código Civil as expressões *posterior* e *anterior*, poderá algum exegeta mais desavisado supor que se possa tratar de um endosso posterior ao vencimento produzindo os mesmos efeitos de um outro endosso anteriormente feito".[37]

De nossa parte, compreendemos a preocupação e consideramos até mesmo possível que, na prática, alguém venha a sustentar semelhante disparate, mas de certo será um exegeta não apenas desavisado, mas um tanto quanto limitado. Isto porque o preceito, conquanto sintético, não está

35. Em abono das conclusões expostas no texto, invoque-se a opinião de Rubens Requião, que, ao analisar o Projeto de Código Civil, assim se pronunciou: "a Lei Uniforme é completa em relação à regulação do *endosso tardio*, em norma que *o Projeto desconhece*" ("Projeto de Código Civil", *RDM* 17/142).

36. Entendeu Antônio Mercado Jr. que "com a redação dada ao artigo, pareceria que, se o endosso anterior fosse endosso-pignoratício, o posterior ao vencimento, tendo 'os mesmos efeitos do anterior', seria também endosso-pignoratício. Por isso, talvez se pudesse formular esta emenda: 'Redija-se o art. 979: Não se restringe a eficácia do endosso, pelo fato de ser lançado após o vencimento do título'" ("Observações sobre o Anteprojeto de Código Civil quanto à matéria 'Dos Títulos de Crédito', constante da Parte Especial, Livro I, Título VIII", *RDM* 9/131). O alvitre não foi acolhido, prevalecendo a redação atual do preceito.

37. Newton De Lucca, ob. cit., p. 294.

redigido de forma errada[38] e é claro que a interpretação da lei deve sempre conduzir a resultados lógicos e razoáveis. Não vemos, com efeito, como possa vingar outra interpretação senão a de que o endosso, feito antes ou depois do vencimento, produz sempre os mesmos efeitos. Ou, por outra retórica, que "o endosso posterior ao vencimento produz os mesmos efeitos do anterior" (CC, art. 920).

5.3 Deficiência da disciplina codificada

A segunda crítica feita ao art. 920, do Código Civil, decorre precisamente da falta de limitação temporal da circulação regular (circulação cartular e autônoma) dos títulos de crédito. Esta crítica, de fato, tem certa procedência, na medida em que a disciplina geral estabelecida no Código Civil é supletivamente aplicável a todos os títulos de crédito típicos (CC, art. 903).

Acredita-se, porém, que a propalada omissão no trato do endosso-póstumo não foi involuntária, mas intencional, para assim prestigiar a segunda função da disciplina geral do Código Civil – que é a de possibilitar a criação de títulos de crédito atípicos (CC, arts. 887 e 889) e para o que se previu toda uma disciplina geral tendente a assegurar a sua mais ampla circulação desembaraçada. Os títulos de crédito atípicos serão sempre títulos novos, surgidos da prática negocial, sem parâmetros predefinidos e, portanto, de per si irão suscitar dúvidas e desconfianças do devedor e possíveis avalistas, tanto mais de credores e sucessivos endossatários.[39] Se, para além disso, a regulamentação deles ainda fosse estrita, amarrada, possivelmente os títulos atípicos jamais iriam conseguir circular, tornando estéril e inútil a sua própria regulamentação: os títulos de crédito destinam-se a mobilizar o crédito; se não têm como circular, simplesmente perdem a sua razão de ser.

Essa preocupação de assegurar uma circulação mais livre e solta possível explica a razão pela qual, em certos pontos, o Código Civil desviou da disciplina tradicional da Lei Uniforme. É o que sucedeu em matéria de aval (CC, art. 897, parágrafo único), endosso (CC, art. 914) e, agora se acrescenta, no tema da limitação temporal da circulação cartular (CC, art. 920), intencionalmente dilatada pelo legislador para permitir que, mesmo depois do vencimento do título e até a sua morte, os portadores possam ser garantidos por todas as regras de tutela de aparência e boa-fé (CC, art. 896), próprias da circulação cartular. Foi, de fato, uma opção de política legislativa. Certa ou equivocada, pouco importa.

Diante disso, as soluções para os problemas que porventura possam resultar da aplicação supletiva da disciplina geral do Código Civil a novos títulos de crédito típicos haverão de ser equacionados pelo legislador precisamente quando criar esses novos títulos típicos: se não quiser submetê-los a toda a disciplina geral do Código Civil, bastará prever, na lei de criação, as regras especiais que deseja ver prevalecer exclusivamente para o título que criar e, com isso, já ficarão automaticamente afastadas as regras do Código Civil porventura conflitantes (CC, art. 903).

Sendo assim, também neste ponto a crítica endereçada ao Código Civil, se não fica afastada, pelo menos perde muito de sua razão de ser: os ajustes porventura tidos por necessários para certos títulos típicos deverão ser feitos nas leis que os criarem, de caso em caso, e não genericamente no Código Civil, o qual se destina a também regrar os títulos atípicos.

6. Endosso-póstumo na legislação extravagante

Apesar do Código Civil não ter previsto o endosso-póstumo, as diversas leis

38. Cf. Mauro Rodrigues Penteado, *Títulos de Crédito*..., cit., p. 42.

39. Mauro Brandão Lopes bem destacou: "É claro que não se trata, aqui, de títulos ortodoxos, de títulos comuns, dos títulos que todos conhecemos" (ob. cit., p. 24).

sobre títulos de crédito típicos cuidaram de fazê-lo e, à vista de sua relevância prática, não deixaremos aqui de apreciá-las.

6.1 Momento decisivo nas diversas leis

Em relação ao direito brasileiro, merece ser lembrado, de início, que a *Lei Saraiva* (Decreto n. 2.044, de 31 de dezembro de 1908), que durante muitos anos foi a única lei cambial brasileira, estabelecia, no seu art. 8º, § 2º, que "o endosso posterior ao vencimento da letra tem o efeito de cessão civil".[40] A circulação própria de direito cambial findava, portanto, com o vencimento do título e, a partir de então, o endosso posteriormente lançado tinha somente os efeitos de cessão: transferia o crédito ao endossatário, mas de forma derivada e não-autônoma. O endosso, assim, considerava-se póstumo se realizado depois do vencimento do título.

Pelos motivos anteriormente apreciados, porém, esta disciplina limitadora revelou-se imprópria, pois vários negócios e operações eram ainda realizados com títulos vencidos e, nesta situação, não convinha desestimular a circulação ágil e segura do crédito.

As novas leis pátrias sobre títulos de crédito que sucederam a Lei Saraiva, seguindo uma tendência internacional, filiaram-se ao sistema germânico (da Ordenança Cambial de 1869) e, por isso, estenderam a vitalidade circulatória no tempo.

Nesta linha, a *Lei Uniforme* sobre Letras de Câmbio e Notas Promissórias, incorporada ao direito brasileiro pelo Decreto n. 57.663, de 24 de janeiro de 1966, previu, em seu art. 20, que o endosso posterior ao vencimento tem os mesmos efeitos que o endosso anterior (deixando claro, portanto, que o vencimento do título não interfere na sua circulação cambiária) e, por outro lado, dispôs que "o endosso posterior ao protesto por falta de pagamento, ou feito depois de expirado o prazo fixado para se fazer o protesto, produz apenas os efeitos de uma cessão ordinária de créditos"[41] – aplicando-se essa disciplina aos vários títulos de crédito típicos que, por força de remissões expressas, se valham da legislação cambial como fonte supletiva,[42] como ocorre na *Lei de Duplicatas* (Lei n. 5.474, de 18 de julho de 1968).[43]

Mais recentemente, a *Lei do Cheque* (Lei n. 7.357, de 2 de setembro de 1985), no seu art. 27, adotou a mesma orientação.

Portanto, diante do atual quadro legislativo brasileiro, podemos concluir que:

40. Seguiu, no particular, o regime do Código Comercial francês de 1808.

41. O art. 20 da Lei Uniforme prescreve: "Art. 20. O endosso posterior ao vencimento tem os mesmos efeitos que o endosso anterior. Todavia, o endosso posterior ao protesto por falta de pagamento, ou feito depois de expirado o prazo fixado para se fazer o protesto, produz apenas os efeitos de uma cessão ordinária de créditos. Salvo prova em contrário, presume-se que um endosso sem data foi feito antes de expirado o prazo fixado para se fazer o protesto". Com idêntica redação, o preceito encontra-se reproduzido na legislação interna de diversos países, assim, p. exe., no § 1.010 do OR – *Schweizerisches Obligationenrecht* (Código das Obrigações Suíço), no § 20 da WG – *Wechselgesetz* da Alemanha, e no art. 1.153 do moderno Código Comercial de Macau (aprovado pelo Decreto-lei n. 40/99M de 3 de agosto).

42. Uma análise profunda das leis extravagantes sobre títulos de crédito que se utilizam da legislação cambial como fonte supletiva pode ser encontrada no estudo de Mauro Rodrigues Penteado (*Títulos de Crédito...*, cit., pp. 31-32).

43. O art. 25 da Lei das Duplicatas (Lei n. 5.474, de 18.7.1968) prescreve: "Art. 25. Aplicam-se à duplicata e à triplicata, no que couber, os dispositivos da legislação sobre emissão, circulação e pagamento das letras de câmbio". A disciplina do endosso-póstumo é, com efeito, aquela própria da circulação e, por isso, consideramos aplicável às duplicatas a regulamentação do art. 20 da LU. Na doutrina, porém, Luiz Emygdio F. da Rosa Jr. discorda desta orientação, pelos seguintes motivos: "A LD não contém norma idêntica a do art. 20 da LUG, pela qual o endosso feito após o protesto ou decurso do prazo legal para protesto produz efeitos de cessão civil. Por outro lado, o parágrafo único do art. 12, ao rezar que o aval dado após o vencimento do título produzirá os mesmos efeitos que o prestado anteriormente àquela ocorrência, deixa claro que não se pode aplicar à duplicata a norma do art. 20 da LUG. A legislação sobre letra de câmbio só se aplica,

I – em todos os casos, o endosso posterior ao vencimento produz os mesmos efeitos do anterior (CC, art. 920); II – o endosso de cheque será considerado póstumo quando for lançado depois do protesto, ou declaração equivalente, ou da expiração do prazo de apresentação (LCh, art. 27); e III – o endosso de letra de câmbio, nota promissória, duplicata ou outro título de crédito, ao qual se apliquem supletivamente as regras das leis cambiais sobre circulação, será reputado póstumo quando feito depois do protesto ou depois de expirado o prazo em que este deva ser tirado.[44]

Estes são, pois, no direito brasileiro vigente os momentos decisivos, que estabelecem o término do período de circulação autônoma e literal dos títulos de crédito.

6.2 Endosso sem data e presunção legal

A simples definição legal do término do prazo de circulação própria, porém, por si só não resolve todos os problemas jurídicos do endosso-póstumo. Isto porque, como a datação do endosso não é exigida pelas diversas leis sobre títulos de crédito[45] (embora no passado essa exigência já tenha sido feita em sistemas jurídicos de outros países, como é o caso da França,[46] e apesar de, em muitos casos, a inserção de data configurar cautela recomendável[47]), surge na prática a dificuldade em definir se um endosso lançado no título foi proferido antes ou depois de findo o período legal de circulação cartular. Trata-se, evidentemente, de uma questão relevante, pois, se for tempestivo, dará ensejo a uma circulação autônoma; se for póstumo, terá apenas os efeitos de uma cessão de crédito.

Daí porque, para solucionar as dificuldades decorrentes da determinação da época de lançamento do endosso sem data, as diversas leis sobre títulos de crédito veiculam uma presunção, no sentido de o endosso ter sido feito antes de expirado o prazo próprio de circulação cartular (LU, art. 20, *in fine*; e LCh, art. 27, 2ª parte).

Cuida-se de uma simples presunção legal relativa (*wiederlegbare gesetzliche Vermutung*), contra a qual se admite prova em contrário.[48] Ao interessado em estabe-

subsidiariamente, à duplicata se a sua lei de regência silenciar sobre a matéria, o que não ocorre (LD, art. 25). Assim, não importando o momento de sua efetivação, o endosso de duplicata produz efeitos cambiários e não de cessão" (ob. cit., p. 689).

44. Luiz Emygdio F. da Rosa Jr. ainda acrescenta: "Quando o protesto não é necessário, o endosso feito após o decurso do prazo para a sua efetivação não perde a sua eficácia e não produz efeitos de cessão. Quando a legislação cambiária refere-se a endosso após o protesto, quer significar *protesto necessário* para que o portador mantenha seus direitos em relação aos devedores indiretos. Em matéria de cheque, o endosso-póstumo se caracteriza quando efetivado após o protesto, ou declaração equivalente, ou à expiração do prazo de apresentação (LCh, art. 27). Tratando-se de cambial, o protesto deve ser efetivado no primeiro dia útil seguinte ao vencimento (Decreto n. 2.044 /1908, art. 28 aplicável por força da adoção da reserva do art. 9º do Anexo II da LUG). O cheque deve ser protestado antes de expirado o prazo de apresentação ao sacado (LCh, art. 48), e o prazo para o protesto da duplicata é de 30 (trinta) dias, contado do vencimento (LDup, art. 13, § 4º). Quando o título de crédito contiver a *cláusula sem protesto* (LU, art. 46), o endosso-póstumo configura-se com o decurso do prazo legal para protesto" (ob. cit., p. 248).

45. "A datação do endosso constitui também um requisito formal superado desde as Convenções de Haia" (J. M. Othon Sidou, *Do Cheque*, 3ª ed., RJ, Forense, 1986, n. 85, p. 142). No mesmo sentido: Fran Martins, *Títulos de Crédito*, cit., v. I, n. 36, p. 156; José Maria Whitaker, *Letra de Câmbio*, 5ª ed., SP, Ed. RT, n. 69, p. 138; e Hans Brox, ob. cit., n. 563, p. 287.

46. Georges Ripert e René Roblot lembram que "le Code de commerce exigeait que l'endossement fût daté, mais la loi du 8 février 1922 avait supprimé cette exigence" (*Traité de Droit Commercial*, t. 2, 12ª ed., Paris, LGDJ, 1990, n. 2.026, p. 194).

47. Realmente, em muitos casos, a datação serve para atestar fatos relevantes sobre a capacidade e a legitimação do endossante e daqueles que assinaram o título. J. M. Othon Sidou, neste sentido, observou que "nada impede que o endossante assinale o dia em que intervém no título, do que podem advir vantagens não subestimáveis, inclusive a de não ser desnaturada por mão estranha, empregando data diversa à do fato. Se o endosso é datado, a data faz fé, segundo os princípios do direito comum" (ob. cit., n. 85, p. 142).

48. Neste sentido (presunção relativa): Antonio Pavone La Rosa, *La Cambiale*, 2ª ed., Milão,

lecer a intempestividade do endosso, caberá o ônus de demonstrá-la.[49] E, para tanto, todos os meios de prova admissíveis poderão ser utilizados, não existindo qualquer limitação preestabelecida.[50]

Assim, por exemplo, se o título porventura tiver sido protestado, o devedor poderá facilmente comprovar se o endosso existia ou não, já que, do respectivo instrumento de protesto, deverão necessariamente constar a "reprodução ou transcrição do documento ou das indicações feitas pelo apresentante e declarações nele inseridas" (Lei n. 9.492, de 10 de setembro de 1997, art. 22, III[51]). De modo que, se o endosso inquinado de intempestivo não estiver referido no instrumento de protesto, o devedor terá então afastado a presunção legal[52] e, se o endossatário não conseguir reunir outras provas em contrário, o endosso será tido por póstumo. Da mesma forma, em matéria de cheque a presunção de tempestividade será destruída se ficar provado, por exemplo, que o endosso foi lançado sobre o carimbo de devolução do título pelo banco (= declaração equivalente ao protesto).[53]

O estabelecimento desta presunção legal relativa, em essência, destina-se a tutelar a posição dos terceiros adquirentes na circulação dos títulos de crédito, dificultando questionamentos infundados por parte do devedor ou outro coobrigado.

Giuffrè, 1994, n. 100, p. 338; Fran Martins, *Títulos de Crédito*, cit., v. I, n. 64, p. 81; Georges Ripert e René Roblot, ob. cit., n. 2.026, p. 193; Guido Uberto Tedeschi, *L'Assegno e la Cambiale*, Turim, UTET, n. 37, p. 87; Hans Brox, ob. cit., n. 580, p. 298; J. M. de Carvalho Santos, verbete "Endosso", in *Repertório Enciclopédico do Direito Brasileiro*, v. XX, RJ, Borsói, s/d, p. 206; Jean Guyenot, *Curso de Derecho Comercial*, v. II, trad. Manuel Ossorio Florit e Concepción Ossorio de Cetrángolo, Buenos Aires, EJEA, 1975, n. 78, p. 52; José Maria Whitaker, ob. cit., n. 87, nota 228, p. 127; Lauro Muniz Barretto, *O Novo Direito do Cheque em face da Convenção de Genebra*, 1º v., SP, Leud, 1973, p. 182; Luiz Emygdio F. da Rosa Jr., ob. cit., pp. 248-249; Manuel Broseta Pont, *Manual de Derecho Mercantil*, 9ª ed., Madri, Tecnos, p. 629; Marc Grüniger, Bruno Hunziker e Gerhard Röth, ob. cit., nota 1 ao art. 1.010, p. 1.898; Pontes de Miranda, *Tratado de Direito Privado*, t. XXXIV, 3ª ed., 2ª tir., SP, Ed. RT, 1984, § 3.889, p. 351; Rubens Requião, *Curso*..., cit., n. 558, p. 344; e Werter R. Faria, ob. cit., n. 20, p. 38.

49. Christian Gavalda e Jean Stoufflet esclarecem a quem cabe o ônus da prova: "Il appartient donc au débiteur cambiaire prétendant avoir affaire à un porteur qui a acquis la lettre de change tardivement d'établir que l'endossement est postérieur à l'expiration du délai de protêt" (ob. cit., n. 117, p. 146).

50. Antonio Pavone La Rosa observa que "la prova della data in cui è stata compiuta la girata, trattandosi di circostanza di fatto, può essere data con qualsiasi mezzo. Né esistono limiti di prova nei confronti dei terzi, essendo la girata una dichiarazione unilaterale non destinata a persona determinata (art. 2.704, comma 2º). Cf. Ascarelli-Bonasi Benucci, voce *Cambiale*, cit., p. 714, nota 5; Bianchi D'Espinosa, *Le Leggi Cambiarie*, cit., p. 99" (ob. cit., n. 100, nota 83, p. 338). Confira-se na mesma linha: Christian Gavalda e Jean Stoufflet, ob. cit., n. 117, p. 146; Nicolas Rontchevsky, ob. cit., nota 2 ao art. 511-15, p. 683; e Werter R. Faria, ob. cit., n. 20, p. 38. Admite-se inclusive a produção de prova oral (cf. 1º TACivSP, 8ª C., Ap. 310.239, Rel. Juiz Bruno Netto, v.u., j. 27.10.1983, *JUTACivSP-Lex* 88/92).

51. Idêntica era a exigência feita no art. 29, II, da Lei Saraiva.

52. A importante observação é de Christian Gavalda e Jean Stoufflet: "En l'absence de date dans la formule d'endossement, l'antériorité, si non la date exacte de l'endossement, est établie d'une manière certaine lorsque la lettre de change a été protestée. Le protêt comporte, en effet, une copie intégrale de la lettre, y compris les endossements, et il révèle à coup sûr si un endossement est ou non antérieur à son établissement" (ob. cit., n. 117, p. 145). No mesmo sentido: Luiz Emygdio F. da Rosa Jr., ob. cit., pp. 248-249; e Michel Jeantin e Paul Le Cannu, *Droit Commercial: Instruments de Paiement et de Crédit; Entreprises en Difficulté*, 5ª ed., Paris, Dalloz, 1999, n. 302, p. 192.

53. Confira-se o seguinte julgado: "Endosso póstumo passado sobre o carimbo bancário que informava a sustação. Desnecessidade de perícia técnica para constatá-lo. Visualização flagrante. Efeito de mera cessão civil. Articulação de exceções oponíveis ao endossador. Possibilidade" (TAPR, 5ª CC., Ap. 113.641.800 de Paraíso do Norte, Ac. 10.453, Rel. Juiz Gamaliel Seme Scaff, v.u., j. 29.12.1999, *DO* 24.3.2000). No mesmo sentido: TJSP, 12ª C. Dir. Priv.-B, Ap. 1.307.757-9, Rel. Des. Manoel Justino Bezerra Filho, v.u., j. 3.10.2005.

7. *Endosso-póstumo: conseqüências*

O endosso-póstumo, realizado depois de encerrada a fase de circulação própria dos títulos de crédito, conquanto tenha a *forma de endosso*, produz os *efeitos de cessão* (LU, art. 20; e LCh, art. 27)[54] – sendo de todo conveniente apreciar, aqui, quais são as implicações jurídicas da atribuição de *efeitos de cessão* ao endosso-póstumo, de um lado, e da consagração de sua *forma de endosso*, de outro. Vejamos cada qual.

7.1 Efeitos de cessão

Dispondo que o endosso-póstumo tem os efeitos de cessão, é inarredável a conclusão, bem observada por João Eunápio Borges, de que o endossante transfere ao endossatário "um direito derivado, é o direito que possuía o endossante-cedente, não gozando, pois, o beneficiário de tal endosso, perante o devedor, daquela autonomia característica dos direitos cambiais".[55] Por outras palavras, o endossatário não é titular autônomo dos direitos cartulares e, portanto, "o seu direito está, por isso, subordinado à existência do direito do seu antecessor".[56] Nesta situação, portanto, o endosso não tem mais efeitos cambiários,[57] donde resultam as seguintes conseqüências.

7.1.1 Endosso não tem efeito de garantia

O endossante-póstumo não se obriga pelo cumprimento da prestação cartular[58] e, portanto, não poderá ser acionado cambiariamente pelo endossatário-póstumo e nem por outros que o seguirem.[59] Note-se, contudo, que, apesar do endosso-póstumo não ter efeito de garantia (efeito esse meramente acidental do endosso próprio, consoante anotado no item 2.1, supra), é evidente que o endossatário-póstumo e os demais que o seguirem na cadeia de endossos poderão, em princípio, acionar todos os demais signatários anteriores do título (endossantes, avalistas e obrigado principal), da mesma forma como o poderia fazer o endossante-póstumo;[60] vale dizer, o

54. Antonio Junqueira de Azevedo sustenta que o endosso-póstumo seria hipótese da conversão do negócio jurídico ("A conversão dos negócios jurídicos: seu interesse teórico e prático", in *Estudos e Pareceres de Direito Privado*, SP, Saraiva, 2004, p. 126). Trata-se de ponto de vista discutível, sobretudo para aqueles que entendem que a conversão "legal" nem seria propriamente hipótese de conversão.

55. João Eunápio Borges, ob. cit., n. 91, p. 80. Também: Theophilo de Azeredo Santos, *Do Endosso*, RJ, Forense, 1962, p. 62.

56. Tullio Ascarelli, *Teoria Geral...*, n. 17, p. 152. Na mesma linha: "Tratando-se de endosso póstumo, se os efeitos são os mesmos da cessão comum, o endossatário substitui seu endossante, adquirindo, portanto, um direito derivado, com as mesmas restrições ou vantagens que a este diriam respeito" (TARJ, 3º Gr. CC., EI 76.696, Rel. Juiz Renato Maneschy, m.v., j. 27.9.1978, *RT* 531/226 e *RP* 18/223).

57. Pontes de Miranda, ob. cit., § 3.889, p. 351. Para entender as razões pelas quais o legislador assim agiu, J. X. Carvalho de Mendonça lembrou, com felicidade, que "Grünhut pôs em relevo a distinção entre o endosso anterior e o posterior ao vencimento da letra de câmbio dizendo que no primeiro se transfere uma promessa de pagamento que se deverá cumprir futuramente e no segundo se transfere uma promessa de pagamento que devia ter sido satisfeita no passado" (*Tratado de Direito Comercial Brasileiro*, v. V, Parte II, 5ª ed., RJ, Freitas Bastos, 1955, n. 700, p. 300).

58. Theophilo de Azeredo Santos explica que "não poderia, na verdade, o endossador-cedente garantir que o título será aceito ou pago, pois, no momento em que realiza o endosso, descumprido já estava o compromisso assumido" (ob. cit., pp. 77-78). Em igual sentido: Fran Martins, *Títulos de Crédito*, cit., v. I, n. 44, p. 174; e Giuseppe Ferri, ob. cit., n. 478, p. 720.

59. Cf. TJSP, 1ª CC., Ap. 80.332, Rel. Des. João P. Cavalcante, v.u., j. 24.9.1957, *RT* 273/220. Ainda: *RT* 246/454. Este, evidentemente, é o mesmo entendimento prevalente noutros países: "Insbesondere ist also ein Rückgriff auf den Indossanten nicht möglich (BGE 124 III 112)" (Marc Grüniger, Bruno Hunziker e Gerhard Röth, ob. cit., nota 4 ao art. 1.010, p. 1.898).

60. A ressalva foi feita por Christian Gavalda e Jean Stoufflet: "L'endossataire bénéficie toutefois de la garantie des signataires antérieurs tout comme son endosseur, dans la mesure où le protêt tardif ou

endossatário-póstumo pode se beneficiar de todos os efeitos resultantes das declarações unilaterais tempestivamente lançadas no documento.[61]

7.1.2 O endossante responde apenas pela existência do crédito

Outra conseqüência resultante da aplicação do regime jurídico da cessão ao endosso-póstumo é a de que o endossante não responde pela solvência do devedor (CC, art. 296), mas somente pela existência do crédito ao tempo do endosso-póstumo (CC, art. 295).[62] Contudo, se o endossante-póstumo eventualmente estipulou garantir a solvência do obrigado cartular (o que dependerá sempre de expresso ajuste por meio de convenção extracartular), "tal obrigação não repugna ao direito cambiário", como lembrou Pontes de Miranda.[63]

7.1.3 Oponibilidade das exceções pessoais ao endossante

Por fim, outra conseqüência decorrente da aplicação das regras da cessão ao endosso-póstumo é a de que "o devedor poderá opor ao cessionário (leia-se: endossatário) as exceções que lhe competirem, bem como as que, no momento em que veio a ter conhecimento da cessão, tinha contra o cedente (leia-se: endossante)" (CC, art. 294).

Significa dizer, pois, que não se aplica o princípio da inoponibilidade das exceções pessoais:[64] o devedor poderá opor ao endossatário as mesmas exceções derivadas de convenções extracartulares oponíveis ao endossante-póstumo,[65] pouco importando se o adquirente agiu de boa-fé; apenas não poderá opô-las, se tiver consentido com a cessão[66] (caso em que estará abdicando do seu direito de invocar ao cessionário as exceções próprias ao cedente[67]).

Ressalte-se, outrossim, que as exceções oponíveis não serão apenas aquelas existentes no momento do endosso, mas todas as surgidas até o instante em que o devedor vier a tomar conhecimento do ato.[68]

la présentation tardive n'en ont pas entraîné l'extinction" (ob. cit., n. 116, p. 144).

61. Cf. 1º TACivSP, 5ª CC., Ap. 208.896, Rel. Juiz Toledo Piza, v.u., j. 30.4.1975, *JUTACivSP-Lex* 35/128.

62. Cf. Bento de Faria, *Código Comercial Brasileiro*, 1º v., 2ª ed., RJ, Jacintho Ribeiro dos Santos, 1920, p. 1.027; Fran Martins, *Títulos de Crédito*, cit., v. I, n. 44, p. 174; e Magarinos Torres, ob. cit., n. 92, p. 133. "Se o endosso é posterior ao vencimento, não há cogitar de obrigação do transmitente, verificada a insolvência do devedor, salvo se houver estipulação em contrário" (*RF* 97/429). V. tb.: *RF* 98/412; e *RT* 246/454 e 427/205.

63. Pontes de Miranda, ob. cit., § 3.889, p. 351. Ainda: Theophilo de Azeredo Santos, ob. cit., p. 79.

64. Com razão, Georges Ripert e René Roblot concluem que "cette formule signifie que la règle de l'inopposabilité des exceptions ne s'applique pas" (ob. cit., n. 2.046, p. 203). V. tb.: Giuseppe Auletta e Niccolò Salanitro, *Diritto Commerciale*, 13ª ed., Milão, Giuffrè, 2001, n. 162, p. 331.

65. Cf. TASP, 5ª C., Ap. 86.475, Rel. Juiz Medeiros Júnior, m.v., j. 23.12.1966, *JUTACivSP-Lex* 3/172; e TASP, 4ª CC., Ap. 89.995, Rel. Juiz Batalha de Camargo, v.u., j. 18.4.1967, *JUTACivSP-Lex* 4/41. Nesta linha ainda, confira-se: *RT* 39/444, 78/73, 84/93, 192/886, 246/454, 266/584, 276/312, 292/542, 295/441, 302/486, 310/644, 321/358, 330/725, 371/142, 373/152, 386/187, 389/290 e 404/223.

66. O endossatário, segundo Tullio Ascarelli, "será passível das exceções derivadas de convenções extracartulares oponíveis a esse antecessor. Estas, com efeito, serão oponíveis, desde que o devedor não tenha consentido na cessão" (*Teoria Geral*..., cit., n. 17, p. 152).

67. Confira-se: Jacques Ghestin, Christophe Jamin e Marc Billiau, *Traité de Droit Civil*: *les Effets du Contrat*, 2ª ed., Paris, LGDJ, 1994, n. 375, nota 55, p. 428; e Diez-Picasso, *Fundamentos del Derecho Civil Patrimonial*, v. I, Madri, Tecnos, 1970, pp. 796-797 (que, ao tratar da cessão, registra: "a nuestro juicio, el deudor cedido conserva las excepciones personales, derivadas de sus personales relaciones con el cedente, siempre que non haya consentido la césion. Si ha consentido la césion, estas excepciones quedan extinguidas").

68. Cf. Tullio Ascarelli, "Endosso da cambial após o vencimento", in *Ensaios e Pareceres*, SP, Saraiva, 1952, p. 279.

7.2 Forma de endosso: notificação do devedor cedido

Ao mesmo tempo em que atribui *efeitos de cessão* ao endosso-póstumo, o legislador ratifica a sua *forma de endosso* – o que, evidentemente, tem implicações jurídicas importantes. Em primeiro lugar, deixa expresso que a forma do endosso do título de crédito é sempre a mesma, esteja ou não o título vencido.[69] Em segundo lugar, consoante anotou Tullio Ascarelli, torna manifesto que "a transferência é perfeita e eficaz (mesmo quanto ao devedor cambiário) com a aposição do endosso e, portanto, independentemente das formas de publicidade que são necessárias para a eficácia de uma cessão quanto ao devedor".[70] Dito o mesmo de outra forma: precisamente porque o endosso-póstumo tem os efeitos de cessão, mas segue a forma de endosso, não há necessidade de proceder à notificação do devedor cedido,[71] não há, com efeito, o dever legal de fazê-la, pois não se aplica o disposto no art. 290, do Código Civil.[72]

7.2.1 Razões pelas quais não é obrigatória a notificação

A notificação do devedor cedido não é obrigatória, com efeito, por dois motivos bastante compreensíveis. Inicialmente porque a apresentação do título para pagamento equivale à notificação do devedor cedido.[73] E, sobretudo, porque, devendo efetuar-se o pagamento sempre contra a apresentação do documento, o devedor não corre o risco de ser cobrado em duplicidade. Afinal, mesmo depois de findo o período de circulação autônoma e cartular do documento, o devedor continua obrigado a tomar as cautelas de verificar a regularidade formal das cadeias de endosso[74] (CC, art. 911, parágrafo único; LU, art. 16; e LCh, art. 39) e exigir a restituição do título (CC, art. 901, parágrafo único; LU, art. 39; e LCh, art. 38), pois, do contrário, correrá o risco de pagar mal e, portanto, ter que pagar duas vezes.[75] Assim de há muito vem se decidindo.[76]

69. Cf. José Maria Whitaker, ob. cit., n. 87, nota 228, p. 156. O mesmo autor destacou que "os efeitos da equiparação do endosso à cessão são substanciais, mas não formais" (ob. e loc. cits.). Confirmando a inferência, Luiz Emygdio F. da Rosa Jr. ainda lembra: "quando a legislação cambiária quer adotar a forma de cessão para a transmissão do título, ela o determina expressamente, como no caso da cláusula não à ordem (LUG, art. 11, al. 2ª, e LC, art. 17, § 1º)" (ob. cit., p. 249).

70. Tullio Ascarelli, "Endosso da cambial...", cit., p. 279.

71. *V.g.*, A. Ferrer Correia, ob. cit., n. 54, p. 515; António Pereira de Almeida, *Direito Comercial*, v. III, *Títulos de Crédito*, Lisboa, AAFDL, 1986, p. 214; Luiz Emygdio F. da Rosa Jr., ob. cit., p. 249; Pontes de Miranda, ob. cit., § 3.889, p. 351; e Theophilo de Azeredo Santos, ob. cit., pp. 60. Nos tribunais: TJSP, 12ª C. Dir. Priv.-B, Ap. 1.307.757-9, Rel. Des. Manoel Justino Bezerra Filho, v.u., j. 3.10.2005.

72. O art. 290 do Código Civil dispõe: "Art. 290. A cessão do crédito não tem eficácia em relação ao devedor, senão quando a este notificada; mas por notificado se tem o devedor que, em escrito público ou particular, se declarou ciente da cessão feita".

73. Segundo Guido Uberto Tedeschi, "la presentazione del titolo serve a notificare al debitore l'avvenuta cessione del credito" (ob. cit., n. 39, p. 87).

74. Diz-se "cadeias de endossos" porque, tal como já explicado neste estudo (item 2.1), aquele que paga está obrigado a verificar não apenas a regularidade da cadeia de endossos-translativos, mas também a eventual cadeia de endossos-impróprios, para, num caso como noutro, aferir a legitimidade daqueles que estão a exercer os direitos cartulares.

75. Vale aqui trazer, uma vez mais, as sempre precisas colocações de Tullio Ascarelli: "É regra geral do direito cambiário que o pagamento somente pode verificar-se mediante a apresentação do título (...); o devedor que pagar independentemente da apresentação e da entrega do título, paga a próprio risco, isto é, expõe-se a pagar segunda vez se a cambial lhe for apresentada por um portador de boa-fé. (...). Essas regras devem ser observadas mesmo na cambial endossada depois do vencimento. O devedor que pagar ao endossador cedente (desprovido da posse de cambial) paga mal, isto é, expõe-se a pagar pela segunda vez ao cessionário que lhe apresentar a cambial" ("Endosso da Cambial...", cit., p. 281). No mesmo sentido foram as lições de J. X. Carvalho de Mendonça (ob. cit., n. 700, p. 289).

76. Cf.: "Não vale em relação ao portador o pagamento feito ao endossante, acintosamente, após ciência da transmissão do título, pouco importando,

7.2.2 Razões pelas quais a notificação pode ser útil

Se a notificação do devedor cedido não é obrigatória, nem por isso é vedada e, em certos casos, poderá ser medida inegavelmente útil. Por quê? Porque as exceções pessoais oponíveis ao endossatário-póstumo serão, não apenas aquelas existentes ao tempo do endosso, mas todas as que competirem ao devedor no momento em que tomar conhecimento da cessão – abrangendo, portanto, exceções surgidas depois de endossado o título. Por isso, justamente para estancar a oposição de novas exceções, a notificação do devedor não é desprovida de utilidade.[77]

7.3 Direito de ação do endossatário póstumo

Apesar das limitações do endosso-póstumo antes apreciadas, o endossatário tem direito de propor todas as ações que competiam ao endossante-póstumo; do contrário, o endosso-póstumo não teria nem os efeitos de endosso nem os de cessão. "Desde que o cessionário recebe o título objeto da cessão", advertia J. M. de Carvalho Santos, "evidente é que substitui ao cedente nos direitos que tinha, inclusive as ações para o exercício dos mesmos. Já, ao seu tempo, ensinava Teixeira de Freitas que o efeito da cessão não tem influência sobre a espécie da ação a propor, e somente sobre a responsabilidade do endossante. Constitui mesmo regra que o direito da cessão é de fazer passar do cedente ao cessionário o crédito *id quod debetur*, tal qual aquele o tinha".[78]

A doutrina atualmente é pacífica em reconhecer que a transferência do título por meio de endosso-póstumo não retira a força executiva do título de crédito, desde que a lei a reconheça (CPC, art. 585, I e VII). "O direito à ação cambiária", bem observou Luiz Emygdio F. da Rosa Jr., "não surge necessariamente de endosso mas da posse legítima do título".[79] Negar direito de

nesse caso, tratar-se de cessão civil por ser o endosso posterior ao vencimento" (Trib. de Ap. de São Paulo, 1ª CC., Ap. 15.812, Rel. J. M. Gonzaga, v.u., j. 11.5.1942, *RT* 141/639). Onde se lê: "O pagamento a que alude o recibo de fls." (recibo em separado por não ter sido o pagamento feito contra a apresentação do título) "não pode ser oposto ao autor. Não é exceção que competisse ao devedor no momento em que teve conhecimento da cessão; foi criada por ele dolosa, ou, pelo menos, culposamente, quando já tinha pleno conhecimento do endosso. Se pagou, pagou mal; está sujeito a pagar segunda vez".

77. Tullio Ascarelli, *Teoria Geral*..., n. 17, nota 5, p. 152. Noutra obra, o mestre peninsular esclareceu: "No caso da cessão realizada através de um endosso posterior ao vencimento, não há, ao contrário do que se verifica numa cessão ordinária, uma forma de publicidade, e portanto o devedor tem conhecimento da cessão no momento da apresentação da cambial. O devedor, portanto, poderá opor ao endossatário-cessionário todas as exceções que lhe competirem nesse momento. Justamente por isso (...) pode, mesmo no caso de endosso posterior ao vencimento, ser oportuna, em certas hipóteses, a notificação da cessão; veda-se, assim, ao devedor a possibilidade de opor ao endossatário-cessionário as exceções que surjam depois da notificação (...). Eis porque pode ser, às vezes, praticamente útil proceder à notificação do endosso-cessão; impede-se, assim, ao devedor poder compensar, com o cessionário, os créditos para com o cedente que tenham surgido entre o momento da notificação e o da apresentação da cambial. O devedor cambiário pode opor ao endossatário-cessionário as exceções oponíveis ao cedente; não poderia, no entanto, opor-lhe as exceções pessoais oponíveis a um anterior endossador do título. Apreende-se, sob este aspecto, a diferença entre um endosso posterior ao vencimento que segue uma série de endossos, que tiveram não só a forma mas também os efeitos do endosso, e uma cessão que siga cessões anteriores. Neste segundo caso, realmente, o devedor pode opor, ao cessionário, não somente as exceções oponíveis ao cedente (surgidas antes do conhecimento da cessão), mas também as oponíveis ao cedente (desde que, por seu turno, tenham surgido antes do conhecimento da respectiva cessão)" ("Endosso da Cambial...", cit., pp. 279-280).

78. J. M. de Carvalho Santos, ob. cit., p. 206.

79. Luiz Emygdio F. da Rosa Jr., ob. cit., p. 249. No mesmo sentido: Alcides de Mendonça Lima, *Comentários ao Código de Processo Civil*, v. VI, t. I, 1ª ed., RJ, Forense, 1974, n. 746, p. 339; Alfred Hueck e Claus-Wilhelm Canaris, ob. cit., p. 124; Araken de Assis, *Manual do Processo de Execução*, 8ª ed., SP, Ed. RT, 2002, n. 21.1.1, p. 170; Bento de Faria, ob. cit., p. 1.027; Carvalho Neto, *Tratado das Defesas Falimentares*, t. II, SP, Ática, 1967, n. 253, pp. 52-58; Giovanni Luigi Pellizzi e Giulio Partesotti, ob. cit., nota 24-7, p. 77; Guido Uberto Tedeschi, ob. cit., n. 39, p. 87; J. M. de Carvalho Santos, ob

ação ao endossatário-póstumo "equivaleria a afirmar, acrescenta Bolaffio, que a transferência de uma letra vencida não seria nem endosso, nem cessão. Não seria endosso, porque não atribuiria um direito autônomo ao credor; não seria cessão, porque lhe não transferiria nem mesmo um direito derivado, como o da ação que competiria ao cedente", como também destacou José Maria Whitaker.[80]

Nos tribunais, esta controvérsia pacificou-se. De fato, em decisões antigas chegou-se a afirmar que, pelo endosso-póstumo, o título perderia a sua executividade e falencialidade,[81] mas esse entendimento restou superado e, atualmente, não mais se discute a força executiva do título transferido por endosso-póstumo.[82] É claro que, se não for tirado tempestivamente o protesto necessário, o endossatário poderá não ter mais ação cambiária contra os coobrigados de regresso, mas isso não tem qualquer relação direta com o fato do endosso ser póstumo.

O endossatário-póstumo legitima-se, inclusive, à propositura da ação de enriquecimento sem causa.[83]

Com tais considerações, encerramos a análise do endosso-póstumo e passaremos, doravante, a estudar outras formas de circulação dos títulos de crédito à ordem, para além do endosso.

Seção 2 – Da circulação imprópria dos títulos de crédito à ordem

Os títulos de crédito, é sempre bom repetir, destinam-se essencialmente a circular, e isso normalmente ocorre pelos diversos modos próprios estabelecidos nas suas respectivas leis de circulação. Para os títulos à ordem, o meio próprio de circulação é o da tradição do título com endosso (CC, art. 910, § 2º). "A história da circulação à ordem" – lembrava Tullio Ascarelli – "é, no fundo, a história do endosso".[84]

Contudo, além de circular por meio de endosso, o título de crédito poderá circular pelos meios de direito comum. "Além da circulação cambial propriamente dita", lembrava João Eunápio Borges, pode o título de crédito "passar de um patrimônio a outro, pelos meios do direito comum: a cessão, a sucessão *causa mortis*, o casamento, a fusão ou a dissolução de sociedade, a aquisição em hasta pública etc.".[85] A contraposição entre circulação cambiária e cessão ordinária de crédito, posta em destaque em várias passagens deste estudo, não exclui que os interessados possam se valer deste último mecanismo geral para transmitir os direitos referidos no título de crédito. "Tal conclusão, já dedutível do princípio da autonomia privada, é confirmada

cit., p. 206; J. Netto Armando, "Endosso cambial póstumo", *RT* 399/58-62; José Maria Whitaker, ob. cit., n. 89, p. 158; Magarinos Torres, ob. cit., n. 93, nota 45, pp. 135-139; Sérgio Shimura, *Título Executivo*, SP, Saraiva, 1997, p. 265; Theophilo de Azeredo Santos, ob. cit., pp. 69-77; Tullio Ascarelli, "Endosso da Cambial...", cit., p. 281; e Werter R. Faria, ob. cit., n. 20, p. 37; dentre outros.

80. José Maria Whitaker, ob. cit., n. 89, p. 159.

81. Cf. *RF* 26/347 e 89/150; *RT* 141/215, 162/591, 187/894 e 230/367; e *JUTACivSP-Lex* 88/92.

82. Neste sentido: *RF* 66/295, 67/152, 68/799, 76/295, 96/681, 98/412 e 143/266; *RT* 19/247, 36/59, 36/378, 38/23, 39/444, 58/473, 59/136, 78/355, 82/457, 85/473, 95/154, 97/405, 145/587, 147/201, 147/242, 278/271, 288/397, 296/731, 307/439, 371/142, 389/290, 397/320, 404/223, 411/202, 414/345, 433/265, 453/229, 545/170 e 733/232; *JUTACivSP-Lex* 23/148 e 144/137; e *JTARS* 68/268. Ainda: TJSP, 12ª C. Dir. Priv.-B, Ap. 1.307.757-9, Rel. Des. Manoel Justino Bezerra Filho, v.u., j. 3.10.2005.

83. Werter R. Faria, com razão, registra: "os efeitos do endosso tardio são assimilados pela lei aos da cessão ordinária. O endosso posterior ao protesto ou à extinção do prazo para ser tirado opera a transferência da posse do título e legitima o adquirente, inclusive para a propositura da ação de enriquecimento" (ob. cit., n. 109, p. 187).

84. Tullio Ascarelli, *Teoria*..., cit., p. 306.

85. João Eunápio Borges, ob. cit., n. 96, p. 82. "Posto que a forma normal de transferência da letra seja o endosso, nada impede que essa transferência igualmente se faça por qualquer dos meios ordinários" (José Maria Whitaker, ob. cit., n. 90, pp. 159-160).

por uma regra sobre títulos à ordem" (CC, art. 919).[86]

Daí porque, ao lado da *circulação própria* ou *regular* dos títulos de crédito, concebem-se outras formas de circulação, cada qual com as características típicas que procuraremos brevemente realçar no item seguinte.

8. Circulação própria, imprópria e anômala: definições

Em doutrina, várias são as classificações apresentadas para as formas de circulação dos títulos de crédito, sendo que, em muitos casos, as diferenças entre elas são de ordem meramente terminológica. Por isso, dentre as muitas classificações possíveis, adotaremos aquela que julgamos ser a mais precisa e que divide as diversas formas de circulação em: (i) *circulação própria, cartular, cambiária* ou *regular*; (ii) *circulação de direito comum* ou *imprópria*;[87] (iii) *circulação limitada*; e (iv) *circulação anômala*.[88]

A *circulação própria, cartular* ou *regular* é aquela operada de acordo com a lei de circulação própria de cada título de crédito (sendo que, para o título à ordem, essa circulação ocorre pela tradição do título com o endosso translativo do portador legitimado[89]). Em todo caso, o que caracteriza a circulação como própria é o fato de o adquirente tornar-se titular de direitos cartulares autônomos. Aplicam-se as regras próprias da circulação de coisas (e não de direitos), com regras específicas de tutela ao portador de boa-fé – que não fica sujeito à reivindicação (CC, art. 896), não se expõe às exceções oponíveis ao endossante e goza de posição autônoma.

Por outro lado, a *circulação de direito comum* ou *imprópria* distingue-se nitidamente da circulação própria porque, como lembra Pinto Furtado, enquanto esta "tem diretamente por objeto o documento, em si, como uma coisa móvel e só indiretamente o direito, na circulação imprópria, pelo contrário, a transferência do título só ocorre em conseqüência da passagem da titularidade do direito nele representado de um para outro sujeito".[90] Incidem as regras próprias da circulação de direitos e não de coisas.[91] Conseqüentemente, o adquirente sucede o alienante, na exata extensão dos direitos transferidos. Fica, pois, sujeito às exceções que poderiam ser opostas ao alienante; não adquire direito autônomo; e, se quem alienou não era o titular, o adquirente não se torna proprietário, ainda que tenha agido de boa-fé.[92]

86. Federico Martorano, *Titoli di Credito*, Milão, Giuffrè, 2002, n. 1, p. 527.

87. António Pereira de Almeida qualifica de anômala a circulação realizada nos termos e com os efeitos de uma cessão ordinária de créditos (ob. cit., p. 201). Preferimos utilizar o adjetivo no sentido que a doutrina maioritariamente lhe atribui e que vem exposto neste texto.

88. É bastante usual o emprego da expressão "circulação irregular" como sinônima de "circulação anômala"; contudo, como há autores que denominam de "irregular" a circulação operada de acordo com as regras do direito comum (cf. Francesco Galgano, *Derecho Comercial*, v. 1, Colômbia, Temis, 1999, p. 314), deixaremos de adotá-la para não fomentar disceptações terminológicas.

89. O endosso (nos títulos à ordem), a entrega (nos títulos ao portador) e o *transfert* (nos títulos nominativos) são atos de investidura formal. Para a transferência do título, exige-se ainda o acordo de transmissão, também designado de contrato de transmissão (*Begebuntsvertrag* ou *contratto di rilascio*), normalmente cláusula ou pacto acessório da relação causal subjacente. Se o endosso, nos títulos à ordem, transferisse a propriedade do título, uma vez lançado na cártula, não poderia o endossante cancelá-lo, algo que a própria lei prevê (CC, art. 910, § 3º), assim sinalizando que o endosso, por si só, não transfere a propriedade do título (CC, art. 910, § 2º).

90. Jorge Henrique da Cruz Pinto Furtado, *Títulos de Crédito*, Coimbra, Almedina, n. 22, p. 85. Com semelhante registro: Federico Martorano, *Titoli di Credito*, Milão, Giuffrè, 2002, p. 532.

91. Giuseppe Ferri ressalta que, neste caso, "la disciplina generale, applicabile alla circolazione del diritto cartolare, non è quella propria della circolazione delle cose, ma è quella propria della circolazione dei diritti" (ob. cit., n. 442, p. 687).

92. Hans Brox feriu o ponto, ao destacar: "Ist der Zedent nicht Inhaber der Wechselforderung, erwirbt auch der Zessionar die Forderung nicht; eine

A *circulação limitada*, por sua vez, ocorre exclusivamente nos casos em que o título for transferido a outrem por meio de um endosso impróprio (endosso-caução ou endosso-mandato), caso em que rigorosamente não há a transferência da propriedade do título, senão a legitimação do endossatário ao exercício de determinados direitos cartulares (legitimação secundária ou limitada).

Por fim, há ainda a *circulação anômala* (também dita *involuntária* ou *irregular*), decorrente da entrada em circulação do título sem ou contra a vontade do emitente, inexistindo, pois, acordo de transmissão válido. Nestes casos, segundo lembra João Eunápio Borges, a eventual aquisição do título por um terceiro portador de boa-fé se verifica a título originário.[93] Na realidade, precisamente por não haver negócio de emissão ou de transmissão, o portador possivelmente adquire apenas a legitimação cartular, mas não a propriedade do documento e, por conseguinte, a titularidade do crédito. Mas, como oportunamente anotam Giovanni Luigi Pellizzi e Giulio Partesotti, este descolamento entre titularidade e legitimação, que repercute tendencialmente sobre todas as transferências sucessivas (inidôneas, como tais, a aquisição da propriedade do documento, por ausência de direito na origem), pode, todavia, colmatar-se, sanando-se assim a irregularidade na circulação, quando, na seqüência de um sucessivo ato de transferência, de per si válido, o título chega a um possuidor de boa-fé, ou seja, ignaro da lesão ao direito de outrem, ignaro do defeito de titularidade no alienante.[94]

Todas estas são, portanto, formas de circulação admissíveis para os títulos de crédito, sendo que, agora, iremos nos ocupar apenas da circulação imprópria ou de direito comum.

9. Atos de circulação imprópria

A circulação imprópria ou de direito comum não decorre exclusivamente de um ato específico. A transferência do título, de fato, pode resultar dos mais diversos atos – voluntários ou involuntários; de cunho negocial ou não –, dos quais se verifique o fenômeno da sucessão, universal ou singular, do adquirente nos direitos do alienante.

São exemplos de tais atos: a cessão de crédito,[95] a sucessão *causa mortis* a título singular (legado) ou universal (herança); a comunhão resultante do regime de bens no casamento; operações societárias de fusão, cisão ou incorporação, nas quais também se opera a sucessão universal; o trespasse do estabelecimento empresarial; a expropriação e a adjudicação etc. Conquanto aparentemente díspares, todos esses atos encontram-se sujeitos a uma mesma disciplina jurídica no campo dos títulos de créditos.

gutgläubigen Erwerb vom Nichtberechtigten gibt es bei der Abtretung nicht" (ob. cit., n. 561, p. 286). Isto é: "se o cedente não for titular do crédito cambiário, também ao cessionário não cabe o direito à aquisição do crédito; uma aquisição de boa-fé de pessoa não legitimada não existe na cessão".

93. Para João Eunápio Borges, na circulação anômala "a aquisição da letra se verifica a título originário e não derivado como na primeira (circulação própria). Constituem exemplos dessa circulação anômala a entrada em circulação contra ou sem a vontade do criador da letra, o abusivo preenchimento da letra em branco pelo pseudo tomador ou adquirente, todos os casos de perda ou furto, nos quais o ladrão ou inventor se investem na posse do título etc." (ob. cit., n. 95, p. 81). Sobre o tema, ainda: Giuseppe Ferri, ob. cit., n. 441, p. 686.

94. Giovanni Luigi Pellizzi e Giulio Partesotti, ob. cit., nota 14-1, p. 51.

95. E, neste caso, o cessionário evidentemente estará legitimado a propor todas as ações emergentes do título: "Cédula de crédito. Possível a cessão civil dos direitos dela emergentes, com as conseqüências que lhe são próprias" (STJ, 3ª T., REsp 130.791-CE, Rel. Min. Eduardo Ribeiro, v.u., j. 7.6.1999, *DJU* 27.9.1999, p. 94). "A transferência da titularidade da cédula de crédito industrial admite transferência operada na forma da lei civil, mediante escritura pública de cessão de direitos celebrada entre duas instituições bancárias. Descabida, assim, a extinção do processo por ilegitimidade ativa do banco cessionário credor" (STJ, 4ª T., REsp 133.188-CE, Rel. Min. Aldir Passarinho Jr., v.u., j. 28.3.2000, *DJU* 22.5.2000, p. 113).

10. Disciplina jurídica da circulação imprópria

Com efeito, a disciplina jurídica aplicável à circulação imprópria dos títulos de crédito à ordem vem estabelecida no art. 919, do Código Civil, segundo o qual "a aquisição de título à ordem, por meio diverso do endosso, tem efeito de cessão civil".

Trata-se de regra nova no direito brasileiro, sem correspondência perfeita em nenhuma lei pátria sobre títulos de crédito típicos[96] – sendo que, em direito comparado, poderiam ser invocados o art. 2.015, do Código Civil italiano,[97] segura fonte de inspiração do legislador pátrio, e o art. 1.111, do Código Comercial de Macau (o qual teve o mérito de realçar os atributos e as limitações da circulação de direito comum dos títulos à ordem[98]).

Em relação ao novo art. 919 do Código Civil brasileiro, duas são as críticas opostas à sua redação pela doutrina. A primeira é a de que "não é a aquisição, mas a transferência, que tem efeito de cessão"[99] e, a segunda, de que, realmente, não se justifica o emprego do adjetivo "civil" para qualificar a cessão, posto que, com a unificação formal do direito privado, a distinção tornou-se despicienda.[100] Para esquivar-se desta segunda crítica, houve quem pretendesse justificar o emprego da expressão "cessão civil", dizendo que serviria para diferenciar a "cessão civil" da "cessão cambiária", que seria o endosso.[101] No en-

96. Newton De Lucca, porém, entende haver parcial correspondência entre o art. 919 do CC e o art. 11 da LU e o art. 44, II, da revogada Lei Saraiva (Decreto n. 2.044, de 31.12.1908) (ob. cit., p. 292). Contudo, o art. 11 da LU limita-se a disciplinar a cláusula "não à ordem": "Art. 11. Toda letra de câmbio, mesmo que não envolva expressamente a cláusula à ordem, é transmissível por endosso. Quando o sacador tiver inserido na letra as palavras 'não à ordem', ou uma expressão equivalente, a letra só é transmissível pela forma e com os efeitos de uma cessão ordinária de créditos". O art. 44, II, da Lei Saraiva, por sua vez, cingia-se a declarar não escrita a cláusula proibitiva de endosso: "Art. 44. Para os efeitos cambiais, são consideradas não escritas: (...) II - a cláusula proibitiva do endosso ou do protesto, a excludente da responsabilidade pelas despesas e qualquer outra, dispensando a observância dos termos ou das formalidades prescritas por esta Lei". Diante disso, não vemos, pois, a apontada correspondência, sequer parcial.

97. Código Civil italiano: "2.015. Cessione del titolo all'ordine. L'acquisto di un titolo all'ordine con un mezzo diverso dalla girata produce gli effetti della cessione". Ou seja: "Cessão de título à ordem. A aquisição de um título à ordem por meio diverso do endosso produz os efeitos da cessão".

98. Código Comercial de Macau: "Artigo 1.111º (Cessão). 1. O cessionário de um título à ordem não pode aproveitar-se da protecção concedida ao endossado de boa-fé quanto à aquisição pela boa-fé e à inoponibilidade das excepções válidas contra os portadores anteriores. 2. O cessionário pode endossar o título; o endossado pode valer-se da protecção, a que se refere o número anterior, desde que o cessionário tenha adquirido o direito que transmitiu e se verifiquem os restantes pressupostos legais; o devedor libera-se, pagando ao endossado nos termos do artigo 1.076º, caso o cessionário tenha adquirido o direito que transmitiu e se verifiquem os restantes pressupostos legais. 3. Se, no caso previsto no número anterior, um dos endossos é materialmente nulo, em especial, se é falsificado, a legitimação dos portadores posteriores do título não é afectada por tal facto; essa legitimação depende dos artigos 1.074º a 1.076º, consoante o efeito de que se trate". O Código Comercial de Macau, aprovado pelo Decreto-lei n. 40/99M de 3 de agosto, pode ser consultado pela internet no endereço: <http://www.imprensa.macau.gov.mo/bo/i/99/31/codcompt>.

99. Antônio Mercado Jr., ob. cit., p. 131. Cf. tb.: Newton De Lucca, ob. cit., p. 292. A crítica é a mesma dirigida ao art. 2.015 do Código Civil italiano: "sendo fora de discussão que o endosso, como tal, não é idôneo a produzir algum efeito translativo, pressupondo este sempre um contrato causal de alienação do título, mais corretamente a lei deveria falar de 'aquisição não seguida de endosso'" (*Titoli di Credito*, Milão, Giuffrè, 2002, p. 527).

100. Antônio Mercado Jr., com razão, observou que "quanto àquele qualificativo, cremos não justificar-se, ante a unificação do direito privado" (ob. cit., p. 131). E Newton De Lucca reiterou a crítica: "O art. 2.015 do Código Civil italiano, como se viu, tendo promovido ou tentando promover a tão decantada unificação formal das obrigações civis e comerciais utilizou-se simplesmente do termo *cessão* e não *cessão civil*, como está no artigo do nosso Código Civil" (ob. cit., p. 294).

101. É novamente Newton De Lucca quem acrescenta: "No decorrer da 12ª reunião do Instituto Tullio Ascarelli, realizada no dia 24.11.1972 e da qual tive a oportunidade de participar, o Prof. Mauro Brandão Lopes insistiu na idéia de que a palavra 'civil' mostrava-se conveniente para diferenciar os efei-

tanto, essa justificativa apenas veio a robustecer a crítica, pois endosso decididamente não é "cessão cambiária"[102] e nem tem com a cessão qualquer semelhança.[103]

Como quer que seja, a regra do art. 919, do Código Civil, é bastante clara ao atribuir à circulação imprópria ou de direito comum dos títulos à ordem o efeito de simples cessão, donde resultam importantes características.

11. Circulação imprópria: características

Apesar de singelo, o art. 919, do Código Civil, é rico em conseqüências.

Em primeiro lugar, dele se infere que *a falta de endosso não impede o titular de exercer os direitos cartulares*. O adquirente poderá exercê-los, contanto que prove que lhe foram transferidos. Neste caso, feita a prova e apresentado o título, o devedor não poderá se negar a efetuar o pagamento (visto que, realizado contra a entrega do título, o pagamento libera o devedor e não o expõe ao risco de ser compelido a pagar novamente). A falta de endosso não impede o adquirente de exercer os direitos cartulares, embora o obrigue a fornecer prova de sua legitimação extracartular e a apresentar o título, para que o devedor lhe faça então o pagamento devido.[104]

Em segundo lugar, o preceito deixa claro que *a circulação imprópria tem apenas efeitos* (*e não necessariamente a forma*) *de cessão*. O art. 919 do Código Civil não se aplica somente aos casos de cessão, mas incide sobre todos os atos de circula-

tos do endosso da cessão civil, ponderando que o endosso seria uma espécie de *cessão cambiária* (...). E o seu propósito era, exatamente, pôr em destaque a diferença entre esses dois modos de transferência. Como muito bem ponderou Mercado Jr., no entanto, *cessão cambiária*, propriamente falando, não existe (...). A forma pela qual são transferidos os títulos cambiários é o endosso. E, se nos for permitido o direito de acrescentar algo ao debate, estando o art. 919 a tratar da aquisição *por meio diverso do endòsso* é evidente que ela, mesmo chamada simplesmente *cessão* – como ocorre, aliás, no direito italiano – e não de *cessão civil*, como afinal constou do texto legal, jamais poderia produzir os efeitos do próprio endosso (...)" (ob. cit., p. 294).

102. Sobre a impropriedade da expressão "cessão de crédito cambiário" para designar o "endosso", confira-se a advertência de Joaquín Garrigues (ob. cit., p. 210).

103. José Maria Whitaker, de forma espirituosa, destacou que "o endosso é muitas vezes confundido com a cessão, mas, se fosse assim considerado, seria, como diz Ramella, uma espécie de cessão à qual se não aplica nenhuma das regras de cessão" (ob. cit., n. 58, p. 127).

104. Antonio Pavone La Rosa explica, com grande superioridade, que "la mancanza di girata non toglie al possessore la facoltà di avvalersi del diritto menzionato nel documento. In assenza di una 'attestazione' formale del trasferimento del titolo, l'acquirente della cambiale non potrà giovarsi della 'presunzione' di titolarità che la legge ricollega all'apparenza documentale dell'acquisto attuato nelle forme proprie della circolazione cartolare. Ma, ove egli sia in grado di fornire nei modi ordinari la prova dell'esistenza di un valido rapporto traslativo, il debitore non potrà sottrarsi all'obbligo del pagamento della somma indicata nella cambiale (...). In presenza (della prova) di tale rapporto nessun legittimo motivo può essere invocato dal debitore per sottrarsi all'adempimento della prestazione dovuta. Egli ha soltanto interesse a non correre il rischio di essere chiamato ad effettuare un secondo pagamento in favore di altro soggetto che possa venire in possesso del documento. Ma questo rischio non sussiste qualora l'acquirente della cambiale, anche se privo di una girata a proprio favore, disponga della materiale detenzione del titolo e di esso offra la restituzione al debitore. Per questa soluzione può, d'altra parte, cogliersi un argomento decisivo nella disposizione dell'art. 25 l. camb., che attribuisce gli effetti della ordinaria cessione all'acquisto del titolo compiuto con un mezzo diverso dalla girata. De tale norma chiaramente si desume, come già rilevato, che la girata non è elemento necessario per l'acquisto del diritto cartolare. In assenza di essa, l'acquisto si realizza ugualmente, anche se *in via derivativa*, con la conseguenza che potranno essere opposte all'acquirente della cambiale le eccezioni (personali) che potevano esser fatte valere in danno del precedente possessore. La mancanza di girata non è, dunque, di impedimento all'esercizio del diritto cartolare: unici effetti ad essa conseguenti sono l'onere dell'acquirente di fornire la prova dell'esistenza di un valido atto di acquisto della cambiale e la perdita del beneficio dell'immunità dalle eccezioni personali al *tradens*" (ob. cit., n. 91, pp. 309-311). Na mesma linha: Giovanni Luigi Pellizzi e Giulio Partesotti, ob. cit., nota 20-9, p. 66.

ção imprópria ao qual já nos referimos (no item 9). E, como somente os efeitos serão os próprios de cessão, é evidente que, quanto à forma, haverão sempre de ser atendidos os requisitos próprios de cada ato de circulação.

Em terceiro lugar, o art. 919, do Código Civil, evidencia que a *circulação imprópria ou de direito comum não é autônoma* e, conseqüentemente, o adquirente apenas sucederá nos direitos do alienante – donde se extraem as seguintes características típicas da circulação de direito comum: (i) o adquirente torna-se titular de direitos derivados e não autônomos,[105] com o que se confirma a regra de que, embora a circulação por endosso não seja a única admissível nos títulos à ordem, é todavia a única que confere posição autônoma ao adquirente[106] (precisamente porque a autonomia é atributo dependente da aquisição do título segundo as regras próprias de circulação do título de crédito); (ii) o adquirente não é tutelado pelas regras de proteção inerentes à circulação própria; (iii) ainda que tenha agido de boa-fé, ficará exposto à reivindicação pelo proprietário, se adquiriu os direitos de quem não era o seu titular (CC, art. 896),[107] (iv) "o devedor poderá opor ao cessionário as exceções que lhe competirem, bem como as que, no momento em que veio a ter conhecimento da transferência, tinha contra o cedente (CC, art. 294),[108] valendo-se frisar que, para incidir a regra de inoponibilidade das exceções, não basta apenas o fato de o adquirente não fazer parte da relação subjacente existente entre o devedor e o alienante, mas é preciso ainda que a aquisição do título tenha ocorrido segundo as regras de circulação própria ou cartular,[109] e (v) o alienante ficará responsável apenas pela existência do crédito, e não pela solvência do devedor, salvo convenção em contrário (CC, art. 295). Em todo caso, porém, mesmo na circulação imprópria, o título de crédito conserva o caráter de essenciailidade para o exercício dos direitos nele mencionados (CC, art. 897), pois, sem ele, não poderá o credor exigir a prestação do devedor nem o devedor poderá ser compelido a efetuar o pagamento ao credor.

12. Endosso do adquirente pelo direito comum

Por fim, e para encerrar o estudo da circulação de direito comum, impende enfrentar uma questão controvertida. Pergunta-se: o indivíduo que adquiriu o título através de ato de circulação imprópria (CC, art. 919) teria condições de transferi-lo a outrem por meio de endosso pleno ou, ao revés, a cadeia regular de endossos estaria irremediavelmente rompida, sem mais poder ser restabelecida (CC, art. 911)? A questão é tormentosa.

105. "Com efeito, a doutrina é unânime em excluir a autonomia dos chamados sucessores anômalos nos títulos de crédito. Para o herdeiro ou o cessionário, a titularidade do direito cartular não deriva da propriedade do título, mas do fato de ter sucedido nas relações jurídicas do defunto ou no crédito do cedente" (Tullio Ascarelli, *Teoria*..., cit., n. 23, p. 328). Também: Giuseppe Auletta e Niccolò Salanitro, ob. cit., n. 162, p. 330; José Maria Whitaker, ob. cit., n. 90, p. 160; e Magarinos Torres, ob. cit., n. 93, p. 134.

106. De acordo com Antonio Pavone La Rosa, "circolazione per 'girata' e circolazione per 'cessione' non costituiscono, quindi, due diverse forme negoziali di trasferimento del credito cambiario. Esse sono piuttosto espressione di un'unica regola *legale*: della regola per la quale solo un trasferimento attuato mediante girata è idoneo a produrre effetti cartolari" (ob. cit., n. 99, p. 336).

107. Cf. Alfred Hueck e Claus-Wilhelm Canaris, ob. cit., p. 109.

108. Cf. Giorgio Cian e Alberto Trabucchi, ob. cit., p. 1.952; e Giuseppe Auletta e Niccolò Salanitro, ob. cit., n. 162, p. 330.

109. É novamente Antonio Pavone La Rosa quem observa que "per l'autonomia della posizione del possessore della cambiale non basta che egli sia estraneo al rapporto che lega il debitore al *tradens*, ma occorre inoltre che egli abbia acquistato il titolo nelle forme per esso previste" (ob. cit., n. 92, p. 312).

Para certos autores, a transferência que seguisse à aquisição do título pelo direito comum seria sempre desprovida de autonomia e, portanto, só teria os efeitos de simples cessão, já que a cadeia estaria interrompida,[110] sem a possibilidade de recompor cartularmente o elo perdido naquela etapa e nas subseqüentes; não seria possível reconstituir literalmente no título a transmissão de direito comum, de modo a impô-la a terceiros adquirentes.

A corrente contrária, segundo a qual seria possível circular o título de forma autônoma por endosso aposto por quem adquiriu o título através de circulação imprópria, foi sustentada, no direito pátrio, por João Eunápio Borges, dizendo que "a resposta deve ser afirmativa, mencionada no endosso a qualidade de cessionário do endossador. Dir-se-á que, não figurando como endossatário o nome deste endossador, estaria rompida a cadeia de endossos. Mas, a situação é semelhante à que resultaria dos outros meios de aquisição pelo direito comum: estaria impedido de endossar o herdeiro, o sócio a quem tocou a letra, na partilha social etc.? E, se por acaso, não fosse ele cessionário, mas simples ladrão ou inventor do título, ficaria na mesma situação do falso procurador, cujo endosso não interrompe cambialmente a série de endossos. É essa, aliás, a opinião de Armijon et Carry (*La Lettre de Change*, p. 259)".[111] Também no mesmo sentido é a opinião abalizadíssima de Federico Martorano, para quem "l'acquirente in tal caso subentra egualmente, sia pure a titolo derivativo, nella stessa posizione del portatore precedente e, quindi, anche nella facoltà di girare il titolo".[112]

De fato, o adquirente do título por ato de circulação imprópria coloca-se na mesma posição de quem o alienou e, uma vez demonstrada essa aquisição, poderá circular o título por meio de endosso, com todos os seus atributos.[113] A cadeia, com efeito, não fica irremediavelmente interrompida. Poder-se-ia objetar que, para demonstrar sua legitimação, o interessado teria que se valer de dados extracartulares, e isso iria contra o princípio da literalidade. Contudo, se assim efetivamente for, como é que ficarão os credores cartulares que tiverem o seu nome alterado (por casamento ou modificação do nome empresarial)? Também não poderiam mais circular o título? Ora, é claro que podem. Reconhece-se, porém, que a comprovação da legitimação do endossante poderá causar embaraços à circulação, mas não de molde a impedir o ulterior endosso ou isentá-lo de seus nor-

110. Neste sentido: José Maria Whitaker, ob. cit., n. 90, p. 160; e José Oliveira Ascensão, ob. cit., p. 158, dentre outros.

111. João Eunápio Borges, ob. cit., n. 96, p. 82.

112. Federico Martorano, "Titoli di credito", in *Enciclopedia del Diritto*, cit., pp. 616-617. No mesmo sentido: Gastone Cottino, ob. cit., n. 80, p. 311; e Giovanni Luigi Pellizzi e Giulio Partesotti, ob. cit., nota 20-1, pp. 20-21. Trata-se de entendimento prevalente na Itália, como registram Giorgio Cian e Alberto Trabucchi: "Secondo il prevalente orientamento (Fiorentino, *ivi*, 147; Asquini, *ivi*, 230; Di Amato, *ivi*, 472s), la serie rimane continua anche quando si inserisca un trasferimento nei modi del dir. comune, non solo nei casi di successione ereditaria e fusione di società (contra, per il caso di fusione di società Sacco, *R. d. comm.*, 51, II, 174), ma anche in quelli di cessione di dir. comune" (ob. cit., p. 1.948).

113. Bem entendida, porém, a observação: "Naturalmente, esto sólo es aplicable siempre y cuando no se trate precisamente de aquella transmisión respecto de la cual existe la laguna en la legitimación; para ésta se requiere necesariamente la legitimación material, la cual, en su caso, habrá de probarse. Si, por ejemplo, A endosa una letra a B y B la cede a C y C la endosa a su vez a D, D está protegido respecto a los posibles vicios en el negocio entre A y B, de acuerdo con las reglas de la buena fe y de la exclusión de excepciones, mientras que los vicios del negocio entre B y C le afectan plenamente; si D vuelve a endosar la letra a E, entonces E resulta protegido frente a los vicios del negocio entre C y D, a pesar de que se haya interrumpido la cadena de endosos anteriormente, o sea, entre B y C" (Alfred Hueck e Claus-Wilhelm Canaris, ob. cit., pp. 125-126).

mais efeitos. Os subseqüentes endossos lançados no título são, em princípio, plenamente válidos e eficazes e deles resultará a circulação cartular autônoma, sem qualquer espécie de restrição ou de limitação.[114] O que se impõe, apenas, nos casos em que a legitimação resulte apenas de ato extracartular, é a enunciação do fato no contexto do título e, mais especificamente, do endosso.[115]

114. A mesma conclusão se deve extrair dos atos praticados por representantes convencionais ou legais: não interrompem a cadeia de endossos. Sobre os delicados problemas de aferição da cadeia ininterrupta e regular de endosso, confira-se, com grande proveito, as lições de Federico Martorano (*Titoli di Credito*, Milão, Giuffrè, 2002, pp. 765-795).

115. Cf. Giovanni Luigi Pellizzi e Giulio Partesotti, ob. cit., nota 25-7, p. 79.

Atualidades

CRÉDITO E TÍTULOS DE CRÉDITO NA ECONOMIA MODERNA

Uma visão focada na Cédula de Produto Rural – CPR

HAROLDO MALHEIROS DUCLERC VERÇOSA

e

NANCY GOMBOSSY DE MELO FRANCO

I. INTRODUÇÃO. (i) O crédito e os títulos de crédito na economia moderna; (ii) Os diversos títulos de crédito e sua qualificação legal; (iii) O erro na interpretação e na aplicação do direito e seus efeitos econômicos negativos; (iv) O mercado de "commodities": operações de "hedge" e de títulos de crédito específicos. O papel das CPRs; (v) A perda da safra e os remédios ao alcance do produtor. II. CONCLUSÃO.

I. INTRODUÇÃO

1. A noção que se pretende reforçar neste breve estudo, como modesto subsídio para decisões desta Egrégia Corte em relação às CPRs é no sentido de que, como título de crédito largamente utilizado no direito brasileiro, elas são utilizadas com a função de operacionalizar a venda antecipada de produtos agrícolas (*commodities*), não sendo de sua natureza o pagamento antecipado.

(i) O crédito e os títulos de crédito na economia moderna

2. Revelar-se-ia demasiada pretensão expor a este E. Tribunal a história do crédito e seu papel de crédito, desde sua origem até os dias atuais, com a função privada de remuneração do capital dos agentes superavitários (os que têm recursos livres), disponibilizado em favor dos agentes deficitários (os que necessitam de tais recursos para qualquer finalidade) e apresentando a importante função pública de proporcionar mecanismos para o desenvolvimento econômico.

3. É em vista da segunda função acima mencionada que as instituições financeiras, mesmo as de natureza estritamente privada são entes que exercem uma clara função pública, regulamentada pela Autoridade Monetária a fim de que deva eficazmente desempenhar o papel favorecedor do bom andamento da economia e dos mercados.

4. E um dos instrumentos mais utilizados para a difusão do crédito são, precisamente, os títulos de crédito, os quais, em vista da certeza da obrigação neles mencionada e da segurança de que se revestem em sua circulação, têm sido um recurso importantíssimo para os produtores e comerciantes para revestir de certeza e liquidez suas operações comerciais, das quais decorre a utilidade deste título de crédito.

5. No sentido acima, Tullio Ascarelli afirmou que "direito incerto é direito ineficaz, elemento perturbador das relações jurídicas e são, portanto, benéficos os esforços tendentes a torná-lo certo e eficaz".[1]

6. Prosseguindo no mesmo ponto de sua obra, o ilustre comercialista ensina que "é a essa exigência de certeza e de segurança que o título de crédito satisfaz; certeza na existência do direito; segurança na sua realização. É justamente, por isso que os direitos declarados nos títulos podem, com freqüência, considerar-se equivalentes aos bens e às riquezas a que se referem, o que permite realizar pela circulação de tais títulos a mobilização da riqueza".

7. Preservando a linha centenária do direito continental europeu, no qual se insere por herança o ordenamento jurídico brasileiro em matéria de títulos de crédito, o Código Civil de 2002 transcreveu em seu art. 887 a célebre definição de Cesare Vivante, o pai da formulação sistemática da Teoria Geral dos Títulos de Crédito, por ele dada à luz no final do século XIX:

> Art. 887. O título de crédito, documento necessário ao exercício do direito literal e autônomo nele contido, *somente produz efeito quando preencha dos requisitos da lei* (destaques nossos).

8. Na definição legal supra transcrita estão presentes os elementos fundamentais dos títulos de créditos: *cartularidade*, *literalidade* e *autonomia*.

9. *Cartularidade*, no sentido de que o crédito está *contido*, ou incorporado ao documento.

10. *Literalidade*, em relação ao fato de que os direitos e obrigações referentes ao título de crédito constam de sua literalidade e tão-somente dela.

11. *Autonomia*, o princípio mais incompreendido do instituto, diz respeito ao desligamento da cártula em relação ao negócio que lhe deu origem (negócio jurídico subjacente), ficando proibida a oponibilidade de exceções pessoais entre partes não diretas, na medida em que o título circula.

12. Entre os juristas brasileiros ninguém conseguiu até o momento superar a magnífica síntese que João Eunápio Borges elaborou a respeito das características dos títulos de crédito em contraste com os quirógrafos comuns. Em seu trabalho ele afirma que o direito constante destes últimos documentos:[2]

"a) existe sem o documento que, embora útil e às vezes necessário como prova, não é imprescindível para a existência do direito;

"b) pode transmitir-se sem o documento, que pode acompanhar ou não a cessão do direito nele mencionado;

"c) pode ser exigido sem a exibição do documento, valendo a quitação dada pelo credor como prova oponível *erga omnes* da extinção do direito;

"d) a respectiva cessão transmite um direito derivado, de acordo com a regra clássica: *nemo plus jus ad alium transferri potest quam habet*. O direito do cessionário é o mesmo do cedente, podendo o devedor alegar contra aquele as mesmas exceções que poderia opor a este."

13. Porém, diz o mesmo autor, em continuação, se o documento for um título de crédito, "será ele um sinal imprescindível do direito que nele se contém, de tal forma que: I – o direito não existe sem o documento, no qual se materializou; II – o direito não se transmite sem a transferência do documento; III – o direito não pode ser exigido sem a exibição e a entrega do título ao devedor que satisfez a obrigação nele prometida; IV – o adquirente do título não é sucessor do cedente, na relação jurídica que o liga ao devedor, mas investe-se do direito constante do título, como credor originário e autônomo. São-lhe inoponíveis as

1. *Teoria Geral dos Títulos de Crédito*, São Paulo, Saraiva, 1969, pp. 4 e 5.

2. *Títulos de Crédito*, 2ª ed., Rio de Janeiro, Forense, dez. 1971, pp. 10 e 11.

defesas pessoais do devedor contra os seus antecessores na propriedade do título".

(ii) Os diversos títulos de crédito e sua qualificação legal

14. Além da letra de câmbio, considerada sem qualquer controvérsia como a matriz histórica de todos os títulos de crédito, diversos outros existem para o preenchimento das mais variadas funções econômicas, para tanto criados especificamente pelo legislador, no atendimento do art. 887 do Código Civil vigente. No direito anterior a criação legal já era exigida como forma da quebra do direito comum, a fim de dar-se lugar às características jurídicas especiais do direito cambial.

15. Portanto, cada lei criadora de um determinado título de crédito explicitará quais as suas características diferenciais em relação aos demais documentos da mesma espécie, todos eles ligados pela presença dos elementos comuns da cartularidade, da literalidade e da autonomia, que formam a estrutura fundamental da teoria geral que a todos abriga.

16. Note-se, neste passo, a importância essencial da literalidade, que não pode ser afastada pelos usuários de títulos de crédito, seja pela retirada, seja pelo acréscimo de certos elementos não previstos pelo legislador. Neste sentido, pode-se mencionar a existência de uma *literalidade estrita*.

17. É por este motivo que o art. 2º, primeira alínea do Decreto 57.663, de 24.1.1966, depois de haver relacionado no art. 1º dos elementos da letra de câmbio declara que "[O] escrito em que faltar algum dos requisitos indicados no artigo anterior não produzirá efeito como letra, salvo nos casos determinados nas alíneas seguintes".

18. Quanto a elementos novos, acrescentados à revelia da lei, muitas vezes esta simplesmente ignora a sua presença, desprezando-os sem que isto signifique a desqualificação do documento como aquele determinado título de crédito. A este respeito, o art. 4º do Decreto 57.595, de 7.1.1966, diz que "a menção de aceite lançada no cheque considera-se como não escrita".

19. Estas considerações apresentam-se como extremamente relevantes quando se defende a tese aqui presente no sentido de que não se caracteriza o pagamento antecipado da CPR como um dos seus elementos essenciais, conforme será melhor desenvolvido logo adiante.

(iii) O erro na interpretação e na aplicação do direito e seus efeitos econômicos negativos

20. Antes de nos debruçarmos sobre as CPRs, é oportuno trazer algumas considerações atuais sobre os reflexos dos estudos de *direito e economia* (*law and economics*), realizados nos Estados Unidos já há algum tempo (principalmente pela chamada *Escola de Chicago*), em relação aos quais a douta professora Rachel Sztajn é uma das mais insignes expressões no direito brasileiro recente.

21. Esta nova metodologia de análise jurídica, conjugadamente realizada com a economia, mostra como o erro na interpretação e na aplicação do direito acarreta efeitos profundos e, especialmente em relação ao direito empresarial, causa perdas consideráveis, elevando de forma altamente prejudicial àquilo que é chamado na linguagem técnica apropriada de *custos de transação*,[3] com reflexos imediatos na queda da atividade econômica e no aumento do preço de produtos colocados no mercado. Trata-se de uma *externalidade negativa*.

3. Por *custos de transação* pode-se entender toda atividade empresarial geradora de despesas diretas e indiretas para o fim da garantia de uma melhor segurança jurídica (necessidade de assessoria jurídica de alto nível na busca da celebração de contratos cercados por garantias maiores e mais eficazes, por exemplo).

22. De um ponto de vista genérico, segundo Rachel Sztajn em outro trabalho de sua lavra, "[E]xternalidade, termo largamente empregado pelos economistas, ligado a benefícios ou custos nascidos e presos ao exercício de atividade que não são suportados pelo seu exercente, por quem lhes dá causa, mas recaem sobre terceiros 'externos' à sua origem, pessoa ou grupos de pessoas ou à sociedade. Externalidades são comuns na vida de relação e, muitas vezes são desejadas e fomentadas".[4] Neste caso, acrescentamos, trata-se de *externalidades positivas*.

23. Um caso de externalidade negativa será notado claramente na medida em que a justiça brasileira vier a entender – espera-se que não – que o pagamento antecipado faz parte essencial da natureza das CPRs.

24. Examinemos o pensamento da autora citada no seu trabalho "Custos provocados pelo Direito".[5] Neste estudo é lembrada a tutela favorável aos locatários nos contratos de locação de moradias, por parte do Judiciário, tanto na França como no Brasil. Observou Rachel Sztajn que lá e cá os resultados foram economicamente perversos, pois os investidores deixaram de carrear recursos para a edificação de novas moradias, tendo sido gerada uma escassez de imóveis para locação no mercado. O efeito foi o aumento do preço dos aluguéis pagos pelos inquilinos em determinada região, os quais tiveram que optar por morar mais distante se o novo patamar de aluguéis não estivesse à altura de sua capacidade financeira.

25. De outro lado, a mesma autora afirma que tem sido observado como a insegurança gerada por decisões judiciais apressadas e inconsistentes provoca uma reação dos agentes econômicos traduzida pela elevação dos custos de transação, do que resulta ineficiência alocativa, ou seja, em linguagem simples, má distribuição dos recursos disponíveis, cujos titulares procurarão opções menos arriscadas, não somente do ponto de vista econômico, mas também do jurídico.

26. A ineficiência de que se trata resulta de maneira mais no chamado "risco Brasil", que leva o país a ter de praticar os mais elevados juros do mundo como forma da captação de recursos estrangeiros para o fim da sustentabilidade da balança de pagamentos.

27. No caso sob exame, interessa aos empresários do ramo que não existam incertezas quanto à natureza jurídica da CPR e aos seus efeitos econômicos e legais. As discussões presentes sobre um eventual entendimento no sentido de que seja obrigatório o pagamento antecipado em relação ao título vertente gera grandes incertezas as quais, segundo Rachel Sztajn "criam, representam custos de transação". E, segundo a mesma autora, "[Q]uanto maiores forem tais incertezas no que diz respeito ao bom resultado da operação (transação) visada pelos agentes, maiores serão os custos de transação que as partes a ela – incerteza ou insegurança – imputarão. Daí sua importância na análise de cada operação, de cada contrato, de cada alteração da lei".[6]

28. Daí que, a nosso ver, coloca-se como fundamental a firme posição do Judiciário em não reconhecer a obrigatoriedade do pagamento antecipado nas CPRs, justamente porque tal exigência não consta absolutamente de sua estrutura legal e não seria condizente com as necessidades do mercado, muito menos com a possibilidade de serem utilizadas para o fim de operações de *hedge*, como se verá a seguir.

4. "Externalidades e custos de transação: a redistribuição de direitos no Novo Código Civil", in *RDM* 133/7 a 31.

5. In *RDM* 112/75 a 78.

6. In "Externalidades e custos de transação ...", cit., p. 9.

(iv) O mercado de "commodities": operações de "hedge" e de títulos de crédito específicos. O papel das CPRs

29. O professor Oscar Barreto Filho, em artigo do final de década de setenta do século passado, tornado clássico, abordou as operações a termo sobre mercadorias (*hedging*), cujo maior desenvolvimento estava sendo notado no mercado brasileiro.[7]

30. Observava já naquela ocasião o douto comercialista que somente com a implantação de novas técnicas negociais seria possível assegurar às operações a termo de *commodities* a indispensável segurança e certeza, sem a qual, acrescentamos, o mercado operaria debaixo de condições desfavoráveis, dados os elevados custos de transação.

31. Barreto Filho trouxe como exemplo do instituto justamente um caso de produção agrícola: "Suponhamos um produtor agrícola que, no curso deste ano tenha condições de plantar um cereal para colher em março/abril de 1979" (estávamos em 1978). "Verificado que os preços atuais pelos quais estão sendo praticados os contratos para entrega futura do grão são convenientes, ele *vende* um contrato para vencimento em julho de 1979, ao preço de 10 por unidade. Quando da colheita, os preços no mercado disponível estão bem mais baixos, digamos a 6 por unidade. Vendendo o produto no mercado à vista o fazendeiro obtém somente 6, mas liquidando a sua posição no mercado a termo, ele obtém lucro. Este lucro obtido no mercado futuro compensa a eventual queda nas cotações da mercadoria no mercado à vista, permitindo que o preço final seja mais ou menos igual às cotações vigentes na época em que o fazendeiro fechou a operação".

32. Ou seja, em resumo, as operações de *hedging* implicavam na existência de transações casadas iguais e de sentido contrário, simultaneamente, no mercado à vista e no mercado a termo. O recurso ao instituto evita os enormes riscos das vendas a termo, que podem acarretar grandes lucros para uma parte e avultados prejuízos para a outra.

33. E, precisamente, um dos instrumentos utilizados no mercado de *commodities* é a CPR, adiante examinada em seus aspectos fundamentais.

34. Como a indústria faz o *hedge*, a certeza jurídica da entrega do produto representado pela CPR também cria riqueza, pois sem esta certeza a indústria não faria o *hedge* e, sem o *hedge*, a indústria não poderia fixar o preço com o produtor, garantindo-lhe contra as flutuações do preço do produtor e assumindo ela própria esses riscos em muito maior grau, dadas as quantidades com as quais as indústrias operam. Por meio do *hedge*, os riscos de flutuação do preço são transferidos ao mercado.

35. A Cédula de Produto Rural (CPR) é regida pela Lei n. 8.929, de 22 de agosto de 1994, promulgada com o objetivo de implementar e fomentar a atividade rural. Ela é um instrumento bastante adequado para a produção agrícola de *commodities*, como é o caso da soja, porquanto foi desenvolvida especificamente para o fomento da atividade agrícola, em diversos aspectos: (i) para garantia de financiamentos e empréstimos, usualmente quando emitidas por instituições financeiras; (ii) para obtenção de capital de giro; (iii) para planejamento do empreendimento do produtor rural; e, não menos importante (iv) para permitir que o agricultor negocie antecipadamente a safra que está por vir, com segurança, a fim de se proteger contra oscilação de preços, comum nos períodos de safra e entressafra, a primeira quando a oferta é grande (e o preço cai), a segunda quando é escassa (e o preço sobe). O professor Arnoldo Wald assim ensina:

"(...) Houve, assim, o reconhecimento que, tanto nas operações comerciais, como no direito administrativo, é preciso salvaguardar não só o equilíbrio econômico – que se refere à rentabilidade –, mas tam-

7. *RDM* 29/11 a 17.

bém o financeiro – que pressupõe a pronta liquidação dos débitos no vencimento.

"A finalidade da Cédula de Produto Rural foi, pois, de facilitar a circulação e o financiamento de produtos agrícolas, trazendo para o meio rural as vantagens do direito mercantil e o seu espírito inovador e criativo."[8]

36. De um lado, o produtor garante a venda antecipada da safra, fixando preço e, de outro, o adquirente do produto tem a garantia, real, de que a soja será entregue, pela emissão do título de crédito, representativo de uma riqueza: a entrega da safra futura contra o pagamento.

37. No caso concreto, a CPR é "representativa de promessa de entrega de produtos rurais, com ou sem garantia cedularmente constituída" (art. 1º da Lei 8.929/1994). Desta forma, pelo princípio da *cartularidade* a cédula passa a representar os produtos rurais constantes de sua literalidade (inciso VI), os quais ficam proibidos de se tornarem objeto de outros negócios jurídicos. A aludida literalidade, nos termos do art. 9º da mesma lei, poderá ser aditada, ratificada e retificada por aditivos, *que a integram*, fazendo-se na cédula menção a essa circunstância.

38. Tais aditamentos, ratificações ou retificações colocam as CPRs no campo dos títulos de crédito *dependentes*, ou seja, aqueles cuja literalidade se completa pela expressa remessa a elementos externos à cártula. Mas a cartularidade não se desnatura, uma vez que tais elementos estão juridicamente integrados ao título, como se deles fossem uma *extensão* natural.

39. A riqueza que a CPR representa é o poder de crédito que gera o contrato de compra e venda antecipada de *commodities* firmada com uma empresa idônea, conhecida por cumprir 100% (cem por cento) de suas avenças. Isso gera riqueza, criação de capital.

8. In "Da desnecessidade de pagamento prévio para a caracterização da Cédula de Produto Rural", *Revista Forense* 374/4, jul.-ago. 2004.

40. As características intrínsecas da CPR são aquelas descritas na lei e se enquadram nas características comuns dos títulos de crédito, acrescida de sua destinação exclusiva para operações agrícolas. Todos os requisitos da CPR estão dispostos no art. 3º da Lei 8.929/1994, quais sejam: (i) a denominação "Cédula de Produto Rural"; (ii) a data da entrega; (iii) nome do credor e cláusula à ordem; (iv) promessa pura e simples de entregar o produto, sua indicação e as especificações de qualidade e quantidade; (v) local e condições da entrega; (vi) descrição dos bens cedularmente vinculados em garantia; (vii) data e lugar da emissão; e (viii) assinatura do emitente.

41. Como se disse acima, de acordo com a lei específica e os princípios do direito cambial, não podem os operadores do direito acrescentar ou retirar qualquer dos elementos legais da CPR, sob pena de desnaturá-la como um título de crédito próprio.

42. No sentido acima, não há qualquer exigência no referido artigo, tampouco nas demais disposições da Lei, no que diz respeito ao pagamento antecipado em dinheiro pela promessa de entrega do produto. Não há porque invalidar o título de crédito somente porque ele representa um crédito em dinheiro futuro, mas um poder de crédito presente, de coisa futura, já negociada: a CPR, nos moldes emitidos, é instrumento fomentador do mercado agrícola e, por isso, foi criada. Lembre-se a definição de títulos de crédito encontrada no art. 887 do Código Civil, ou seja, o documento necessário ao exercício do direito literal e autônomo nele contido, somente produz efeito quando preencha os requisitos da lei. A este respeito, assim se manifesta Arnoldo Wald:

"Por outro lado, como bem salientou a melhor doutrina, não há restrição ao uso da CPR, podendo representar mercadoria futura ou já existente, já paga ou pagável em prazo previamente previsto, e não havendo razão para discriminar em relação a alguns produtos, como por exemplo o álcool ou o açúcar, ou exigir o prévio pagamento da mercadoria antes da emissão do título da entrega do produto.

"Assim, a CPR tornou-se um instrumento no direito do desenvolvimento, exercendo a sua função de facilitar tanto a comercialização como o financiamento dos produtos rurais, podendo ser usada ampla e irrestritamente pelos agentes econômicos. Conseqüentemente, não cabe restrição ao seu uso pelo Pode Judiciário, que não pode descaracterizar o título em virtude de eventuais discussões de legitimidade de cláusulas contratuais admitidas na prática e que não ferem a ordem pública. É, aliás, o que tem entendido recentemente o Superior Tribunal de Justiça em relação a determinadas cláusulas contratuais que, no seu entender, não ensejam a desqualificação da operação de arrendamento mercantil, por não existir qualquer vedação legislativa.

"(...).

"Também não existem restrições legais à sua emissão sempre que ocorra prévio financiamento do produtor rural. (...).

"Ou seja, reiterando o que já foi explicitado relativamente a esse título, respeitadas as exigências legais quanto à sua formação, vale dizer, a legitimidade de seus emissores e os seus elementos formais encontra-se na utilização desse título na área da autonomia da vontade, alheia as normas imperativas e vedadoras, pois o próprio art. 3º, § 1º, desse diploma legal autoriza a estipulação de cláusulas outras, al alvedrio das partes. Não se pode, pois, pretender anular ou considerar nula a CPR no contexto descrito."[9]

43. Sem a CPR, o sistema de venda antecipada perde força. Ao invalidar a CPR nos moldes emitidos, restará às empresas vincular os contratos de compra e venda antecipada de *commodities* como simples contratos de penhor, que têm alto custo de registro, o que se daria na contramão do principal objetivo da CPR: fomentar e baratear os instrumentos de fomento agrícola. A CPR é o título de crédito que garante a entrega da *res esperata* e o pagamento do preço ao produtor (crédito futuro, porém certo).

44. A ausência de crédito à vista, em dinheiro, no momento da emissão de um título de crédito não tem o condão de nulificá-lo. Os já mencionados *warrants* e conhecimento de depósito são um exemplo disso. Seu poder creditício está vinculado à riqueza que representam e não à antecipação de recursos. O que se busca no título de crédito é o fomento de riquezas.

45. O fomento na CPR pode ser – e efetivamente é – a certeza que o produtor efetivamente adquiriu, de receber preço certo e ajustado para seu produto, quando o vendeu ainda no campo, sabendo que esse produto está sujeito a uma notável volatilidade de preços por ocasião da colheita, volatilidade esta que não o alcança, nem para o bem, nem para o mal. Não existe preceito que estabeleça ser o fomento à agricultura apenas a modalidade de adiantamento de recursos financeiros.

46. As debêntures, por exemplo, representam frações de um contrato de mútuo, que pode ter efetivação e pagamento futuros. Isso não desvirtua a debênture. A duplicata mercantil, também título de crédito, pode estar vinculada a operações de compra e venda de mercadorias com entrega futura, com pagamento à vista ou a prazo. Contrata-se a mercadoria para entrega em 2 dias, com pagamento em 40 dias, entrega-se a mercadoria, emite-se a nota fiscal, saca-se a duplicata. O pagamento é futuro e não por isso há desnaturação da duplicata, que poderá livremente circular no mercado e gerar riqueza, crédito, antes mesmo do pagamento efetivo. *O mesmo se diga quando a entrega é futura e o pagamento é futuro, ambos lastreados em contrato de compra e venda que dê suporte à operação, e causa à duplicata em questão.*

9. Idem, pp. 4-11.

(v) *A perda da safra e os remédios ao alcance do produtor*

47. Justa preocupação dos operadores do direito no trato dos efeitos jurídicos da emissão de CPRs está no aparente desequilíbrio econômico que surgiria quando a safra fosse perdida ou prejudicada sensivelmente, fato do qual surgiria pesado ônus para o produtor, causando como resultado expressivo desequilíbrio contratual. De acordo com a visão em tela, de um lado o produtor não teria como honrar o contrato e, de outro, deveria arcar com o pagamento das CPRs de sua responsabilidade.

48. No entanto, a conclusão acima mencionada não se coaduna com a realidade negocial, sob guarida da lei. Nestes termos, observe-se que devem ser conciliados o art. 7º, § 3º, da Lei 8.929/1994 com o art. 1.443, *caput*, do Código Civil de 2002, de cuja conjugação verifica-se a presença do remédio jurídico que determinará o reequilíbrio das relações entre as partes:

> *Lei 8.929/1994*:
>
> Art. 7º. Podem ser objeto de penhor cedular, nas condições desta lei, os bens suscetíveis de penhor rural e de penhor mercantil, bem como os bens suscetíveis de penhor cedular.
>
> § 1º. Salvo se tratar de títulos de crédito, os bens apenhados continuam na posse imediata do emitente ou do terceiro prestador da garantia, que responde por sua guarda e conservação como fiel depositário.
>
> § 2º. Cuidando-se de penhor constituído por terceiro, o emitente da cédula responderá solidariamente com o empenhador pela guarda e conservação dos bens.
>
> § 3º. *Aplicam-se ao penhor constituído por CPR, conforme o caso, os preceitos da legislação sobre penhor, inclusive o mercantil, o rural e o constituído por meio de cédulas, no que não colidirem com os desta lei.*
>
> (...).
>
> Código Civil de 2002
>
> Art. 1.443. O penhor agrícola que recai sobre colheita pendente, ou em via de formação, abrange a imediatamente seguinte, no caso de frustrar-se ou de ser insuficiente a que se deu em garantia.

49. Veja-se, por conseguinte, que o art. 1.443 corresponde a um mandamento legal, pelo qual o produtor tem automaticamente direito, pois a lei usa o termo "abrangerá" e não a expressão "poderá abranger", bem como, muito menos, estabelece a necessidade de acordo entre as partes para a finalidade em questão.

50. Desta forma, provada a perda da safra ou a sua insuficiência no sentido do cumprimento pleno das suas obrigações, *o produtor tem a prerrogativa de utilizar a safra seguinte que lhe dará os recursos necessários para efetuar o pagamento de sua obrigação*.

51. Nunca é demais repetir que a produção agrícola é uma atividade econômica de risco, a qual pode, inclusive, caso o produtor assim o deseje, ser exercida na forma de empresa, conforme os ditames do art. 971 do Código Civil de 2002. Mesmo assim, o legislador não deixou o produtor rural inteiramente à mercê dos azares da natureza ou de fatores negativos supervenientes, proporcionando-lhe um mecanismo destinado a dar-lhe meios para honrar a sua obrigação, fundada em CPRs.

52. Não se esqueça, ademais, que a outra parte, credora do produtor, não pode, por sua vez, ser condenada à assunção das perdas experimentadas pelo produtor, pois, mais uma vez se diga, estamos no campo de atividades econômicas plenamente lícitas, onde está presente dos dois lados o intuito de lucro.

53. Outro remédio à disposição do produtor é representado pelo seguro de safra, de sua livre escolha e altamente aconselhável no ramo da atividade agrícola. Com este seguro, ao lado da garantia de preço representada pela CPR, o produtor consegue afastar grande parte do risco de sua atividade, a um custo bastante suportável.

II. Conclusão

54. Por todo o exposto, verifica-se que o pagamento prévio da CPR não é condição de sua emissão e nem de sua validade. Como não há proibição de sua circulação antes mesmo da entrega da mercadoria, a CPR, emitida com base em contrato de venda antecipada de soja verde – com preço previamente fixado –, o qual é o negócio jurídico subjacente, deve ser reconhecida como meio de fomento e proteção do produtor rural, independentemente do adiantamento de recursos, e por isso, válida em todos os seus termos e exeqüibilidade, em atendimento aos princípios básicos da economia de mercado, mas especialmente aos princípios jurídicos da *pacta sunt servanda* e do ato jurídico perfeito.

55. Ademais, conforme se verificou, não está o produtor abandonado à própria sorte em meio a um mar revolto de riscos intransponíveis. O legislador lhe concede um remédio jurídico adequado para a perda ou a insuficiência da safra, a par da possibilidade dele mesmo realizar o seguro de sua safra.

56. Conforme se disse acima, uma visão diversa da ora apresentada acarretaria imediata retração do mercado de *commodities*, com elevado prejuízo para os interesses nacionais (externalidade altamente negativa) que têm em sua exportação um dos itens mais significativos da balança comercial.

De São Paulo para Brasília, 28 de maio de 2007.

LOS EMISORES LATINOAMERICANOS DE VALORES ANTE EL MERCADO EUROPEO[1]

JAVIER VALLE

1. Requisitos para acceder al mercado europeo: 1.1 Requisitos. 1.2 España como Estado miembro de origen. 3. La cuestión del idioma del folleto. 4. El alcance y la prueba de la equivalencia: 4.1 El alcance de la equivalencia; 4.2 La prueba de la equivalencia. El estado de la cuestión en materia de información financiera; 4.3 La equivalencia en relación con información no financiera. 5. El Mercado de Valores Latinoamericanos (Latibex): 5.1 Características del mercado; 5.2 Latibex y el sistema de pasaporte comunitario. 6. El folleto en las principales economías latinoamericanas: 6.1 México; 6.2 Argentina; 6.3 Brasil. 7. Conclusiones.

Una de las principales novedades que introdujo la Directiva 2003/71/CE, sobre el folleto que debe publicarse en caso de oferta pública o admisión a cotización de valores, por la que se modifica la Directiva 2001/34/CE (la "Directiva de Folletos") es, sin duda, la regulación contenida en su artículo 20 sobre la eficacia en Europa de folletos elaborados por emisores constituidos en terceros países. En España, el artículo 20 de la Directiva de Folletos ha sido transpuesto por medio del artículo 31 del Real Decreto 1.310/2005, de 4 de noviembre, por el que se desarrolla parcialmente la Ley del Mercado de Valores en materia de admisión a negociación de valores en mercados secundarios oficiales, de ofertas públicas de venta o suscripción y del folleto exigible a tales efectos ("Real Decreto 1.310/2005").

El Real Decreto 1.310/2005 abre la puerta a los emisores domiciliados en terceros países a la posibilidad de beneficiarse del pasaporte comunitario en materia de folletos. Efectivamente, la Directiva de Folletos homogeneiza la información que deben contener los folletos de admisión a cotización y de oferta pública de venta o suscripción registrados en cada unos de los Estados miembros como condición previa e indispensable para conseguir que un folleto registrado en cualquier Estado miembro pueda ser reconocido por los demás Estados miembros. Es decir, la Directiva de Folletos establece las bases para la creación de un pasaporte comunitario en materia de folletos. Es cierto que, con anterioridad a la instauración del procedimiento de pasaporte comunitario, el sistema de reconocimiento de recíproco de folletos entre los diferentes Estados miembros era ya conocido y aplicado en el ámbito de la Unión Europea, tanto en la primera de las Directivas que reguló el folleto de bolsa (Directiva 80/390/CEE del Consejo, de 17 de marzo de 1980, sobre coordinación de las condiciones de elaboración, control y difusión del folleto informativo sobre

1. Una versión más amplia del presente artículo fue publicada originalmente en la revista *Actualidad Jurídica Uría Menéndez*, número extraordinario de noviembre de 2006.

admisión de valores negociables a la cotización oficial en una Bolsa de valores) como en la Directiva 2001/34/CE. Pero también lo es que casi todos los Estados miembros exigían la traducción del folleto al idioma del Estado miembro de acogida y la publicación de información adicional sobre determinados aspectos jurídicos, fiscales y procedimentales, de conformidad con el artículo 38.1 de la Directiva 2001/34/CE, que autorizaba a las autoridades de los Estados miembros de destino a que requiriesen la inclusión en el folleto de "informaciones específicas sobre el mercado del país de admisión, relativas en particular al régimen fiscal de los valores, a los organismos financieros que garanticen el servicio financiero del emisor en dicho país, así como a la manera de publicar los anuncios destinados a los inversores". En definitiva, el esquema diseñado por las Directivas de 1980 y 2001 distaba bastante del mercado único que el Plan de Acción para los Servicios Financieros (PASF)[2] se marcó como meta.[3]

La Directiva de Folletos, cumpliendo lo dispuesto por el PASF y sus informes provisionales o *progress reports*, remplaza el sistema de reconocimiento mutuo por el de concesión de un pasaporte comunitario. En cuanto a la materia objeto de este artículo, es decir, el régimen de los folletos aprobados por terceros países, la Directiva de Folletos modifica también radicalmente el régimen diseñado por la Directiva 2001/34/CE. En efecto, señalaba el artículo 41 de ésta que la Comunidad, por medio de acuerdos celebrados con uno o varios países terceros, en aplicación del Tratado, en condiciones de reciprocidad, podría reconocer como conformes a los requisitos de la Directiva aquellos folletos de admisión elaborados y controlados con arreglo a la normativa de dicho o dichos países terceros, siempre que la normativa en cuestión garantizase a los inversores una protección equivalente a la que ofrecía la Directiva, aunque dicha normativa difiriese de las disposiciones de la Directiva. Es decir, fijaba un sistema de reconocimiento recíproco basado en acuerdos internacionales. Este sistema, por otro lado, no impedía la exigencia posterior, por cada uno de los Estados miembros en que se pretendiese solicitar una admisión a cotización o realizar una oferta pública de venta o suscripción, de la información adicional a que se refería el artículo 38.1 de la Directiva 2001/34/CE.

Frente a tal situación, resulta claro que conceder a terceros Estados el acceso al pasaporte comunitario será benéfico tanto para la Unión Europea como para los emisores de esos terceros Estados. La Unión Europea es un mercado potencial de unos 450 millones de personas que, no obstante, en materia de admisión a cotización y emisiones ha venido funcionando como un mercado fragmentado o, mejor dicho, como tantos mercados como Estados miembros. Eso hacía que llegar al público europeo en general fuese una tarea compleja y cara, y colocaba a Europa, considerada como mercado único, en cualquier caso, en franca desventaja ante el mercado norteamericano. Frente a esa situación, la Directiva de Folletos crea las bases para que el emisor procedente de terceros países pueda ver la Unión Europea como un mercado único y,

2. Comunicación de la Comisión, de 11 de mayo de 1999, sobre la "Aplicación del marco de acción para los servicios financieros: Plan de acción" [COM (1999) 232].

3. Recuérdese que el propio Considerando 1 de la Directiva de Folletos señala que la Directiva de 1980 introdujo "un mecanismo parcial y complejo de reconocimiento mutuo que no puede asegurar el objetivo del pasaporte único establecido" en la propia Directiva. Desde otro punto de vista, y para poder valorar adecuadamente la diferencia que puede suponer un régimen de pasaporte comunitario frente a uno de reconocimiento, resulta interesante recordar el sexto informe provisional sobre el PASF [COM 2002 (267) final], que señala que un estudio encargado por la Mesa redonda europea sobre los servicios financieros calculó que la integración de los servicios financieros en la Unión podía suponer un incremento de entre el 0,5 y el 0,7 por ciento anual al PIB de la UE, lo que equivale a 43 mil millones de Euros al año.

en consecuencia, como una alternativa viable al mercado norteamericano.

1. Requisitos para acceder al mercado europeo

1.1 Requisitos

Señala el artículo 31 del Real Decreto 1.310/2005 que, en los casos en que España sea designada como Estado miembro de origen, la CNMV podrá aprobar el folleto de un emisor de un Estado no miembro de la Unión Europea, preparado según la legislación de ese tercer Estado, para la admisión a negociación en un mercado secundario oficial español o europeo, o para una emisión u oferta pública de venta de valores en un mercado español o europeo, siempre que se cumplan las siguientes condiciones:

a) que el folleto se haya elaborado con arreglo a estándares internacionales establecidos por organizaciones internacionales de comisiones de valores, como los estándares de la Organización Internacional de Comisiones de Valores (IOSCO, en su acrónimo inglés); y

b) que los requisitos de información, incluida la información de carácter financiero, sean equivalentes a los requeridos en el Real Decreto 1.310/2005 y su normativa de desarrollo.

1.2 España como Estado miembro de origen

El Real Decreto 1.310/2005 parte de un apriorismo a la hora de regular el folleto que debe presentar el emisor domiciliado en terceros países, pues el artículo 31 establece como condición para su aplicación que España sea el Estado miembro de origen, pero en ningún lugar del propio Real Decreto ni de la Ley del Mercado de Valores ni de la normativa de desarrollo del Real Decreto se define qué deba entenderse por Estado miembro de origen. Así, habrá que acudir a la Directiva de Folletos para hallar la definición.

Aunque se trate de un concepto ya abordado por la doctrina,[4] conviene recordar lo que la Directiva de Folletos dispone al respecto. Así, el artículo 2 de la Directiva de Folletos define como Estado miembro de origen, para emisores e valores que no sean valores no participativos con denominación unitaria superior o igual a 1.000 • ni emisores de derivados, el Estado miembro donde el emisor tenga su domicilio social. Para los emisores de valores no participativos con valor nominal unitario superior o igual a 1.000 • (o su equivalente en moneda distinta del •) y para emisores de valores derivados, se podrá considerar Estado miembro de origen bien al Estado del domicilio social de emisor bien el Estado en que los valores se oferten al público, a elección del emisor, el oferente o la persona que solicite la admisión a cotización.[5]

Para emisores procedentes de terceros países, el propio artículo 2 de la Directiva de Folletos dispone que deberá considerarse como Estado miembro de origen, salvo para los casos antes mencionados (valores de alta

4. Entre la doctrina española, cabe citar los siguientes trabajos: J. García de Enterria, "La integración de los mercados de emisiones. La Directiva de Folletos", en *El Espacio Financiero Único en la Unión Europea. Los Mercados de Valores* (J. M. Beneyto y A. Martínez-Echevarría, dir.), Barcelona, 2006, pp. 334-339; y M. Valmaña Ochaita, "Distintos aspectos del régimen sobre el folleto en supuestos de OPV o admisión a cotización (Directiva 2003/71/CE del Parlamento y del Consejo)", *Revista de Derecho de Sociedades* 23, 2004, pp. 97-99. Entre la doctrina en lengua inglesa, por todas, vid. *Raising Capital in Europe. The Legal Framework Following the EU Prospectus Directive* (de L. Carlos, coord.), Londres, 2005.

5. Recuerda García de Enterria, cit., p. 336, que la definición dual de Estado miembro de origen que finalmente adoptó la Directiva no es ajena a las preocupaciones manifestadas por las organizaciones profesionales como la European Banking Federation y la International Primary Market Association sobre la complejidad que la definición de un único Estado miembro de origen que coincidiese con el domicilio del emisor supondría para los mercados internacionales especializados como el euromercado.

denominación y derivados), el Estado miembro en el que los valores se ofrezcan al público por primera vez tras la entrada en vigor de la Directiva, o en que se efectúe por primera vez una solicitud de admisión a cotización en un mercado regulado.[6] Se sienta así el denominado efecto *lock in*, conforme al cual un emisor procedente de un tercer país quedará vinculado o anclado de modo permanente al Estado miembro cuya autoridad competente apruebe el primer folleto de oferta o admisión a cotización. Dicho efecto debe provocar competencia entre los Estados miembros para convertirse en Estados miembros de origen de los emisores de terceros países; de hecho, los agentes de los mercados anglosajones se están mostrando activos en la promoción de sus Estados como Estados miembros de origen: pueden citarse iniciativas en este sentido en Irlanda o Alemania, p. ej., tendentes a atraer a los emisores de terceros países.

Se exceptúa de la anterior regla, además del supuesto general de emisiones de valores de alta denominación y de derivados, el supuesto en que la elección del Estado miembro de origen no haya sido realizada por el emisor de los valores. Es decir, en el caso en que la elección del Estado miembro de origen hay sido realizada por un oferente de valores que no sea el propio emisor (p. ej., un accionista que realiza una oferta de venta de valores del emisor de los que es titular), dicha elección no vinculará al emisor de los valores que podrá elegir su propio Estado miembro de origen con motivo de la autorización del primer folleto para el que solicite aprobación.

Pues bien, volviendo al Real Decreto 1.310/2005, corresponderá a la CNMV la aprobación del folleto de oferta o de admisión a cotización cuando el emisor, oferente o quien solicita la admisión a cotización elija España como Estado miembro de origen. Y parece evidente que, para emisores procedentes de países latinoamericanos, España debería perfilarse como el Estado miembro de origen natural; dicho en otras palabras, debería ser la puerta de acceso de los emisores latinoamericanos a Europa. Las razones parecen obvias: por un lado, la identidad de idioma que permitirá a los emisores que ya hubieran registrado un folleto en sus Estados de origen en español, valerse de esa versión española del folleto para solicitar la admisión a cotización o realizar la oferta de venta o suscripción (vid. apartado 3 siguiente). Pero contar con un idioma común no supone una ventaja únicamente a efectos de elaborar el folleto, sino que deberá facilitar en gran medida las relaciones y los contactos del emisor tanto con la autoridad competente del Estado miembro de origen, en este caso, la CNMV como con sus asesores. Por otro lado, existe una identidad cultural y una identificación mayores de los emisores latinoamericanos con España que con el resto de países europeos y un mayor interés del mercado español por los valores latinoamericanos que el que ofrecen otros grandes mercados europeos, como demuestra la existencia del Mercado de Valores Latinoamericanos o Latibex.

Finalmente, debe mencionarse que la disposición transitoria primera del Real Decreto 1.310/2005 exigía a los emisores domiciliados en terceros países con valores admitidos a cotización en un mercado secundario oficial español o en un mercado regulado de otro Estado miembro y que quisiesen designar a España como Estado miembro de origen, que comunicasen su elección a la CNMV antes del 31 de diciembre de 2005. La CNMV no recibió ninguna comunicación de elección de ningún emisor latinoamericano antes de dicha fecha, probablemente porque, como se verá más adelante, Latibex, que es el mercado en que se negocian los valores latinoamericanos, no es un mercado secundario oficial y, en consecuencia, no existen emisores latinoamericanos con valores admitidos a nego-

6. Para admisiones a cotización en Latibex, vid. el apartado 5 siguiente.

ciación en mercados secundarios oficiales españoles.

3. *La cuestión del idioma del folleto*

El Real Decreto sigue fielmente en esta materia las disposiciones del artículo 19 de la Directiva de Folletos. Como se ha indicado, una de las ventajas que ofrece España como Estado miembro de origen es la posibilidad de que los emisores u oferentes registren su folleto en español o incluso, en el caso de que el país de procedencia del emisor u oferente asegure que los folletos que aprueba cumplen requisitos equivalentes a los de la Directiva de Folletos, podrá utilizar el mismo folleto que haya registrado en su país de procedencia. Así, destaca el artículo 23 del Real Decreto 1.310/2005 que "los folletos que apruebe la CNMV para admisiones a negociación en un mercado secundario oficial español se redactarán, a elección de la persona que solicite la admisión, en castellano, en una lengua habitual en el ámbito de las finanzas internacionales o en otro idioma distinto de los anteriores que acepte la CNMV". Cuando el emisor u oferente pretenda realizar su oferta o solicitar su admisión a cotización en un mercado secundario oficial de un país distinto de España, ya sea exclusivamente ya sea junto con una oferta o admisión a cotización en un mercado español, no obstante, deberá redactarse el folleto en una lengua aceptada por las autoridades competentes de todos los Estados miembros o, alternativamente, en una lengua habitual en el ámbito de las finanzas internacionales (es decir, en inglés).

4. *El alcance y la prueba de la equivalencia*

4.1 El alcance de la equivalencia

Se ha apuntado anteriormente que la CNMV podrá aprobar un folleto aprobado o registrado en el Estado del emisor siempre que se cumplan determinados requisitos de equivalencia. Conviene dedicar unas líneas a tratar el alcance de tal equivalencia y el procedimiento para su declaración.

En cuanto al alcance, debe tenerse presente que el objetivo de la Directiva de Folletos y del Real Decreto 1.310/2005 no es otro que el de establecer criterios y requisitos comunes para la aprobación del folleto. Ni más ni menos. Quiere decirse que, como señala el Considerando 15 de la propia Directiva de Folletos, "los requisitos de publicidad previstos en la Directiva no deben impedir que un Estado miembro, la autoridad competente o una Bolsa a través de su reglamento impongan otros requisitos particulares en el contexto de la admisión a cotización de valores en un mercado regulado (en particular respecto de la gobernanza corporativa). Dichos requisitos no podrán restringir directa o indirectamente la elaboración, el contenido y la divulgación de un folleto aprobado por una autoridad competente".

Así, conviene recordar que, en materia de reglas de admisión a cotización, los emisores deberán respetar lo dispuesto en los arts. 25 y ss. de la LMV y en el propio Real Decreto 1.310/2005 (en particular, su artículo 9) en materias tales como capitalización mínima (6 millones de Euros de valor esperado de mercado en el caso de acciones), distribución suficiente (25 por ciento de las acciones objeto de admisión deben estar repartidas entre el público, siendo suficiente, para emisores extranjeros, que este requisito se cumpla en su bolsa de origen) o prohibición de solicitud de admisión parcial de acciones; cabría plantearse, en relación con este último requisito, si el hecho de que el país de origen del emisor no exija la cotización de todas las acciones (o de todas las acciones de la misma clase) sería motivo suficiente para denegar la admisión a cotización.[7] Por otro

7. Obsérvese que el art. 46 de la LMV exige que, en caso de solicitud de admisión a negociación de acciones y valores convertibles en ellas o que otorguen derecho a su adquisición o suscripción, la solicitud se refiera a la totalidad de los valores emi-

lado, el propio Real Decreto 1.310/2005 daba un plazo de 6 meses desde su entrada en vigor a los organismos rectores de las bolsas de valores para que aprobasen sus reglas propias de admisión a negociación de los valores que se negociasen en sus bolsas. En tanto las sociedades rectoras no aprueben sus reglamentos, continuará en vigor el capítulo V del Reglamento de Bolsas de 1967.

Por lo que respecta a normas sobre buen gobierno corporativo, deberán cumplir los emisores condiciones tales como disponer de un comité de auditoría, disponer de una página web, la elaboración de un informe anual de gobierno corporativo o la elaboración de un reglamento del consejo o un reglamento interno de conducta. Podría plantearse si cabe alguna excepción justificada al cumplimiento estricto de las normas sobre información y buen gobierno en el caso de las sociedades cotizadas extranjeras cuya legislación de origen sea incompatible con la española.[8]

4.2 La prueba de la equivalencia. El estado de la cuestión en materia de información financiera

En relación con la prueba de la equivalencia, el artículo 20.3 de la Directiva de Folletos señala que, "para asegurar la aplicación uniforme de la presente Directiva, la Comisión podrá adoptar medidas de ejecución, de conformidad con el procedimiento mencionado en el apartado 2 del artículo 24, declarando que un tercer país asegura que los folletos elaborados en ese país cumplen requisitos equivalentes a los establecidos en la presente Directiva, en virtud de su legislación nacional o de la prácticas o procedimientos basados en normas internacionales establecidas por organizaciones internacionales, incluidas las normas de divulgación de la OICV". Las medidas de ejecución mencionadas suponen el nivel 2 del denominado sistema Lamfalussy[9] que prevé, para la Directiva de

tidos, con las excepciones que el Gobierno pueda establecer. En cambio, el art. 9.8 del Real Decreto 1.310/2004 exige que la solicitud de admisión se refiera a todas las acciones *de una misma clase*, contradiciendo así la prohibición de admisión parcial de la LMV y acercándose, al mismo tiempo, a la literalidad del art. 49 de la Directiva 2001/34, que requiere que la solicitud de admisión se refiera a todas las acciones *de la misma categoría*. Véase, sobre la aplicación que la CNMV ha venido realizando del art. 46 LMV, J. Ybañez, "Proceso de admisión a cotización en los mercados bursátiles y ofertas públicas de venta o suscripción", en *La Sociedad Cotizada* (F. Vives y J. Pérez-Ardá, coords.), Madrid, 2006, p. 410.

8. La Circular 1/2004, de 17 de marzo, de la CNMV, sobre el informe anual de gobierno corporativo de las sociedades anónimas cotizadas y otras entidades emisoras de valores admitidos a negociación en mercados secundarios oficiales de valores, y otros instrumentos de información de las sociedades anónimas cotizadas contiene dos normas específicamente destinadas a sociedades extranjeras: la norma 5ª exime de la obligación de preparar el informe anual de gobierno corporativo a las sociedades extranjeras cuando ellas o sus sociedades dominantes hayan elaborado un informe *equivalente* de conformidad con las reglas de su país de origen; por su parte, la norma 9ª exige que las sociedades extranjeras cotizadas en mercados secundarios oficiales cuenten con una página web según lo previsto en la propia Circular, pero *adaptada a las especificidades propias de la regulación de su país de origen*. Nada dice la Circular, sin embargo, sobre una posible incompatibilidad de normas y debe resaltarse que la cuestión no es puramente teórica: así, es fácil imaginar que una norma extranjera imponga para el Comité de Auditoría una composición, o unos plazos de duración del cargo de Presidente, diferentes a los que establece la Disposición Adicional 18 de la LMV (introducida por el artículo 47 de la Ley 44/2002, de 22 de noviembre, de Medidas de Reforma del Sistema Financiero); o que el reglamento interno de conducta requerido por el país de origen de la entidad extranjera no se adecue exactamente a las disposiciones de la normativa española. Parece oportuno mencionar los dos recursos que Telefónica S/A interpuso ante la *Comissão de Valores Mobiliários* brasileña por supuesta incompatibilidad de algunas disposiciones de la norma brasileña sobre el reglamento interno con las disposiciones de la ley española [procesos CVM RJ 2002/5.560 (Reg. 3.996/2003) de 17.4.2003 y CVM RJ 2002/5.560 (Reg. 3.996/2003) de 18 de mayo de 2004, disponibles ambos en la página web de la CVM: www.cvm.gov.br].

9. Sistema propuesto en el Informe final del Comité de Sabios sobre la regulación de los merca-

Folletos, que la Comisión esté asistida, a la hora de adoptar las medidas correspondientes, por el Comité Europeo de Valores (*European Securities Committee* – "ESC") y consulte con el Comité Europeo de Reguladores de Valores (*Committee of European Securities Regulators* – "CESR"), siguiendo el también denominado procedimiento de comitología.

La Comisión se ha ocupado parcialmente de esta cuestión en su Reglamento 809/2004.[10] Así, su artículo 35 establece normas transitorias para determinados emisores de terceros países en relación con su obligación de reexpresar su información financiera histórica con arreglo al Reglamento (CE) 1.606/2002.[11] A partir del 1 de enero de 2007, los emisores de terceros países que tengan valores admitidos a negociación en un mercado regulado y hayan presentado la información financiera histórica conforme a los principios de contabilidad de su país de origen, y aquéllos que hayan preparado su información financiera histórica conforme a normas internacionalmente aceptadas, no deberán reexpresar su información con arreglo al Reglamento 1.606/2002, pero deberán presentar la información financiera histórica requerida utilizando para el establecimiento de la equivalencia el mecanismo que a tal efecto establecerá la Comisión por el procedimiento de comitología.

El ESC publicó el 12 de julio de 2006 un borrador de Reglamento de la Comisión[12] para modificar el Reglamento 809/2004 en materia de estándares contables para la elaboración de información histórica. Conforme al borrador del ESC, todos los emisores de terceros países excepto los que hayan seguido PCGA de Estados Unidos, Japón y Canadá en la elaboración de su información histórica,[13] incluidos los emisores latinoamericanos, deberán, a partir del 1 de enero de 2007, reexpresar toda la información financiera que no haya sido preparada conforme a normas internacionales de contabilidad, teniendo en cuenta que, a efectos del Reglamento, las normas de contabilidad de terceros países se considerarán equivalentes a las normas internacionales de contabilidad si la notas a la información financiera preparada de acuerdo con las normas del tercer país contienen una declaración explícita y sin reservas de que cumplen con las Normas Internacionales de Información Financiera (NIIF).[14]

Por su parte, el Real Decreto 1.310/2005 señala, en su artículo 31.2, que se considerará que los siguientes documentos cumplen el requisitos de presentar información financiera equivalente a los requeridos por el Real Decreto 1.310/2005: a) la cuentas anuales elaboradas de acuerdo con, entre otros, los estándares internacionales de contabilidad o con principios de contabilidad internacionalmente aceptados; b) las cuentas anuales auditadas de acuerdo con, entre otros, los estándares internacionales de auditoría o con principios generales de auditoría internacionalmente aceptados.

Dos aspectos llaman la atención cuando se compara el art. 31.2 del Real Decreto 1.310/2005 con las disposiciones del Reglamento 809/2004: por un lado, que el Real Decreto 1.310/2005 deje abiertos los crite-

dos de valores europeos, de fecha 15 de febrero de 2001, conocido como "Informe Lamfalussy".

10. Reglamento (CE) 809/2004, de 29 de abril, relativo a la aplicación de la Directiva 2003/71/CE, del Parlamento Europeo y del Consejo, en cuanto a la información contenida en los folletos así como el formato, incorporación por referencia, publicación de dichos folletos y difusión de publicidad. El Reglamento ha sido incorporado a la normativa española mediante la Orden EHA/3.537/2005, de 10 de noviembre, por la que se desarrolla el artículo 27.4 de la LMV.

11. Reglamento (CE) 1.606/2002 del Parlamento Europeo y del Consejo, de 19 de julio de 2002, relativo a la aplicación de normas internacionales de contabilidad.

12. Documento de trabajo ESC/23/2006.

13. Estos tendrán un período transitorio adicional hasta el 31 de diciembre de 2008 durante el que no deberán reexpresar su información financiera.

14. Nótese que las normas de contabilidad que debe seguir un emisor extranjero en EE.UU. son bastante similares a las NIIF.

rios para establecer la equivalencia de la información financiera, ya que, además de los criterios mencionados, puede haber otros que el Real Decreto no identifica; por otro, resulta también llamativo que el Real Decreto acuda a los estándares internacionales de auditoría y a los principios generales de auditoría internacionalmente aceptados cuando el hecho de que en la auditoría se hayan seguido principios o estándares internacionales de auditoría no es un criterio que la Directiva de Folletos o el Reglamento 809/2004 tengan en cuenta a efectos de establecer la equivalencia de la información financiera. Aunque una interpretación literal del art. 31.2 no deja lugar a dudas sobre el carácter alternativo de ambos tipos de documentos, la única interpretación razonable y conforme con la normativa comunitaria sería la que preconizase que ambos requisitos deben concurrir: es decir, debe tratarse de cuentas anuales preparadas según estándares internacionales de contabilidad o con principios de contabilidad internacionalmente aceptados y, cumulativamente, deben estar auditadas conforme a los estándares internacionales de auditoría (*international standards on auditing* o ISA, enunciados por el *International Auditing and Assurance Standards Board* – IAASB) o con los principios generales de auditoría internacionalmente aceptados a que se refiere el Real Decreto 1.310/2005. Recuérdese, por otro lado, que los estándares internacionales de auditoria no sean más que un conjunto de estándares sobre la forma en que debe practicarse la actividad auditora, pro nada dicen sobre las normas y principios contables que deben seguirse para la elaboración o verificación de la información financiera.

4.3 La equivalencia en relación con información no financiera

En cuanto a las obligaciones de información no financiera, cabe recordar que el CESR elaboró un cuestionario a finales de 2003, cuyo resultado comunicó a la Comisión en enero de 2004,[15] y que concluyó que ningún país consultado acepta automáticamente folletos aprobados fuera de la UE. Todos los reguladores de la Unión comparan el contenido de los folletos aprobados por reguladores de terceros países con sus requisitos internos. Cabe la posibilidad de que un regulador europeo llegue a la conclusión de que un folleto aprobado por un tercer país cumple con los requisitos del Estado miembro de destino, en cuyo caso aprobará el folleto tal como le sea presentado, pero no porque haya sido previamente aprobado por un tercer país sino como resultado de su análisis y comparación.

En defecto de medidas de ejecución adoptadas por la Comisión distintas de las medidas relativas a información financiera, la CNMV deberá decidir en cada caso si considera que la información contenida en un folleto aprobado por la autoridad del país de origen de un emisor domiciliado en un país tercero es equivalente o no a la información requerida por el Real Decreto 1.310/2005. Así resulta del artículo 31.2 del Real Decreto 1.310/2005: "en ausencia de medidas de ejecución adoptadas por la Comisión Europea por las que se declare que un Estado que no sea miembro de la Unión Europea garantiza la equivalencia de los folletos elaborados en dicho país con la Directiva 2003/71/CE, la CNMV podrá declarar dicha equivalencia teniendo en cuenta la legislación nacional y las prácticas o procedimientos de ese tercer país basados en los estándares internacionales establecidos por organizaciones internacionales, como los estándares de información de la Organización Internacional de Comisiones de Valores".[16] A fecha de hoy, la CNMV

15. *Summary of the answers to the questionnaire on factual information on the legislation and practices of member States regarding the treatment of third country issuers with respect to the drawing up and approval of prospectuses (article 20 of the Prospectus Directive), Ref. CESR 03-496.*

16. Véase, en lo que concierne a acciones, el informe de la Organización Internacional de

no ha formulado ninguna declaración de equivalencia en relación con ningún emisor latinoamericano (de nuevo, porque todos los emisores latinoamericanos con acciones cotizadas en España han optado por Latibex). En el apartado 6 se realiza un breve análisis comparativo de los requisitos de información exigidos por las principales economías latinoamericanas respecto a los exigidos por la normativa española.

Por otro lado, cabe pensar que, en virtud del principio del pasaporte comunitario, la decisión de la CNMV vinculará a los otros reguladores. Es decir, en el caso de que la CNMV considere que un folleto aprobado por un determinado Estado no miembro contiene información equivalente a la requerida por el Real Decreto 1.310/2005 y, en consecuencia, decida aprobar el folleto de que se trate, bastará un simple certificado expedido por la CNMV conforme al artículo 29 del Real Decreto para que el emisor extracomunitario pueda solicitar una admisión a cotización o realizar una oferta de venta o suscripción en cualquier otro Estado miembro, sin que la autoridad del Estado miembro de destino pueda reexaminar el folleto o discrepar de la decisión adoptada por la CNMV. Así lo dice expresamente el art. 29.1 de la LMV, cuyo apego a la Directiva de Folletos le lleva a regular los efectos en un tercer país de un acto de la CNMV: "sin perjuicio de lo dispuesto en el artículo 30, el folleto aprobado por la CNMV, así como sus suplementos, serán válidos para la admisión a negociación en cualesquiera Estados miembros de acogida, siempre que la CNMV lo notifique a la autoridad competente de cada Estado miembro de acogida de conformidad con lo establecido reglamentariamente". La única excepción consistirá, como reza el propio artículo trascrito, en la posibilidad deque el Estado miembro de acogida imponga las medidas cautelares reguladas en el art. 23 de la Directiva de Folletos (cuyo equivalente se halla en el art. 30 de la LMV).

5. *El Mercado de Valores Latinoamericanos (Latibex)*

5.1 Características del mercado

Deben dedicarse unas líneas al encaje del Mercado de Valores Latinoamericanos (conocido como Latibex) en el nuevo modelo diseñado por la Directiva de Folletos y el Real Decreto 1.310/2005 y, para ello, parece oportuno empezar por trazar los rasgos básicos de Latibex.

Latibex fue autorizado por acuerdo del Consejo de Ministros de 29 de octubre de 1999 como mercado de valores sin la condición de mercado oficial, para la negociación de valores emitidos por sociedades latinoamericanas en Euros. No es un mercado secundario oficial porque no fue autorizado conforme al art. 31.2 de la LMV sino al amparo del art. 31.4, que regula los denominados Sistemas Organizados de Negociación (mercados o sistemas organizados de negociación de valores y otros instrumentos que no tienen la consideración de mercados oficiales).[17]

Latibex nació con la voluntad de establecer un sistema flexible y poco complicado que permitiese un acceso fácil de los inversores europeos (y no sólo españoles)

Comisiones de Valores (IOSCO), *International Disclosure Standards for Cross-Border Offerings and Initial Listings by Foreign Issuers*, publicado en septiembre de 1998 y disponible en la página web de la IOSCO (www.iosco.org/library/pubdocs/pdf/IOSCOPD81.pdf) y los documentos relacionados con él. En materia de títulos de deuda, el IOSCO publicó en octubre de 2005 un *consultation report* disponible igualmente en la página web de la IOSCO.

17. Para una descripción general de las características y el funcionamiento del mercado latinoamericano de valores, vid., L. De Carlos y F. Calbacho, "El nuevo mercado de valores latinoamericanos", en *Themis* 40, 2000, o su versión inglesa de febrero de 2000, en *International Financial Law Review*. Para una visión más de mercado y menos jurídica, vid. A. J. Zoido Martínez, "El mercado Latibex, un instrumento eficaz para las empresas latinoamericanas: el caso de Brasil", en *Información Comercial Española* 810, octubre-noviembre 2003, pp. 247 y ss.

a valores latinoamericanos, en Euros, y el acceso de éstos al mercado europeo. Por ello, el procedimiento de admisión a negociación es bastante más sencillo que el que resultaría aplicable para obtener la admisión a negociación en un mercado secundario oficial. De hecho, el proceso de admisión está basado en el sistema de reconocimiento: no hará falta elaboración de información financiera conforme a principios europeos o internacionales, ni elaborar un folleto conforme con la normativa española, ni pasar prueba alguna de equivalencia, pues el mercado reconocerá y considerará suficiente la información registrada en el país de origen (sí aplicarán, sin embargo, las normas de conducta españolas, así como el régimen de supervisión e inspección previsto en la LMV). En puridad, el Mercado de Valores Latinoamericano no responde al modelo de reconocimiento mutuo, sino que va más allá: constituye un ejemplo de lo que ha dado en llamarse "reconocimiento unilateral de valores", es decir, el reconocimiento unilateral de las admisiones a negociación de ciertos valores efectuadas por autoridades extranjeras.[18] La unilateralidad queda manifiesta por el hecho de que la admisión a cotización en el mercado puede ser solicitada por los miembros del mercado sin contar, en teoría, con la aquiescencia ni del emisor ni del regulador del país de origen. Nótese, a este respecto, que la admisión a negociación en un mercado secundario oficial debe ser solicitada por el propio emisor (vid., p. ej., arts. 27 y 32 LMV).

El mercado está destinado a emisores que tengan una capitalización de más de 300 millones de Euros y coticen en alguna de las bolsas latinoamericanas cuyas reglas de funcionamiento sean equiparables a las que rigen en el mercado español de valores, entendiéndose por tales las referidas a la supervisión de las operaciones así como a la recepción y difusión de la información relativa a las entidades emisoras de valores admitidos a negociación. Las bolsas de origen deben haber sido previamente homologadas por el Comité de Supervisión del Mercado. Los valores admitidos en Latibex pueden ser acciones, obligaciones y otros valores de renta fija o variable, y resulta destacable que no es necesario crear título intermediarios, como los *depositary receipts*, para su cotización: el valor cotizado es exactamente el valor original emitido por el emisor. Los valores se negocian en las cuatro bolsas españolas a través del Sistema de Interconexión Bursátil o SIBE, el mismo sistema que se utiliza para la negociación de valores en el mercado continuo. Por otro lado, está prevista la admisión de miembros de bolsas latinoamericanas a Latibex (existen actualmente tres miembros latinoamericanos admitidos al mercado). Dado que los valores admitidos a cotización son valores extranjeros, éstos son inmovilizados bien a través de la cuenta que SIBE tenga abierta en el depositario central u organismo equivalente del país de origen de los valores, bien por una entidad participante en este sistema que desempeñará la función de enlace entre ambos sistemas.

Actualmente, 35 entidades latinoamericanas cotizan en Latibex, procedentes de bolsas de México, Brasil, Argentina, Chile, Venezuela, Panamá, El Salvador, Puerto Rico y Perú. El tamaño de éstas ha colocado a Latibex como el tercer mercado de valores latinoamericanos por capitalización bursátil.

18. Siguiendo a M. Castilla Cubillas, "El reconocimiento unilateral de valores en la era de la competencia entre mercados", en *Información Comercial Económica* 801, agosto-septiembre 2002, pp. 109 a 122, las diferencias entre reconocimiento mutuo y reconocimiento unilateral pueden resumirse en que el reconocimiento mutuo promueve la remoción de obstáculos legales entre estados, en tanto que el reconocimiento unilateral se enmarca en una política de competencia entre mercados, por un lado y, por el otro, en que el sistema de reconocimiento unilateral acepta como suficiente la información reconocida por el regulador del país de origen, mientras que en el sistema de reconocimiento recíproco, la información debe adaptarse a ciertas exigencias del país de destino.

5.2 Latibex y el sistema de pasaporte comunitario

Según la información de la sesión del Consejo de Ministros que autorizó Latibex, este mercado debía servir "de punto de unión entre las bolsas iberoamericanas y el sistema de bolsas que se está construyendo en Europa". Ahora bien, contrariamente a lo que se anunció, dado el carácter de mercado no oficial de Latibex, ninguna de las sociedades que cotiza en el mercado puede beneficiarse de tal hecho para solicitar su admisión a cotización o para realizar una oferta de venta o suscripción en ningún mercado secundario oficial europeo y, al mismo tiempo, el hecho de solicitar admisión a cotización a Latibex no supondrá una elección de España como estado miembro de origen a efectos de la Directiva de Folletos. Inversamente, el emisor u oferente que acepte asumir la complejidad, el coste y las obligaciones iniciales y continuadas que supone la cotización en un mercado secundario oficial podrá beneficiarse del principio de pasaporte comunitario y verá, de ese modo, abiertas las puertas del mercado europeo.

Podría concluirse, pues, que Latibex se encuentra actualmente en competencia con los mercados secundarios oficiales por la captación de los emisores u oferentes latinoamericanos; ambos sistemas se les ofrecen como alternativos: deberán elegir entre estar presentes en un único mercado relativamente pequeño (Latibex), a cambio de mayor flexibilidad en el cumplimiento de requisitos, o tener la posibilidad de acceder a un mayor número de mercados a cambio de una mayor complejidad y rigidez. Mientras los emisores latinoamericanos se inclinen por Latibex, como está ocurriendo y demuestra el hecho de que no existe ningún emisor latinoamericano que cotice en mercados secundarios oficiales españoles, las opciones de incorporarlos al mercado europeo oficial de valores parecen escasas, pues, en buena lógica, no tendría mucho sentido cotizar en ambos sistemas. En este contexto, las perspectivas de España (o de cualquier otro Estado miembro) para ser elegida Estado miembro de origen a efectos de la Directiva de Folletos y del Real Decreto 1.310/2005 por parte de emisores latinoamericanos son poco halagüeñas, tanto como las opciones de que éstos decidan abandonar Latibex para pasar a cotizar en mercados secundarios oficiales.

Desde una óptica distinta, cabe decir que España se encuentra ante la disyuntiva de seguir fomentando la cotización de valores latinoamericanos exclusivamente en Latibex, lo que facilita la negociación de esos valores en España, pero no garantiza que, en un futuro, los mismos emisores que cotizan en Latibex no elijan para otras emisiones – de valores de deuda, p. ej. – otro Estado miembro de origen; o si prefieren apostar por el sistema del pasaporte comunitario, lo que tendrá el efecto de anclar (*lock in*) a los emisores latinoamericanos a la autoridad de CNMV para todas sus futuras operaciones en Europa.

6. El folleto en las principales economías latinoamericanas

Los principales mercados de valores latinoamericanos de renta variable, por capitalización bursátil, son México, Argentina y Brasil.[19] Al análisis de los requisitos de información para la admisión a cotización en las bolsas de dichos países y su comparación con los requisitos de la normativa española e internacional se dedican las próximas líneas. Debe advertirse que la comparación no comprende el análisis de la equivalencia de los principios contables seguidos para la elaboración de la información financiera con los criterios de la Directiva 1.606/2002, sino únicamente la confirmación sobre si el tipo y el nivel de documentación financiera exigida es equivalente a la prevista en el Real Decreto 1.310/2005.

19. Pueden consultarse los datos en la página web de la Federación Iberoamericana de Bolsas (www.fiab.org).

6.1 México

Con una capitalización bursátil en renta variable de 650.000 millones USD aproximadamente conforme a los datos publicados por la Federación Iberoamericana de Bolsas ("FIAB"), México era el principal mercado latinoamericano en valores de renta variable a finales de 2005. México cuenta con una moderna Ley del Mercado de Valores de fecha 8 de diciembre de 2005, en vigor desde julio de 2006. La regulación sobre admisión a negociación y ofertas de venta o suscripción se encuentra desarrollada por la Circular Única de Emisoras, de de la Comisión Nacional Bancaria y de Valores, de fecha 13 de febrero de 2003, modificada, como consecuencia de la entrada en vigor de la Ley del Mercado de Valores por medio de Circular de fecha 14 de agosto de 2006.

Tomando como base de comparación el folleto requerido para la oferta de acciones y para la solicitud de su admisión a cotización, se observa que los requisitos de información previstos en la Circular Única de Emisoras son, en gran medida, equivalentes a los contenidos tanto en los estándares de información del IOSCO como en el Reglamento 809/2004 (tributario a su vez en gran medida de los estándares de la IOSCO, como reconoce el propio Reglamento 809/2004 en su Considerando 2)[20] requiriendo, en algunos casos, información más detallada que la prevista en el Reglamento. Se revelan algunas pequeñas diferencias en la información sobre el emisor (Anexo I del Reglamento 809/2004), como por ejemplo en materia de información penal sobre los administradores y altos directivos (capítulo 14), la relevancia de las operaciones con partes vinculadas (capítulo 19), cierta información adicional (capítulo 21) o la descripción de contratos relevantes (capítulo 22); el capítulo 13 (previsiones o estimaciones de beneficios), voluntario según señala el propio Reglamento, se encuentra menos desarrollado en la Circular. No existe previsión sobre información financiera pro-forma (Anexo II del Reglamento). Y, finalmente, también en la nota sobre valores (Anexo III del Reglamento) se aprecian pequeñas discrepancias, como la ausencia en la Circular de un equivalente del apartado 3 (interés de las personas que participan en la oferta); algunas de las cláusulas o condiciones del capítulo 5 y

20. La información requerida en el folleto se describe con gran detalle en el Anexo H de la Circular; su índice es el siguiente: 1) *Información General*: a) Glosario de términos y definiciones; b) Resumen ejecutivo; c) Factores de riesgo; d) Otros valores; e) Documentos de carácter público. 2) *La Oferta*: a) Características de los valores; b) Destino de los fondos; c) Plan de distribución d) Gastos relacionados con la oferta; e) Estructura de capital después de la oferta; f) Funciones del representante común, en su caso; g) Nombres de personas con participación relevante en la oferta; Tratándose de acciones, adicionalmente: h) Dilución; i) Accionistas vendedores, en su caso; j) Información del mercado de valores. 3) *La Emisora* a) Historia y desarrollo de la emisora; b) Descripción del negocio; i) Actividad principal; ii) Canales de distribución; iii) Patentes, licencias, marcas y otros contratos; iv) Principales clientes; v) Legislación aplicable y situación tributaria; vi) Recursos humanos; vii) Desempeño ambiental; viii) Información del mercado; ix) Estructura corporativa; x) Descripción de los principales activos; xi) Procesos judiciales, administrativos o arbitrales; Tratándose de acciones, adicionalmente: xii) Acciones representativas del capital social; xiii) Dividendos; Tratándose de emisoras extranjeras, adicionalmente: xiv) Controles cambiarios y otras limitaciones que afecten a los tenedores de los títulos. 4) *Información Financiera*: a) Información financiera seleccionada; b) Información financiera por línea de negocio, zona geográfica y ventas de exportación; c) Informe de créditos relevantes; d) Comentarios y análisis de la administración sobre los resultados de operación y situación financiera de la emisora: i) Resultados de la operación; ii) Situación financiera, liquidez y recursos de capital; iii) Control interno; e) Estimaciones, provisiones o reservas contables críticas. 5) *Administración*: a) Auditores externos; b) Operaciones con personas relacionadas y conflictos de interés; c) Administradores y accionistas; d) Estatutos sociales y otros convenios; Tratándose de emisoras extranjeras, adicionalmente: e) Otras prácticas de gobierno corporativo. 6) *Personas Responsables*. 7) *Anexos*: a) Estados financieros y opiniones del comité de auditoría, e informe del comisario, en su caso; b) Opinión legal; c) Título que ampara la emisión; d) Calificación sobre el riesgo crediticio de la emisión o del programa, en su caso.

cierta información sobre los vendedores de los valores (capítulo 7).

En relación con los estándares de IOSCO, se aprecian diferencias mínimas, algunas de ellas coincidentes con las reveladas por la comparación con el Reglamento 809/2004 (como, por ejemplo, la información sobre contratos importantes o el interés de las personas que participan en la oferta).

Por otro lado, por lo que respecta a los estados financieros, La Circular exige un nivel de información similar al del Reglamento y el Real Decreto 1.310/2005. Conforme al art. 2.I.f) de la Circular, el emisor deberá aportar "estados financieros dictaminados por auditor externo de la emisora, así como de sus asociadas, relativos a los 3 últimos ejercicios sociales o desde la fecha de constitución de la empresa, cuando ésta sea menor a 3 años, sin que el estado financiero correspondiente al ejercicio más reciente tenga una antigüedad superior a 15 meses". Por su parte, el art. 1 de la Circular define "estados financieros" como "balance general, estado de resultados, estado de variaciones en el capital contable y estado de cambios en la situación financiera o de flujo de efectivo de una emisora, incluyendo las notas correspondientes que se proporcionen a la Comisión, así como a la Bolsa". Los estados financieros deberán ser elaborados conforme a las normas de información financiera que reconozca y emita el Consejo Mexicano para la Investigación y Desarrollo de Normas de Información Financiera y auditada con base en las normas de auditoría generalmente aceptadas emitidas por el Instituto Mexicano de Contadores Públicos.[21]

6.2 Argentina

Conforme a la FIAB, la capitalización bursátil conjunta en renta variable de las bolsas de Buenos Aires y Rosario ascendió a finales de 2005 a 500.000 millones de USD al cierre de 2005. En Argentina, la emisión y admisión a cotización de valores están sujetas a la Ley 17.811 de oferta pública de títulos valores, de 16 de julio de 1968 y en las Normas de la Comisión Nacional de Valores (CNV) de 2001. El Anexo I del capítulo VIII de las Normas regula en detalle el folleto (prospecto) de oferta de venta o suscripción.[22] Las Normas regu-

21. Conforme al artículo 79 de la Circular, los emisores extranjeros deberán preparar su información financiera según uno de los criterios siguientes: (i) normas de información financiera que reconozca y emita el Consejo Mexicano para la Investigación y Desarrollo de Normas de Información Financiera, o (ii) normas internacionales de contabilidad emitidas por el Consejo Internacional de Normas de Contabilidad (IASB) o conforme a US GAAP, debiendo incorporar en las notas complementarias correspondientes, un documento explicativo de las diferencias relevantes entre las normas contables y métodos utilizados para elaborar sus estados financieros y las normas mexicanas, o (iii) principios de contabilidad aplicables en el país de origen de la emisora, debiendo incorporar en las notas complementarias un documento explicativo de las diferencias relevantes entre las normas de información financiera y los principios contables y métodos utilizados para elaborar sus estados financieros y las normas mexicanas, así como una conciliación de las cuentas más relevantes que permita, en su caso, cuantificar las diferencias entre unas y otros.

22. Se reproduce a continuación el índice del folleto que debe presentarse a la Comisión Nacional de Valores: 1) *Datos sobre Directores, Gerencia de Primera Línea, Asesores y Miembros del Órgano de Fiscalización*: a) Directores titulares, suplentes y gerentes de primera línea; b) Órgano de fiscalización; c) Asesores; d) Auditores. 2) *Datos Estadísticos y Programa Previsto para la Oferta*: a) Datos estadísticos; b) Método y programa previsto para la oferta. 3) *Información Clave sobre la Emisora*: a) Información contable y financiera; b) Indicadores; c) Capitalización y endeudamiento; d) Razones para la oferta y destino de los fondos; e) Factores de riesgo. 4) *Información sobre la Emisora*: a) Historia y desarrollo de la emisora; b) Descripción del negocio; c) Estructura y organización de la emisora y su grupo económico; d) Activo fijo. 5) *Reseña y Perspectiva Operativa y Financiera*: a) Resultado operativo; b) Liquidez y recursos de capital; c) Investigación y desarrollo, patentes, licencias, etc.; d) Información sobre tendencias. 6) *Directores, Gerencia de la Primera Línea y Empleados*: a) Directores y gerencia de primera línea; b) Remuneración; c) Otra información relativa al órgano de administración, de fiscalización y comités especiales; d) Empleados; e) Propiedad accionaria. 7) *Accionistas Principales y Transacciones con Partes Relacionadas*: a) Accionistas principales; b) Transacciones con partes rela-

lan únicamente el folleto para el caso de "solicitud de admisión al régimen de oferta pública" de venta o suscripción, y no hacen extensivas sus reglas al supuesto de solicitud de admisión a cotización sin oferta pública; de hecho, tal hipótesis no está regulada en las Normas, y el propio Reglamento de Cotización de la Bolsa de Comercio de Buenos Aires, en su artículo 58, exige como condición para solicitar la admisión a cotización de acciones que se acompañe a la solicitud "la documentación e información exigidas para el ingreso al régimen general de la oferta pública de valores", entre la que se encuentra precisamente el folleto.

La información requerida por las Normas de la CNV reproduce, de manera prácticamente literal, los estándares de la IOSCO y coincide, en consecuencia, en gran medida con la información contemplada en el Reglamento 809/2004. Se aprecian pequeñas diferencias en los siguientes aspectos, tomando como base la numeración del Reglamento 809/2004: en materia de auditores (apartado 2 del Anexo I del Reglamento), la norma argentina no exige que se mencionen las causas del cambio de auditor, en su caso; la información sobre inversiones futuras (apartado 5.2.3) es un poco más amplia que la requerida por la norma argentina; no existe en las Normas un equivalente al apartado 13 del Reglamento sobre previsiones o estimaciones de beneficios (información que, como se sabe, tiene carácter voluntario en el Reglamento); al igual que ocurre en México, no hay previsión de revelación de la información penal de los administradores del emisor (apartado 14.1); la información sobre conflictos de interés (apartado 14.2) no es idéntica a la establecida en el Reglamento; y, finalmente, la información sobre operaciones vinculadas no es completamente equivalente a la fijada en el capítulo 19 del Reglamento. También a semejanza de lo que ocurre en México, las Normas no contienen previsión alguna sobre información financiera pro-forma. Por lo que se refiere a la nota sobre los valores, las Normas y el Reglamento 809/2004 guardan una notable similitud, a pesar de lo cual puede apreciarse que el Reglamento enumera determinadas informaciones que no tiene reflejo en las Notas: así, no hay obligación de mencionar ni las condiciones a que está sujeta la oferta ni sus causas de revocación (capítulo 5);[23] tampoco hay previsión sobre la existencia o no de prácticas de estabilización (capítulo 6); ni, finalmente, sobre la existencia o no de *lock up agreements* o compromisos de no disposición.

En cuanto a la información financiera requerida por la normativa argentina, deben acompañar al folleto los estados contables de la emisora (básicamente, balance o estado de situación patrimonial, estado de resultados, estado de origen y aplicación de fondos – estado de flujo de fondos – e información complementaria) correspondientes a los 3 últimos ejercicios anuales o desde su constitución si su antigüedad fuere menor, junto con los correspondientes informes de auditoría emitidos por contadores públicos independientes. Si el último de los estados contables tuviera una antigüedad mayor a los 5 meses desde la fecha de presentación de la solicitud, la emisora deberá

cionadas; c) Interés de expertos y asesores. 8) *Información Contable*: a) Estados contables y otra información contable; b) Cambios significativos. 9) *De la Oferta y la Cotización*: a) Detalles de la oferta y la cotización; b) Plan de distribución; c) Mercados; d) Accionistas vendedores; e) Dilución; f) Gastos de la emisión. 10) *Información Adicional*: a) Capital Social; b) Acta constitutiva y estatutos; c) Contratos importantes; d) Controles de cambio; e) Carga tributaria; f) Dividendos y agentes pagadores; g) Declaración por parte de expertos; h) Documentos a disposición.

23. No obstante, el artículo 21 del Capítulo VI ("Oferta pública primaria") de las Normas de la CNV señala que la oferta "podrá estar subordinada a determinado resultado de la primera oferta al público de sus valores", en cuyo caso "la oferta y sus aceptaciones se entenderán hechas bajo condición resolutoria". La condicionalidad de la oferta deberá constar, según el citado artículo, en la solicitud de autorización de la oferta.

presentar además estados contables especiales confeccionados a una fecha cuya antigüedad no sea mayor a los 3 meses desde la fecha de presentación de la totalidad de la documentación e información requeridas.

6.3 Brasil

Tomando de nuevo los datos publicados por la FIAB, capitalización bursátil de la Bolsa del Estado de São Paulo (Bovespa) en renta variable era al cierre de 2005 de algo menos de 500.000 millones de USD. La regulación sobre admisión a cotización, oferta de venta y el folleto que hay que presentar (*prospecto de distribuição*) viene recogida en la Ley 6.385, de 7 de diciembre de 1976, del Mercado de Valores, en la Instrucción de la Comisión de Valores Mobiliarios ("CVM") n. 202, de 6 de diciembre de 1993 sobre registro de compañías para negociación de sus valores mobiliarios en bolsa de valores y en la Instrucción CVM n. 400, de 29 de diciembre de 2003, sobre las ofertas públicas de distribución de valores mobiliarios. Como ocurre en Argentina, la normativa no prevé la posibilidad de solicitar una admisión a cotización sin efectuar simultáneamente una oferta pública de venta o suscripción (de distribución, en términos de la norma brasileña). Y para realizar la oferta pública con solicitud de admisión a cotización en algún mercado, será preciso registrar antes al emisor en la CVM como sociedad abierta. En particular, el folleto está regulado en detalle en el Anexo III de la Instrucción 400.

La Instrucción 400 sigue aproximadamente el guión marcado por la IOSCO,[24] aunque en varios capítulos la información requerida supone una condensación de la información de base. Así, por poner dos ejemplos, en materia de análisis operativo y financiero, recursos financieros e información sobre tendencias (capítulos 9, 10 y 12 del Reglamento 809/2004 y capítulo V de los estándares e la IOSCO), o en materia de administradores (capítulo 14 del Reglamento y VI de los estándares de la IOSCO), la Instrucción es más parca que las dos normas de comparación.

Por lo que se refiere a los documentos contables, la Instrucción prevé la aportación de los estados financieros correspondientes a los 3 últimos ejercicios, así como los últimos estados financieros trimestrales aprobados, todos ellos elaborados conforme a los principios de la contabilidad generalmente aceptados en Brasil (si bien, excepcionalmente, podrán aceptarse estados financieros preparados conforme a principios internacionales).

7. Conclusiones

1. España debe perfilarse como el Estado miembro de origen natural para los emisores latinoamericanos que pretendan acogerse al sistema de pasaporte comuni-

24. El índice del folleto requerido por la Instrucción 400 es el siguiente: *Resumen*. 2) *Identificación de Administradores, Consultores y Auditores*. 3) *Información Relativa a la Oferta*: a) Composición del capital social; b) Características y plazos: i) Descripción de la oferta y de los valores; ii) en caso de emisión, justificación del precio de emisión y criterios fijados para su fijación; iii) Calendario; iv) Dilución; v) Información sobre el eventual destino da la oferta pública o partes de la oferta pública destinadas a inversores específicos y descripción de éstos; vi) Restricciones a los accionistas; vii) Declaración de no adecuación de la inversión para tipos de inversores; viii) admisión a negociación; ix) procedimientos para la eventual modificación de la oferta; c) Contrato de distribución de valores; d) Gastos; e) Contrato de aseguramiento, prácticas de estabilización y opción *green shoe*, en su caso; f) Destino de los fondos; g) Información adicional en caso de constitución de sociedad; h) Estudio de viabilidad económico-financiera. 4) *Factores de Riesgo*. 5) *Situación Financiera*: a) Discusión y análisis de los administradores sobre los estados financieros; b) Estados financieros auditados de los 3 últimos ejercicios cerrados. 6) *Información sobre el Emisor*: a) Información histórica; b) Actividades; c) Estructura organizativa; d) Propiedad de activos y equipos; e) Composición del capital social; f) Administración; g) Recursos Humanos; h) Contingencias judiciales y administrativas; i) Otras informaciones y contingencias relevantes.

tario diseñado por la Directiva de Folletos e incorporado a la normativa nacional por el Real Decreto 1.310/2005. La razón, no obstante, no debe ser principalmente el idioma, al menos en aquellos casos en que el emisor latinoamericano tenga intención de acudir a mercados europeos distintos de los españoles.

2. En materia de equivalencia de la información que debe suministrarse, los inversores latinoamericanos deberán formular su información financiera conforme a las normas internacionales de contabilidad, aunque la redacción del Real Decreto 1.310/2005 en esta materia resulta algo oscura. En cuanto a la información no financiera, a falta de declaraciones expresas de equivalencia de la Comisión Europea o de la CNMV, los emisores latinoamericanos deberán redactar sus folletos según los estándares internacionales de la IOSCO.

3. Latibex no es un mercado secundario oficial a efectos de la Directiva de Folletos y del Real Decreto 1.310/2005. Por tanto, los emisores latinoamericanos que coticen en Latibex no podrán valerse de este hecho para acogerse al pasaporte comunitario. Ello hace que Latibex entre en competencia con el sistema del Real Decreto 1.310/2005. Dado que resulta más fácil y barato cotizar en Latibex que acogerse al pasaporte comunitario, no parece que en el futuro deba haber un número relevante de emisores latinoamericanos interesados en acogerse al sistema de pasaporte comunitario, por lo menos en materia de valores de renta variable.

4. Un repaso de las normas sobre folletos de los tres principales mercados latinoamericanos revela que tanto México como Brasil siguen de modo aproximado las normas de la IOSCO, por lo que no sería descartable que sus emisores tuviese que realizar algunos ajustes a los folletos autorizados por sus autoridades de origen para obtener la autorización de la CNMV. Argentina, en cambio, sigue los estándares de la IOSCO de forma literal, y el folleto aprobado por la CNV debería ser autorizado por las autoridades europeas, sin perjuicio del análisis sobre equivalencia de la información financiera.

DAS AQUISIÇÕES HOSTIS NA PRÁTICA NORTE-AMERICANA E A PERSPECTIVA BRASILEIRA

GUSTAVO SANTAMARIA CARVALHAL RIBAS

Em obra célebre publicada no segundo quartel do século XX, Adolf Berle e Gardiner Means[1] expuseram a existência de um "descolamento" entre a propriedade de ações de emissão de determinada companhia e o poder de determinar a direção de suas atividades sociais, bem como de orientar o seu funcionamento – um dos elementos escolhidos pelo art. 116 da Lei n. 6.404/76[2] para qualificar o acionista controlador. Segundo os citados autores, o capitalismo norte-americano havia atingido um ponto no qual os títulos e valores mobiliários emitidos por algumas companhias abertas se encontravam de tal forma dispersos no mercado de capitais que os maiores acionistas das mesmas deteriam porcentagens ínfimas de ações quando consideradas em sua totalidade, praticamente impossibilitando o exercício de um controle pronto e efetivo, mesmo, por exemplo, que por parte de um grupo de acionistas unidos mediante um acordo de acionistas. Exemplo gritante desta situação seria a Pennsylvania Railroad Co. Em 31 de dezembro de 1929 os vinte maiores acionistas desta companhia detinham, juntos, 2,70% (dois vírgula setenta por cento) do capital social da mesma, sendo, ainda, seu maior acionista possuidor de meros 0,34% (zero vírgula trinta e quatro por cento) do total de ações emitidas, conforme tabela elaborada pelos autores.[3]

1. *The Modern Corporation and Private Property.*

2. "Art. 116. Entende-se por acionista controlador a pessoa, natural ou jurídica, ou o grupo de pessoas vinculadas por acordo de voto, ou sob controle comum, que: a) é titular de direitos de sócio que lhe assegurem, de modo permanente, a maioria dos votos nas deliberações da assembléia-geral e o poder de eleger a maioria dos administradores da companhia; e b) usa efetivamente seu poder para dirigir as atividades sociais e orientar o funcionamento dos órgãos da companhia. Parágrafo único. O acionista controlador deve usar o poder com o fim de fazer a companhia realizar o seu objeto e cumprir sua função social, e tem deveres e responsabilidades para com os demais acionistas da empresa, os que nela trabalham e para com a comunidade em que atua, cujos direitos e interesses deve lealmente respeitar e atender."

3.

OS 20 MAIORES ACIONISTAS DA PENNSYLVANIA RAILROAD CO. (em 31 de dezembro de 1929)		
	N. DE AÇÕES DETIDAS	PORCENTAGEM DO TOTAL DE AÇÕES (%)
Penn. Rd. Employees Provident & Loan Association	39.350	0,34
William M. Potts	23.738	0,2
J. Marshall Lockhart	22.500	0,19

Este panorama teria dado ensejo ao exercício do controle por parte dos órgãos administrativos da companhia, solapando o clássico entendimento segundo o qual o poder de uso adviria do direito de propriedade. F. K. Comparato,[4] comentando sobre a problemática do poder de controle empresarial, afirma configurar este a modalidade de controle administrativo ou gerencial, não sendo fundada na propriedade de ações, mas nos cargos diretoriais. Chega o autor, inclusive a afirmar que, nestes casos: "A perpetuação dos administradores no poder é obtida, sobretudo, com a utilização de complexos mecanismos de representação de acionistas em assembléia (*proxy machinery*), explorando-se ao máximo o absenteísmo do corpo acionário"[5] (grifos do autor).

Os editores da revista inglesa *The Economist*, Micklethwait e Woolridge, em seus recentes estudos sobre as companhias, notaram também que, ao final do século XX, os acionistas haviam fracassado na tentativa de controlar o poder dos administradores conforme almejavam desde o final do século XIX.[6] Assim, a partir daí, o que se veria na prática seria a instituição de uma espécie de ditadura, sujeitando os acionistas – verdadeiros proprietários da companhia – aos interesses dos administradores das mesmas, ironicamente eleitos pelos primeiros.

OS 20 MAIORES ACIONISTAS DA PENNSYLVANIA RAILROAD CO.
(em 31 de dezembro de 1929)

	N. DE AÇÕES DETIDAS	PORCENTAGEM DO TOTAL DE AÇÕES (%)
Fahnestock & Co.	16.848	0,34
Espólio de Henry H. Houston	16.000	0,14
The Home Insurance Co.	16.000	0,14
General Education Board	15.882	0,14
Haygart Corp. (Adam Express), Investment trust	15.400	0,13
English Assoc. of American Bond & Share Holders	15.264	0,13
Celia Sibley Wilson	15.000	0,13
Espólio e família de Marcus Loew	13.600	0,12
Travelers Insurance Co.	13.500	0,12
Espólio de John J. Emery	13.000	0,12
Jas. Capel & Co., Brokers	12.686	0,11
Sterling Securities Corp.	12.000	0,11
Harris, Upham & Co. (contabilidade dos sócios)	11.250	0,1
Kuhn, Loeb & Co. (contabilidade própria)	10.000	0,09
Girard Trust & Co. (contabilidade própria)	10.000	0,09
Um indivíduo não identificado	10.000	0,09
Senhora E. S. Woodward	8.500	0,07
	310.518	2,7

A. Berle Jr. e G. C. Means, *The Modern Corporation and Private Property*, p. 85.

4. *O Poder de Controle na Sociedade Anônima*, 2ª ed., pp. 49-54.
5. F. K. Comparato, *O Poder de Controle*..., cit., 2ª ed., p. 49.
6. F. R. de Lima, "Acordo de acionistas e o controle compartilhado", in *Valor Econômico*, ed. de 16.7.2004.

Nos Estados Unidos da América, estas circunstâncias possibilitaram a elaboração de teorias hoje amplamente aceitas pela doutrina e também sobre as quais a jurisprudência é quase pacífica. A regra do julgamento empresarial – *business judgement rule* – institucionalizou o poder dos administradores das companhias, estabelecendo explicitamente que, com relação a determinadas matérias, não é possível qualquer questionamento, mesmo judicial. Segundo ela, uma decisão tomada pelos administradores de uma companhia com relação às suas atividades empresariais quotidianas e baseada em informações corretas e suficientes, e desde que tomadas as consultas devidas, deve ser integralmente respeitada pelo Poder Judiciário. Assim, os acionistas se encontrariam impossibilitados de questionar a validade de determinadas decisões tomadas pelos administradores, especialmente no tocante à oportunidade e à conveniência de acordo com as quais foram elas tomadas, pois estas decisões haveriam sido tomadas sob certas circunstâncias empresariais e num momento no qual ela pareceu, para aqueles administradores, a mais correta, não podendo a mesma ser anulada, o que levaria a uma situação de enorme insegurança jurídica e, conseqüentemente, de menor fluidez e crescimento econômico. Modernamente, a teoria norte-americana da empresa[7] entende haver nestas duas esferas separadas de controle, uma composta por matérias claramente de competência dos acionistas e outra por matérias claramente de competência dos administradores, como dois "espaços sagrados", os quais não poderiam ser invadidos um pelo outro. A Suprema Corte de Delaware, no recente caso *MM Companies, Inc. v. Liquid Audio, Inc.*,[8] explica que: "os princípios mais fundamentais de governança corporativa são uma função da alocação de poder no âmbito de uma corporação entre seus acionistas e seu conselho de administração. O poder dos acionistas é o direito de votar em matérias específicas, em particular, numa eleição de administradores".[9]

Como exemplo, podemos citar que o poder de eleger os administradores ou de alterar o estatuto social se encontra no "espaço sagrado" dos acionistas, não podendo os mesmos, por exemplo, contestar uma decisão do conselho de administração sobre a melhor localidade para construção de determinada planta industrial, e, por outro lado, o poder de tomar decisões empresariais quotidianas se encontra no "espaço sagrado" dos administradores que, também, não podem se negar a admitir os membros que os acionistas elegeram para integrar seu conselho. Entretanto, o que os autores discutem é a alocação de alguns temas mais complexos, como a alienação do controle da companhia, a qual se encontra na intersecção destes espaços. É bem verdade que esta é tanto uma decisão empresarial quanto um assunto de extrema relevância para os acionistas, mas a jurisprudência norte-americana varia ao atribuir a decisão aos administradores ou aos acionistas.

O panorama descrito até aqui, especialmente no que toca à imposição de uma "ditadura dos administradores", levou os juristas norte-americanos a desenvolverem o método da aquisição hostil, conhecida alhures como *hostile takeover*. Como asseverou, à época, Goyos Jr., "É crescente a popularidade internacional da utilização da

7. Para análise do Direito e da jurisprudência norte-americana, será tomada como base a jurisprudência do Estado de Delaware, por estarem sediadas neste Estado aproximadamente 50% das companhias norte-americanas de capital aberto, conforme demonstra G. Subramanian, *The Influence of Antitakeover Statutes on Incorporation Choice: Evidence on the "Race" Debate on Antitakeover Overreaching*.

8. 813 A. 2d 1118 (Del. 2003).

9. Tradução livre. O texto original reza: "The most fundamental principles of corporate governance are a function of the allocation of power within a corporation between its stockholders and its board of directors. The stockholders' power is the right to vote on specific matters, in particular, in an election of directors".

oferta pública como meio de aquisição de controle societário de companhia aberta".[10]

Tendo-se iniciado em 1974, esta prática tornou-se cada vez mais popular nos Estados Unidos da América, fundando-se na idéia de que altas taxas de inflação e baixas taxas de crescimento econômico produzem uma queda nos preços das ações, resultando em boas oportunidades de aquisições. Este ciclo econômico pode ser sintetizado num curto aforismo que representa muito bem o pensamento da época: "é mais barato comprar do que construir".

A história conta que o mecanismo foi engendrado pelo engenheiro financeiro Robert Greenhill, então um jovem sócio do banco de investimentos norte-americano Morgan Stanley, e pelo advogado Joseph Flom, também então um jovem sócio do escritório norte-americano Skadden, Arps, Slate, Meagher and Flom, que, na tarde de 18 de julho daquele ano, representando a International Nickel Company, não se contentaram em ter sua proposta de aquisição da ESB, Inc. negada, procedendo com a realização de uma oferta pública voluntária de aquisição de controle anunciada no final da tarde daquele mesmo dia. O presidente da ESB, Inc. ainda não havia compreendido muito bem o que eles haviam feito. Até então, uma resposta negativa por parte da administração da companhia constituía ponto final e intransponível de uma proposta, fosse ela de aquisição, fusão ou mesmo de um simples acordo comercial. Entretanto, o evento mudaria para sempre os modos de condução de negociações e de tratamento dos acionistas.

Como bem delineado por F. K. Comparato,[11] a aquisição hostil se insere como uma alternativa à companhia que deseja incorporar outra, cuja maioria acionária se encontra dispersa no mercado, mas cuja direção recusa a transação. Assim, segue o autor, à adquirente apenas restaria a opção de adquirir as ações desejadas no próprio mercado de capitais, ficando sujeita às imperfeições inerentes a este, como a oscilação de preços – não permitindo que a adquirente preveja o valor a ser pago pela desejada maioria acionária – e a variação da quantidade de ações ofertadas – possibilitando que a adquirente demore um longo período para atingir a maioria acionária. De outro modo, a adquirente se veria entre o abandono da operação e a eventual aceitação da mesma pela administração da adquirida.

Assim, a aquisição hostil propõe um mecanismo pelo qual a adquirente ignora a administração, propondo "direta e publicamente a todo o corpo acionário a compra de suas ações por determinado preço e dentro de determinado prazo".[12]

Este mecanismo, no Direito norte-americano, é a *tender offer* – também chamada de *take-over bid* –, uma oferta de compra de ações de determinada companhia, geralmente a um valor superior ao valor de mercado, por dinheiro ou títulos e valores mobiliários, ou uma combinação dos mesmos, com o objetivo de adquirir seu controle. Esta oferta pode erigir de negociações amigáveis entre as duas companhias ou pode já nascer hostil, dando origem a medidas retaliatórias a serem adotadas pela companhia alvo da oferta – *target company*. Através de uma *tender offer*, o ofertante consegue ultrapassar a administração reticente e atingir direta, rápida e economicamente os acionistas da companhia, que passam a decidir sobre o destino da companhia, como verdadeiros proprietários que são.

As *tender offers* são reguladas pelo *Securities Exchange Act* de 1934, conforme alterado pelo *Williams Act* de 1968, e por diversas leis estaduais divergindo principalmente no tocante ao nível de divulgação de informações exigido e às medidas

10. D. N. Goyos Jr., "Aquisição de controle societário de companhia aberta mediante oferta pública", in *Sociedades por Ações*, p. 453.

11. *Aspectos Jurídicos da Macro-Emprêsa*, pp. 31-41.

12. F. K. Comparato, *Aspectos Jurídicos da Macro-Emprêsa*, cit., p. 32.

retaliatórias permitidas. A legislação norte-americana tem por fundamento básico o "fornecimento integral e eqüitativo de informações de conteúdo relevante sobre a operação e seus objetivos (*disclosure*)"[13] aos acionistas da empresa objeto da oferta. Atenta, ainda, M. B. Carvalhosa, que o regime legal norte-americano se funda muito mais nos aspectos procedimentais que nos aspectos de mérito da *tender offer*, porém sempre no intuito de proteção ao acionista minoritário. Assim, exige-se, por exemplo, a comunicação de aquisições de 5% (cinco por cento) ou mais das ações de determinada classe de uma companhia ao mercado, à *Securities and Exchange Comission* e à própria companhia objeto, juntamente com a divulgação do intuito de determinada aquisição.

A administração da companhia a quem a *tender offer* se dirige pode aceitá-la ou rejeitá-la, adotando medidas que visem o bloqueio de uma eventual aceitação da oferta por membros compondo a maioria do seu corpo acionário. No entanto, questiona-se a legitimidade que a administração teria em contrariar a decisão dos acionistas, que a elegeram, acerca de questões como a venda da companhia. Lembrando a já exposta teoria dos "espaços sagrados", a aceitação de uma oferta de compra da companhia é tida como pertencente a uma zona cinzenta, não pertencendo integralmente a nenhuma das duas esferas de atuação, e devendo, caso a caso, ser analisada a possibilidade dos acionistas contrariarem uma decisão tomada pela administração, e vice-versa. Na jurisprudência norte-americana, três *leading cases* demonstram esta problemática.

Um deles é o chamado caso Unocal.[14] Em 1985, a companhia Mesa Petroleum fez uma *tender offer* hostil para adquirir 37% (trinta e sete por cento) das ações em circulação da Unocal Corp. O conselho de administração da Unocal entendeu ser a oferta coercitiva e inadequada, rejeitando-a e lançando ela mesma uma *tender offer* a fim de adquirir suas ações em circulação, impossibilitando a oferta da Mesa, que foi a juízo contestar a legalidade da segunda *tender offer*. A Suprema Corte de Delaware resumiu o caso à seguinte questão: "teria o conselho de administração da Unocal poder e dever suficientes para se opor a uma tentativa de aquisição hostil que ele considerava danosa à companhia e, se tivesse, seria sua ação protegida pelo princípio da 'decisão empresarial' – '*business judgment*' – ?". Em primeiro lugar, com base na seção 141 (a) do Código de Direito Societário de Delaware (*Delaware Corporation Code*),[15] segundo a qual decisões de negócios e sobre demais interesses societários devem ser tomadas pelo conselho de administração ou sob sua direção, entendeu a Corte estar dentre as atribuições do conselho de administração da Unocal decidir o destino da oferta lançada pela Mesa Petro-

13. M. S. B. Carvalhosa, *Oferta Pública de Aquisição de Ações*.

14. *Unocal Corp. v. Mesa Petroleum Co.*, 493 A.2d 946 (Del. 1985).

15. "§ 141 *Conselho de Administração; Poderes; Número, Requisitos, Prazos e Quórum; Comitês; Classes de Conselheiros; Organizações sem Fins Lucrativos; Confiança nos Livros; Realização sem Reunião; Destituição*. (a) Os negócios e as relações de toda companhia constituída conforme este capítulo serão dirigidos por ou sob a direção de um conselho de administração, exceto se previsto contrariamente neste capítulo ou em sua certidão de funcionamento. Se qualquer destas previsões for feita em sua certidão de funcionamento, os direitos e deveres conferidos ou atribuídos ao conselho de administração por este capítulo deverão ser exercidos ou executados na medida e pela pessoa ou pessoas conforme previsto na certidão de funcionamento" (tradução livre. O texto original reza: "§ 141 *Board of Directors; Powers; Number, Qualifications, Terms and Quorum; Committees; Classes of Directors; Nonprofit Corporations; Reliance upon Books; Action Without Meeting; Removal*. (a) The business and affairs of every corporation organized under this chapter shall be managed by or under the direction of a board of directors, except as maybe otherwise provided in this chapter or in its certificate of incorporation. If any such provision is made in the certificate of incorporation, the powers and duties conferred or imposed upon the board of directors by this chapter shall be exercised or performed to such extent and by such person or persons as shall be provided in the certificate of incorporation").

leum. Tendo isto resolvido, passou a Corte a analisar se a defesa adotada pela Unocal estaria abrangida pelo princípio da "regra do julgamento empresarial", já explanado acima. E decidiu a Corte pela proteção, uma vez que, a seu ver, a *tender offer* defensiva da Unocal foi uma resposta proporcional às ameaças trazidas pela oferta da Mesa Petroleum. Assim, firmou a Suprema Corte de Delaware o entendimento de que conselhos de administração podem responder a *tender offers*, situando esta resposta junto às demais decisões de negócios.

Já no caso conhecido como Revlon,[16] o desfecho é diferente, restringindo a discricionariedade do conselho de administração ao responder a *tender offers*. Em 1985, as companhias Pantry Pride e Fortsmann Little fizeram ofertas hostis pela Revlon, Inc., ambas com os planos de, ao adquiri-la, separá-la e vendê-la em pedaços. O conselho de administração da Revlon achou as ofertas inadequadas e altamente ameaçadoras à companhia, rejeitando-as e começando a procurar por outros potenciais compradores. No entanto, a disputa entre a Pantry Pride e a Fortsmann Little pela Revlon continuou, cada uma superando o valor ofertado pela outra. Em determinado momento, a Fortsmann Little, em troca de superar a oferta da Pantry Pride, negociou algumas medidas com o conselho de administração da Revlon, assegurando a efetivação da transação entre elas. Logo após, a Pantry Pride novamente superou a oferta feita, oferecendo US$ 58,00 (cinqüenta e oito dólares norte-americanos) por ação, ao passo que a Fortsmann Little oferecera US$ 57,25 (cinqüenta e sete dólares norte-americanos e vinte e cinco centavos) por ação, mas o conselho de administração da Revlon aceitou a oferta mais baixa. Em resposta, a Pantry Pride foi a juízo contestar a decisão tomada pelo conselho de administração da Revlon. Neste caso, a Suprema Corte de Delaware entendeu que, uma vez que o conselho de administração da Revlon havia começado a procurar por potenciais compradores, colocando a companhia à venda, seus deveres e funções haviam sido reduzidos a um, qual seja, o de fornecer o maior retorno possível aos seus acionistas – vendendo a companhia pelo maior valor ofertado –, ou em suas próprias palavras, que "o papel do conselho de administração mudou de defensores do bastião corporativo para leiloeiros procurando o melhor preço",[17] não mais estando ela protegida pela seção 141 (a) do Código de Direito Societário de Delaware (*Delaware Corporation Code*). O conselho de administração da Revlon havia descumprido com seus deveres fiduciários perante os acionistas ao ter aceitado a oferta da Fortsmann Little, de valor inferior. Este dever do conselho de administração de atuar apenas no interesse do acionista, em dever dar a ele o maior retorno possível, foi chamado de "deveres Revlon" – *Revlon duties*.

Finalmente, no caso *Van Gorkom*,[18] considerado um dos casos mais relevantes no estudo das incorporações norte-americanas, podemos analisar claramente a regra do julgamento empresarial. O conselho de administração da Trans Union aprovou a incorporação desta companhia por uma subsidiária do Grupo Marmon ao preço de US$ 55,00 (cinqüenta e cinco dólares norte-americanos) por ação, valor 50% (cinqüenta por cento) superior ao preço de mercado das mesmas antes do anúncio da incorporação. Além disso, o referido órgão assegurou seus acionistas de que o preço de venda estava ainda sujeito a uma pesquisa de mercado sobre a existência de um possível comprador disposto a aumentá-lo, inclusive por meio dos banqueiros de in-

16. *Revlon, Inc. v. MacAndrews & Forbes Holdings, Inc.*, 506 A.2d 173 (Del. 1986).

17. Tradução livre. O texto original reza: "The directors role changed from defenders of the corporate bastion to auctioneers charged with getting the best price for stockholders at a sale of the company". *Revlon, Inc. v. MacAndrews & Forbes Holdings, Inc.*, 506 A.2d 173 (Del. 1986), item 182.

18. *Smith v. Van Gorkom*, 488 A.2d 858 (Del. 1985).

vestimento da Trans Union. A incorporação foi aprovada pela quase totalidade dos acionistas, tendo, inclusive, havido uma ampla divulgação de informações a ela relacionadas. Não obstante, a Suprema Corte de Delaware entendeu ter sido o conselho de administração negligente na aprovação da incorporação, especialmente no tocante à sua atuação na avaliação do preço, que teria sido muito displicente. O conselho, tendo se reunido numa única reunião de aproximadamente duas horas, havia decidido muito rapidamente e apoiado suas conclusões no conhecimento geral de seus membros ao invés de ter contratado algum banco de investimentos para auxiliá-lo.

Assim, enquanto em Unocal a Corte deu o controle aos administradores, em Revlon ela o concedeu aos acionistas. Já em Van Gorkom o poder foi atribuído aos administradores, porém devendo estes prestar contas aos seus acionistas.

Portanto, face à mencionada "ditadura" e à sujeição dos acionistas aos administradores, o poder destes últimos na companhia aberta norte-americana encontra seu temperamento na noção de dever fiduciário, fundamento central no estudo das aquisições hostis e das ofertas públicas de aquisição de controle, e segundo o qual os administradores deveriam sempre atuar em benefício dos acionistas, orientando suas ações com base no maior retorno a ser possivelmente obtido aos mesmos, porém não dependentes destes, possuindo uma certa liberdade de atuação, especialmente no que tange ao seu "espaço sagrado".

No Brasil, apesar de nunca ter ocorrido uma aquisição hostil, nem ao menos uma tentativa de uma, objetivando uma companhia brasileira, o instituto da *tender offer* é regulado, principalmente, pela Instrução n. 361 da Comissão de Valores Mobiliários, de 5 de março de 2002, com o *nomen iuris* de Oferta Pública de Aquisição de Ações. A legislação brasileira, diferentemente da norte-americana, tem por foco maior os aspectos de mérito da operação, pouco dispondo, comparativamente à norte-americana, quanto à forma. Não obstante, segundo M. B. Carvalhosa, tem a Oferta Pública de Aquisição de Ações como características fundamentais a indefinição do destinatário da proposta, uma vez que esta é realizada publicamente a todos os acionistas da empresa que se quer adquirir, e o fato de ser formulada mediante editais públicos.[19]

De acordo com a referida Instrução n. 361, o instituto jurídico da Oferta Pública de Aquisição de Ações tem como princípios gerais o tratamento eqüitativo aos destinatários da oferta, a plena informação, a intermediação por sociedade corretora ou distribuidora de títulos e valores mobiliários ou instituição financeira com carteira de investimentos, o preço uniforme, podendo ser diferenciado conforme a classe e espécie de ações, desde que justificado, a irrevogabilidade e imutabilidade da oferta e de suas condições, a liquidação financeira mediante compra, permuta por valores mobiliários ou mista, a elaboração de laudo de avaliação obrigatório, o fato de as despesas correrem por conta do ofertante, e a publicação do instrumento de Oferta Pública de Aquisição de Ações sob forma de edital.

Este instrumento a ser publicado na forma de edital vinculará a companhia ofertante, tornando-se concluído o contrato com a mera aceitação do oblato. Deverá ele conter as informações sobre a relação de troca, a quantidade, espécie e classe dos valores mobiliários ofertados, os direitos legais e estatutariamente atribuídos a tais valores, seu histórico de negociação nos últimos doze meses, e o tratamento a ser dado às eventuais frações decorrentes da relação de troca, sem prejuízo de outras informações consideradas necessárias pela Comissão de Valores Mobiliários, bem como as informações sobre a companhia emissora dos valores mobiliários ofertados, na mesma forma exigida pela Comissão de Valores Mobiliários para a distribuição pú-

19. M. B. Carvalhosa, *Oferta Pública de Aquisição de Ações*.

blica de valores mobiliários, além do preço em reais.

Apesar de o mercado de capitais brasileiro ser ainda incipiente, e o controle acionário das empresas brasileiras de capital aberto bastante concentrado, entendemos que esta situação tende a se alterar. As diversas medidas tomadas pela Comissão de Valores Mobiliários tendo em vista a democratização de nosso mercado de capitais,.a expansão de nossas empresas mundo afora e a existência de empresas brasileiras sólidas e bastante atraentes, faz-nos acreditar que em algum tempo uma oferta de aquisição hostil possa ocorrer.

Com isto em mente, algumas companhias abertas brasileiras já incluíram em seus estatutos sociais medidas de defesa com o fito de preveni-las contra eventuais aquisições hostis no futuro. Assim, nos estatutos sociais da Ideiasnet S/A, Natura Cosméticos S/A e Submarino S/A podem ser encontradas as chamadas *poison pills*, previsões estatutárias que permitem à companhia, aos administradores ou mesmo aos acionistas a adoção de medidas estratégicas, tornando a companhia menos atrativa ao adquirente. Estas previsões podem ser de diversas maneiras, variando desde a imposição ao adquirente de um bloco de ações em fazer oferta pública por todo o restante do capital social da companhia emissora das ações adquiridas até a outorga aos acionistas da companhia adquirida de uma opção para adquirir ações da companhia adquirente a preços bastante abaixo de sua cotação em bolsa, principal mecanismo de "defesa societária", juntamente com diversos outros dispositivos observáveis na jurisprudência norte-americana, tais quais a *crown jewel option*, a *pac-man defense* e os *golden parachutes*. Além disso, já é possível verificarmos na Bolsa de Valores de São Paulo situações nas quais a efetivação de uma aquisição hostil é possível: o controle acionário da Eternit S/A encontra-se disperso no mercado, sendo passível de aquisição por um investidor mesmo contra os desejos de sua administração.

A adoção destas medidas indica uma expectativa não só de crescimento, mas também de maior maturação do mercado de capitais nacional. E a possibilidade da realização de uma primeira aquisição hostil entre nós é crescente.

Bibliografia

BERLE JR., Adolph A., e MEANS, Gardiner C. *The Modern Corporation and Private Property*. Buffalo, William S. Hein, 2000.

BLACK, Bernard S., e KRAAKMAN, Reinier. *Delaware's Takeover Law: the Uncertain Search for Hidden Value*. Chicago, Northwestern University Law Review, 2002.

BLACK, Bernard S., MEYERS, Charles J., e GILSON, Ronald J. *The Law and Finance of Corporate Acquisitions – 1993 Supplement*. Westbury, Foundation Press, 1993.

CAPLAN, Lincoln. *Skadden: Power, Money, and the Rise of a Legal Empire*. Nova York, Noonday Press, 1994.

CARVALHOSA, Modesto Souza Barros. *Oferta Pública de Aquisição de Ações*. São Paulo, IBMEC, 1979.

CLEMENTE JÚNIOR, José Alberto. "Oferta pública de aquisição de ações na alienação de controle de companhias abertas: apontamentos sobre o art. 254-A da Lei das Sociedades Anônimas", in *RDM* 129, São Paulo, ano 42, jan.-mar. 2003.

COFFEE JR., John C., LOWENSTEIN, Louis e ROSE-ACKERMAN, Rose. *Knights, Raiders and Targets – The Impact of the Hostile Takeover*. Nova York, Oxford University Press, 1988.

COMPARATO, Fábio Konder. *Aspectos Jurídicos da Macro-Emprêsa*. São Paulo, Ed. RT, 1970.

______. *O Poder de Controle na Sociedade Anônima*. 2ª ed., São Paulo, RT, 1977.

DOWNES, John, e GOODMAN, Elliot Jordan. *Dictionary of Finance and Investment Terms*. Hauppage, Barron's, 2003.

FIELD, Laura Casares. *Takeover Defenses at IPO Firms*. Seattle, University of Washington Graduate School of Business, 1999.

GARCIA, Augusto Teixeira. *OPA: da Oferta Pública de Aquisição e seu Regime Jurídico*. Coimbra, Coimbra Ed., 1995.

GOYOS JR., Durval de Noronha. "Aquisição de controle societário de companhia aberta mediante oferta pública", in *Sociedades por Ações*, Estudo n. 8. São Paulo, Resenha Universitária.

HOPT, Klaus J. *Takeovers, Secrecy, and Conflicts of Interest: Problems for Boards and Banks*. Hamburg, Klaus J. Hopt, 2002.

KIRCHNER, Christian, e PAINTER, Richard W. "Takeover defenses under Delaware law, the proposed Thirteenth EU Directive and the new German takeover law: comparison and recommendations for reform", in *The American Journal of Comparative Law*, v. L, n. 3, Berkeley, The American Society of Comparative Law, 2002.

LACHINI, Luciana Del Caro. "Veneno para comprador", in *Revista Capital Aberto* 21, ano 2, mai. 2005.

LIMA, Francisco Rohan de. "Acordo de acionistas e o controle compartilhado", in *Valor Econômico*, ed. de 16.7.2004.

MADRICK, Jeff. *Taking America – How We Got from the First Hostile Takeover to Megamergers, Corporate Raiding and Scandal*. Washington, D.C., BeardBooks, 2003.

PAREDES, Troy. *The Firm and the Nature of Control: toward a Theory of Takeover Law*. St. Louis, Washington University in St. Louis School of Law, 2003.

SADDI, Jairo (org.). *Fusões e Aquisições: Aspectos Jurídicos e Econômicos*. São Paulo, IOB, 2002.

SALOMÃO FILHO, Calixto. *O Novo Direito Societário*. 2ª ed., São Paulo, Malheiros Editores, 2002.

SUBRAMANIAN, Guhan. *Bargaining in the Shadow of Takeover Defenses*. Cambridge, Harvard Law School, 2003.

______. *The Influence of Antitakeover Statutes on Incorporation Choice: Evidence on the "Race" Debate on Antitakeover Overreaching*. Cambridge, Harvard Business School, 2001.

TYSON, William C. "The Williams act after Hanson Trust v. SCM Corporation: post tender offer purchases by the tender offeror", in *Tulane Law Review* 1, v. 61, Nova Orleans, Tulane Law School, nov. 1986.

Atualidades

THEORY AND PRAGMATISM OF GOVERNANCE REFORM IN BUSINESS REORGANIZATION: A CASE STUDY OF BRAZIL

GUSTAVO OLIVA GALIZZI

Introduction. Part I – The Brazilian Model of Business Reorganization and the Belief in Management Replacement: A – Management Replacement through the Debtor's Unilateral Proposal; B – Management Replacement through Minority Shareholders' Initiative; C – Management Replacement as Recommended in the Creditor's Alternative Reorganization Plan; D – Court-Ordered Management Removal and Appointment of Trustee. Part II – The Participation of the Creditors in the Governance Structure of the Debtor Company: A – The Creation of Board Structures; B – Appointment of Creditors' Representatives through Class Voting; C – Veto Rights over Substantial Corporate Decisions; D – Debt Capitalization. Conclusion. References.

Introduction

The new Brazilian Bankruptcy Act (Act 11.101/2005), originally a bill that took ten years to be enacted by the National Congress, has introduced very important changes to the country's legal, economic and social arenas. Partially influenced by the American bankruptcy model, which has regulated business reorganizations since 1978, the new act represents, in the normative scenario, the transition from the concept of bankruptcy as liquidation to that of bankruptcy as a reorganization means. Whereas formerly liquidation of the business was the norm, nowadays much more emphasis is placed on the role of reorganization for crisis-stricken companies, to the benefit not only of its shareholders but also of its employees, consumers, creditors and society as a whole.

The new act mostly seeks to ensure that only economically feasible companies, momentarily in the midst of some financial turmoil, be allowed to undergo some restructuring while keeping their employees and meeting payments to creditors, rather than selling off company assets. By extinguishing *concordata*[1] while creating, in

1. The expression *concordata* derives from the Latin word *concordatus*, from the verb form *concordare* meaning agreement, deal, treaty. Under the former Brazilian Bankruptcy Act, a *concordata* referred to the agreement to which the debtor could have recourse in order to avoid bankruptcy or to halt the progress thereof, provided that certain legal conditions were met and upon the filing with the court of a unilateral proposal for the partial or total liquidation of the company's debts. *See* Luiz Tzirulnik, *Direito Falimentar* (1997) at 233. The company's creditors had no say in these proceedings. The court only had to ascertain that the debtor had met all the necessary legal requirements (such as

turn, the figure of judicial reorganization,[2] the new act widens its scope and allows for the flexibility of corporate restructuring processes, by providing several mechanisms to tackle the debtor company's financial and economic difficulties.

The mechanisms prescribed by the new Brazilian Bankruptcy Act[3] focus primarily on the financial and managerial reform of the debtor company.[4] As far as the mechanisms of managerial reform are concerned, especially noteworthy is the possibility of reorganizing the architecture of management, through either a court-ordered removal (Article 64 of the BBA) or the replacement of corporate officers and directors (Article 50, IV of the BBA). The theoretical framework of such instruments is grounded on the principle of disassociation between the company and the owner thereof, regarded by most scholars to be one of the essential pillars of the new Brazilian bankruptcy law.

This paper argues that a belief in replacing the company's management as an essential reorganization mechanism, even if accompanied by other steps,[5] is unfounded. Several factors corroborate this claim. One is the high level of concentration between ownership and control in Brazilian corporations, which hampers the replacement of corporate officers by the

possessing over 50% more assets than the liabilities represented by unsecured creditors) in order to grant a *concordata*. Failure to comply with such requirements would mean the immediate declaration of bankruptcy by the court.

2. As alternative to judicial reorganization, the Brazilian Bankruptcy Act also provides for an out-of-court restructuring procedure, through a plan presented by the debtor at a creditors' meeting. Judicial reorganization, on the other hand, seeks to resolve the economic-financial crisis by means of a lawsuit.

3. Hereinafter referred to as BBA.

4. Such mechanisms are prescribed by Article 50 of the Bankruptcy Act and are complemented by Article 64, which governs the hypothesis of judicial removal of management. On the whole, the means of recovery provided for in the Brazilian Bankruptcy Act, which are not *strict, but rather purely exemplificative*, can be subdivided into two general groups depending on the enforcement and results sought:

DIRECT OR INDIRECT FINANCIAL RESTRUCTURING	**ESSENTIALLY MANAGERIAL ESTRUCTURING**
• Granting of grace periods and special conditions for the settlement of overdue and soon-to-be due liabilities (Article 50, I); • Corporate structural operations (Article 50, II); • Capital raising (Article 50, VI); • Transfer or lease of the establishment (Article 50, VII); • Renegotiation of labor liabilities (Article 50, VIII); • Payment in kind or novation (Article 50, IX); • Constitution of a creditors' partnership (Article 50, X); • Partial sale of assets (Article 50, XI); • Equalization of financial obligations (Article 50, XII); • Company usufruct (Article 50, XIII); • Issuance of securities (Article 50, XV); • Securitization (Article 50, XVI).	• Change in the corporate control (Article 50, III); • Replacement of management (Article 50, IV); • Removal of management by court order (Article 64); • Grant to the creditors of the right to vote for the appointment of directors separately and of veto rights regarding certain issues (Article 50, V); • Shared management (Article 50, XIV).

5. Management restructuring alone is not a reorganization mechanism. In theory, it must be accompanied by structural and financial changes in the company so that it can be deemed effective.

board of directors (when existing).[6] Moreover, the reality carried over from other legal systems, especially the American one, shows that the court-ordered removal of the failing enterprise's management and the consequent appointment of a trustee are not always effective from an economic standpoint, and is therefore only granted under rare circumstances.

Management replacement is even more unusual in the reorganization processes of small and mid-sized companies, in which ownership and control are even more closely connected.

Taking that into account, the Paper also suggests that, alternatively to the replacement/removal of management, the involvement of creditors in the governance structure of the debtor company can be a more effective and feasible instrument within the reach of them to provide a more successful management and consequently improve the economic performance of the company as it surfaces from bankruptcy.

During the pendency of the reorganization case, creditors replace shareholders as the focal point in the governance system of the failing enterprise. This shift in the governance system places the creditors in the role of the group entitled to hold the residual authority over business decisions. As the residual claimants of the firm during reorganization, creditors should take a more activist approach to governance issues by participating in the governance structure of the failing enterprise.

Part I of the Paper discusses the hypotheses of management replacement as provided for and allowed by the Brazilian Bankruptcy Act and suggests that the emphasis placed on them as an essential step towards recovery is overrated. The study comments on the experience of the American bankruptcy law, when applicable to the Brazilian reality.

In Part II, a case is made for the involvement of creditors in the governance structure of the debtor company as part of the overall effort to revitalize the enterprise. The Paper concludes restating that management replacement is a very exceptional restructuring measure and that the involvement of creditors in the running of the failing enterprise may be a more viable instrument for them to influence the debtor's business decisions during the reorganization case.

Part I – The Brazilian Model of Business Reorganization and the Belief in Management Replacement

The new Brazilian Bankruptcy Act finally introduces into the national legal system the figure of judicial reorganization of economically feasible companies. As previously mentioned, Brazilian legislators have sought to enable the economic reemergence of the enterprise, ensuring payment to the creditors, job stability and the conservation of the many interests that gravitate towards the business concern, as intended in Article 47 of the BBA.[7] Somewhat inspired by the US bankruptcy legislation, Chapter 3 of the Brazilian counterpart governs judicial reorganization, which can be equaled, by way of hermeneutics, to the well-known Chapter 11 of the United States Bankruptcy Code (Title 11, United States Code).[8]

6. Pursuant to Article 138 of Act 6.404/76, which governs both closely-held and publicly-held companies in Brazil, management of the company will be incumbent on the board of directors and the officers or on the officers only, according to its articles of incorporation. Public companies and those with authorized capital will necessarily have a board of directors, whereas closely-held companies need not have one, unless expressly stated in their articles of incorporation.

7. Article 47 of the BBA sets forth that: "Judicial reorganization seeks to enable a debtor company to overcome its economic financial crisis, so as to allow the continuity of the concern, the maintenance of jobs and the protection of the creditors' interests, thus preserving the company, along with its social function, and fostering economic activity".

8. Again, it is worth mentioning that as an alternative to judicial reorganization, Chapter 6 of

As regards its content, the Brazilian model of judicial reorganization is eminently focused on the managerial and financial restructuring of the firm. This Paper examines the mechanisms of managerial restructuring only. More specifically, the study concentrates on the instruments of removal and replacement of management of the debt-ridden company. Such instruments can be summarized as follows: a) replacement of management by means of a unilateral proposal by the debtor (Articles 50, IV and 53 of the BBA); b) replacement of management through an initiative by the minority shareholders (Article 50, IV of the BBA); c) replacement of management as recommended in the creditors' alternative reorganization plan (Articles 50, IV and 55 of the BBA); d) removal of management through a court order, with a subsequent appointment of a trustee by the court (Articles and 65 of the BBA).

Such steps incorporate, in the normative sphere, a common sense that had permeated the academic scene since the Brazilian National Congress began to discuss the bill to reform the former bankruptcy act. It became commonplace for the books and articles on bankruptcy law to suggest that one of the cornerstones of the new act should be the possibility of disassociation between the company and the owners thereof.[9] The rationale behind such claim is simple: in theory, disassociation promotes the removal of the company's leading people without necessarily interrupting the economic activity, thus preventing bad management from bringing about the dissolution of the business. Supporters believe that the reasons for the economic financial crisis stem from mismanagement. Replacing management, therefore, should be the very first step towards restructuring the company.[10]

Even though this assertion may appear to bear some theoretical logic or a legal meaning, in practice it does not. In the next four topics, this Paper analyzes each of the hypotheses of management replacement as suggested and allowed by the Brazilian law and demonstrates that the faith on them as an essential reorganization mechanism of the failing enterprise is unwarranted.

A – Management Replacement through the Debtor's Unilateral Proposal

In Brazil, management replacement through the debtor's unilateral proposal seems very unlikely. Under the BBA, the debtor, and not the creditors, is the incumbent party to file the reorganization plan (Article 53 of the BBA) and as such it would appear to be highly unlikely that the debtor would come before a court of law and admit that the reorganization of its business depends upon a management replacement. Not even the most optimistic creditors or minority shareholders dissatisfied with the present management composition would keenly expect the debtor to voluntarily put forward a unilateral replacement proposal.

Conversely, in the U.S. management replacement willingly brought on by the debtor is quite common. Lynn M. LoPucki and William C. Whitford conducted an

the Brazilian Act addresses the out-of-court reorganization procedure, which is comparable to what Americans refer to as a prepackaged plan, i.e. a bankruptcy plan of reorganization negotiated and accepted by the creditors prior to the commencement of the bankruptcy case.

9. *See*, for example: Waldo Fazzio Júnior, *Nova Lei de Falência e Recuperação de Empresas* (2005); Maria Celeste Morais Guimarães, *Recuperação Judicial de Empresas: Direito Concursal Contemporâneo* (2001); Frederico Augusto Monte Simionato, "A reforma da lei da falências frente à reorganização econômica da empresa", *RDM* 108 (1997). The latter categorically claims that disassociation between the company and its owner is the cornerstone of the new Brazilian bankruptcy law, because it is this very distinction that will enable the removal of the company's management without interrupting the functional activity of the company. As such, the concept of company would outweigh the concept of owner. The latter could then be immediately removed so that the reorganization plan could be effectively carried out. *Supra*, at 43.

10. *See* Fazzio Júnior, *supra* note 10, at 176.

empirical study of the forty-three largest publicly held companies to file and complete a bankruptcy reorganization case in the United States between 1979 and 1988.[11] Management replacement by the board of directors often took place in the cases studied.[12] In fact, in the period starting eighteen months before filing and ending six months after confirmation of the plan, there was at least one replacement of CEO in thirty-nine out of forty-three cases (91% of the total number of cases). In thirty-one of these cases (72% of the total number of cases) there was at least one replacement of CEO pending a Chapter 11 case, or contemplated by the plan of reorganization.

Replacement of corporate officers is common in the US due to a greater separation between control and ownership in US companies. That characteristic of the American capital market allows for less interaction among shareholders, board of directors and corporate officers, which facilitates a replacement of the latter by the former. It is worth mentioning that while CEOs are commonly replaced, the same cannot be said of the board of directors. In fact, the board of directors is usually kept unaltered during the Chapter 11 reorganization case, as will be depicted in the next topic.

The replacement of corporate officers in Brazilian companies is not feasible, at least not as conducted in the US. Unlike the American reality, the capital market in Brazil is characterized by a high rate of concentration between ownership and control. Brazilian publicly held companies are often family-owned ones, in which a controlling shareholder takes on the roles of both owner and manager.[13] In an empirical study conducted in 2002, Valadares and Leal found that in a sample of 325 Brazilian publicly-held companies, 203 (62.5%) of them have a single shareholder that owns on average 74% of the voting shares. Of the remaining 37.5% of firms in the sample, the largest shareholder owns on average 32% of the voting shares. Considering the entire sample, the main shareholder retains on average 58% of the voting capital, while the three largest shareholders own 78% and the five largest shareholders 82%.[14]

This high rate of concentration between ownership and control in publicly held companies is dwarfed by an even higher rate in closely-held corporations and in limited liability companies,[15] both of which are by far in greater number in Brazil. In such companies, the owner exerts a direct and strong influence on the running of the economic activities. A unilateral proposal by the debtor to change or remove management is virtually unlikely. Such companies, as a rule, are but an extension of the direct and undisputed will of the controlling group, which is also part of management.

The evidence, therefore, suggests that even in the case of a publicly held company the replacement of corporate officers through a unilateral proposal by the debtor

11. *See* Lynn M. LoPucki & William C. Whitford, *Corporate Governance in the Bankruptcy Reorganization of Large, Publicly Held Companies*, 141 U. Pa. L. Rev. 669 (1993), at 723-726.

12. In the United States, corporate officers are appointed to their offices by the board of directors, which has also the power to replace them.

13. Hence the rumor that agency problems in Brazil occur not between management and shareholders but between controlling shareholders and minority shareholders. *See* Erica Gorga, *Does culture matter for corporate governance? A case study of Brazil* (Stanford Law School, John M. Olin Program In Law and Economics, Working Paper 257, May 2003), *available in* Social Science Research Network *at* http://papers.ssrn.com/sol3/papers.cfm?abstract_id=410701.

14. *See* Sílvia Mourthé Valadares & Ricardo Pereira Câmara Leal, *Ownership and Control Structure of Brazilian Companies* (2000), *available in* Social Science Research Network *at* http://papers.ssrn.com/sol3/papers.cfm?abstract_id=-213409. The difference between voting capital and total capital of a Brazilian company is due to the existence of non-voting preferred shares that help constitute the total capital.

15. The expression "limited liability company" is used in this Paper as a free translation for *sociedades limitadas* (Ltdas.).

will be most uncommon in Brazil. The rationale behind this claim can be easily explained as follows: the greater the integration between ownership and control, the greater the influence and active participation by the owner in the running of the businesses and the slighter the possibility of a proposal of management reorganization on his part, the owner/manager/debtor.

B – Management Replacement through Minority Shareholders' Initiative[16]

Waldo Fazzio Junior suggests the possibility of management replacement through an initiative (via a shareholders' meeting) by the minority shareholders. According to the Brazilian author, management replacement can occur in those cases in which the minority shareholders, away from the running of the business and from the decision making center, realize that the economic-financial crisis is due to disastrous management and, having insufficient bargain power to set the company back on its tracks, decide to seek such relief in court.[17]

The issue is not as simple as it seems and some difficulties must be pointed out. The machinery of corporate democracy is cumbersome, and serious questions have been raised about its effectiveness in enabling shareholders to compel (or at least try to compel) management to serve shareholders' interests. But whether or not shareholders can make effective use of their right to control management through voting, in the financially healthy corporation there seems to be no doubt that *at least such right exists*. However, once the corporation has become insolvent and filed for reorganization, the shareholders' *right* to control the corporation through voting becomes problematic.

In the United States, while some courts continue to state that "the right to compel a shareholders' meeting for the purpose of electing a new board subsists during reorganization proceedings",[18] they add that the right may be enjoined in cases of "clear abuse." What constitutes "clear abuse" is not clear.[19] As Lynn M. LoPucki and William C. Whitford show,[20] the case law generally attempts to distinguish cases in which the shareholders seek to replace management in order to improve their leverage in bargaining, which is not considered abuse, from cases in which the shareholders' attempt to replace management threatens the success of the reorganization case, which is considered abuse.[21]

16. An initial remark must be made regarding this topic and it has to do with the execution of the alternative analyzed herein. Although the topic envisions the possibility of a management replacement through an initiative by the minority shareholders, via a shareholders' meeting, ultimately a court order will be required to enforce such replacement. Therefore, it must be made clear that the title "Management Replacement through Minority Shareholders' Initiative" proposed for the topic solely reflects the parties' initiative rather than the manner through which the action is performed. It should also be considered that although the BBA does not expressly provide for the possibility of management replacement through a minority shareholders' initiative, Article 50, IV does allow for it as it generically mentions management replacement as a means of judicial reorganization of the crisis-stricken company.

17. *See* Fazzio Junior, *supra* note 10, at 148.

18. *See Mainville Corp. v. Equity Sec. Holders Com (In re Johns-Manville Corp.)*, 801 F.2d 60, 64 (2d Cir. 1986) (citing *Van Siclen v. Bush (In re Bush Terminal Co.)*, 78 F. 2d 662, 664 (2d Cir. 1935)).

19. *See In re Johns-Manville Corp.*, 801 F. 2d 60. On remand, the bankruptcy court enjoined the shareholder meeting in that case. A number of articles also discuss this question. *See*, for example, Mark E. Budnitz, *Chapter 11 Business Reorganizations and Shareholder Meetings: Will the Meeting Please Come to Order, Or Should the Meeting Be Canceled Altogether?*, 58 Geo. Wash. L. Rev. 1214 (1990) (noting that "several courts have denied shareholder meeting requests upon finding that the meeting would constitute a clear abuse of the traditional-director relationship"). *See also* Anna Y. Chou, *Corporate Governance in Chapter 11: Electing a New Board*, 65 Am. Bankr. L. J. 559, 560-89 (1991).

20. *See* LoPucki and Whitford, *supra* note 12, at 696.

21. *See In re Johns-Manville Corp.*, 801 F.2d at 64-67; *In re Potter Instruments Co.*, 593 F.2d 470, 475 (2d Cir. 1979).

This line of cases makes the ability of shareholders of a reorganizing company to hold a meeting to replace management highly problematic. Accordingly, the election of a new board of directors during a Chapter 11 reorganization case is an uncommon event in the US. In fact, courts usually do not permit the replacement of a board of directors by election if such a replacement jeopardizes the overall success of the reorganization.

One of the few cases in which a shareholders' meeting was allowed to take place by the US courts is *Saxon Industries, Inc. v. NKFW Partners (In re Saxon Industries)*.[22] In *Saxon*, the bankruptcy court approved an equity holder's request to engage special counsel to represent it in a Delaware chancery court action seeking to compel an annual meeting of shareholders. The *Saxon* court noted that shareholders were entitled to pursue all available alternatives to assert their rights against the debtor, including the election of directors.[23] That ruling, however, is not representational of most U.S. case law.

More often than not, courts will enjoin shareholders from calling a meeting for the stated purpose of installing new management that would seek a better deal for them. For example, in *In re Johns-Manville*[24] the bankruptcy court concluded that a new management with a mandate to drive a harder bargain on behalf of shareholders would find it impossible to obtain the agreement of creditors. The effect of trying, according to the court, would have been further delay and, if the new management refused ultimately to accept the deal already offered by creditors, the reorganization of the company would possibly fail and the ultimate result would be its liquidation. On that basis, the court enjoined the meeting.

These arguments also apply to the Brazilian legal context, for they are not related to specific aspects of the American bankruptcy legislation. On the contrary, their logic can be justified by a general principle of bankruptcy law: during business reorganization cases, the creditors in general, and not the shareholders, are the real parties in interest. In fact, from the moment the debtor company files for reorganization, collective interest, including that of creditors, outweighs shareholders' interests, as implicit suggested in Article 47 of the BBA.[25] Thus, only under exceptional circumstances must the court grant a replacement of management through a minority shareholders' initiative *above the remaining interests of creditors and the collectivity as a whole*.

There is one last reason why one should not sustain such a misguided belief in this alternative. Since shareholders generally have little to gain in reorganization cases, they have little incentive to assure that the debtor makes prudent decisions. It is worth remembering, in this context, that shareholders' meetings in Brazil are characterized by the absenteeism of minority shareholders and are generally a mere formality to validate the majority shareholder's will.[26] Bearing in mind that this is the predominant description of a Brazilian company in its regular state of solvency, envision the same company going through reorganization, a period during which shareholders usually have next to nothing to gain. The relative inexistence of incentives to monitor the debtor's decisions and the cultural[27] reluctance of the Brazilian minority shareholders to attend meetings and discuss issues of interest to the company are factors that, in practice, do nothing but ham-

22. *See Saxon Indus., Inc. v. NKFW Partners*, 39 B.R. 49 (Bankr. S.D.N.Y. 1984).

23. *Supra* note 23, at 50.

24. *See Manville Corp. v. Equity Sec. Holders Comm. (In re Johns-Manville Corp.)*, 66 B.R. 517, 542 (Bankr. S.D.N.Y. 1986).

25. *Supra* note 8.

26. *See* Osmar Brina Correa-Lima, *Sociedades Anônimas* (2004).

27. As a matter of fact, the reluctance of minority shareholders to attend shareholders' meetings in Brazil is not only a cultural issue but also a collective action problem.

per management's replacement through minority shareholders' initiative.

C – Management Replacement as Recommended in the Creditor's Alternative Reorganization Plan

Article 56 of the Brazilian Bankruptcy Act entitles any creditor to object to the debtor's reorganization plan, in which case the court must convene a general meeting of creditors to deliberate on it. The same Article in its Paragraph 3 sets forth that the reorganization plan can be amended, as long as the debtor expressly agrees with it. This prerogative of the Act allows any creditor, upon the objection to the reorganization plan, to postulate the debtor's management restructuring, as a compromise in order to assent to the reorganization proposal drawn up by the debtor company.[28]

According to the authors who suggest this alternative, the proposal for management restructuring by the creditors would function as a "currency", at least in theory. That is because, pursuant to Article 56, Paragraph 4 of the BBA, if the creditors should reject the reorganization plan, the court must immediately declare the debtor's bankruptcy. An "all or nothing" sort of logic applies here: either the debtor agrees to the proposal for management restructuring included in the alternative plan put forward by the creditors or the creditors reject the reorganization plan initially put forward by the debtor, which will culminate in the declaration of bankruptcy for the failing concern.

There is, however, a fallacy to this argument. Based upon empirical evidence, Fábio Ulhoa Coelho remarks that the risk of bankruptcy in Brazil does not intimidate the debtor as much as it does the creditors. To the latter, failure of the debtor will mean the loss of the credit, whereas the grant of judicial reorganization may, in the end, ensure that at least some of it will be received.[29] Thus, due to the strict link between the dismissal of judicial reorganization and the declaration of bankruptcy, it is only natural that creditors, fearing the worst (i.e. the liquidation of the company) should succumb to the debtor's will to maintain the company's original management structure. Such will is justified due to the fact that in Brazil, as previously mentioned, the controlling shareholder generally takes on the roles of owner and manager.

The practical outcome of all of this should be the following: even if the debtor does not assent to the creditors' proposal as required under Article 56, Paragraph 3 of the BBA, the creditors will succumb to the debtor's will, for fear of a bankruptcy declaration. Therefore, this alternative is unlikely to reach the results intended by the legislator, and it would seem unjustifiable to have faith in it.

D – Court-Ordered Management Removal and Appointment of Trustee

The present alternative may be the one that instills the greatest belief in those that view management replacement as an essential mechanism of reorganization of the debtor and, in this line of thought, one of the pillars of the new Brazilian bankruptcy law. Article 64 of the BBA states that, during the reorganization case, managers will be kept at the helm of the business activity, *unless*: a) they have been convicted of larceny, or an economic crime; b) there is strong indication of their having committed a bankruptcy-related crime; c) there is evidence of deceitful, simulated or fraudulent act against the interests of the creditors; d) their conduct is incompatible with the economic financial crisis of the company, such as the unjustified loss of capital or serious omissions towards the creditors; e) they refuse to provide information re-

28. *See* Fazzio Junior, *supra* note 10, at. 148.

29. Fabio Ulhoa Coelho, *Comentários à Nova Lei de Falências e de Recuperação de Empresas* (2005), at XIII-XIV.

quested by the court-appointed trustee or committee, impeding inspections or audits; f) their replacement is provided for in the approved plan of judicial reorganization.

Upon determining the dismissal of the debtor company's management, the court must convene a creditors' meeting to elect an independent trustee. Pursuant to Article 65 of the BBA, the trustee is the one who will run the company during the reorganization case and who will be in charge of implementing the judicial reorganization plan, after it has been approved. Moreover, he will become the legal representative of the debtor company regarding management related acts (signing documents, hiring services, purchasing input and so forth).

Similarly, the United States Bankruptcy Code provides for the possibility of removing debtor's management with the subsequent appointment of a trustee. As a matter of fact, in the US, even if a court denies shareholders the right to elect directors because creditors are the real parties in interest (as noted above in Subtitle 1-B), no mechanism exists by which the creditors can themselves elect directors. The formal method for creditors to bring about a change in management is, indeed, to move for appointment of a trustee. Section 1108 of the United States Bankruptcy Code provides that unless the court, on request of a party in interest and after notice and a hearing, orders otherwise, a trustee may be appointed to operate the debtor's business.

However, notwithstanding section 1108's use of the word "trustee", strong evidence shows that the debtor *will remain in control* of the business in most Chapter 11 cases.[30] Pre-bankruptcy management *will continue* to operate the business as a "debtor in possession" unless a request is made for the appointment of an independent trustee and the court, after notice and a hearing, grants the request. Appointment of a trustee is really very unusual in a Chapter 11 case. Ordinarily, the debtor in possession keeps exercising the managerial functions, and the old managers stay in place.[31]

That can be explained in light of some business considerations: Who should serve as a trustee in reorganization cases? Are lawyers prepared to run a troubled business? What about appointing an outstanding, experienced businessperson as a trustee? Even an outstanding, experienced businessperson is going to need time to familiarize him/herself with the particular business under reorganization. And, if s/he is such an outstanding, experienced businessperson, why is s/he available in the market to serve as a trustee? More specifically, why isn't s/he already running some other business?

These business considerations caused the American Congress to decide to keep the debtor in possession running the business unless a party in interest establishes a cause that would justify management replacement.[32] The United States Bankruptcy Code, in much the same way as the BBA does in Article 64, lists in § 1104 (a) some hypotheses that would justify management replacement and trustee appointment. As a matter of fact, the US Bankruptcy Code is even more generic than its Brazilian coun-

30. *See* Charles M. Elson, Paul M. Helms & James R. Moncus, *Corporate Governance Reform and Reemergence from Bankruptcy: Putting the Structure Back in Restructuring*, 55 Vand. L. Rev. 1917 (2002); Edward S. Adams, *Governance in Chapter 11 Reorganizations: Reducing Costs, Improving Results*, 73 B. U. L. Rev. 581 (1993); LoPucki & Whitford, *supra* note 10; David A. Skeel, Jr., *Doctrines and Markets: Creditors' Ball: the "New" New Corporate Governance in Chapter 11*, 152 U. Pa. L. Rev. 917 (2003); Margaret Howard, *Bankruptcy: Cases and Materials* (2005).

31. In the emphatic words of Margaret Howard: "Yes, the same folks who rode the corporation into bankruptcy in the first place". Howard, *supra* note 31, at 759.

32. The American Congress intended that a trustee be appointed only "if the protection afforded by a trustee is needed and the costs and expenses of a trustee would not be disproportionately higher than the value of the protection afforded". H.R. Rep. n. 595, 95th Cong., 1st Sess. 402 (1977).

terpart, authorizing the replacement: a) for cause, including fraud, dishonesty, incompetence, or gross mismanagement of the affairs of the debtor by current management, either before or after the commencement of the case, or similar cause, but not including the number of holders of securities of the debtor or the amount of assets or liabilities of the debtor (§ 1104 (a) (1)); b) if such an appointment is in the interests of creditors, any equity holders, and other interests of the estate, without regard to the number of holders of securities of the debtor or the amount of assets or liabilities of the debtor (§ 1104 (a) (2)).

Typically, courts have determined management replacement for cause if the debtor's decisions constitute gross mismanagement or incompetence,[33] if the debtor in possession engages in self-dealing transactions or there are indications of a conflict of interest,[34] if the debtor diverts estate property so that it is no longer available for creditors, either before or after filing the case,[35] or if the court determines that parties lack confidence in the debtor in possession's abilities.[36] In determining whether the second leg of 1104(a) described above is met, courts have looked to the practical realities and necessities of the case. In so doing, courts have engaged in a peculiar form of cost-benefit analysis, asking whether "the benefits derived by the appointment of a trustee outnumber the costs of the appointment",[37] or, alternatively, if the "trustee will accomplish the goals of the Chapter 11 plan more efficiently and effectively".[38]

In the majority of the cases, however, the business considerations described above cause the various parties in interest *not to try* to establish cause for the appointment of a Chapter 11 trustee. Indeed, the ability to replace the debtor in possession is ineffective in addressing the difficulties caused by a separation of ownership and control in bankruptcy.[39] And, even when the parties in interest try to move for the replacement of the debtor in possession, the US courts vehemently oppose to the request, for a number of reasons: a) courts probably accept implicit Congress's belief that reorganizations are likely to be more successful if the debtor remains in control to some degree; b) courts are sensitive to cost concerns regarding the reorganization proceeding and generally avoid appointments that increase the reorganization's overall cost;[40] c) courts may be suspicious as to the underlying motive surrounding the request for an appointment of a trustee.[41-42]

33. *See, e.g.*, *In re Mako, Inc.*, 102 B.R. 809, 812 (Bankr. E.D. Okla. 1988), (citing *In re Brown*, 31 B.R. 583 (Bankr. D.D.C. 1983)) ("Gross mismanagement suggests some extreme ineptitude on the part of the management to the detriment of the organization").

34. *See, e.g.*, *In re Sharon Steel Corp.*, 871 F.2d 1217, 1126 (3d Cir. 1989) (finding that violative management practices include payments to chief executive officer without consideration).

35. *See, e.g.*, *In re Bonded Mailings, Inc.*, 20 B.R. 781, 784-86 (Bankr. E.D.N.Y. 1982) (finding that management engaged in fraudulent conduct by shifting assets among corporate debtors in an effort to confuse their records).

36. *See, e.g.*, *In re Ionosphere Clubs, Inc.*, 113 B.R. 164, 169-71 (Bankr. S.D.N.Y. 1990); *In re Cardinal Indus., Inc.*, 109 B.R. 755, 765-66 (Bankr. S.D. Ohio 1990).

37. *In re Ionosphere Clubs*, 113 B.R. at 168; *see also In re Microwave Prod. of Am.*, 102 B.R. 666, 676 (Bankr. W.D. Tenn. 1989) (weighting the costs and benefits of appointing a disinterested trustee).

38. *See In re Parker Grande Dev., Inc.*, 64 B.R. 557, 561 (Bankr. S.D. Ind. 1986).

39. As Edward S. Adams points out: "The parties who can seek the replacement of the debtor in possession – creditors and equity holders – are unlikely to galvanize to action because they face both increased monitoring costs and an aggravated collective action problem. Even in the rare instances when claimants seek the replacement of debtors in possession, courts treat the appointment of a trustee as an 'extraordinary remedy', and infrequently replace the debtor in possession". Adams, *supra* note 31, at 620-621.

40 *See, e.g.*, *In re Parker Grande*, 64 B.R. 557, 561 (Bankr. S.D. Ind. 1986).

41. *See, e.g.*, *In re Stein & Day, Inc.*, 87 B.R. 290, 295 (Bankr. S.D.N.Y. 1988) (finding that

The last difficulty with the removal of the debtor is that it usually takes place late in the proceedings. As Edward S. Adams observes, the rare appointment of a trustee that does take place will usually occur after the debtor in possession has decided to proceed with the reorganization case, although the liquidation of the business may be in the other claimant's best interests. Therefore, the appointment will not completely alleviate many significant bankruptcy costs.[43]

Corroborating this claim, Lynn M. LoPucki and William C. Whitford have demonstrated that, although the American Bankruptcy Code appears to vest considerable discretion in the court to appoint trustees, in practice the appointment of a trustee is regarded by the bankruptcy courts as an extraordinary remedy to be employed reluctantly. More specifically, they found that trustees were appointed in only two of the forty-three cases (5%) in their study.[44]

Once again, this scenario is likely to be repeated in Brazil. Noticeably, the reasons why the debtor in possession stays at the helm of the business during the reorganization case are not related to specific circumstances of the American reality, such as particular aspects of its economy. On the contrary, these arguments are related to long established managerial principles, common to the operation of any business, be it established in a more economically developed country or not. In fact, this evidence is firmly grounded on general principals of business administration and finance, rather than on the specific vicissitudes of one economic center or another.

Considering the Brazilian social-economic context, it can be said, in effect, that the possibility of management removal with the subsequent appointment of a trustee will be even more unlikely than in the United States. In the abovementioned study, Lynn M. LoPucki and William C. Whitford also suggested that the appointment of trustees plays a greater role in large reorganization cases than it does in small reorganization cases.[45] That is certainly due to the higher degree of dependence between the exploitation of economic activity and the subjective attributes of those in charge of running the business in the later cases. In Brazil, where companies characteristically exhibit a highly concentrated control, oftentimes by a family, there is an even greater interplay between the exploitation of the corporate activity and the attributes of the controlling group/management. That factor makes it far more difficult to have management removed from a crisis-stricken concern going through reorganization. That leads to the conclusion that in Brazil, like in the United States, the ability to replace the debtor is ineffective in addressing the difficulties caused by a separation of ownership and control in the reorganization context.

Finally, it is worth pointing out that in relation to the permissive hypotheses of judicial management removal and the subsequent appointment of a trustee, U.S. law covers a much wider scope than its Brazilian counterpart. All the same, in view of

motion for appointment was simply a tactical response of a creditor to debtor's previous application to cite creditor for its contumacious conduct).

42. In view of that, Christopher W. Frost points out: "There are good reasons for the courts to set high standards for displacing management and appointing a trustee. One of the main reasons is the high cost such an appointment will entail. Trustees and their lawyers must be paid. Bankruptcy is an expensive proposition to begin with, and a trustee may add unnecessarily to those costs. Courts are extremely sensitive to cost issues and will be understandably reluctant to add to the number at the trough. Also, there is no assurance that a trustee who has had no prior relationship to the business of the corporation will do any better job in running the business than current management. Finally, courts must be alert to the underlying motive driving the motion for appointment". *See Running the Asylum: Governance Problems in Bankruptcy Reorganizations*, 34 Ariz. L. Rev. 89 (1992), at 123.

43. *See* Adams, *supra* note 31, at 620-621.

44. *See* LoPucki & Whitford, *supra* note 12, at 699-700.

45. *See* Lopucki & Whitford, *supra* note 12, at 700.

the delicate considerations of business order that must be addressed by the court when analyzing the request, a removal is regarded as rather an extreme procedure and seldom granted. I am led to believe that the Brazilian courts will adopt a similar stance when applying the already mentioned Article 64 to the concrete case.

As I see it, when faced with a situation of a similar nature, the judge must necessarily ask himself at least the following questions: Does the reorganization process stand a better chance of success under a different management composition? Is the trustee to be appointed prepared or experienced enough to run a troubled business? Will the costs to be borne out of the appointment of new management overtax the reorganization process of the crisis-stricken concern? Is the trustee to be nominated familiarized with the particular business under reorganization? Considering the timing factor, would the replacement of management be actually efficient for the recovery of the enterprise? In practice, the enormous complexity of these factors, added to the consequences to come out of management replacement for the future of the economic activity explored by the debtor company is most likely to lead to the application of Article 64 of the BBA only under rather exceptional circumstances.

Although in most situations the debtor's former management remains in office after the filing of the reorganization plan, management's power over the execution of the new business plan for the debtor corporation is controlled by both creditors and the judicial examiner. In effect, Article 64 of the Brazilian Bankruptcy Act states that the debtor in possession will continue to lead the company under the scrutiny of both a creditors' committee (if there is one) and the judicial examiner,[46] whose presence is mandatory in all reorganization cases in Brazil.

46. The expression "judicial examiner" is used in this Paper as a free translation for *administrador judicial*.

In a nutshell, the BBA offers five principal mechanisms to deal with the permanence of the debtor's managers in the control of the failing enterprise: a) it requires the managers to file with the court the balance sheets of the corporation during the entire period of the reorganization case (Article 52, IV); b) it requires managers contemplating some corporate actions (for instance, the sale of estate property outside the ordinary course of business) to obtain approval from the bankruptcy court (Article 66); c) it allows for the creation of creditors' committees to supervise the debtor's decision-making process (Article 26); d) it provides that during the reorganization case, non-compliance with any obligation laid down in the plan will entail the conversion of reorganization into bankruptcy (Article 61, § 1); e) it provides that the presence of the judicial examiner is mandatory in all reorganization cases (Article 22 of the BBA).

What is lacking from the spectrum of those mechanisms is a more careful attention to the participation of the creditors in the governance structure of the debtor company. In combination with the legal devices which deal with the permanence of the debtor's managers in the control of the failing enterprise, the involvement of the creditors in the governance structure of the latter is an indispensable means within the reach of them to provide a more successful management and consequently improve the economic performance of the company as it surfaces from bankruptcy. Part II of this Paper elaborates on this proposition.

Part II – The Participation of the Creditors in the Governance Structure of the Debtor Company

When a corporation becomes unable to pay its debts as they become due, bankruptcy law provides relief. The debtor company may restructure its debt and make other amendments to its capital and operating structure while temporarily shielded from the demands of creditors. Supplementing the financial restructuring, the debtor's business plan usually concentrates on restoring the company to financial health, not through debt restructuring, but through managerial decisions aimed at producing a more efficient business entity. For example, a new business plan may call for the abandonment or sale of unprofitable subsidiaries or firm components or a reduction in expenses.

In addition to the financial and managerial modifications that the debtor undertakes, special consideration should be given to governance reform. That is the context in which this Paper argues that management replacement is an exceptional rather than a routine mechanism of reorganization for crisis-stricken companies in Brazil. In view of that, alternatively to the replacement of management, some degree of participation of the creditors in the governance structure of the debtor company may be, all at once, a more feasible and efficient instrument within the reach of the creditors to ensure a more successful performance of the failing enterprise's management.

The reasons why the creditors should also take part of the governance structure of the firm during judicial restructuring are justified by the role played by this group of claimants in the reorganization context. During solvency, the corporate governance structure of any given firm usually vests discretionary authority in managers and relegates creditors to the position of contracting parties. As the corporation begins to approach insolvency, the creditors' contractual controls become more effective to grant them a somehow larger voice in the running of the firm.[47] Finally, when the firm reaches insolvency, creditors' contracts grant them more direct authority over managers and corporate law and bankruptcy law require managers to shift their allegiance from the shareholders to the creditors.

In fact, insolvency shifts the residual interest in business decisions from the shareholders to the creditors.[48] As the residual claimants of the firm during reorganization, it is logical for the creditors to have a higher degree of involvement in the governance structure of the business concern. Several means exist to employ the participation of creditors in the governance structure of the failing enterprise. These reforms, which should be implemented during the reorganization case transition, include: a) the creation of board structures; b) the appointment of creditors' representatives to the debtor's management structure through class voting; c) the concession to the creditors of veto rights over corporate decisions; d) debt capitalization. These reforms can ensure the viability of both the managerial and monitoring functions during the pendency of the restructuring process and can contribute to the financial and operational health of the enterprise that reemerges from reorganization.

47. The case law has already recognized this shift in the residual ownership of the firm during the "vicinity of insolvency". In *Credit Lyonnais Bank Nederland, N.V. v. Pathe Communications Corp.*, 1991 WL 277613 (Del.Ch.1991), Chancellor Allen stated that "At least where a corporation is operating in the vicinity of insolvency, a board of directors is not merely the agent of the residual risk bearers [that is, the shareholders], but owes its duty to the corporate enterprise".

48. From a *Law and Economics* standpoint, the residual owners are the persons whose interests are identical with those of the firm as a whole. To illustrate the theoretical allure of the residual owner approach, assume a firm with $ 100 million in assets that owes $ 30 million to secured creditors and $ 200 million to unsecured creditors. If the bankruptcy system followed the residual owner approach, it would put representatives of the unsecured creditors in control of the reorganizing firm. The secured creditors have no real interest in this reorganization because they will be paid in full in any event. The shareholders have no real interest in this reorganization because they will not be paid at all. The unsecured creditors own the "residual" – that is, whatever is left after the secured creditors have been paid in full. All of the gains and losses from actions taken during the reorganization will fall to them. They are the residual owners and so, according to the theory, the parties with the right incentives to govern during reorganization.

But who should be charged with the responsibility of implementing these reforms? First and foremost, the creditors themselves can make activist demands through the "power of the purse". Even outside bankruptcy, creditors are always vitally concerned with how well the debtor's management is performing. If management performs badly and cannot pay their debts, they will lose money. The point is that creditors are subject to varying degrees of risk of default. The degree of risk will, of course, depend on the total value of the business as compared to the amount of the debt. As the debt rises in relation to the value of the business, the risk to creditors rises. As the risk rises, the creditors will become more and more concerned with how the business is run and are likely to want increasing degrees of *control*. This risk-and-control sort of logic[49] also applies to the reorganization context, where creditors face an even higher threat of default. In view of that, through the "power of the purse", creditors may condition additional injections of capital on the debtor's acceptance of certain constraints on its power to manage.

Additionally, the directors that operate during the reorganization process can plan to make these changes. Finally, by using their monitoring power over the execution of the reorganization plan, the bankruptcy court and the judicial examiner may also intervene to incentive the establishment of new managerial and monitoring mechanisms. In the next four topics, this Paper briefly discusses the suggested mechanisms to employ the participation of creditors in the governance structure of the failing enterprise.

A – The Creation of Board Structures

It may be useful to the reorganization of the economic activity of the crisis-stricken company to modify its management structure through, for instance, the creation of a board of directors (if inexistent) or a consulting committee. The objective here is to impose some degree of intervention by the creditors upon the debtor's managerial function and grant them powers to appoint members of such board structures.

Not all Brazilian companies have a board of directors.[50] Only publicly-held companies are obligated to have one. Closely-held corporations and limited liability companies are *not* legally obligated to have a board of directors. Creating either a board of directors or a consulting committee in charge of deliberating on relevant managerial decisions and monitoring their execution is a mechanism that can facilitate the participation of creditors in the governance of the crisis-stricken company.

Of course, in order for both alternatives to work satisfactorily, it is essential that creditors have the ability to appoint at least one or more of their representatives to the board structures mentioned. As seen above, this ability to exercise some control over the operation of the debtor firm can result from the creditors' "power of the purse": as a condition of continuing to extend credit to the debtor company, creditors can bargain for the appointment of their representatives. Also, in order for the proposal to produce the desired effect, it is fundamental that the representatives to be appointed by the creditors be familiar with the type of business explored by the debt-stricken company and also have some technical knowledge of finance and economics.

Management structures' main role is to deliberate on essential corporate decisions for the benefit of the residual claimants of the firm. As shown before, outside bankruptcy, shareholders are the group entitled to hold the residual authority over business decisions. However, insolvency shifts the residual interest in business decisions from the shareholders to the creditors.

49. For an excellent explanation of the strong relationship between risk and control and its relevant importance to the exploration of economic activities *see* William A. Klein & John Coffee Jr., *Business Organization and Finance – Legal and Economic Principles* (2002).

50. *See* note 7 supra.

Thus, at least in the reorganization scenario, management must be accountable to creditors.[51] This accountability does not materialize unless the management structure is comprised of one or more creditors' representatives independent of the debtor's ones. In effect, independence promotes the kind of objectivity necessary to properly review management, and this objectivity in turn can promote thoughtful and careful decision-making by management during the reorganization case.

In addition to the board structures mentioned above, another important means to ensure management accountability is, of course, the creditor's committee. As a general rule, the BBA does not require the creation and permanent existence of the creditors' committee. Its conception is optional; it is only created when the creditors desire so. A permanent creditor's committee can be an essential instrument to monitor and discipline the firm's management, making sure that fundamental business decisions are being made in order to promote the firm's emergence and successful revival. As the chief representative of the largest group of interested parties in the reorganization case, the committee may also wield broad influence over the course of the proceedings.

B – Appointment of Creditors' Representatives through Class Voting[52]

As outlined in part I of this Paper, management replacement is not always a feasible means of reorganization. Alternatively, the inclusion of representatives of the creditors into the *existing* management structure of the debtor company may be a more plausible measure within the reach of them. If the existing management structure of the debtor company is primarily comprised of insiders, managers may not seek the creditors' best interests when making relevant business decisions during reorganization. Creditors should thus bargain to include some of their representatives into the existing management structure of the failing enterprise in order to ensure management efficient performance and accountability.

In fact, the strategic control of the firm plays a greater role in the reorganization context. The creditors must ensure that proper actions are taken and that appropriate progress towards recovery is being made. Critical control mechanisms need to be effectively allocated in the relationship between the existing management of the debtor company and the creditors. As shown above, one of those mechanisms is the creation of active and qualified board structures with the presence of creditors' representatives. Another mechanism is the appointment of creditors' representatives to the original management structure of the debtor company through class voting.

By linking new infusions of cash with corporate governance concessions, creditors can protect their interest and bargain for the appointment of at least one representative of them to the debtor's management structure by the means of a separate election. Once again, an insider majority would probably still control the management structure, but outside representation makes it harder for insiders to ignore or deceive creditors. At least some (or one) of the directors would be true creditors' representatives.

51. As Douglas G. Baird and Thomas H. Jackson point out "The law of corporate reorganizations should focus on identifying the residual owner, limiting agency problems in representing the residual owner, and making sure that the residual owner has control over the negotiations that the firm must make while it is restructuring". *See* Douglas G. Baird & Thomas H. Jackson, *Bargaining After the Fall and the Contours of the Absolute Priority Rule*, 55. U. Chi. L. Rev. 738, 755 (1988).

52. Conversely to the suggestion described above, the present one is based on the assumption that the debtor company has some sort of management structure already established.

C – Veto Rights over Substantial Corporate Decisions

Alternatively to the creation of board structures and the appointment of outside representatives, creditors can also bargain to have some veto rights detached from ownership over corporate decisions during the reorganization case. It is about admitting a certain degree of intervention by the creditors in the governance system of the company under reorganization, aiming at ensuring them that the objectives laid out in the reorganization plan will be striven hard for. The creditors' rights to veto businesses and operations that may increase the company's level of debt are measures that can contribute to the company's reorganization process.

The objective, again, is to constrain the discretion of managers by granting veto rights over some corporate actions to creditors, in the expectation that these actors can best determine whether proposed corporate actions will increase the economic performance of the enterprise or boost the company's level of debt.

D – Debt Capitalization

Finally, another attractive instrument to provide the creditors with some degree of control over the debtor company's governance structure is debt capitalization. Basically, a debt-capitalization operation consists of converting debt into shares of the failing enterprise. This restructuring mechanism permits the reduction of the amount of debt while increasing, in turn, the total value of the business as creditors become shareholders of the debtor company. Grating creditors with equity ownership facilitates the alignment of their interests with those of the former management and facilitates their involvement in the governance structure of the business concern.

Linking the fortunes of the creditors and the original shareholders can motivate the former to closely monitor the management of the enterprise. Upon emergence from reorganization, this alignment can ensure that the directors share the same interests as the new equity investors. In effect, by becoming equity-holders, creditors assume a personal stake in the success or failure of the enterprise. Thus, as active equity participants, they have incentive to monitor management's performance more effectively, since poor monitoring may have a direct negative impact upon their personal financial interests.

One could argue that creditors may not wish to become shareholders of a crisis-stricken company due to the higher risks involved with that choice. Moreover, creditors with higher priorities, such as secured creditors, may not want to become equity-holders and loose their privilege over other claimants. The Brazilian Bankruptcy Act resolves this problem by stating that every reform that occurs during the reorganization period is conditioned to its effectiveness. Therefore, if the reorganization fails to attain its goal, the eventual conversion of the restructuring case into liquidation would not affect the rights of those former creditors. In this case, the whole debt-capitalization operation would be disregarded and the former creditors would maintain their priorities *vis-a-vis* other ones.

Conclusion

The present Paper is not critical of the establishment of management replacement procedures by the Brazilian Bankruptcy Act. The inclusion of such measures, like in American Bankruptcy Law, is much needed as it is an indirect instrument of control and audit of the actions of the debtor running the company's business during the period of judicial reorganization. Therefore, at least for the case in point, the Brazilian Bankruptcy Act is a good statute.

What I criticize is the authorities' overrated trust in management replacement as a necessary means to reorganize a debt-ridden company. *It is not.* Management replacement is a very exceptional measure, which in practice must only be applied in extreme circumstances. The principle of disassociation between company and owner cannot be seen as one of the pillars of the new Brazilian bankruptcy law. Such an assumption carries with it a certain air of utopia, which is always the result whenever theory and practice stand so far apart.

As a result, this Paper suggests that, as an alternative to management removal/replacement, the involvement of creditors in the governance structure of the debtor company may be a more efficient and feasible instrument within the reach of them to improve the company's economic performance as it exits bankruptcy.

References

Anna Y. Chou. *Corporate Governance in Chapter 11: Electing a New Board*, 65 Am. Bankr. L. J. 559, 560-89 (1991).

Charles M. Elson, Paul M. Helms & James R. Moncus. *Corporate Governance Reform and Reemergence from Bankruptcy: Putting the Structure Back in Restructuring*, 55 Vand. L. Rev. 1917 (2002).

Christopher W. Frost. *Running the Asylum: Governance Problems in Bankruptcy Reorganizations*, 34 Ariz. L. Rev. 89 (1992).

David A. Skeel, Jr. *Doctrines and Markets: Creditors' Ball: the "New" New Corporate Governance in Chapter 11*, 152 U. Pa. L. Rev. 917 (2003).

Douglas G. Baird & Thomas H. Jackson. *Bargaining After the Fall and the Contours of the Absolute Priority Rule*, 55. U. Chi. L. Rev. 738, 755 (1988).

Edward S. Adams. *Governance in Chapter 11 Reorganizations: Reducing Costs, Improving Results*, 73 B. U. L. Rev. 581 (1993).

Erica Gorga. *Does culture matter for corporate governance? A case study of Brazil* (Stanford Law School, John M. Olin Program In Law and Economics, Working Paper 257, May 2003), *available in* Social Science Research Network *at* http://papers.ssrn.com/sol3/papers.cfm?abstract_id=410701.

Fabio Ulhoa Coelho. *Comentários à Nova Lei de Falências e de Recuperação de Empresas* (2005).

Frederico Augusto Monte Simionato. "A reforma da lei de falências frente à reorganização econômica da empresa", *RDM* 108 (1997).

Luiz Tzirulnik. *Direito Falimentar* (1997).

Lynn M. LoPucki & William C. Whitford. *Corporate Governance in the Bankruptcy Reorganization of Large, Publicly Held Companies*, 141 U. Pa. L. Rev. 669 (1993).

Margaret Howard. *Bankruptcy: Cases and Materials* (2005).

Mark E. Budnitz. *Chapter 11 Business Reorganizations and Shareholder Meetings: Will the Meeting Please Come to Order, Or Should the Meeting Be Canceled Altogether?*, 58 Geo. Wash. L. Rev. 1214 (1990).

Maria Celeste Morais Guimarães. *Recuperação Judicial de Empresas: Direito Concursal Contemporâneo* (2001).

Osmar Brina Correa-Lima. *Sociedades Anônimas* (2004).

Sílvia Mourthé Valadares & Ricardo Pereira Câmara Leal. *Ownership and Control Structure of Brazilian Companies* (2000), *available in* Social Science Research Network at http://papers.ssrn.com/sol3/papers.cfm?abstract_id=213409.

Waldo Fazzio Júnior. *Nova Lei de Falência e Recuperação de Empresas* (2005).

William A. Klein & John Coffee Jr. *Business Organization and Finance – Legal and Economic Principles* (2002).

Atualidades

REFLEXÕES SOBRE O REGIME JURÍDICO DA COLIGAÇÃO SOCIETÁRIA E A TRANSFERÊNCIA DE TECNOLOGIA ENTRE SOCIEDADES COLIGADAS

MAURICIO MOREIRA MENDONÇA DE MENEZES

1. Introdução. 2. Aspectos gerais do regime de remessa de royalties *ao exterior nos contratos de transferência de tecnologia. 3. Concentração empresarial e noção de coligação entre sociedades. 4. Sociedades coligadas, controladoras e controladas. 5. Controladoras estrangeiras, controladas brasileiras e a transferência de tecnologia. 6. Conclusão.*

1. Introdução

O escopo deste ensaio consiste em suscitar breves considerações sobre as restrições impostas à remessa de *royalties* pela sociedade empresária brasileira à sua controladora estrangeira, com a qual tenha contratado a transferência de tecnologia.[1]

Logo, o estudo sob enfoque abrange, a um só tempo, duas discussões de alta relevância para a atividade econômica brasileira: a importação de tecnologia e os efeitos da relação jurídica estabelecida entre sociedades estrangeiras e suas controladas brasileiras.

Nessa linha, será primeiramente comentado o tratamento legal e regulamentar dispensado pelo Poder Público ao problema da importação de tecnologia, nos últimos anos.

Posteriormente serão examinados os aspectos jurídicos que envolvem a coligação societária, para que, então, se conjuguem a essa análise as críticas à disciplina normativa da importação de tecnologia pelas sociedades brasileiras controladas por estrangeiras. Em linhas conclusivas procurar-se-á demonstrar que a disciplina societária é dotada de conteúdo normativo suficiente para assegurar o cumprimento da função sócio-econômica da transferência de tecnologia entre sociedades coligadas, razão pela qual deve ser refutada a intromissão *a priori* do Poder Público no estabelecimento das condições negociais dessa modalidade contratual.

2. Aspectos gerais do regime de remessa de royalties *ao exterior nos contratos de transferência de tecnologia*

Segundo Egberto Lacerda Teixeira, o capital estrangeiro pode estar representado por dinheiro, valores, equipamentos ou por

1. Gabriel Francisco Leonardos faz distinção entre o termo *royalties*, para ele circunscrito ao pagamento pela utilização de direitos patenteáveis e marcas, e o pagamento feito em contraprestação ao recebimento de *know-how* (*Tributação e Transferência de Tecnologia*, p. 153). Para efeitos deste artigo, o autor empregará a palavra *royalties* para distinguir a remuneração devida a qualquer direito de propriedade industrial, independentemente de sua vinculação a patentes, marcas ou tecnologia.

bens imateriais, entre os quais se incluem as marcas, as patentes e o conhecimento tecnológico.[2]

Há décadas a questão da importação de tecnologia vem sendo vítima da grave fragmentação legal e regulamentar, que muito contribuiu para a insegurança das relações jurídicas privadas e para o cometimento de excessos pela Administração Pública.

De fato, o tema de que se trata conduziu o Poder Público a adotar dois diversos mecanismos de controle, dando origem, pois, aos regimes jurídicos de natureza tributária e de natureza cambial, vigentes de modo interdependente, em virtude de sua decisiva influência na contratação de tecnologia pelo particular.

Os primeiros diplomas legislativos sobre capitais estrangeiros no país – Decreto-lei 9.025/1946 e Lei 1.807/1953 –, diante das principais formas de investimentos que então se verificavam, visaram a disciplinar a remessa de lucros e juros ao exterior. Pouco se atentou, naquela ocasião, à aquisição de tecnologia pelos empresários brasileiros.

Assim, a atuação governamental sobre a importação de tecnologia foi, em primeiro momento, motivada por interesses fiscais. Nesse sentido, foi a legislação do imposto sobre a renda, Lei 3.470/1958, que tratou, originariamente, sobre a remessa de *royalties* ao exterior, impondo o limite máximo de 5% sobre a receita bruta do produto fabricado ou vendido, para efeito de dedutibilidade do pagamento (de *royalties*) como despesa, a ser levada em conta para o cálculo do imposto devido.

Além dessa limitação, prevista no art. 74 da Lei 3.470/1958, foi introduzida a obrigatoriedade de *registro* da importação de tecnologia (referida no texto legal como *assistência técnica, científica, administrativa ou semelhante*) em conformidade com o Código da Propriedade Industrial da época (Decreto-lei 7.903/1945), bem como foi delegada competência ao Ministro da Fazenda para que procedesse à revisão dos percentuais admitidos para a referida dedução fiscal, segundo o grau de essencialidade do produto – o que veio a ser feito pela autoridade fazendária logo em seguida, pela edição da Portaria 436/1958, alterada por normativos posteriores,[3] mas que se encontra até hoje em vigor.

A mencionada limitação não fazia distinção entre o pagamento de *royalties* ao exterior ou a fornecedor de tecnologia residente no país. Segundo suscitado pela doutrina, suspeitas de fraudes relacionadas a pagamentos excessivos de *royalties* nos anos 50 teriam levado o Governo a fixar os comentados percentuais máximos de dedutibilidade fiscal (ao invés de aumentar a severidade da fiscalização), em cômoda alternativa de universalizar a majoração do ônus tributário, em face de abusos cometidos por alguns.

O controle cambial foi inaugurado pela Lei 4.131/1962, que, nos arts. 9º a 14, dispôs sobre a remessa de *royalties* ao exterior, subordinando-a à prévia autorização da então Superintendência da Moeda e do Crédito – SUMOC, posteriormente sucedida pelo Banco Central do Brasil.[4] A par de o art. 12 dessa lei ter ratificado para os *royalties* relacionados à importação de tecnologia o regime de dedutibilidade fiscal, previsto na Lei 3.470/1958, houve a introdução, pelo art. 14, da arbitrária regra de proibição de remessa de *royalties* por uso de marca ou patente (e não por tecnologia!) entre a filial estabelecida no Brasil e a matriz estrangeira, ou entre a sociedade sub-

2. Leciona Egberto Lacerda Teixeira que "a tecnologia ocupa lugar de primazia no processo de desenvolvimento econômico. É o *know-how* que comanda os grandes complexos industriais" ("Tecnologia estrangeira no Brasil – Regime jurídico-fiscal – Intervenção do Instituto Nacional da Propriedade Industrial", *RDM* 13/55).

3. As pequenas alterações foram implementadas pelas Portarias 113/1958, 303/1959, 151/1970 e 60/1994.

4. Conforme o art. 8º da Lei 4.595/1964.

sidiária de cujo capital a titular dos recebimentos (dos *royalties*) no estrangeiro detivesse a *maioria*.

A rigor, esse dispositivo proibitivo – de grande interesse para o estudo vertente –, destinando-se a atingir a sociedade empresária brasileira controlada por estrangeiro, sequer poderia preencher as finalidades a que se propunha, uma vez que os instrumentos jurídicos oferecidos pela Lei Societária em vigor naquele tempo (Decreto-lei 2.627/1940) permitiam ao acionista a aquisição do controle de sociedade anônima sem a necessidade de apropriação de ações representativas da *maioria* de seu capital social, bastando citar, a título ilustrativo, que o sócio estrangeiro poderia perfeitamente se utilizar do mecanismo de emissão de ações preferenciais sem voto (cujo limite era de 50% do capital social) para, então, avocar a si o poder de direção da sociedade, com base na titularidade de 25% do capital da sociedade mais uma ação.[5]

Naquilo que interessa a este ensaio, a Lei 4.131/1962 foi sucedida pela Lei 4.506/1964, diploma que dispunha sobre o imposto sobre a renda, cujo art. 71, parágrafo único, "e", item 2, versava exatamente sobre a limitação de dedutibilidade fiscal para pagamentos de *royalties* vinculados à importação de tecnologia, nos termos adiante reproduzidos:

> Art. 71. A dedução de despesa com aluguéis ou *royalties*, para efeito de apuração de rendimento líquido ou do lucro real sujeito ao imposto de renda, será admitida: a) quando necessária para que o contribuinte mantenha a posse, uso ou fruição do bem ou direito que produz o rendimento; e b) se o aluguel não constituir aplicação de capital na aquisição do bem ou direito, nem distribuição disfarçada de lucros de pessoa jurídica.
>
> Parágrafo único. *Não são dedutíveis*: (...) e) os *royalties* pelo uso de patentes de invenção, *processos e fórmulas de fabricação* ou pelo uso de marcas de indústria ou de comércio, quando: 1) *pagos pela filial no Brasil de empresa com sede no exterior, em benefício da sua matriz*; 2) *pagos pela sociedade com sede no Brasil a pessoa com domicílio no exterior que mantenha, direta ou indiretamente, controle do seu capital com direito a voto*; (...).

Já no início dos anos 90, a Lei 8.383 veio a alterar o regime do art. 71, parágrafo único, "e", item 2, da Lei 4.506/1964, para fins de permitir a dedutibilidade fiscal nessa hipótese, desde que os contratos que importassem transferência de tecnologia viessem a ser averbados perante o INPI e registrados perante o Banco Central do Brasil posteriormente a 31.1.1991, observados os limites previstos na legislação em vigor – vale dizer, na Lei 3.470/1958, regulamentada pela Portaria 436/1958 do Ministério da Fazenda. Confira-se, a seguir, o teor do art. 50 da Lei 8.383/1991:

> Art. 50. As despesas referidas na alínea "b" do parágrafo único do art. 52 e no item 2 da alínea "e" do parágrafo único do art. 71 da Lei n. 4.506, de 30 de novembro de 1964, decorrentes de contratos que, posteriormente a 31 de dezembro de 1991, venham a ser assinados, averbados no Instituto Nacional da Propriedade Industrial (INPI) e registrados no Banco Central do Brasil, passam a ser dedutíveis para fins de apuração do lucro real, observados os limites e condições estabelecidos pela legislação em vigor.
>
> Parágrafo único. A vedação contida no art. 14 da Lei n. 4.131, de 3 de setembro de 1962, não se aplica às despesas dedutíveis na forma deste artigo.

Ocorre que o INPI vem interpretando restritivamente o art. 50 da Lei 8.383/1991,

5. Neste particular, é conveniente esclarecer que o limite de 50% de emissão de ações preferenciais sem voto, previsto no Decreto-lei 2.627/1940, foi aumentado para 2/3 do capital social pela Lei 6.404/1976. Esse percentual, no entanto, voltou para o patamar de 50% após a reforma da Lei das S/A, implementada pela Lei 10.303/2001, em atendimento a interesses de acionistas minoritários, havendo, inclusive, quem defenda o retorno do direito de voto a todas as ações, como forma de reconhecer a relevância da representatividade política do acionista frente à sua companhia.

de modo a condicionar a averbação de contratos de transferência de tecnologia, firmados por sociedade brasileira e sua controladora estrangeira, à limitação do pagamento de *royalties* nos limites de dedutibilidade fiscal previstos na Portaria MF-436/1958.[6]

Segundo o testemunho de profissionais especializados, externado em obras e pareceres jurídicos, a falta de controle legislativo sobre o exercício das atribuições administrativas do INPI conduziu a sucessivas extrapolações de suas prerrogativas, disso resultando indevida intervenção desse órgão nas relações patrimoniais privadas, com injustificada limitação da livre iniciativa econômica.[7]

Quanto ao aspecto cambial, a matéria, antes tratada pelo Comunicado FIRCE-19/1972, é hoje disciplinada pela Carta-Circular 2.795/1998, do Departamento de Capitais Estrangeiros do Banco Central do Brasil, que regulamenta o chamado Registro Declaratório Eletrônico – RDE de operações de transferência de tecnologia, instituído pela Circular 2.816/1998 em substituição aos antigos Certificados de Registro FIRCE.

Muito embora sejam louváveis as medidas empreendidas pelo Banco Central, tendentes à desburocratização do registro de capitais estrangeiros, o resultado não é de se comemorar. Isso porque o art. 2º, o art. 6º e o art. 9º do Anexo à mencionada Carta-Circular vinculam o RDE à análise da operação pelo INPI, tanto para efeitos da concessão do registro pelo Banco Central (arts. 2º e 6º) quanto para o pagamento dos *royalties* (art. 9º).

Mantém-se, pois, a comentada atribuição do INPI de analisar os contratos de transferência de tecnologia, mas não se esclarece a efetiva atribuição desse órgão de interpretar extensivamente as leis tributárias e cambiais, bem como até que ponto pode ele intrometer-se na autonomia privada para determinar a eficácia desses contratos.

Nas linhas a seguir articuladas serão abordados o regime jurídico da coligação entre sociedades e a necessidade de sua harmonização com a disciplina de transferência de tecnologia, como forma de assegurar a concreção de valores fundamentais da atividade econômica, consagrados na Constituição Federal.

3. Concentração empresarial e noção de coligação entre sociedades

Assinalam Lamy Filho e Bulhões Pedreira que a terceira fase da história das companhias tem início no fim do século XIX, quando o processo de concentração de empresas nas economias industrializadas conduziu à formação de grandes grupos e estruturas de sociedades.[8]

A concentração consiste na diminuição do número de empresas que competem no mercado, com o simultâneo aumento de sua dimensão média. Naquela etapa histórica constatou-se que o incremento da capacidade produtiva de uma empresa representava maior diluição das despesas administrativas e dos custos fixos de produção, barateando o produto final. Em uma palavra, o aumento das quantidades fabricadas consistia em efetivo fator de rentabilidade, estimulando o empresariado a buscar a produção em larga escala.

Pode-se afirmar que o processo de concentração se iniciou nos Estados Unidos, pela constituição de *voting trusts*, com a finalidade de reunir em um *trustee* os direitos de voto que assegurassem o controle de uma ou mais companhias (centralização

6. V., por todos, a crítica de Gabriel Francisco Leonardos elaborada em seu *Tributação e Transferência de Tecnologia*, p. 189.

7. Conforme bem registra Egberto Lacerda Teixeira, in "Tecnologia estrangeira no Brasil – Regime jurídico-fiscal – Intervenção do Instituto Nacional da Propriedade Industrial", *RDM* 13/55.

8. O panorama histórico das companhias encontra-se bem examinado pelos referidos autores (Lamy Filho e Bulhões Pedreira) in *Lei das S/A*, 3ª ed., vol. I, pp. 60 e ss.

do poder político em uma entidade), mediante a transferência fiduciária das ações dos interessados. Posteriormente prosseguiram as incorporações, fusões, aquisições de controle e a criação de sociedades *holding* e grupos de sociedades.

Reconhecem-se, assim, dois principais objetivos do referido processo de aglutinação: (i) diminuir a instabilidade a que estão sujeitas as empresas que atuam em mercado altamente competitivo; (ii) obter vantagens propiciadas pela grande dimensão (por exemplo, redução de custos, integração vertical da produção, capacidade econômico-financeira para contrair financiamentos de maior valor e para realizar investimentos de grande porte, maior influência na comunidade local e nos governos).[9]

Com efeito, é lícito sustentar que a concentração empresarial reflete uma necessidade econômica, verificada de tempos em tempos, conforme variações conjunturais de dado setor da economia, conjugadas com a situação econômico-financeira e com os objetivos gerenciais do empresário em particular, em busca da eficiência de sua organização produtiva. Esse enfoque foi, aliás, muito bem desenvolvido por Ronald Harry Coase em artigo intitulado "Industrial organization: a proposal for research", divulgado ainda em 1972 e republicado em 1990 no livro *The Firm, the Market and the Law*.[10]

Sob a perspectiva jurídica, ponderada a partir da intensidade econômica das operações de concentração (isto é, intensidade de agregação dos fatores de produção), são estas classificadas em dois principais grupos: (i) aquele que leva à perda da autonomia individual das sociedades, chegando a uma *integração absoluta* entre elas (por exemplo, fusão e incorporação); (ii) aquele de associação de entidades que conservam sua autonomia, mediante a *integração relativa* das sociedades, que se efetiva tanto pela coligação societária (ou seja, mera participação de uma sociedade em outra) quanto pela criação de grupos de sociedades (organizados formalmente sob uma convenção de grupo) ou, ainda, pela constituição de consórcios.

Importante salientar que a expressão "sociedades coligadas" pode ser empregada em duplo sentido, sendo o primeiro para designar o fato de existir uma relação de participação de uma sociedade no capital de outra (qualquer que seja ela) e o segundo, em caráter estrito, para definir a espécie do vínculo jurídico existente entre duas sociedades, servindo, neste último caso, para distingui-lo da relação de controle e, mais recentemente, segundo o Código Ci-

9. V., por todos, Lamy Filho e Bulhões Pedreira, *Lei das S/A*, 3ª ed., vol. I, p. 62.

10. O artigo soa como convite para que se estudem aprofundadamente as razões pelas quais são feitas as escolhas de organização empresarial, a partir de resultados efetivos, evitando-se julgamentos apriorísticos baseados na suposta tutela da concorrência. Após longa reflexão, o autor conclui no seguinte sentido: "In my view, what is wanted in industrial organization is a direct approach to the problem. This would concentrate on what activities firms undertake, and it would endeavor to discover the characteristics of the groupings of activities within firms. Which activities tend to be associated and which do not? The answer may well differ for different kinds of firm; for example, for firms of different size, or for those with a different corporate structure, or for firms in different industries. It is not possible to forecast what will prove to be of importance before such an investigation is carried out; which is, of course, why it is needed. In addition to studying what happens within firms, studies should also be made of the contractual arrangements between firms (long-term contracts, leasing, licensing arrangements of various kinds including franchising, and so on), since the market arrangements are the alternative to organization within the firm. The study of mergers should be extended so that it becomes an integral part of the main subject. In addition to a study of the effects on the rearrangement of functions among firms through mergers, we also ought to take into account 'dismergers' (the breaking up of firms); the transfer of departments or divisions between firms; the taking on of new activities and the abandonment of old activities; and also – something which tends to be forgotten – the emergence of new firms" (Ronald Harry Coase, "Industrial organization: a proposal for research", in *The Firm, the Market and the Law*, pp. 73-74).

vil (Lei 10.406/2002), da relação de *simples participação*.[11]

A doutrina clássica chegou a discutir a ilicitude da coligação entre sociedades. Messineo assim como Ascarelli defenderam que a participação de uma sociedade em outra, por si só, não poderia ser considerada fraudulenta. Salientavam os comercialistas que, de toda forma, a autonomia jurídica entre as sociedades coligadas pode ser manipulada para fins escusos, casos em que surgiria a mencionada ilicitude. Assim, a autonomia jurídica de cada entidade seria a princípio reconhecível, mas poderia ser negada em determinadas situações concretas.[12]

Desde então, concentrou-se a análise do problema na questão da autonomia das sociedades coligadas, abrangendo não só a hipótese de dano a acionista ou terceiro (geralmente um credor), como igualmente as conseqüências da coligação sob o ponto de vista de dominação dos mercados, quando tal concentração societária tende à prática de atos que prejudiquem a livre concorrência e a livre iniciativa.

Esse postulado de autonomia impõe a não-admissibilidade da subordinação de interesses de duas ou mais sociedades coligadas, afastando a possibilidade de os acionistas minoritários de uma das sociedades ficarem à mercê das decisões tomadas por um grupo de acionistas que dela participem indiretamente, por meio de uma outra sociedade, em cuja assembléia poderiam ser tomadas tais deliberações. Seria o exemplo da sociedade cujos acionistas decidem empreender a construção de uma hidrelétrica, mas, para evitar elevado endividamento para o custeio da empreitada, assim o fazem por intermédio de uma coligada, a cujos diretores determinam sejam tomadas as medidas necessárias para o implemento da pretensão. Assim agindo, esses acionistas indiretos estariam decidindo a sorte da coligada, em um foro que lhe seria absolutamente estranho e, pior, cujo acesso é vedado aos demais minoritários.

Para explicar o problema da quebra da autonomia sob outra abordagem, é válido mencionar a norma expressa no art. 2.361 do CC italiano,[13] que proíbe a participação de sociedade em outra caso disso resulte uma modificação substancial do objeto social da primeira. Em comentário a esse dispositivo, Francesco Ferrara Jr. registra que

11. O exame do sentido amplo da coligação é antigo, e sobre ele se pronunciava Tullio Ascarelli, com as seguintes palavras: "Num sentido mais rigoroso falaremos em coligação, quando uma sociedade for sócia de outra; em controle, quando a participação de uma sociedade em outra for de molde a facultar legalmente o controle da primeira sobre a segunda" (*Problemas das Sociedades Anônimas e Direito Comparado*, 2ª ed., p. 487). A respeito da definição de *coligação societária* no Direito Brasileiro, é fundamental o teor do art. 1.097 do CCde 2002: "Art. 1.097. Consideram-se coligadas as sociedades que, em suas relações de capital, são controladas, filiadas, ou de simples participação, na forma dos artigos seguintes". Ainda segundo afirmado por Tullio Ascarelli, a origem da expressão "sociedades coligadas" no Direito Italiano se encontra na obra de Messineo, *Le Società Collegate*, 1932 (*Problemas das Sociedades Anônimas e Direito Comparado*, 2ª ed., p. 486, nota 1).

12. Logo, insista-se na consistente lição de Ascarelli, que se mantém atual: "A respeito, parece-me possível afirmar, em geral, que a existência de uma sociedade não pode servir para alcançar um escopo ilícito e, portanto, que: a existência de uma sociedade não pode servir para burlar as normas e as obrigações que dizem respeito aos seus sócios; a existência de uma coligação de sociedades não pode servir para burlar as normas e as obrigações que dizem respeito a uma das sociedades coligadas (...). Mas a coligação entre sociedades pode facultar fraudes que afetem os direitos de terceiros credores, seja por meio de típicos atos de fraude contra credores – sujeitos, portanto, às normas da ação pauliana –, seja por meio do recurso à distinção jurídica entre as várias sociedades, para ilidir a observância de determinados compromissos – e, então, neste caso, à vista da fraude, cumprirá atender à existência da coligação e à conseqüente unidade econômica das sociedades coligadas" (*Problemas das Sociedades Anônimas e Direito Comparado*, 2ª ed., pp. 490-493).

13. Leia-se o art. 2.361 do CC italiano: "Art. 2.361. **Partecipazioni.** L'assunzione di partecipazioni in altre imprese, anche se prevista genericamente nell'atto costitutivo, non è consentita, se per la misura e per l'oggetto della partecipazione ne risulta sostanzialmente modificato l'oggetto sociale determinato dall'atto costitutivo (2.379, 2.424-bis, 2.630, n. 3)".

a intenção do legislador foi impedir a alteração do objeto social sem que haja a aprovação dos sócios, revestida das formalidades legais previstas no Direito Italiano para tão grave deliberação social.[14] Diferentemente da hipótese antes referida – em que se usa uma coligada para a prática de atos de interesse exclusivo da sociedade dominante –, a preocupação do legislador italiano projeta-se no desvio praticado pelos administradores de uma sociedade, no exercício da direção social, velado por meio de uma participação em outra sociedade.

Com efeito, há um princípio que preexiste à disciplina legal das sociedades coligadas e que, portanto, deve servir como paradigma interpretativo desse regime jurídico: a existência de uma coligação de sociedades não pode servir para burlar normas e obrigações (legais, estatutárias ou contratuais) que digam respeito a uma das sociedades coligadas, seus acionistas e seus administradores.

E essa manipulação só é possível, em tese, quando uma das sociedades ostente o que tecnicamente se denomina *influência relevante*, ou seja, quando a participação societária confere a seu titular poderes suficientes para sua intervenção na vida interna da coligada.

Daí que, na doutrina, a *influência relevante* surge como elemento fundamental para distinguir as coligadas das demais sociedades que detêm participação em outra, sem que ostentem o *status* de coligação. Assim, é a *influência relevante* que vai determinar a sujeição dessas sociedades a um regime jurídico peculiar, visando à proteção da própria entidade, de seus acionistas (minoritários) e de terceiros com os quais a sociedade contrata.[15]

Há ainda uma constatação fundamental, presente na noção de coligação empresarial, que diz respeito à unidade econômica entre as coligadas.

A questão da unidade econômica transborda a vida interna da sociedade em coligação e volta-se para os direitos de credores e terceiros com os quais a sociedade (constituída a partir da coligação) se relaciona. De certo modo, a unidade econômica opera para equilibrar os efeitos da aplicação do princípio da autonomia jurídica, a fim de que o formalismo do último – inicialmente justificável para evitar a subordinação de interesses – não seja empregado para desviar a responsabilidade das entidades.

Logo, casos fraudulentos justificam a convolação da unidade econômica em unidade jurídica, produzindo a desconsideração do princípio da autonomia jurídica das coligadas, para efeitos de vinculação dos responsáveis.

Ou seja, a unidade das coligadas – uma característica de conteúdo econômico – passa a produzir efeitos jurídicos em situações excepcionais. Como exemplo, tome-se o caso da sociedade que contrata o uso de uma marca ou patente, comprometendo-se a pagar ao titular do direito imaterial, a título de *royalties*, uma porcentagem 10% sobre o montante total da venda dos produtos correlacionados com esse direito. Em

14. Ministra o autor que: "(...). Il divieto – che colpisce soltanto le società per azioni, ma che si referisce anche alle partecipazioni non azionarie – vuole impedire l'attuazione di una sostanziale modificazione dell'oggetto sociale senza che questa sia approvata dai soci con l'osservanza delle formalità disposte dalla legge per una così grave deliberazione" (Francesco Ferrara Jr. e Francesco Corsi, *Gli Imprenditori e le Società*, p. 706).

15. Voltando ao exame da experiência estrangeira, o art. 2.359 do CC italiano adota igualmente a noção de *influência dominante*, definindo as sociedades coligadas nos termos a seguir reproduzidos: "le società sulle quali un'altra società esercita un'influenza notevole. L'influenza si presume quando nell'assemblea ordinaria può essere esercitato almeno un quinto dei voti ovvero un decimo se la società ha azioni quotate in borsa" (art. 2.359, última alínea). Cumpre registrar que o referido art. 2.359, que trata das sociedades coligadas e controladas, foi modificado em várias oportunidades pelo legislador italiano, que o desdobrou em cinco dispositivos (arts. 2.359, 2.359-*bis*, 2.359-*ter*, 2.359-*quater* e 2.359-*quinquies*).

seguida, aquela sociedade constitui uma controlada e com esta celebra um contrato de venda dessas mercadorias, por preço bem inferior ao de mercado, esvaziando, assim, a remuneração a ser paga a quem lhe concedeu os direitos sobre a marca ou patente. Mecanismos como esse, abusivos, não podem prevalecer frente aos legítimos interesses do titular da propriedade industrial, que poderá exigir a correção do abuso, com fundamento na unidade econômica entre essas coligadas, de forma a desconsiderar a autonomia jurídica existente entre elas. Por conseguinte, estendendo à esfera jurídica o referido princípio, poderá ser incluído, para efeitos de pagamento da remuneração do concedente do direito sobre a marca ou patente, o faturamento da entidade controlada, sobre o qual incidirá o percentual dos mencionados *royalties*.

O apelo à unidade jurídica das sociedades coligadas é verificado em diversos microssistemas legislativos – como norma sancionadora –, entre os quais se podem destacar o Código de Defesa do Consumidor (Lei 8.078/1990, art. 28, §§ 2º e 4º), a Lei 8.884/1994 (art. 17), a Consolidação das Leis do Trabalho (Decreto-lei 5.452/1943, art. 2º, § 2º), o Decreto-lei 2.321/1987 (em seu art. 15), que dispõe sobre Regime de Administração Especial Temporária – RAET, além de leis tributárias e previdenciárias, que disciplinam a extensão da responsabilidade entre coligadas para o caso de não-pagamento de tributos e contribuições.

O STJ tem estendido os efeitos da unidade econômica para alcançar a esfera jurídica das coligadas, sobretudo em casos de tutela de interesses do consumidor.[16]

Particularmente, a unidade econômica é substancialmente relevante para o tópico central deste ensaio, respeitante às restrições impostas às sociedades controladas por residentes no exterior para a remessa de *royalties* para sua controladora estrangeira com a qual tenha contratado a transferência de determinada tecnologia.

Como se verá, muito embora o reconhecimento dos efeitos jurídicos da unidade econômica seja medida excepcional e derrogatória da autonomia jurídica das coligadas, parece que o legislador, no caso de que se trata, o acolheu como regra geral.

Antes, porém, é conveniente comentar os aspectos legais do fenômeno da coligação societária, mediante o exame dos conceitos de *sociedade coligada* (em sentido estrito), *controlada* e *controladora* e diferenciando seu regime daquele próprio das sociedades convencionalmente grupadas.

4. Sociedades coligadas, controladoras e controladas

As sociedades coligadas, controladoras e controladas tiveram sua disciplina sistematicamente introduzida no Direito Brasileiro pela Lei 6.404/1976, que lhes reservou o Capítulo XX, fixando, além dos conceitos que lhes são pertinentes, normas de escrituração contábil (art. 243 e arts. 247-250), normas de proteção a credores e acionistas minoritários (arts. 244 e 245) e

16. "Seguro – Legitimidade – BB Corretora – Doença preexistente – Legitimidade passiva da empresa corretora de seguros (BB Corretora de Seguros), integrante do mesmo grupo a que pertence a companhia seguradora integrante do grupo (Aliança Brasil), para responder à ação de cobrança – Precedentes – Doença preexistente – Inexistência de prova da má-fé do segurado – Recurso não conhecido" (STJ, 4ª Turma, REsp 331.465-RO, rel. Min. Ruy Rosado de Aguiar, *DJU* 8.4.2002). E, ainda: "Comercial e processual civil – Contrato de seguro de acidentes pessoais – Legitimidade passiva da empresa corretora pertencente ao mesmo grupo econômico da seguradora – Recurso não conhecido – A empresa corretora do contrato de seguro por acidentes pessoais pertencente ao mesmo grupo econômico da empresa seguradora, valendo-se de toda a estrutura funcional da líder do grupo, tem legitimidade passiva para a causa na ação de execução do contrato por ela intermediado – Recurso especial não conhecido" (STJ, 4ª Turma, REsp 255.637-PB, rel. Min. César Asfor Rocha, *DJU* 10.9.2001).

normas de responsabilidade de administradores (art. 245) e controladores (art. 246).[17]

O vínculo existente entre elas é pautado puramente na titularidade de participação societária. Por essa razão, os usos e a doutrina a ele se referem como *grupo de fato*.

A esse respeito, confira-se a lúcida interpretação de Modesto Caravalhosa: "Caracterizam-se a coligação e o controle como modalidades fenomenológicas de concentração empresarial em que as sociedades envolvidas mantêm sua identidade e, assim, sua personalidade jurídica e seu patrimônio individualizado, formando, pela participação relevante no capital das sociedades envolvidas, um grupo societário de fato, e, assim, uma entidade econômica de relevância jurídica, que demanda a observância de diversos procedimentos legais, tais como a publicidade em notas explicativas constantes do relatório anual e a elaboração de balanços anuais consolidados mediante o critério de equivalência patrimonial, para o conhecimento de terceiros, do mercado, do Fisco e das autoridades administrativas (...). As sociedades integrantes dessa entidade econômica (grupo de fato ou não-convencional) devem manter sua individualidade estrita de seus objetivos empresariais e da formulação de suas políticas e estratégias, visando precípua e unicamente ao seu próprio interesse social".[18]

Regime amplamente distinto é o do chamado *grupo de direito*, regulado pelos arts. 265 e ss. da Lei 6.404/1976.

O *grupo de direito*, a que a lei se refere, no Capítulo XXI, como *grupo de sociedades*, consiste em uma forma bem mais complexa de relacionamento entre sociedades, devidamente disciplinada na convenção de grupo, cujo conteúdo mínimo está previsto na lei (art. 269 da Lei 6.404/1976) e sujeito à formalidade de publicidade e registro (art. 271 da Lei 6.404/1976). Nessa espécie de concentração empresarial as sociedades podem contratar a coordenação e a subordinação de interesses, razão pela qual a adesão ao grupo deve ser formalizada pelos órgãos deliberativos de cada uma das sociedades (art. 270 da Lei 6.404/1976).

Justamente tendo em vista a possibilidade de subordinação de interesses, a lei faculta o exercício do direito de retirada ao acionista dissidente da decisão de adesão ao grupo, mediante o reembolso do valor de suas ações (art. 136 c/c o art. 137 e art. 45, todos da Lei 6.404/1976) e a obrigatoriedade da nacionalidade brasileira da sociedade controladora do grupo (art. 265, § 1º, da Lei 6.404/1976).[19]

17. O diploma societário anterior – Decreto-lei 2.627/1940 – não cuidou da concentração econômica. No entanto, fez referência à participação de uma sociedade em outra, determinando que o valor dessa participação estivesse discriminadamente escriturado em balanço patrimonial (art. 135, § 2º). Já nessa etapa se constata a preocupação do legislador em conferir transparência às relações entre sociedades, o que veio a ser substancialmente aprimorado na Lei 6.404/1976.

18. Modesto Carvalhosa, *Comentários à Lei de Sociedades Anônimas*, vol. 4, t. II, p. 11.

19. Acerca dos *grupos de fato* e *grupos de direito*, a lei brasileira, embora não prime pela ótima sistematicidade (diante da dispersão de normas sobre coligação tanto na Lei 6.404/1976 quanto no Código Civil de 2002), encontra-se em posição vantajosa relativamente a outros países de raiz romano-germânica, como a Argentina, cujo ordenamento é omisso a respeito daquela distinção, reconhecida, no entanto, pela boa doutrina de Raúl Aníbal Etcheverry: "Distinguidos autores utilizan las palabras 'grupo' y 'agrupamiento' como sinónimo. Sin embargo, para nosotros, lo que distingue al primero de los segundos es que en el grupo se impone alguna fuerza de subordinación, en tanto que en los agrupamientos empresarios primaría la colaboración o cooperación. Empero, la cuestión no es tan sencilla y podemos decir que las funciones a veces adquieren perfiles no nítidos o se entremezclan, lo que indica la necesidad de legislar el fenómeno, en protección de socios y terceros, y no solamente en situaciones en que una o todas las empresas se encuentran en cesación de pagos (...). Los grupos de sociedades o conjuntos económicos no fueron legislados aún en nuestro Derecho, salvo las agrupaciones contractuales de colaboración (AC y UTE)" (*Contratos Asociativos, Negocios de Colaboración y Consorcios*, p. 164).

As sociedades coligadas, em sentido estrito, são, conceitualmente, aquelas que detêm a participação de 10% ou mais no capital de outra, sem controlá-la. Esta é a definição legal, prevista no art. 243 da Lei 6.404/1976 e reproduzida no art. 1.099 do CC de 2002.

Nesse aspecto, o Código Civil de 2002 positivou no ordenamento brasileiro a sinonímia entre as expressões "coligada" e "filiada",[20] antes reservada unicamente para as sociedades que integrassem formalmente um grupo, por meio da correspondente convenção.[21] Sem dúvida, a ninguém interessa a manutenção desse duplo sentido de "filiada" no Direito Brasileiro, em razão dos erros de interpretação que tal duplicidade pode produzir. Logo, não é coincidência o fato de o Projeto de Lei da Câmara 7.160/2002, de autoria do deputado Ricardo Fiúza, ter entre suas propostas a alteração do art. 1.097 e do art. 1.099 do Código de 2002, com vistas à exclusão da expressão "filiada", afastando sua antes criticada equivalência com o conceito legal de sociedade coligada em sentido estrito.

No sistema brasileiro há uma presunção legal e absoluta de *influência relevante* na hipótese de uma sociedade participar de outra com 10% ou mais de seu capital social. Pelo conceito do art. 243, § 1º, infere-se – como já ministrava Rubens Requião[22] – que a falta de controle é que caracteriza a coligação (*stricto sensu*) entre sociedades, as quais assim permanecem em um plano horizontal, sem que haja hierarquia entre elas.

Quanto ao conceito de "sociedade controladora", cabe formular, ainda que sucintamente, alguns comentários sobre o significado, a natureza e a extensão do poder de controle.

A doutrina do poder de controle surgiu a partir do estudo das relações de poder nas sociedades empresárias. Em meio ao conflito de interesses entre os diversos personagens que se fazem presentes na vida societária, a Ciência do Direito intervém para estabilizar suas relações jurídicas, seja tutelando os interesses do sócio minoritário,[23] do empregado, dos credores e da comunidade em geral, seja fixando deveres e responsabilidades para o cotista ou acionista que dirige a sociedade empresária.

A definição do poder de comando é sempre feita em função da assembléia-geral (podendo ser igualmente pela reunião de sócios, no caso das sociedades limitadas), que constitui a última instância societária. Nessa linha, Tullio Ascarelli define o controle como a possibilidade de uma ou mais pessoas imporem sua decisão à assembléia da sociedade.[24]

Apesar de concordar com o jurista italiano, Comparato defende que a assembléia

20. "Art. 1.099. Diz-se coligada ou filiada a sociedade de cujo capital outra sociedade participa com 10% (dez por cento) ou mais, do capital da outra, sem controlá-la."

21. V. arts. 265, § 1º, 266, 269, II, 271, III, e §§ 1º e 3º, 273, 275, § 3º, 276, §§ 1º e 3º, e 277, §§ 1º, 2º e 3º, todos da Lei 6.404/1976.

22. Rubens Requião, *Curso de Direito Comercial Terrestre*, vol. II, p. 227.

23. Conforme muito bem salientado por Fábio Ulhoa Coelho, o termo "minoria" não se refere à quantidade de cotas ou ações detidas pelo sócio minoritário, mas sim a seu poder político na sociedade, que permanece sob a dominação dos sócios controladores. Portanto, "não há relação direta entre o poder e a proporcionalidade na subscrição das ações da companhia. Os negócios sociais podem ser dirigidos pelos acionistas que menos aportes realizaram na sociedade (...). Quando se fala, portanto, em maioria e minoria, no contexto das relações entre acionistas, as expressões não dizem respeito à maior ou menor participação no capital social, mas, sim, à maior ou menor influência na condução dos negócios da sociedade" (*Curso de Direito Comercial*, vol. 2, p. 273).

24. Nas palavras de Ascarelli: "Controllo – e cioè possibilità di uno o più soggetti di imporre la propria decisione all'assemblea della società – che potrà poi derivare ora dalla misura e dalla qualificazione (data la possibilità di azioni a voto limitato) della partecipazione sociale (potendo allora essere maggioritaria o minoritaria a seconda che la possibilità ipotizzata presupponga la proprietà della maggioranza azionaria o invece sia sufficiente anche la proprietà di una minoranza delle azioni), ora anche da vincoli contrattuali della società" (*Problemi Giuridici*, p. 267, nota 23).

nada mais é que um instrumento jurídico, previsto em lei, para fins de legitimar o exercício do poder de controle. Mas – continua o jurista – essa legitimação é meramente formal ou procedimental, pois pode até ocorrer que o verdadeiro titular do poder decisório não seja acionista, mas sim uma figura externa à sociedade, que impõe sua vontade, perante a qual se curva a assembléia-geral. É o caso da modalidade de controle externo, da figura de poderoso credor contratual, que, ao exercer seu poder de dominação, determina, por exemplo, a reorganização empresarial da sociedade devedora. Esse fenômeno do controle externo apóia-se essencialmente em uma situação de fato, em que há *influência dominante* (não apenas *relevante*) da entidade externa.[25]

O controle externo não é admitido pela Lei 6.404/1976, vez que tanto o art. 116 quanto o art. 243 (adiante examinados) exigem a titularidade de *direitos de sócio*.[26]

Outro ponto de grande relevância do estudo do poder de controle diz respeito à sua natureza jurídica, ainda controversa.

Comparato analisa o tema sob o ponto de vista subjetivo, com a finalidade de defender a natureza pessoal do controle, de modo a defini-lo como faculdade de disposição dos bens alheios – ou seja, pertencentes à sociedade – como prerrogativa própria, exercida pela pessoa do controlador.

Diversamente, destaca-se na doutrina nacional a convincente construção de Rubens Requião, que pondera a natureza de coisa incorpórea do controle, a agregar às ações um sobrevalor, consistente no poder de dirigir a companhia, diferenciando-as, portanto, daquelas ações que conferem os habituais direitos outorgados aos acionistas, previstos em lei e no estatuto social.

De fato, os usos corroboram a sustentação de Rubens Requião. Os candidatos à aquisição de ações representativas do bloco de controle de uma companhia têm ciência de que sobre seu valor recai um *plus* pecuniário, correspondente às prerrogativas de seu adquirente, que, a partir de então, difundirá a nova ordem social.

Com referência à disciplina legislativa, o arcaico art. 254 da Lei 6.404/1976 – segundo a redação aprovada em 1976, após a *Emenda Lehman*, com origem no Senado Federal[27] – obrigava ao interessado na aqui-

25. Nesse ponto, a Lei 6.404/1976 destoa da legislação de alguns países, com tradição no direito societário, que admitem o controle externo, como a italiana (art. 2.359, 3ª alínea, do CC italiano, de 1942, com a redação dada pelo Decreto-lei de 8.4.1974, n. 95, convertido na Lei de 7.6.1974, n. 216, e alterado posteriormente pelo Decreto-lei de 9.4.1991, n. 127); a alemã (Lei de Sociedades alemã, de 1965, §§ 15 e ss.) e a sueca (Lei sueca, de 1944). Todas essas legislações consagram a expressão "influência dominante", dando margem à ocorrência do controle externo da empresa.

26. Entretanto, mencione-se a existência de trabalhos acadêmicos nos quais se defende a admissibilidade no Direito Brasileiro da modalidade de controle externo, valendo citar a dissertação de Mestrado de Ricardo Ferreira de Macedo, publicada sob o título *Controle Não-Societário* (2004).

27. Os autores do Anteprojeto não inseriram nesse dispositivo a obrigatoriedade de oferta pública para aquisição de controle de companhia aberta. Após a emenda, com origem no Senado, e quando da sanção e promulgação da Lei das S/A, os professores Lamy Filho e Bulhões Pedreira endereçaram carta ao Ministro da Fazenda, Mário Henrique Simonsen, sugerindo o veto a tal artigo. Sustentaram os juristas que essa medida (oferta pública), sem precedentes no Direito Estrangeiro, viria a afetar a abertura de capital pelas companhias, uma vez que alterava drasticamente o regime de alienação do controle de companhia aberta. Para maiores comentários a respeito, inclusive com relação às razões históricas que motivaram a emenda ao art. 254, v. Lamy Filho e Bulhões Pedreira, *A Lei das S/A*, 3ª ed., vol. I, pp. 285-292.

Confira-se a redação do art. 254, tal como promulgada em 1976:

"Art. 254. A alienação do controle da companhia aberta dependerá de prévia autorização da Comissão de Valores Imobiliários.

"§ 1º. A Comissão de Valores Mobiliários deve zelar para que seja assegurado tratamento igualitário aos acionistas minoritários, mediante simultânea oferta pública para aquisição de ações.

"§ 2º. Se o número de ações ofertadas, incluindo as dos controladores ou majoritários, ultrapassar o máximo previsto na oferta, será obrigatório o rasição do controle de companhia aberta a realização de oferta pública de compra de todas as ações com direito a voto,[28] nas mesmas bases daquelas previstas para as ações representativas do controle. Esse dispositivo foi revogado pela Lei 9.457/1997, por nítidos interesses da Administração Pública (visando à facilitação das privatizações, usualmente realizadas por venda em leilão das ações do controle de companhias estatais).

O conceito de oferta pública para aquisição do controle de companhia aberta foi *reintroduzido* na Lei 6.404/1976 pela Lei 10.303/2001. Não por acaso, o art. 254-A foi promulgado, no sentido de obrigar o adquirente do controle de companhia aberta a formular aos demais acionistas (detentores de ações com direito a voto) proposta que tenha como base 80% do valor ofertado para a compra das ações representativas do controle. Após longas e acaloradas discussões no Congresso Nacional (entre aqueles que pretendiam o retorno do art. 254, em sua integralidade, e aqueles que defendiam a exclusão da oferta pública), elegeu-se uma fórmula de equilíbrio, que bem evidencia o sobrevalor das ações representativas do controle, nos termos defendidos por Rubens Requião.

Sendo o controle, assim, passível de negociação entre os interessados em avocar a direção da sociedade, nada mais natural que inferir sua condição de objeto de direito, classificando-o, nesse sentido, como bem intangível, pertencente ao titular de um número estratégico de ações, suficiente a lhe assegurar a hegemonia nas decisões assembleares.

O legislador de 1976 adotou esse modelo, ao descrever analiticamente o controle no art. 116 da Lei das S/A: "Art. 116. Entende-se por acionista controlador a pessoa, natural ou jurídica, ou o grupo de pessoas vinculadas por acordo de voto, sob controle comum, que: a) é titular dos direitos de sócio que lhe assegurem, de modo permanente, a maioria dos votos nas deliberações da assembléia-geral e o poder de eleger a maioria dos administradores da companhia; e b) usa efetivamente seu poder para dirigir as atividades sociais e orientar o funcionamento dos órgãos da companhia".

Há nesse poder, por conseguinte, um aspecto dinâmico, que apenas se satisfaz pela permanente atuação do titular das funções de dirigente, pressuposto para a configuração daquela situação jurídica.

Portanto, na hipótese de um acionista, proprietário de pouca quantidade de ações, vir a fazer predominar seus propósitos de *modo permanente*, ou seja, por três sucessivas deliberações assembleares, segundo fixado por norma regulamentar,[29] ter-se-á caracterizado o poder de controle, pois que haverá uma presumida estabilidade na direção da sociedade, centrada naquela pessoa.

Com específica referência às sociedades controladoras, define o art. 243, § 2º, que: "§ 2º. Considera-se controlada a sociedade na qual a controladora, diretamente ou através de outras controladas, é titular de direitos de sócio que lhe assegurem, de modo permanente, preponderância nas deliberações sociais e o poder de eleger a maioria dos administradores".

Como se vê, o legislador empregou, no § 2º do art. 243, o termo "preponderân-

teio, na forma prevista no instrumento da oferta pública.

"§ 3º. Compete ao Conselho Monetário Nacional estabelecer normas a serem observadas na oferta pública relativa à alienação do controle de companhia aberta."

28. A questão não era pacífica, devido à ambigüidade da expressão "acionistas minoritários", que pode abranger a minoria com direito a voto ou, como comumente ocorre, a minoria sem voto; entretanto, diante do teor da Resolução 401, de 22.12.1976, do Conselho Monetário Nacional, tornada pública pelo Banco Central do Brasil, a tendência da doutrina era interpretar o dispositivo legal para abranger exclusivamente minoritários com direito a voto.

29. Conforme disposto pelo Conselho Monetário Nacional, via Resolução 401, de 22.12.1976, tornada pública pelo Banco Central do Brasil.

cia", com o declarado escopo de incluir no conceito de sociedade controladora a modalidade de controle indireto (igualmente referida no dispositivo), atribuindo, assim, deveres e responsabilidades a quem, de fato, toma as decisões da vida social, ainda que por interposta pessoa. A preponderância, aqui, funciona como uma *influência relevante qualificada* (vez que se trata do próprio poder dominante), de modo que dispensa os rigores do formalismo, a exigir, em tese, o efetivo comparecimento e exercício do direito de voto da controladora na assembléia-geral da controlada.

Há quem diga que entre a sociedade controladora e a sociedade controlada forma-se um vínculo societário vertical ou de subordinação, tendo em conta as prerrogativas de direção tituladas pela primeira. Ainda que se possa admitir esse raciocínio, deve-se registrar que essa hierarquia não corresponde à submissão dos interesses de uma sociedade à outra, o que é vedado pela lei e pelos princípios de coligação, notadamente o princípio da autonomia jurídica, anteriormente comentado.

Assim, por tudo que acima se disse acerca da noção de coligação empresarial, as sociedades coligadas e controladoras estão obrigadas a observar normas que se destinam a conferir transparência a essa relação e a tutelar os interesses de acionistas minoritários e terceiros, dentre as quais se devem comentar, na Lei 6.404/1976, os dispositivos adiante indicados.[30]

(i) O *art. 244* veda a participação recíproca entre tais sociedades. A norma visa a assegurar a integridade do capital social, equiparando a situação (de participação recíproca) à compra de ações emitidas pela própria companhia (o que é proibido, em regra, pelo art. 30).

Há uma presunção legal no sentido de considerar que a controlada, ao adquirir ações emitidas por sua controladora, está devolvendo à última aquilo que teria recebido a título de integralização do capital (assim como ocorreria com a companhia que compra suas próprias ações, devolvendo ao acionista o numerário que antes recebera em sua capitalização).[31]

Essa presunção do legislador não é absoluta, e encontra uma exceção prevista na própria lei, de modo taxativo.

Logo, tal exceção – dispõe o § 1º do art. 244 – coincide com a situação cujas condições autorizam a aquisição pela companhia de suas próprias ações (art. 30, § 1º, "b").

Essas condições são: (a) que tal aquisição seja realizada com base em lucros ou reservas, exceto a legal; (b) que o escopo da aquisição seja a manutenção das ações em Tesouraria ou seu cancelamento, sem diminuição do capital social.

A vinculação dessa aquisição à existência de lucros ou reservas, exceto a legal, justifica-se em virtude de tais fundos corresponderem, a princípio, aos frutos gerados pela atividade social e, assim, constituírem, em tese, valores distintos daqueles percebidos pela companhia quando da integralização do capital. A exclusão da reserva legal é motivada pela sua especial

30. Ao lado dessas normas, há dispositivos presentes em microssistemas legislativos que tratam da matéria, de forma casual e não sistemática. Dentre eles, é interessante citar a Lei de Reforma Bancária, Lei 4.595/1964, que hoje funciona como verdadeiro Estatuto da Atividade Bancária (ao menos até que seja aprovado pelo Congresso Nacional o Projeto de Lei Complementar 47/1991, que dispõe sobre o Sistema Financeiro Nacional). O art. 34 desse diploma veda às instituições financeiras a concessão de empréstimos tanto a seus administradores quando às sociedades nas quais tais administradores participem com 10% ou mais no capital social (art. 34, V). Aqui, o legislador equipara a posição do administrador da controlada e do da controladora, vez que o último poderia, mantendo seu poder de influência na controlada, utilizar-se da autonomia entre as sociedades para obter vantagens indevidas.

31. Equivalendo, assim, a uma operação de descapitalização da companhia, o que só se admitiria pelo processo de redução do capital social – arts. 173 e 174 da Lei 6.404/1976 –, que, a um só tempo, exige justificação e ostenta regras peculiares de proteção a acionistas e credores.

destinação, que é a manutenção da integridade do capital social, só podendo ser utilizada em casos de aumento do capital ou reposição de perdas (art. 193, § 2º). Já a referência à manutenção das ações em Tesouraria ou seu cancelamento visa a impedir a manipulação do exercício do direito de voto, vez que as ações em Tesouraria têm desde logo tal direito suspenso (art. 30, § 4º). Aliás, o legislador, em clara redundância, reafirmou a suspensão do direito de voto das ações abrangidas pela participação recíproca entre controladas e controladoras (art. 244, § 2º).

(ii) O *art. 245*, à luz do princípio da autonomia jurídica das coligadas, controladoras e controladas, veda o favorecimento de uma sociedade em detrimento de outra ou em desfavor de acionistas minoritários, devendo os administradores *zelar para que as operações entre as sociedades, se houver, observem condições estritamente comutativas, ou com pagamento compensatório adequado.* Esse mesmo dispositivo determina a responsabilidade dos administradores, perante a companhia, pelo descumprimento desse dever.

Fácil perceber que a norma sob enfoque exige objetivamente do administrador das entidades envolvidas conduta proba e não-tendenciosa, independentemente do fato de ele (administrador) participar da direção de duas ou mais sociedades coligadas (aqui consideradas em sentido amplo), o que é muito comum na prática, mas que pode vir a gerar grave conflito de interesses. No caso de inobservância da regra disposta no art. 245, a responsabilidade do administrador obedece a um regime próprio, distinto do art. 158 (pautado, segundo grande parte da doutrina, na responsabilidade subjetiva no caso do inciso I, e subjetiva com culpa presumida, no caso do inciso II). Como no art. 245 a aferição do descumprimento do dever é realizada em patamares absolutamente objetivos, sem levar em conta a vontade interna do administrador, a responsabilidade deve ser igualmente objetiva, prescindindo da comprovação de culpa.

Em negócios empresariais de menor monta (a maioria no Brasil), casos de conflito de interesses podem ser originalmente produzidos pelos sócios das coligadas e projetados na pessoa dos administradores, indicados pelos primeiros ou cujos cargos são inclusive ocupados pelos próprios empreendedores. Por exemplo, tome-se uma associação entre uma companhia de navegação, uma de transporte multimodal e outra de armazéns, que se unem com o específico propósito de explorar um terminal portuário, cujos serviços (de carregamento e descarregamento de containeres) serão executados com os equipamentos da transportadora, sob a marca da companhia de navegação, ofertando aos clientes a armazenagem de produtos segundo a tecnologia transferida pela empresa de armazéns. Cada um desses contratos (prestação de serviços, concessão de uso da marca e transferência de tecnologia), assinados entre sociedades coligadas, deverá observar os padrões de mercado (art. 244 da Lei 6.404/1976), para que nenhuma das sócias seja prejudicada tanto em seu próprio contrato (se celebrado a preço vil) quanto nos contratos entre a sociedade de propósito específico e as demais coligadas (se a remuneração estiver acima dos valores usualmente praticados para contratações similares).

(iii) O *art. 246* cuida dos deveres e responsabilidades da sociedade controladora, sujeitando-a às disposições dos arts. 116 e 117, que tratam dessas matérias, relativamente à pessoa do sócio controlador. Aquele dispositivo, assim, reafirma não apenas o princípio da autonomia jurídica, mas sobretudo a ausência de subordinação de interesses entre as controladoras e controladas, ainda que, como já acima observado, haja uma nítida relação de hierarquia entre ambas.

O conteúdo do art. 246 mostra-se igualmente relevante para a solução de conflito de interesses, sobretudo quando alguns acionistas de uma das coligadas não o são da outra. Nesse caso, Ascarelli sugere que se recorra aos princípios aplicáveis em caso de conflito de interesses entre acionistas e a companhia, sobretudo para o exercício do direito de voto e a tomada das deliberações sociais, implicando tanto o impedimento daquele que estiver na posição de conflito (art. 115, § 1º, da Lei 6.404/1976) quanto a anulabilidade da deliberação tomada por força do voto proferido nessas circunstâncias (art. 115, § 4º, da Lei 6.404/1976).[32]

Esses dois últimos pontos – comutatividade contratual e responsabilidade das controladoras – são fundamentais para os fins deste estudo, pois representam, em uma palavra, os mecanismos previstos em lei para concreção da função sócio-econômica do contrato de transferência de tecnologia celebrado entre controladora e controlada.

Cabe, pois, explorá-los com maior profundidade – o que será feito no tópico adiante apresentado.

5. Controladoras estrangeiras, controladas brasileiras e a transferência de tecnologia

A valoração do problema da coligação societária ganha novas bases a partir do exame da contratação de transferência de tecnologia entre sociedades controladoras estrangeiras e sociedades controladas brasileiras. Nesse ponto, a análise jurídica vem se mostrando sensível a ideologias que vão desde a defesa da empresa nacional até questões políticas, entre as quais se destacam o papel do país na comunidade internacional e a manutenção da soberania nacional, frente à influência exercida por agentes externos.

Na doutrina jurídica, Lamy Filho e Bulhões Pedreira tratam da figura da *empresa transnacional* nos seguintes termos:

O processo de crescimento da macroempresa não se deteve nas fronteiras nacionais, e o Pós-Guerra assistiu a uma expansão, sem precedentes, de internacionalização das empresas – não mais na busca de mercado para os bens produzidos em um país (como a tradição do comércio), mas, sim, através da criação, em diversos países, de unidades de produção que utilizam força de trabalho e matérias-primas locais para produzir bens padronizados, empregando tecnologia desenvolvida exclusiva ou predominantemente no país-sede da empresa.

A principal razão econômica para a criação desse tipo de organização é o aumento da escala dos mercados de produtos e fatores de produção em que a empresa pode explorar diretamente (ao invés de mediante licenciamento de patentes ou transferência de *know-how*) as inovações tecnológicas que cria. A produção em cada mercado consumidor evita barreiras alfandegárias; a localização das unidades produtivas em diferentes mercados de trabalho e de matérias-primas permite à empresa otimizar sua atividade mediante distribuição por diversos países do volume total de produção; e a maior escala dos mercados diminui o risco e aumenta a rentabilidade dos investimentos em pesquisa científica e tecnológica e em desenvolvimento de produtos e processos produtivos.[33]

As ponderações articuladas pelos referidos juristas levam desde logo a uma questão que não pode passar desapercebida neste estudo: há que se diferenciar a *empresa transnacional* que explora diretamente a atividade econômica em países outros que não aquele de sua sede e aquela que, ao contrário, explora tal atividade indiretamente, por sociedades controladas.

No primeiro caso, a *empresa transnacional* expande-se por meio de constituição de filiais no exterior, enquanto no segundo caso ela o faz por meio de constituição de sociedades controladas ou coliga-

32. Ascarelli, *Problemas das Sociedades Anônimas e Direito Comparado*, 2ª ed., p. 493.

33. Lamy Filho e Bulhões Pedreira, *Lei das S/A*, 3ª ed., vol. I, p. 72.

das (denominadas subsidiárias) ou, ainda, pela celebração de instrumentos jurídicos estranhos ao direito societário (como, por exemplo, a outorga de franquia).

A estratégia de constituição de filiais nem sempre é a mais adequada, pois que, nesse caso, a empresa desenvolvida fora do país de origem continua pertencendo a um *estrangeiro*, sem, portanto, obter os benefícios da nacionalização no local da expansão.

Tratando do regime brasileiro sobre o tema de filiais de sociedades estrangeiras, o Decreto-lei 2.627/1940 (antiga Lei de Sociedades por Ações) foi mantido em vigor pelo art. 300 da Lei 6.404/1976, tendo sido revogado pelo Código Civil de 2002, que disciplina a matéria nos arts. 1.134 e ss.

Nesse sentido, o Código Civil de 2002 manteve substancialmente a disciplina do antigo decreto-lei, sujeitando a sociedade estrangeira, que pretenda funcionar no país sob *estabelecimentos subordinados*,[34] à obtenção perante o Poder Executivo de prévia autorização para essa finalidade – o que, na prática, gera uma morosidade incompatível com a dinâmica da vida econômica.

Não obstante, a manutenção do regime da autorização para o funcionamento de sociedades estrangeiras é plenamente justificável e não chega a representar um descompasso entre o legislador e a realidade econômica (ainda que globalizada!).

Efetivamente, a sociedade estrangeira que pretenda empreender diretamente sua atividade no país pode subordinar o funcionamento da empresa a seus exclusivos interesses, que nesse caso podem significar a exploração exaustiva do empreendimento, sem qualquer compromisso sócio-desenvolvimentista e com a finalidade única de obter o máximo de retorno pecuniário à matriz. Guardadas as devidas proporções, essa estratégia de expansão econômica remonta às expedições colonizadoras dos séculos XVI e XVII, organizadas sob a forma de companhia,[35] que usaram e abusaram de seus poderes privilegiados para retirar das colônias todo tipo de proveito possível.

Nesse raciocínio, a plena liberdade de constituição no país de sociedade controlada pela sociedade estrangeira não constitui paradoxo ao regime da autorização para o estabelecimento de filiais. A despeito de muitos juristas equipararem essas situações (filial *vs.* controlada), em virtude da presença, em ambas, de uma *empresa transnacional* no *comando* da atividade,[36] a principal e mais relevante distinção consubstancia-se na proibição legal da subordinação dos interesses da controlada aos da controladora (impedindo a exploração desenfreada e descompromissada da empresa), nos termos acima expostos, e que serão retomados adiante.

34. "Art. 1.134. A sociedade estrangeira, qualquer que seja o seu objeto, não pode, sem autorização do Poder Executivo, funcionar no país, ainda que por estabelecimentos subordinados, podendo, todavia, ressalvados os casos expressos em lei, ser acionista de sociedade anônima brasileira." Cabe observar que o conceito de sociedade estrangeira continua sendo, pelo Código Civil de 2002, aquela que não mantenha no país a sede de sua administração, nos termos da redação do art. 1.126.

35. Relembre-se que a organização societária das companhias colonizadoras dos séculos XVI e XVII é referida como o embrião do atual modelo de sociedade anônima.

36. Como exemplo de autorizada opinião que parece equiparar tais situações, cite-se a de Jorge Lobo, em sua monografia específica sobre o tema (*Grupo de Sociedades*). No Capítulo Segundo do Livro Segundo da mencionada obra, o autor, ao tratar das sociedades coligadas, controladoras e controladas, assina a seguinte passagem: "Interessa ao Estado, para coibir abusos e defender a economia nacional contra a expansão imperialista das grandes organizações internacionais, conhecer a ligação que existe, no país, entre as entidades que exploram certas indústrias-chave. As publicações nos balanços das empresas de energia hidrelétrica, se bem que nem todas obedientes aos preceitos do decreto-lei, mostram a coligação delas e o domínio de uma, com sede no exterior, sobre as sociedades-filhas aqui existentes. Seria insensato repelir a cooperação do capital e da técnica estrangeiros. Precisamos, ao contrário, atraí-los. Mas ao Estado compete controlar e fiscalizar as atividades econômicas que têm influência decisiva sobre os nossos destinos, quer exploradas por brasileiros, quer por estrangeiros" (p. 97).

Por conseqüência, muito mais vantajoso para a sociedade estrangeira é, inclusive do ponto de vista ético, a constituição no país de sociedade coligada ou controlada. Além da questão moral, a sociedade estrangeira obtém, pela sua controlada, plena equiparação constitucional às sociedades brasileiras, já que, como dito, a Emenda Constitucional 6, de 15.8.1995, consolidou o tratamento isonômico entre empresas brasileiras de capital nacional e de capital estrangeiro, como resultado da revogação do inciso IX do art. 170, e do art. 171.

A Lei 6.404/1976 não teve o objetivo de disciplinar os investimentos estrangeiros externos, quando realizados por um *veículo* societário. Segundo declarado pelos autores de seu Anteprojeto, a lei visou às conveniências do empresariado nacional, sem pretender favorecer a proliferação das transnacionais em território brasileiro.[37]

Em certas passagens, porém, a Lei 6.404/1976 procurou regular as relações entre investidores estrangeiros e o empresariado brasileiro, sob o ponto de vista estritamente societário, introduzindo os dispositivos adiante referidos:

(i) O *art. 245* – já exaustivamente comentado – responsabiliza o administrador que, em prejuízo da companhia, favorece sociedade coligada (aqui entendida em sentido amplo). Como acima ventilado, nos chamados *grupos de fato* não se admite a subordinação de interesses, por força do princípio da autonomia jurídica entre as sociedades.

(ii) O *art. 265, § 1º*, apenas permite a constituição do grupo de sociedades (os chamados *grupos de direito*), no qual se faculta a subordinação de interesses, por sociedade controladora brasileira.

(iii) O *art. 251* só admite a subsidiária integral (sociedade dependente exclusivamente de uma outra, que detém a totalidade de suas ações) constituída por sociedade brasileira, vez que nessa modalidade societária inexiste a figura do acionista minoritário, que poderia, de certa forma, fiscalizar e impedir a subordinação dos interesses da subsidiária pelo controlador estrangeiro.

(iv) O *art. 119* trata da representação do acionista domiciliado no exterior, que deverá indicar mandatário e outorgar-lhe poderes para receber citação em ações judiciais propostas em face dele. O *parágrafo único* desse dispositivo reconhece a qualquer mandatário do acionista residente no exterior, que exercer qualquer de seus direitos de sócio, legitimidade para receber citação judicial, independentemente da efetiva outorga desses poderes pelo acionista.

Deve-se registrar que a lei brasileira sempre exigiu que as empresas estrangeiras autorizadas a funcionar no país constituíssem mandatários com poderes para receber citação (art. 67 do Decreto-lei 2.627/1940 e art. 1.138 do CC de 2002). Na prática, o expediente também é adotado no âmbito dos contratos internacionais, pelos quais as partes usualmente são obrigadas a indicar um *process agent*, outorgando-lhe aqueles poderes. Vale observar que há, inclusive, escritórios especializados na prestação desses serviços, que gozam de confiabilidade nos locais onde atuam e que, em geral, são indicados pelo próprio interessado (ou seja, pela contraparte resguar-

37. Na oportunidade de discussão pública do Projeto de Lei de S/A, inúmeras críticas foram feitas por políticos, empresários e advogados. Dentre os últimos, Modesto Carvalhosa chegou a afirmar, em depoimento à *Comissão Parlamentar de Inquérito para Investigar o Comportamento e as Influências das Empresas Multinacionais e do Capital Estrangeiro no Brasil*, na Câmara dos Deputados (sessão de 16.9.1975) que "o Anteprojeto de Reforma da Lei das S/A, se transformado em lei com a redação atual, poderia ampliar ainda mais a desnacionalização da economia do país". A OAB, por sua vez, encaminhou ao Presidente da República, pelo Ofício de 19.3.1976, memorial com considerações e sugestões sobre o referido Anteprojeto, que conteria, na opinião da entidade, "dispositivos de atendimento a empresas multinacionais, de discutível interesse para as empresas nacionais" (Alfredo Lamy Filho e José Luiz Bulhões Pedreira, *Lei das S/A*, 3ª ed., vol. I, pp. 170 e 201).

dada pela facilidade de citar o outorgante, em caso de demanda judicial).

Ocorre que até a edição da Lei 6.404/1976 havia uma lacuna legal para o caso de empresa estrangeira que atuasse no país por intermédio de uma outra sociedade. Com o avanço do fenômeno da coligação entre sociedades, as *empresas transnacionais*, meras sócias de sociedades brasileiras, permaneciam quase que inatingíveis pelos Tribunais Brasileiros, salvo pelo caro, moroso e muitas vezes ineficiente instrumento da carta rogatória. A supressão da lacuna pelo legislador de 1976 trouxe mais efetividade à responsabilidade do acionista controlador, a seguir examinada.

(v) O *art. 246* – também já abordado – sujeita a sociedade controladora aos princípios, deveres e responsabilidades previstos nos arts. 116 e 117, obrigando-a a pagar os danos causados à controlada pela não-observância desses dispositivos e reconhecendo legitimidade a acionistas representantes de 5% do capital social ou a qualquer acionista[38] para a propositura da ação de responsabilidade, prevendo, ainda, um prêmio ao autor da ação (5% sobre o valor da indenização), como forma de estimular a constante fiscalização pelos minoritários e sua diligência na defesa dos interesses sociais.

O STJ já decidiu que a legitimidade ativa dos minoritários não é subsidiária e prescinde da realização de assembléia-geral[39] a fim de que seu direito de ação não seja obstado pelo órgão no qual prepondera a vontade do acionista que se pretende responsabilizar.

Com efeito, no que concerne às sociedades controladoras, a Lei 6.404/1976, ao conceituar a figura do *acionista controlador*, no art. 116, vincula juridicamente a matriz estrangeira à realização da função social da empresa, responsabilizando-a frente aos acionistas minoritários, aos empregados e à comunidade em que atua.

Em complemento a essa norma, de natureza programática, o art. 117 tipifica, exemplificativamente, as hipóteses de abuso de poder pelo controlador, indicando na alínea "a" do § 1º a seguinte conduta como geradora de responsabilidade do controlador: "orientar a companhia para fim estranho a seu objeto social ou lesivo ao interesse nacional, ou levá-la a favorecer outra sociedade, brasileira ou estrangeira, em prejuízo da participação dos acionistas minoritários nos lucros ou no acervo da companhia, ou da economia nacional".

A redação do aludido dispositivo é, a um só tempo, clara e incisiva, e sua observância pode ser exigida não apenas pelos acionistas diretamente envolvidos com a sociedade controlada, como também por órgãos de proteção da economia nacional, entre os quais podem ser mencionados o Banco Central do Brasil, o INPI, a Comissão de Valores Mobiliários, além do próprio Ministério Público, atuando na defesa dos interesses da ordem econômica.

Postas estas considerações a respeito do regime jurídico societário entre controladoras estrangeiras e controladas brasi-

38. Desde que tal acionista preste caução de custas e honorários, para que sejam evitadas demandas judiciais aventureiras, que não contariam com qualquer respaldo do corpo acionário minoritário.

39. "Direito societário – Sociedade anônima – Ação de responsabilidade civil – Administrador – Sociedade controladora – Acionistas minoritários – Legitimidade ativa *ad causam* – Prescrição – Prazo – Interrupção – Arts. 116, 117, 245 e 246 da Lei n. 6.404/1976. I – Detendo a sociedade controladora mais de 95% do capital social e das ações com direito a voto da sociedade controlada, os acionista minoritários desta têm legitimidade ativa extraordinária para, independentemente de prévia deliberação da assembléia-geral, ajuizar, mediante prestação de caução, ação de responsabilidade civil contra aquela e seu administrador, em figurando este simultaneamente como controlador indireto. II – Prescreve em três anos a ação contra administradores e sociedades de comando para deles haver reparação civil por atos culposos ou dolosos (art. 287, II, 'b', da Lei n. 6.404/1976). III – A interrupção da prescrição, na lacuna da lei especial quanto ao ponto, regula-se pelo Código Civil" (STJ, 4ª Turma, REsp 16.410-SP, rel Min. Sálvio de Figueiredo Teixeira, *DJU* 16.5.1994).

leiras, há que considerar o atual tratamento de transferência de tecnologia entre elas.

O INPI aplica o art. 50 da Lei 8.383/1991, de modo a condicionar a averbação de contratos de transferência de tecnologia, firmados por sociedade brasileira e sua controladora estrangeira, à limitação do pagamento de *royalties* nos tetos de dedutibilidade fiscal previstos na Portaria MF-436/1958.

Essa política intervencionista da Administração Pública parece objetivar a manutenção do equilíbrio econômico-financeiro dessa contratação e, quiçá, o controle da remessa de divisas ao exterior (muito embora este último não seja atribuição do INPI).

Sem dúvida, a orientação do Poder Público mostra-se equivocada, em ambos os casos.

Quanto à remessa de divisas ao exterior, a par de o Governo Brasileiro ter estabelecido o conhecido regime de flutuação cambial (conferindo ao investidor estrangeiro mais conforto para verter seus capitais no país), os indicadores de macroeconomia demonstram que a realidade brasileira é amplamente distinta daquela de 40 anos atrás, valendo frisar que o volume das exportações – inclusive realizadas por sociedade controladas por estrangeiros (como é o caso das montadoras de automóveis)[40] – vem aumentando em ritmo extraordinário,[41] produzindo excelentes resultados no conta corrente do país.

Nessa linha, não se pode presumir, *a priori*, que a sociedade controlada brasileira atue exclusivamente segundo a conveniência da controladora estrangeira, majorando injustificadamente o valor dos *royalties* incidentes sobre a importação de tecnologia.

Essa (equivocada) presunção seria considerar a submissão dos interesses da sociedade controlada aos da controladora, o que equivaleria considerar a unidade jurídica da coligação empresarial como regra geral.

Reitere-se que a produção de efeitos jurídicos a partir da unidade econômica das sociedades coligadas deve ser reconhecida apenas excepcionalmente, pois que derroga o princípio da autonomia jurídica, que fundamenta a efetivação de responsabilidades pela conduta danosa de administradores ou controladores.

Enfim, quanto ao equilíbrio contratual, é a Lei Societária que impõe a comutatividade na relação contratual entre controladoras e controladas, à luz do princípio da autonomia jurídica, responsabilizando – insista-se – os administradores e a sociedade controladora pelo descumprimento dessa norma.

Antes de se condenar o modo de organização da produção – ou seja, exploração de atividade por meio de sociedade coligada e o recebimento de *royalties* como contrapartida pelo uso da tecnologia –, deve-se investigar qual prejuízo efetivamente advém dessa prática (se é que existe algum), a fim de que, a partir daí, possa estar a autoridade administrativa (INPI) legitimada a intervir na relação privada.[42]

40. V. *Informativo* 33/5, de janeiro/2003, da Secretaria de Comércio Exterior (SECEX) do Ministério do Desenvolvimento, Indústria e Comércio Exterior: "(...). Deve-se também destacar que, dos 10 principais produtos da pauta de exportação em 2002, 5 pertencem ao setor de manufaturados: aviões, automóveis, aparelhos transmissores/receptores, calçados e motores para veículos (...)".

41. Cf. a *Nota* de junho/2006 – 2ª semana, publicada pelo Ministério do Desenvolvimento, Indústria e Comércio Exterior, com os resultados gerais da balança comercial brasileira: "Na 2ª semana de junho, a balança comercial apresentou exportações de US$ 2,772 bilhões e importações de US$ 1,982 bilhão, resultando em superávit de US$ 790 milhões. Até a 2ª semana de junho, as exportações acumulam US$ 3,880 bilhões e as importações US$ 2,569 bilhões, com superávit de US$ 1,311 bilhão. No ano, as exportações totalizam US$ 53,346 bilhões e as importações US$ 36,571 bilhões, com saldo positivo de US$ 16,775 bilhões" (disponível em *http://www.desenvolvimento.gov.br/sitio/secex/depPlaDesComExterior/indEstatisticas/IndEst_BalPrevia.php*, acesso em 21.6.2006).

42. Conforme a relevante contribuição de Ronald H. Coase, reproduzida na nota 10 deste artigo.

Deve, assim, ser amplamente defendido o afastamento da limitação prévia e geral da remessa de *royalties* na importação de tecnologia entre controladas brasileiras e controladoras estrangeiras, conferindo-lhes autonomia mínima para fixar as bases do negócio. Em caso de eventual abuso, estará aberta a via para a apuração e concreção das respectivas responsabilidades. Pensar em contrário seria afrontar a livre iniciativa econômica, expressa no art. 1º, IV, da Carta Constitucional como princípio fundamental da República Federativa do Brasil.

6. Conclusão

De tudo que se expôs, podem ser inferidas as seguintes conclusões:

6.1 Há décadas a questão da importação de tecnologia vem sendo vítima da grave fragmentação legal e regulamentar, que muito contribuiu para a insegurança das relações jurídicas privadas e para o cometimento de arbitrariedades pela Administração Pública.

6.2 O INPI vem interpretando restritivamente o art. 50 da Lei 8.383/1991, de modo a condicionar a averbação de contratos de transferência de tecnologia, firmados por sociedade brasileira e sua controladora estrangeira, à limitação do pagamento de *royalties* nos limites de dedutibilidade fiscal previstos na Portaria MF-436/1958.

6.3 A expressão "sociedades coligadas" pode ser empregada em duplo sentido, sendo o primeiro para designar o fato de existir uma relação de participação de uma sociedade no capital de outra (qualquer que seja ela), e o segundo, em caráter estrito, para definir a espécie do vínculo jurídico existente entre duas sociedades, servindo, nesse último caso, para distinguilo da relação de controle e, agora, segundo o Código Civil (Lei 10.406/2002), da relação de *simples participação*.

6.4 A *influência relevante* surge como elemento fundamental para distinguir as coligadas das demais sociedades que detêm participação em outra, sem que ostentem o *status* de coligação. É a *influência relevante* que vai determinar a sujeição dessas sociedades a um regime jurídico peculiar, visando à proteção da própria entidade, de seus acionistas (minoritários) e de terceiros com os quais a sociedade contrata.

6.5 A autonomia jurídica consubstancia-se em princípio fundamental da coligação societária, mas pode ser manipulada para fins fraudulentos.

6.6 A unidade econômica das coligadas serve para equilibrar os efeitos da aplicação do princípio da autonomia jurídica, a fim de que o formalismo do último – inicialmente justificável para evitar a subordinação de interesses – não seja empregado para desviar a responsabilidade das entidades.

6.7 Casos de fraude e de produção de danos a terceiros justificam a convolação da unidade econômica em unidade jurídica, produzindo a desconsideração do princípio da autonomia jurídica das coligadas, para efeitos de vinculação dos responsáveis. No entanto, deve-se concluir que o reconhecimento dos efeitos jurídicos da unidade econômica é uma medida excepcional e derrogatória da autonomia jurídica das coligadas.

6.8 As sociedades coligadas, controladoras e controladas tiveram sua disciplina sistematicamente introduzida pela Lei 6.404/1976, sendo seu vínculo pautado na titularidade de participação societária e, portanto, não contratual. Por essa razão, os usos e a doutrina a ele se referem como *grupo de fato*.

6.9 Regime amplamente distinto do *grupo de fato* é o do chamado *grupo de direito*, regulado pelos arts. 265 e ss. da Lei 6.404/1976, e que consiste em uma forma bem mais complexa de relacionamento entre sociedades, devidamente disciplinada na convenção de grupo.

6.10 As sociedades coligadas e controladoras estão obrigadas a observar normas, previstas na Lei 6.404/1976, que se destinam a conferir transparência à relação de coligação e a tutelar os interesses de acionistas minoritários e terceiros.

6.11 Dentre tais normas, o art. 245, dirigido aos administradores das coligadas, controladoras e controladas, veda o favorecimento de uma sociedade em detrimento de outra ou em desfavor de acionistas minoritários, à luz do princípio da autonomia jurídica das entidades que compõem a coligação societária.

6.12 Por sua vez, o art. 246 cuida dos deveres e responsabilidades da sociedade controladora, sujeitando-a às disposições dos arts. 116 e 117, que tratam dessas matérias, relativamente à pessoa do sócio controlador. Aquele dispositivo, assim, reafirma não apenas o princípio da autonomia jurídica, mas sobretudo a ausência de subordinação de interesses entre as controladoras e controladas, ainda que haja uma nítida relação de hierarquia entre ambas.

6.13 A Lei 6.404/1976, ao inserir as sociedades controladoras no conceito de *acionista controlador* a que se refere o art. 116, vincula juridicamente a matriz estrangeira à realização da função social da empresa, responsabilizando-a frente aos acionistas minoritários, aos empregados e à comunidade em que atua, sobretudo em face do disposto no art. 117, parágrafo primeiro, "a" ("orientar a companhia para fim estranho a seu objeto social ou lesivo ao interesse nacional, ou levá-la a favorecer outra sociedade, brasileira ou estrangeira, em prejuízo da participação dos acionistas minoritários nos lucros ou no acervo da companhia, ou da economia nacional").

6.14 Não se pode presumir, *a priori*, que a controlada brasileira atue exclusivamente segundo a conveniência da controladora estrangeira, majorando injustificadamente o valor dos *royalties* incidentes sobre a importação de tecnologia. Essa (equivocada) presunção seria considerar a submissão dos interesses da controlada aos da controladora, o que equivaleria a considerar a unidade jurídica da coligação empresarial como regra geral.

6.15 A Lei Societária impõe a comutatividade na relação contratual entre controladoras e controladas, à luz do princípio da autonomia jurídica, responsabilizando os administradores e a sociedade controladora pelo descumprimento dessa norma.

6.16 A capacidade de exportação do empresariado brasileiro demonstra seu preparo tanto para competir com seus concorrentes internacionais quanto para assimilar a tecnologia que lhe é fornecida, à luz dos interesses da controlada brasileira, de seus sócios (nacionais e estrangeiros) e de outros agentes que tiram proveito dos progressos trazidos pela atividade, incluindo-se o público consumidor, o Erário e, dependendo das dimensões da empresa, a própria comunidade de sua localidade. E a satisfação desses interesses coincide com o cumprimento da função sócio-econômica do contrato de transferência de tecnologia.

6.17 Deve ser amplamente defendido o afastamento da limitação prévia e geral da remessa de *royalties* na importação de tecnologia entre controladas brasileiras e controladoras estrangeiras, conferindo-lhes autonomia mínima para fixar as bases do negócio. Em caso de eventual abuso, estará aberta a via para a apuração e concreção das respectivas responsabilidades. Pensar em contrário seria afrontar a livre iniciativa econômica, expressa no art. 1º, IV, da Carta Constitucional como princípio fundamental da República Federativa do Brasil.

Referências Bibliográficas

AMARAL, Luiz Henrique do. "Overview of the legal treatment of licenses and technology agreements in Brazil". *Les Nouvelles* XXXVI-3/170-176. Setembro/2001.

ASCARELLI, Tullio. *Problemas das Sociedades Anônimas e Direito Comparado.* 2ª ed. São Paulo: Saraiva, 1969.

———. *Problemi Giuridici*. Milão: Giuffrè Editore, 1959.

CARVALHOSA, Modesto. *Comentários à Lei de Sociedades Anônimas*. vol. 4, t. II. São Paulo: Saraiva, 1998.

CASELLA, Paulo Borba. "Circulação de capitais em perspectiva brasileira – Entrada e saída de divisas e moeda nacional". *RDM* 103/79-86.

COASE, Ronald Harry. "Industrial organization: a proposal for research". In: *The Firm, the Market and the Law*. Chicago/Londres: The University of Chicago Press, 1990 (pp. 57-74).

COELHO, Fábio Ulhoa. *Curso de Direito Comercial*. vol. 2. São Paulo: Saraiva, 2000.

COMPARATO, Fábio Konder. "A transferência empresarial de tecnologia para países subdesenvolvidos: um caso típico de inadequação dos meios aos fins". *RDM* 47/41-53.

———, e SALOMÃO FILHO, Calixto. *O Poder de Controle na Sociedade Anônima*. Rio de Janeiro: Forense, 2005.

CORREA, Jose Antônio B. L. Faria. "Impact of new trade secret laws in Brazil". *Les Nouvelles* XXXIII-4/170-176. Dezembro/1998.

CORSI, Francesco, e FERRARA Jr., Francesco. *Gli Imprenditori e le Società*. Milão: Giuffrè Editore, 2001.

ETCHEVERRY, Raúl Aníbal. *Contratos Asociativos, Negocios de Colaboración y Consorcios*. Buenos Aires: Editorial Astrea, 2005.

FERRARA Jr., Francesco, e CORSI, Francesco. *Gli Imprenditori e le Società*. Milão: Giuffrè Editore, 2001.

FRANCO, Vera Helena de Mello. "Contratos de transferência de tecnologia: intervenção estatal e tutela legal". *RDM* 33/59-67.

LAMY FILHO, Alfredo, e PEDREIRA, José Luiz Bulhões. *A Lei das S/A*. 3ª ed., vols. I e II. Rio de Janeiro: Renovar, 1995.

LEÃES, Luiz Gastão Paes de Barros. "Controle cambial e fluxo internacional da moeda nacional". *RDM* 83/11 e ss.

———. "Sociedades coligadas e consórcios". *RDM* 12/137-148.

LEONARDOS, Gabriel Francisco. "A validade da cessão de crédito externo a residente no Brasil". *RDM* 85/101-119.

———. *Tributação e Transferência de Tecnologia*. Rio de Janeiro: Forense, 1997.

LOBO, Jorge. *Grupo de Sociedades*. Rio de Janeiro: Forense, 1978.

MACEDO, Ricardo Ferreira de. *Controle Não-Societário*. Rio de Janeiro: Renovar, 2004.

MAGALHÃES, José Carlos de. "Empresa multinacional: descrição analítica de um fenômeno contemporâneo". *RDM* 14/61-86.

PEDREIRA, José Luiz Bulhões, e LAMY FILHO, Alfredo. *A Lei das S/A*. 3ª ed., vols. I e II. Rio de Janeiro: Renovar, 1995.

PIRES, Paulo Valois. "A evolução da transferência de tecnologia no Brasil". *Revista da ABPI* 14/20-23. Janeiro-fevereiro/1995.

REQUIÃO, Rubens. *Curso de Direito Comercial*. vol. II. São Paulo: Saraiva, 1988.

SALOMÃO FILHO, Calixto, e COMPARATO, Fábio Konder. *O Poder de Controle na Sociedade Anônima*. Rio de Janeiro: Forense, 2005.

TEIXEIRA, Egberto Lacerda. "Tecnologia estrangeira no Brasil. Regime jurídico-fiscal – A intervenção do Instituto Nacional da Propriedade Industrial". *RDM* 13/55-69.

VERÇOSA, Haroldo Malheiros Duclerc. "Notas sobre o sistema de controle de câmbio no Brasil". *RDM* 78/24-45.

VIEGAS, Juliana L. B. "Função da averbação de contratos no INPI". *Anais do XX Seminário da Propriedade Intelectual*. 2000 (pp. 90-94).

REFLEXÕES SOBRE A NOVA LEI FALIMENTAR: OS EFEITOS DA HOMOLOGAÇÃO DO PLANO DE RECUPERAÇÃO EXTRAJUDICIAL

JEAN CARLOS FERNANDES

1. Introdução. 2. A influência da economia no sistema falimentar. 3. Pontos essenciais da nova ordem jurídica recuperacional: 3.1 A adoção da recuperação extrajudicial pelo direito brasileiro; 3.2 Os atos praticados em sede de recuperação extrajudicial: uma análise no plano da eficácia; 3.3 O principal efeito da homologação do plano de recuperação extrajudicial; 3.4 A contextualização prática do tema. 4. Conclusão. Referências bibliográficas.

1. Introdução

A Lei n. 11.101, de 9 de fevereiro de 2005[1] instaurou uma nova ordem jurídica no direito concursal brasileiro. A busca da preservação da empresa em crise econômico-financeira contribuiu para a mudança de paradigma, focado no regime anterior apenas na liquidação do acervo patrimonial do devedor em estado de insolvência e pagamento de seus credores.

A atual evolução do direito falimentar brasileiro supera a fase de uma legislação orientada pelo modelo pró-credor, voltada apenas ao incentivo da liquidação dos ativos do devedor e sua partilha entre os credores.

A Inglaterra é um exemplo típico de regime de insolvência pró-credor, com uma legislação que acelera a liquidação dos ativos e pagamento dos credores. O incentivo ao encerramento das atividades das empresas é traço marcante no direito inglês.

O modelo pró-credor, contudo, não atende aos interesses sociais que gravitam em torno da empresa em crise, devendo, em muitas situações, sopesá-los na busca da recuperação do devedor e manutenção da fonte produtora. Surge, assim, uma visão do regime de insolvência voltado para o modelo pró-devedor, detectável nos países com sistemas jurídicos derivados do direito romano, apresentando incentivos ao devedor e possibilidades amplas de recuperação.[2]

2. A influência da economia no sistema falimentar

O impacto da falência não se restringe apenas às empresas que se tornem insolventes ou aos seus credores particulares, mas afeta diretamente a economia, que sofre os efeitos das crises econômicas, fatores conjunturais, problemas de liquidez, acirramento da concorrência, desenvolvi-

1. Nas menções subseqüentes, a Lei n. 11.101/2005 será designada pela abreviatura LRFE.

2. Luiz Fernando Valente de Paiva (coord.), *Direito Falimentar e a Nova Lei de Falências e Recuperação de Empresas*, pp. 37-40.

mento de novas tecnologias e até mesmo insolvência de fornecedores ou clientes.

Os nefastos efeitos sócio-econômicos da falência demandam uma ordem jurídica mais coerente e adequada, visando diminuir os impactos causados pela insolvência na economia, voltando-se, principalmente, para função social da empresa.

A interação entre economia e direito, principalmente no sistema falimentar, necessita de um Judiciário conscientizado do seu papel determinante no desenvolvimento econômico.[3] O desempenho do Judiciário no mundo globalizado[4] do século XXI deve ser avaliado segundo os serviços que ele produz em termos de garantia de acesso, previsibilidade e presteza dos resultados, além de remédios adequados. Deve-se "focar a justiça enquanto uma entidade que presta serviços para a sociedade, e considerar a qualidade dos serviços ofertados",[5] de forma eficiente.

Adverte Rafael Bicca Machado que, "Infelizmente, ainda não está assimilada por todos a idéia de que julgadores devem sopesar, em suas decisões, os reflexos econômico-sociais das mesmas.

"Mas para isso, primeiramente, é fundamental que os operadores do Direito, em sua totalidade, deixem de preconceitos e aceitem, antes de mais nada, que a Economia existe como Ciência. Que possui leis e regras próprias, e que estas não são sempre fruto da exploração de uma maioria pobre por uma maioria rica. E, por fim, que estas devem ser minimamente estudadas."[6]

Segundo Armando Castelar Pinheiro, "O Judiciário é uma das instituições mais fundamentais para o sucesso do novo modelo de desenvolvimento que vem sendo adotado no Brasil e na maior parte da América Latina, pelo seu papel em garantir direitos de propriedade e fazer cumprir contratos. Não é de surpreender, portanto, que há vários anos o Congresso Nacional venha discutindo reformas que possam tornar o Judiciário brasileiro mais ágil e eficiente. O que se verifica, não obstante, é que apenas recentemente se começou a analisar e compreender as relações entre o funcionamento da justiça e o desempenho da economia, seja em termos dos canais através dos quais essa influi no crescimento, seja em relação às magnitudes envolvidas. Nota-se, assim, que até aqui o debate sobre a reforma do Judiciário ficou restrito, essencialmente, aos operadores do direito – magistrados, advogados, promotores e procuradores – a despeito da importância que essa terá para a economia".[7]

Nesse contexto, a legislação falimentar deve ser um "mecanismo justo e célere e que preserve, na medida do possível, a entidade econômica, sem prejuízos aos credores legítimos da massa".[8] Uma lei de falências deve perseguir objetivos, além de

3. Destacam Castellar e Saddi que "A reforma de qualquer processo falimentar, portanto, deve vir acompanhada de e associada a outros fatores, como, por exemplo, o treinamento de juízes, a implantação de mecanismos de governança corporativa depois da escolha do regime do falido e o fortalecimento dos direitos de propriedade ao longo do processo, entre tantas outras prioridades" (Armando Castelar Pinheiro e Jairo Saddi, *Direito, Economia e Mercados*, p. 208).

4. Segundo Armando Castelar Pinheiro, "A globalização é um fenômeno que tem economistas e profissionais do direito como alguns dos seus principais atores, na medida em que é um processo caracterizado pela integração econômica internacional e que, diferentemente do processo de integração do século XIX, é cada vez mais regulamentado e dependente de contratos. Contratos e regulamentações que envolvem essencialmente economistas e profissionais do direito" (Armando Castelar Pinheiro, "Direito e economia num mundo globalizado: cooperação ou confronto?", in Luciano Benetti Timm (org.), *Direito e Economia*, p. 51).

5. Idem, p. 55.

6. Rafael Bicca Machado, "Cada um em seu lugar. Cada um com sua função: apontamentos sobre o atual papel do Poder Judiciário brasileiro, em homenagem ao Ministro Nelson Jobim", Luciano Benetti Timm (org.), *Direito e Economia*, cit., p. 47.

7. Armando Castelar Pinheiro, "Direito e economia num mundo globalizado:...", in *Direito e Economia*, cit., p. 53.

8. Armando Castelar Pinheiro e Jairo Saddi, *Direito, Economia e Mercados*, pp. 207-208.

mera redução de capital de custo. Há que se considerar o assunto sob uma perspectiva mais voltada à análise econômica do direito.

A teoria formal da falência[9] começou com o reconhecimento de que o sistema falimentar às vezes é necessário para salvar o problema de ação coletiva entre os credores de uma empresa. A "angústia" ocorre quando a empresa não consegue ter renda suficiente para cobrir seus custos sem incluir os custos financeiros. Tal empresa tem valor economicamente negativo. Credores se interessam mais na existência de bens que satisfaçam suas exigências do que em salvar empresas. Se existem bens, os credores tentarão pegá-los, e isso provavelmente conduzirá pouco a pouco a uma liquidação.

A teoria moderna da falência relaciona o resultado de um processo falimentar com as fases mais recentes de uma empresa mutuária. Um eficiente sistema falimentar *ex post*[10] maximizaria o saldo que credores receberiam de empresas insolventes.

Uma lei de falências sem "poderes anulatórios",[11] que fornecedores e consumidores poderiam contratar com segurança, que inverte o plano de compensação de despesas de credor e que é somente um procedimento de valor que as partes estão livres para variarem diferenciariam muito da lei que temos agora.

9. Alan Schwartz, *A Normative Theory of Business Bankrupcty*, disponível em http://ssrn.com/abstract=683273.

10. Armando Castelar Pinheiro e Jairo Saddi, *Direito, Economia e Mercados*, cit., p. 209.

11. Alan Schwartz, *A Normative Theory of Business Bankrupcty*, cit. No direito brasileiro, os chamados "poderes anulatórios" são visualizados nas declarações de ineficácia e ações revocatórias, previstas, respectivamente, nos arts. 129 e 130 da Lei n. 11.101/2005. Tais mecanismos importam no retorno à massa falimentar de bens transferidos a terceiro, os quais, em razão disso, não se interessam em participar do procedimento. O risco os afugentam.

Cabe destacar aqui que o sistema americano é mais dirigido ao mercado que os sistemas equivalentes na Europa. Em muitas jurisdições européias, quando uma empresa importante passa por "angústia" o país aprova um subsídio; o propósito disso é injetar liquidez na empresa. Nos EUA, ao contrário, o mercado de crédito decide se aumenta a liquidez para a empresa. Devedores "angustiados" que não podem persuadir o mercado estão quebrados e liquidados.

Um sistema de falência deveria funcionar para maximizar o retorno e rendimentos que credores ganhariam quando empresas quebrassem. Quanto maior for este retorno menor será a taxa de juros que o credor exigirá para emprestar. Uma maior taxa de juros é eficiente por duas razões. Primeiro, o grupo de projetos social e economicamente variáveis que as empresas irão perseguir se tornam maiores quando as taxas de juros diminuem. Segundo, o esforço que as empresas fazem em busca de projetos de fundos de débitos sobe para nível ótimo quando a taxa de juros cai.[12]

Segundo Alan Schwartz,[13] duas questões se mostram relevantes no contexto da organização do processo de falência: 1) Como a Lei de Falências pode contribuir *ex ante* na geração de incentivos para que o regime de garantias ajude o sistema de crédito a funcionar com mais eficiência? 2) E como potencializar a eficiência *ex post* com que se dá a reestruturação ou o fechamento ordenado da empresa, no contexto dos conflitos que se afiguram nessas circunstâncias?

Um sistema que promova *ex ante* maior proteção aos credores, por meio de garantias, responde à primeira indagação. A segunda pergunta encontra resposta na realocação ou maximização *ex post*, de forma eficiente, de ativos entre os vários agentes econômicos. Nos dizeres de Castellar e Saddi: "Primeiro, um procedimento fali-

12. Alan Schwartz, *A Normative Theory of Business Bankrupcty*, cit.

13. Idem.

mentar deveria produzir um resultado eficiente *ex post*. Quer-se dizer, com isso, que o valor total dos ativos da massa falida deveria ser sempre maximizado, a fim de produzir a maior quantidade de dinheiro possível para os credores, aqui entendidos como todos aqueles que têm algo a prêmio na empresa (não apenas bancos e fornecedores, mas também empregados, fisco etc.). Ou seja, qualquer decisão de venda ou reestruturação deve obedecer à simples regra de que o procedimento será mais eficiente se o resultado aos credores for maior. É evidente que isso conduz a um estado de eficiência *ex ante*: quanto maiores as garantias dadas aos credores antes da insolvência ou da iliquidez, menores os custos de transação relacionados ao curso das atividades da empresa (a taxa de juros, por exemplo)".[14]

É certo que o processo falimentar impõe custos de transação (deterioração dos ativos, inutilização ou subutilização dos recursos produtivos, custas judiciais, perícias, administrador legal, advogados etc.), pois é sempre um processo de distribuição de valor. A insolvência leva os credores a um jogo semelhante ao do "dilema do prisioneiro".[15] Na tentativa de cada um maximizar o seu resultado, sabendo que os demais também estarão se comportando assim, inviabilizam-se soluções que produzem um resultado agregado mais elevado. É melhor vender o negócio do devedor como um todo (o que tende a valer mais) do que fatiá-lo.[16]

Segundo Alan Schwartz,[17] o Estado deveria fornecer às partes (pelo menos) dois processos de falência que regulassem a liquidação e reorganização. Cada um destes processos poderia maximizar o retorno/rendimento insolvente líquido, dependendo das circunstâncias que as partes estão enfrentando. O Estado também deveria permitir que as partes contratassem em acordo de empréstimos/mútuos a respeito de qual procedimento posteriormente seria aplicado a eles. Os contratos *ex ante* melhor resolveriam os problemas de apresentação que surgiriam entre uma empresa insolvente e seus credores. A empresa pode não devidamente atrasar a entrada em um processo, e pode escolher o procedimento que maximize benefícios.[18]

Assim, a interação entre direito e economia torna-se essencial para o desenvol-

14. Armando Castelar Pinheiro e Jairo Saddi, *Direito, Economia e Mercados*, cit., p. 209.

15. Castelar e Saddi assim descrevem o dilema do prisioneiro: "Dois elementos criminosos são presos e enviados ao distrito policial mais próximo. Cada um dos prisioneiros está numa solitária sem nenhuma chance de comunicar-se com o outro. O delegado de polícia, que preside o inquérito policial, admite que não existem provas conclusivas para indiciá-los pelo crime de latrocínio (roubo seguido de homicídio), apenas por roubo (assalto à mão armada). Para que o trabalho da polícia seja facilitado, o delegado propõe um pacto faustiano (Quadro 4.1), o qual depende da confissão de cada um, daí a razão pela qual o delegado estabelece a seguinte regra para um acordo: se um deles acusar o outro, mas o outro não acusá-lo, o que acusou será solto, enquanto o outro será indiciado a três anos de reclusão. Se cada um recusar-se a acusar o outro, ambos serão indiciados a um ano de reclusão. Se, contudo, ambos se acusarem mutuamente, os dois serão indiciados a dois anos de reclusão. A regra é oferecida a cada criminoso em separado e o delegado informa que ao outro está se propondo exatamente o mesmo acordo" (p. 172).

16. Alan Schwartz, *A Normative Theory of Business Bankrupcty*, cit.

17. Idem.

18. Tais soluções muito contribuiriam para a preservação e recuperação das empresas em crise econômico-financeira, principalmente aquelas de grande porte, propulsoras da economia moderna. Douglas G. Baird e Robert K. Rasmussen, em *The End of Bankrupcty*, disponível em http://ssrn.com/abstract=359241, apresentam os seguintes questionamentos: Por que são as grandes empresas tão necessárias? O que impediu o acontecimento da produção através de transações entre empresas arbitrariamente pequenas no mercado? De fato, qual era a diferença entre atividade dentro de uma empresa e fora dela? Alguém poderia fazer algum progresso em sua questão inicial ou qualquer um dos outros sem primeiro lucrar alguma compra na natureza da empresa. Ronald Coase questionou se uma transação seria localizada em empresa ou no mercado. No mesmo espírito, a lei de reorganização deveria começar averiguando o valor para manter bens particulares juntos, dentro de uma dada empresa. (A alternativa é para estes bens serem retomados ao mercado, onde

vimento e funcionamento de um sistema seguro e eficiente para a preservação da empresa e dos interesses de todos aqueles que dela dependem, inclusive o Estado.

Contudo, a norma falimentar por si só não é capaz de mudar o sistema, necessitando da conjunção de outros fatores institucionais, principalmente um Judiciário mais ágil e eficiente, com juízes devidamente preparados para enfrentar a nova realidade do direito concursal, atento ao desenvolvimento econômico.

3. Pontos essenciais da nova ordem jurídica recuperacional

A necessidade de conciliação dos interesses dos credores e da preservação da empresa fez com que o regime de insolvência abandonasse os modelos exclusivamente pró-credor ou pró-devedor e buscasse equilibrá-los, como o fez o regime falimentar norte-americano, que serviu de marco para a nova fase do direito concursal.

Confiante nessa orientação caminhou o legislador brasileiro. A recente edição da Lei de Recuperação e Falência de Empresas trouxe uma verdadeira declaração de princípios em seu art. 47, estipulando ainda a ordem de prioridades no regime de insolvência, onde se observa o prestígio à continuidade da empresa, como atividade organizada para a produção e circulação de bens e serviços.

Na dicção do referido dispositivo, objetiva-se viabilizar a superação da situação de crise econômico-financeira do devedor, a fim de permitir a manutenção da fonte produtora, do emprego dos trabalhadores e dos interesses dos credores, promovendo, assim, a preservação da empresa, sua função social e o estímulo à atividade econômica.

Enuncia explicitamente a nova lei o princípio da preservação da empresa. Bandeira de Mello define o princípio jurídico como sendo "o mandamento nuclear de um sistema, verdadeiro alicerce dele, disposição fundamental que se irradia sobre diferentes normas compondo-lhes o espírito e servindo de critério para sua exata compreensão e inteligência, exatamente por definir a lógica e a racionalidade do sistema normativo, no que lhe confere a tônica e lhe dá sentido harmônico".[19]

Bonavides[20] nos ensina que os princípios são verdades objetivas, nem sempre pertencentes ao mundo do ser, senão do dever-ser, na qualidade de normas jurídicas, dotadas de vigência, validez e obrigatoriedade.

Silva diz serem os princípios, "ordenações que se irradiam e imantam os sistemas de normas, são (como observam Gomes Canotilho e Vital Moreira) 'núcleos de condensações' nos quais confluem valores e bens constitucionais".[21]

Freitas esclarece que "Por princípio ou objetivo fundamental, entende-se o critério ou a diretriz basilar de um sistema jurídico, que se traduz numa disposição hierarquicamente superior, do ponto de vista axiológico, em relação às normas e aos próprios valores, sendo linhas mestras de acordo com as quais se deverá guiar o intérprete quando se defrontar com antinomias jurídicas".[22]

De outro lado, a referência feita pelo art. 47 da Lei 11.101/2005 à função social não se constitui, em termos legislativos, em uma novidade, pois a Lei 6.404/1976 já o fazia em seus arts. 116, parágrafo único, e 154, orientando a atuação do acionista controlador e dos administradores das companhias.

3.1 A adoção da recuperação extrajudicial pelo direito brasileiro

A nova lei gerou também outro mecanismo jurídico: recuperação extrajudicial,

19. Celso Antônio Bandeira de Mello, *Curso de Direito Administrativo*, 12ª ed., pp. 450 e 451.

20. Paulo Bonavides, *Curso de Direito Constitucional*, 7ª ed., p. 229.

21. José Afonso da Silva, *Curso de Direito Constitucional Positivo*, 12ª ed., p. 94.

22. Juarez Freitas, *A Interpretação Sistemática do Direito*, p. 41.

em seus arts. 161 a 167. Criou-se, assim, um espaço, até então inexistente, para a negociação entre as partes.

Num primeiro momento, a vantagem da recuperação extrajudicial pode ser resumida na possibilidade de os credores aprovarem uma forma de reestruturação do passivo da empresa insolvente pelos votos dos credores que representem mais de três quintos de todos os créditos de cada espécie por ele abrangidos, com a sujeição da solução ao Poder Judiciário apenas para homologação.

A necessidade de submissão de um acordo privado para homologação judicial no âmbito da recuperação extrajudicial prende-se à circunstância prevista pelo legislador de sua imposição aos credores que com ele não tenham concordado.

Destaca-se que, na hipótese de o plano de recuperação extrajudicial contar com a aquiescência de todos os credores, a sua homologação judicial, num primeiro momento e contando apenas com uma interpretação literal da lei, não traria maiores vantagens a não ser a formação de título executivo judicial (LRFE, art. 161, § 6º).

Contudo, além da constituição de título executivo judicial, o plano homologado por sentença gera ainda os seguintes efeitos imediatos (LRFE, art. 165), independentemente da interposição de recursos (LRFE, art. 164, § 7º):

a) impede a alienação de bem objeto de garantia real, a supressão da garantia ou a sua substituição sem a expressa aprovação do credor titular da respectiva garantia (LRFE, art. 163, § 4º);

b) mantém a variação cambial dos créditos em moeda estrangeira, salvo se o credor titular aprovar mudança, inserindo-a no plano de recuperação extrajudicial (LRFE, art. 163, § 5º);

c) se houver previsão, o plano pode alcançar efeitos anteriores à sua homologação, limitadamente à modificação do valor ou da forma de pagamento dos credores signatários (LRFE, art. 165, § 1º);

d) se o plano estabelecer a alienação judicial de filiais ou unidades produtivas do devedor, a forma obedecerá ao que dispõe o art. 142, que é a regra para a mesma ocorrência em todas as modalidades de recuperação em juízo e no processo de falência (LRFE, art. 166).

3.2 Os atos praticados em sede de recuperação extrajudicial: uma análise no plano da eficácia

Não são todos os fatos que interessam ao Direito, mas apenas aqueles que criam, modificam ou extinguem relações ou situações jurídicas, chamados de fatos jurídicos.[23] "Fato jurídico é o acontecimento que recebe juridicidade não apenas por meio da sua previsão como *fattispecie*, mas, também, como expressão da ordem jurídica em valores e princípios".[24]

A partir do fato jurídico surge o ato jurídico, como toda manifestação humana, omissiva ou comissiva, voluntária ou involuntária, destinada a criar, modificar ou extinguir relações ou situações jurídicas. A doutrina distingue o ato jurídico *stricto sensu*, do negócio jurídico e do ato ilícito.[25] No primeiro, a vontade é de simples

23. Segundo César Fiuza, "Situação jurídica e relação jurídica confundem-se um pouco, na medida em que a situação é composta pela relação. Situação jurídica seria, então, um conjunto dinâmico de circunstâncias em que se acham relacionadas duas ou mais pessoas" (*Direito Civil: Curso Completo*, 8ª ed., pp. 188-189).

24. Rose Melo Vencelau, "O negócio jurídico e suas modalidades", in *A Parte Geral do Novo Código Civil: Estudos na Perspectiva Civil-Constitucional*, 2ª ed., pp. 179-228.

25. Rose Melo Vencelau, ob. cit., p. 184, esclarece que, segundo a teoria dualista, os atos jurídicos se bipartem em atos jurídicos *stricto sensu* e negócios jurídicos. "Os atos jurídicos em senso estrito são aqueles cujo fator volitivo se dirige à produção de certos efeitos previstos em lei, imodificáveis pelo mero consentimento. Os negócios jurídicos são atos em que o elemento volitivo possui uma direção certa, a dos efeitos jurídicos reconhecidos pelo ordenamento, mas cujo conteúdo tem um âmbito de livre disposição".

manifestação; no segundo, os efeitos decorrem mais da vontade do agente do que da lei; no terceiro, a atuação humana dá-se contrariamente ao Direito.[26]

Em outras palavras, o negócio jurídico se distingue do ato jurídico em sentido estrito, em que aquele é uma ação livre, este uma ação necessária.[27]

Os fatos jurídicos são analisados doutrinariamente no que concerne ao plano da existência, da validade[28] e da eficácia. Segundo César Fiúza, "inválido é o ato jurídico que não produz efeitos, ou que, pelo menos, pode não os produzir. É aquele ato que contém defeito, em virtude do qual será nulo, anulável ou ineficaz".[29]

Das lições de Tepedino, Barboza e Moraes extrai-se que "O plano da existência diz respeito à analise dos elementos essenciais à existência do negócio. A validade concerne aos requisitos que devem conter os elementos do negócio para a sua conservação, de modo que possa considerar o negócio válido. No plano da eficácia, finalmente, em que se pressupõe a existência e a validade do negócio, examina a sua aptidão para produzir os efeitos a que se destina".[30]

Quanto à análise do fato jurídico no que tange ao plano da eficácia, assinala Marcos Bernardes de Mello que há ineficácia do fato jurídico quando existem "circunstâncias que podem levá-lo a não poder realizar a sua função, privando-o da possibilidade de ser eficaz, permanente ou temporariamente".[31]

Destaca ainda o autor que "Ineficácia jurídica é possível definir como a inaptidão, temporária ou permanente, do fato jurídico para irradiar os efeitos próprios e finais que a norma jurídica lhe imputa".[32]

Sílvio de Salvo Venosa anota que "A ineficácia no sentido geral, é declaração legal de que os negócios jurídicos não se amoldam aos efeitos que ordinariamente produziriam. Sem dúvida, a ineficácia, por qualquer de suas formas, tem sentido de pena, punição pelo fato de os agentes terem transgredido os requisitos legais".

E, arremata: "O vocábulo ineficácia é empregado para todos os casos em que o negócio jurídico se torna passível de não produzir os efeitos regulares".[33]

A propósito, não se deve confundir ineficácia com nulidade. Regra geral, o negócio nulo é ineficaz, não produzindo os efeitos que lhe seriam próprios.[34] O art. 166 do Código Civil de 2002 não elenca a ineficácia como causa de nulidade do ato jurídico, como fazia o art. 145, do diploma civil revogado, pois há negócios válidos que são ineficazes.

26. César Fiuza, ob. cit., pp. 188-191.

27. João Baptista Villela, "Do fato ao negócio: em busca da precisão conceitual", in *Estudos de Homenagem ao Professor Washington de Barros Monteiro*, pp. 251-266.

28. São requisitos de validade do ato jurídico, segundo o art. 104 do Código Civil de 2002: a capacidade do agente; objeto lícito, possível, determinado ou determinável e a forma prescrita ou não defesa em lei.

29. César Fiuza, ob. cit., p. 231.

30. Gustavo Tepedino, Heloisa Helena Barboza e Maria Celina Bodin de Moraes, *Código Civil Interpretado*, v. I, p. 307.

31. Marcos Bernardes Mello, *Teoria do Fato Jurídico: Plano da Eficácia*, 1ª parte, 2ª ed., p. 60.

32. Marcos Bernardes Mello, ob. cit., p. 60. O referido autor ainda destaca, na p. 61, que "A doutrina costuma confundir ineficácia com inexistência e invalidade dos atos jurídicos. Sem razão, porém. A afirmativa de que a ineficácia constitui conseqüência da inexistência, *e.g.*, importa reprovável. Redundância, porque o que não existe já por si não pode produzir efeito. Por outro lado, dizer que ato inexistente é ineficaz, implica incontornável contrasenso, precisamente porque o que não existe não pode ser qualificado. Do mesmo modo, não é admissível relacionar a ineficácia à invalidade do ato jurídico. Em geral, o que é nulo é ineficaz, mas nem sempre. Há atos jurídicos nulos que são eficazes, do que é exemplo o casamento putativo, como anotado. Ser, valer e ser eficaz, em verdade, são situações distintas e inconfundíveis, em que se podem encontrar os fatos jurídicos".

33. Sílvio de Salvo Venosa, *Direito Civil: Parte Geral*, v. I, 3ª ed., p. 570.

34. Zeno Veloso, *Invalidade do Negócio Jurídico: Nulidade e Anulabilidade*, 2ª ed., p. 146.

Tepedino, Barbosa e Moraes destacam que "embora preencha todos os requisitos legais, sendo, pois, existente e válido, o negócio jurídico poderá ser ineficaz, quando em virtude da falta de um fator de eficácia, não produzir, desde o princípio efeitos".[35]

A ineficácia pode ser absoluta ou relativa. Absoluta quando o negócio não produz todos os seus efeitos (CC, art. 125 – negócio sob condição suspensiva). Relativa,[36] quando não oponível perante pessoa determinada (CC, art. 290 – cessão de crédito não notificada ao devedor; CC, art. 980).

De outro lado, há negócios jurídicos que são ineficazes, não obstante sejam considerados válidos.

Segundo Zeno Veloso, "Há atos ineficazes, que não produzem efeitos, ou que ainda não os produzem, e que não são inválidos. O testamento, embora existente e válido, só tem eficácia com a morte do testador; o pacto antenupcial, igualmente, só se reveste de eficácia com a celebração do casamento dos contratantes; o negócio jurídico submetido a condição suspensiva, ainda que existente e válido, só produz efeito com o implemento da condição; da mesma forma o negócio subordinado a termo inicial; o contrato de compra e venda de imóvel só tem eficácia com o registro da escritura; a cessão de crédito não tem eficácia com relação ao devedor, senão quando a este notificada; a partilha amigável, feita entre herdeiros maiores e capazes, só produz efeito depois de homologada pelo juiz; na estipulação em favor de terceiro a eficácia do negócio depende da aceitação do beneficiário".

No direito falimentar, a ineficácia tem ampla aplicação. O art. 129[37] da Lei de Recuperação e Falência de Empresas (Lei 11.101/2005) prevê a ineficácia, em relação à massa, de determinados atos praticados pelo devedor antes da falência. Trata-se de declaração de ineficácia (ineficácia objetiva), que independe da prova da fraude e da revogação (ineficácia subjetiva, art. 130[38] Lei 11.101/2005), que, ao contrário,

35. Gustavo Tepedino, Heloisa Helena Barboza e Maria Celina Bodin de Moraes, ob. cit., p. 308. Para ilustrar, trazem exemplo de Antônio Junqueira de Azevedo: "por exemplo, o ato sob condição suspensiva, quando não ocorre o evento a que a condição se referia, ou o ato do mandatário sem poderes que prometeu a ratificação do mandante e não a obteve, ou a cessão de crédito não notificada ao devedor".

36. Zeno Veloso esclarece que "Logicamente, a eficácia jurídica é a conseqüência principal do negócio. Em regra, ninguém declara a sua vontade para que não tenha sentido algum e nem gere qualquer efeito. Há casos, todavia, em que, considerando as circunstâncias, a lei recusa efeitos ao negócio. Nestes casos, a ineficácia não atinge os atos, em si, pois eles são válidos, mas impede que os seus efeitos se projetem a determinadas pessoas. Daí esta categoria jurídica ser chamada de ineficácia relativa. O negócio é inoponível às pessoas mencionadas na lei" (ob. cit., p. 23).

37. "Art. 129. São ineficazes em relação à massa falida, tenha ou não o contratante conhecimento do estado de crise econômico-financeira do devedor, seja ou não intenção deste fraudar credores: I – o pagamento de dívidas não vencidas realizado pelo devedor dentro do termo legal, por qualquer meio extintivo do direito de crédito, ainda que pelo desconto do próprio título; II – o pagamento de dívidas vencidas e exigíveis realizado dentro do termo legal, por qualquer forma que não seja a prevista pelo contrato; III – a constituição de direito real de garantia, inclusive a retenção, dentro do termo legal, tratando-se de dívida contraída anteriormente; se os bens dados em hipoteca forem objeto de outras posteriores, a massa falida receberá a parte que devia caber ao credor da hipoteca revogada; IV – a prática de atos a título gratuito, desde 2 (dois) anos antes da decretação da falência; V – a renúncia à herança ou a legado, até 2 (dois) anos antes da decretação da falência; VI – a venda ou transferência de estabelecimento feita sem o consentimento expresso ou o pagamento de todos os credores, a esse tempo existentes, não tendo restado ao devedor bens suficientes para solver o seu passivo, salvo se, no prazo de 30 (trinta) dias, não houver oposição dos credores, após serem devidamente notificados, judicialmente ou pelo oficial do registro de títulos e documentos; VII – os registros de direitos reais e de transferência de propriedade entre vivos, por título oneroso ou gratuito, ou a averbação relativa a imóveis realizados após a decretação da falência, salvo se tiver havido prenotação anterior."

38. "Art. 130. São revogáveis os atos praticados com a intenção de prejudicar credores, provan-

não prescinde da prova da fraude entre os contratantes (exige o *consilium fraudis* e o *eventus damni*).

Nesse contexto, o ato jurídico em sentido lato (englobando o ato jurídico em sentido estrito e o negócio jurídico) não produz qualquer efeito no tocante à massa falida. É como se o ato não tivesse existido, permitindo a nova legislação a declaração *ex oficio*[39] pelo juízo falimentar da sua ineficácia, caso se enquadre nas hipóteses do art. 129 da Lei 11.101/2005.

Destaca-se que a ação revocatória falimentar ou a declaração de ineficácia não têm por finalidade anular o ato, mas simplesmente torná-lo ineficaz em relação à massa, o que as diferencia da simples fraude contra credores (ação pauliana) do Direito Civil.

No que diz respeito ao terceiro de boa-fé, poderá ele ajuizar, a qualquer tempo, ação por perdas e danos contra o devedor ou seus garantes. Terá ainda direito à restituição dos bens ou valores entregues ao devedor.[40]

Aliás, a Lei de Recuperação e Falência de Empresas prescreve[41] que nenhum dos atos referidos nos incisos I a III e VI do art. 129 do mesmo diploma legal que tenham sido previstos e realizados na forma definida no plano de recuperação judicial será declarado ineficaz ou revogado. Trata-se de dispositivo digno de elogios, pois também vem salvaguardar os interesses do terceiro de boa-fé.

De outro lado, há negócios, que apesar de nulos, podem eventualmente gerar algum efeito ou alguns efeitos, de natureza secundária ou marginal.[42]

Preleciona Marcos Bernardes de Mello que "Em geral, o ato jurídico precisa ser válido para ser eficaz; não, contudo, essencialmente. O ato jurídico inválido, quando anulável, produz todos os seus efeitos até que sejam (ato e efeitos) desconstituídos por sentença judicial; mesmo quando nulo, há hipóteses em que é eficaz (casamento putativo, *e.g.*). Também há situações em que o ato jurídico válido é ineficaz quanto a seus efeitos específicos, como referido.

"Ser válido, ou inválido, e ser eficaz ou ineficaz, são, portanto, qualificações distintas imputadas a algo que existe: o fato jurídico. O existir (= ser fato jurídico) constitui, por conseguinte, pressuposto essencial da validade, ou invalidade, e da eficácia, ou ineficácia, do fato jurídico, donde implicar uma *contradictio in adiecto* dizer, por exemplo, que o fato jurídico nulo, ou o ineficaz, é inexistente, porque somente o que existe por ser qualificado."

Pontes de Miranda, citado por Paulo Nader, traz algumas combinações: "Existir, valer e ser eficaz são conceitos tão inconfundíveis que o fato jurídico pode ser, valer e não ser eficaz, ou ser, não valer e ser eficaz. As próprias normas jurídicas podem ser, valer e não ter eficácia. O que se não pode dar é valer e ser eficaz, ou valer, ou ser eficaz, sem ser; porque não há validade, ou eficácia do que não é".[43]

do-se o conluio fraudulento entre o devedor e o terceiro que com ele contratar e o efetivo prejuízo sofrido pela massa falida."

39. Estabelece o parágrafo único do art. 129 da Lei 11.101/2005 que: "A ineficácia poderá ser declarada de ofício pelo juiz, alegada em defesa ou pleiteada mediante ação própria ou incidentalmente no curso do processo".

40. Nesse sentido, estabelece o art. 136 da Lei 11.101/2005: "Art. 136. Reconhecida a ineficácia ou julgada procedente a ação revocatória, as partes retornarão ao estado anterior, e o contratante de boa-fé terá direito à restituição dos bens ou valores entregues ao devedor. § 1º. Na hipótese de securitização de créditos do devedor, não será declarada a ineficácia ou revogado o ato de cessão em prejuízo dos direitos dos portadores de valores mobiliários emitidos pelo securitizador. § 2º. É garantido ao terceiro de boa-fé, a qualquer tempo, propor ação por perdas e danos contra o devedor ou seus garantes".

41. "Art. 131. Nenhum dos atos referidos nos incisos I a III e VI do art. 129 desta Lei que tenham sido previstos e realizados na forma definida no plano de recuperação judicial será declarado ineficaz ou revogado."

42. Zeno Veloso, ob. cit., p. 147.

43. Francisco Calvacanti Pontes de Miranda, *Tratado de Direito Privado*, 2ª ed., t. IV, § 359, p. 15, *apud* Paulo Nader, *Curso de Direito Civil*, 2ª ed., v. 1, p. 470.

Na categoria dos atos inválidos, os nulos, excepcionalmente, podem produzir efeitos (CC, art. 168, parágrafo único). Normalmente, os negócios anuláveis produzem efeitos, enquanto não forem anulados, pois, em princípio, são eficazes.[44]

Para Zeno Veloso, "o negócio nulo não é, ou não é sempre, ou não é necessariamente, ou não é totalmente ineficaz. No geral dos casos, o inválido nulo não produz efeito jurídico. Excepcionalmente, porém, o nulo produz algum efeito, efeito indireto, efeito reflexo. Fala-se de 'efeitos mínimos' do negócio nulo. Isto ocorre muito raramente, poucos são os casos, apontando-se na doutrina: a) casamento putativo (art. 1.561); b) citação, mesmo nula por incompetência do juiz, interrompe a prescrição e constitui o devedor em mora (CPC, art. 219); c) a declaração feita em instrumento nulo serve como começo de prova; d) o negócio translativo de propriedade nulo funciona, não obstante, como causa justificativa da posse".[45]

Importante ainda destacar os elementos acidentais do ato jurídico, traduzidos como condição, encargo e termo. Tratam-se de elementos meramente acidentais, introduzidos facultativamente pela vontade das partes, não necessários à sua existência.[46]

César Fiuza lembra que os elementos dos atos jurídicos se reúnem em três categorias distintas, ou seja, elementos essenciais (integram a própria essência do ato), naturais (embora não façam parte da essência do ato, decorrem naturalmente dele) e acidentais (características que o ato pode ou não conter: condição, termo e encargo).[47]

Condição é o acontecimento futuro e incerto de que depende a eficácia do negócio jurídico. Para César Fiúza, atos jurídicos condicionais são aqueles "cujos efeitos, ou seja, a criação, modificação ou extinção de direitos e deveres, estiverem subordinados ao implemento de condição. Em outras palavras, o ato só produzirá efeitos dependendo de evento futuro e incerto, que poderá não ocorrer".[48]

A condição é "mecanismo que amplia o espaço da autonomia privado, permitindo às partes do negócio jurídico que interfiram em sua eficácia em dois aspectos: (i) atribuindo-lhe um caráter suspensivo, de modo que não há aquisição do direito até a verificação do evento futuro e incerto (art. 125); (ii) ou atribuindo-lhe um caráter resolutivo, quando há extinção do direito diante da sua verificação (art. 126)".[49]

Estabelece o art. 121 do Código Civil de 2002 que "Considera-se condição a cláusula que, derivando exclusivamente da vontade das partes, subordina o efeito do negócio jurídico a evento futuro e incerto". Assim, para que haja condição necessita-se de voluntariedade, futuridade e incerteza.[50]

Segundo Carlos Henrique Gonçalves, "Quanto à voluntariedade, já foi exposto que as partes devem querer e determinar o evento, pois se a eficácia do negócio jurídico for subordinada por determinação de lei, não haverá condição, mas, sim, *conditio iuris*".[51]

A doutrina diferencia a condição voluntária da legal. Aquela é estabelecida

44. Zeno Veloso, ob. cit., p. 25.

45. Idem, p. 146.

46. Carlos Roberto Gonçalves, *Direito Civil Brasileiro*, v. I, p. 331.

47. Adverte César Fiuza que não se deve confundir "elementos essenciais à existência do ato, com elementos essenciais à validade chamados genericamente de requisitos ou condições de validade, que são a idoneidade do objeto e a forma" (ob. cit., p. 203)

48. Idem., p. 204.

49. Gustavo Tepedino, Heloisa Helena Barboza e Maria Celina Bodin de Moraes, ob. cit., p. 243.

50. Francisco Amaral (*apud* Carlos Henrique Amaral, ob. cit., p. 335) diz que a possibilidade é um quarto requisito de existência da condição. Para ele, o evento "há de ser natural e juridicamente possível. Se impossível, não há incerteza e não se verificará o estado de pendência, próprio do ato condicionado".

51. Carlos Henrique Gonçalves, ob. cit., p. 334.

pelas partes como requisito de eficácia do negócio jurídico; esta é estabelecida por lei, como pressupostos do negócio jurídico e não verdadeiras condições. A condição pode ser ainda suspensiva (subordina os efeitos do ato jurídico ao implemento da condição) ou resolutiva (cessam os efeitos do ato com o implemento da condição).

As condições classificam-se: (i) quanto à ilicitude, em lícitas (CC, art. 122) e ilícitas (CC, arts. 122 e 123); (ii) quanto à possibilidade, em possíveis e impossíveis (fisicamente impossíveis são as que não podem ser cumpridas por nenhum ser humano; juridicamente impossíveis esbarra em proibição expressa do ordenamento jurídico, por exemplo, realizar negócio que tenha por objeto herança de pessoa viva); (iii) quanto à fonte de onde promanam, em casuais (decorrente de evento fortuito), potestativas (dependente da vontade de um dos contratantes) e mistas (dependente da vontade de um dos contratantes e da vontade de terceiro).[52]

Anota Rose Melo Vencelau que "Ainda quanto à ilicitude, o Código Civil de 1916 não distinguia as condições ilícitas das condições juridicamente impossíveis, submetendo ambas a um único regime: a invalidação do ato.

"Entretanto, as condições ilícitas ferem com maior gravidade o ordenamento jurídico; são condições absolutamente contrárias à lei. As condições juridicamente impossíveis permanecem, por assim, dizer, à margem do ordenamento, de maneira que não podem receber a proteção jurídica. Assim, ilícitas são as condições se roubares, se matares; enquanto juridicamente impossível seria se emancipares aos 12 anos, se casares em comunhão de bens aos 65 anos.

"O Código Civil de 2002, nos arts. 123 e 124, abraça a distinção entre condição ilícita e juridicamente impossível. Aquela sempre contaminará o negócio com a invalidade, enquanto esta poderá acarretar invalidade ou simplesmente ser tida como inexistente, conforme se trate de condição suspensiva ou resolutiva, respectivamente.

"Nesse passo, o Código Civil de 2002 seguiu as modernas legislações que, ao contrário do nosso Código de 1916, distinguem as condições ilícitas das juridicamente impossíveis, dando-lhes conseqüências diversas, conforme seja de uma espécie ou de outra."[53]

Para César Fiúza "a diferença feita pelos incisos I e II do art. 123, entre condições (suspensivas) juridicamente impossíveis e condições ilícitas, ou de fazer coisa ilícita, simplesmente não faz sentido; não se sustenta cientificamente".[54]

Termo é o dia ou momento em que começa ou se extingue a eficácia do negócio jurídico, podendo ter como unidade de medida a hora, o dia, o mês ou o ano. Embora constitua evento futuro, é dotado de certeza, ao contrário da condição, que subordina a eficácia negócio a evento futuro e incerto.

O termo pode ser: (i) convencional (aposto no contrato pela vontade das partes); (ii) de direito (decorre da lei); (iii) de graça (é a dilação de prazo concedida ao devedor); (iv) incerto (quanto à data de sua verificação); (v) certo (se reporta a determinada data do calendário); (vi) inicial ou suspensivo (*dies a quo*); (vii) final ou resolutivo (*dies ad quem*).

Estabelece o art. 131 do Código Civil de 2002 que "O termo inicial suspende o exercício, mas não a aquisição do direito". Difere, portanto, da condição suspensiva, pois esta além de suspender o exercício do direito, suspende também a sua aquisição.

Por fim, adverte César Fiúza que "Não há confundir termo com prazo. Termo é o momento inicial ou final de um ato jurídico. Prazo é o lapso de tempo entre o termo inicial e o termo final".[55]

52. Idem, pp. 338-345.

53. Rose Melo Vencelau, ob. cit., pp. 207-208.

54. César Fiuza, ob. cit., p. 209.

55. Idem, p. 205.

Encargo ou modo é uma determinação que, imposta pelo autor de liberalidade, a esta adere, restringindo-a.

Segundo Carlos Henrique Gonçalves, "Trata-se de cláusula acessória às liberalidades (doações, testamentos), pela qual se impõe uma obrigação ao beneficiário. É admissível, também, em declarações unilaterais da vontade, como na promessa de recompensa. Não pode ser aposto em negócio a título oneroso, pois equivaleria a uma contraprestação".[56]

E, conclui o referido autor que: "(...) o encargo deve ser lícito e possível. Se fisicamente impossível ou ilícito, tem-se como inexistente. Se o seu objeto constituir-se em razão determinante da liberalidade, o defeito contaminará o próprio negócio, que será declarado nulo. Assim, por exemplo, se a doação de um imóvel é feita para que o donatário nele mantenha casa de prostituição (atividade ilícita), sendo esse o motivo determinante ou a finalidade específica da liberalidade, será invalidado todo o negócio jurídico".[57]

Nesse sentido, prescreve o art. 137 do Código Civil de 2002 que "Considera-se não escrito o encargo ilícito ou impossível, salvo se constituir o motivo determinante da liberalidade, caso em que se invalida o negócio jurídico".

Finalmente, Rose Melo Vencelau adverte que, "O encargo, ao contrário da condição e do termo, é modalidade anexa do negócio jurídico, o que repercute diretamente nos seus efeitos.

"Assim, o encargo não suspende nem a aquisição, nem o exercício do direito, consoante prevê o art. 136 do Código Civil de 2002. Por isso, mesmo nas liberalidades *causa mortis*, se o beneficiário morrer antes de cumpri-lo, a instituição prevalece, ao contrário do que ocorreria se de condição se tratasse. Somente quando imposto no negócio jurídico como condição suspensiva é que o encargo terá o condão de suspender a aquisição e o exercício do direito, não por ser encargo, mas por este ser verdadeira condição suspensiva. Em caso de dúvida sobre se a disposição é condicional ou modal, deve-se interpretar como a segunda por ser mais favorável ao instituído."[58]

No âmbito da nova Lei de Recuperação e Falência de Empresas observa-se a existência de "condição resolutiva tácita de toda a novação, alteração ou renegociação viabilizada pela aprovação do plano de recuperação judicial".[59] Nesse sentido, estabelece o art. 61, § 2º, da Lei 11.101/2005, que "Decretada a falência, os credores terão reconstituídos seus direitos e garantias nas condições originalmente contratadas, deduzidos os valores eventualmente pagos e ressalvados os atos validamente praticados no âmbito da recuperação judicial".

3.3 O principal efeito da homologação do plano de recuperação extrajudicial

O principal efeito do plano extrajudicial homologado por sentença foi extirpado do texto do Projeto da nova Lei por emenda apresentada no plenário do Senado Federal, que consistia na proteção contra eventuais ações revocatórias ou declarações de ineficácia de atos contemplados no plano privado, salvo nas hipóteses de fraude.

Com efeito, art. 129 da LRFE elenca as hipóteses declarativas de ineficácia relativamente à massa (ineficácia objetiva). Os atos jurídicos consistentes no pagamento de dívidas vencidas e vincendas, constituição de direito real de garantia, prática de atos a título gratuito, renúncia à herança, venda de estabelecimento e registro de di-

56. Carlos Henrique Gonçalves, ob. cit., p. 352.

57. Idem, p. 354.

58. Rose Melo Vencelau, ob. cit., p. 225.

59. Fábio Ulhoa Coelho, *Comentários à Nova Lei de Falências e de Recuperação de Empresas*, 2ª ed., p. 174.

reitos reais não atingem a massa falida, podendo a ineficácia ser declarada de ofício pelo juiz, alegada em defesa ou pleiteada mediante ação própria ou incidentalmente no curso do processo.

Diversamente é a hipótese do art. 130 (ineficácia subjetiva) do mesmo diploma legal, onde, de fundamental importância que se prove, cabalmente, a intenção de causar prejuízos aos credores, fraude do terceiro contratante e do próprio devedor.

Nesse contexto, o art. 131 do texto aprovado, e agora vigente, estabelece que "Nenhum dos atos referidos nos incisos I a III e IV do art. 129 desta lei que tenham sido previstos e realizados na forma definida no plano de recuperação judicial será declarado ineficaz ou revogado". O dispositivo legal, portanto, fez referência apenas à recuperação judicial, porém, se o acordo privado é homologado por sentença também se torna judicial.

Tal proteção, certamente, vem conferir maior segurança aos negócios jurídicos celebrados com devedores em dificuldades financeiras, estimulando a celebração de acordos que evitassem demorados e custosos processos de recuperação judicial ou falência.

Todavia, a falta de menção expressa à recuperação extrajudicial no art. 131 da LRFE não constitui óbice à extensão dos efeitos da blindagem jurídica em face de eventuais ações revocatórias ou declarações de ineficácia quando o acordo houver sido homologado judicialmente.

O próprio art. 166 da nova legislação impõe a ingerência do Poder Judiciário se o plano de recuperação extrajudicial envolver alienação judicial de filiais ou de unidades produtivas isoladas do devedor, devendo ser procedida por meio de leilão, propostas fechadas ou pregão. É certo que o juiz só deve homologar o plano se entender que não implica prática de atos com a intenção de prejudicar credores (LRFE, art. 164, § 5º).

As possibilidades de o devedor se reerguer são justamente a dação em pagamento; novação de dívida do passivo com ou sem constituição de garantia real própria ou apresentada por terceiros; concessão de prazos e condições especiais para pagamento das obrigações vencidas e vincendas; pagamentos a credores; venda ou transferência de estabelecimento, com o consentimento dos demais credores.

Isso implica em dizer que, praticados esses atos ao tempo do processo de recuperação judicial ou recuperação extrajudicial homologada em juízo, e desde que previstos nos respectivos planos para reerguimento do devedor, com anuência direta ou indireta dos credores, nada poderá ser feito, caso a falência venha a ocorrer, no tocante à declaração de ineficácia ou revogação.

3.4 A contextualização prática do tema

Para ilustrar a questão, consideremos a seguinte hipótese: um devedor empresário, que passa por dificuldades financeiras, convoca seus credores propondo-lhes um acordo extrajudicial, o qual comporta a alienação do estabelecimento empresarial como a única solução para a reorganização e continuidade do empreendimento. Por imposição do referido art. 166 da LRFE, leva-se o acordo à homologação judicial, transferindo o fundo de empresa ao terceiro interessado. Todavia, um credor, não signatário ou não sujeito ao plano, propõe pedido de falência contra o devedor empresário e, após a sua decretação, requer a declaração de ineficácia do ato de alienação do estabelecimento empresarial, com base no art. 129, VI da nova lei.

Consideremos ainda a hipótese de que o devedor empresário é uma microempresa ou uma empresa de pequeno porte, assim definidas pela Lei n. 9.841/1999, com tratamento favorecido e diferenciado ditado pela Constituição Federal de 1988, necessitando, portanto, de um procedimento de reorganização mais simples, menos oneroso e ao mesmo tempo seguro e eficaz, como a recuperação extrajudicial homologada em juízo.

Daí surge a seguinte indagação: o fato de a alienação do estabelecimento empresarial ter sido contemplada em plano de recuperação extrajudicial homologado por sentença também está protegida pela blindagem jurídica prevista no art. 131 da LFRE?

A resposta deve ser positiva, principalmente ao considerarmos a possibilidade de facilitação para as microempresas e empresas de pequeno porte, para as quais o legislador apenas previu um plano especial de recuperação judicial, similar à antiga concordata, na medida em que abrange somente créditos quirografários, que poderão ser parcelados em 36 meses, mas corrigidos monetariamente e acrescidos de juros de 12% ao ano. Embora não seja obrigatória a opção por tal plano especial pelas microempresas e empresas de pequeno porte, caso pretendam adotar outros meios para reestruturação de suas atividades deverão fazê-lo em sede de recuperação judicial ordinária, cujo procedimento é mais oneroso e burocratizado.

Devemos acreditar que a intenção do legislador não foi dificultar a possibilidade de recuperação das microempresas e empresas de pequeno porte. Sabe-se que o desenvolvimento das micro e pequenas empresas tem sido uma preocupação mundial, pois estas exercem importante papel na economia moderna, sendo responsáveis, dentre outros fatores, pela crescente geração de empregos e aumento da arrecadação tributária, contribuindo, sobremaneira, para a elevação do produto interno bruto dos países.

No Brasil, a Constituição da República de 1988, em seus arts. 170, inciso IX e 179, estabelece tratamento favorecido às microempresas e empresas de pequeno porte constituídas sob as leis brasileiras e que tenham sua sede e administração no País, utilizando o critério da receita bruta anual para classificá-las. O favorecimento ao crédito para tais empresas, o tratamento tributário diferenciado e uma política de desburocratização para agilizar e facilitar o seu funcionamento são os focos de atuação do legislador brasileiro.

Infelizmente, nos três primeiros anos de funcionamento, 50% das micro e 30% das pequenas empresas fecham as portas (fonte: Relação Anual de Informações Sociais – RAIS, 2003); 3,7 milhões estão inativas há mais de cinco anos (fonte: Departamento Nacional de Registro do Comércio – DNRC, 2003); 2,8 milhões são registradas, contra 12 milhões de pequenos empresários na informalidade (fonte: Receita Federal); correspondem a 98% das empresas brasileiras, mas só representam 4% das exportações (fonte: Ministério da Fazenda).

4. Conclusão

A aplicação dos princípios da eqüidade e da proporcionalidade na nova legislação recuperacional sugere igual sacrifício para todos os credores com o fim precípuo de beneficiar o devedor comum e permitir a sua reestruturação, saneamento e recuperação.

Igualmente, a nova ordem determina a interação com a economia, a incidência do princípio econômico da eficiência[60] e da teoria do esforço compartilhado[61] para salvar a empresa em estado de crise econômico-financeira, na medida em que permite e impõe a revisão das obrigações pecuniárias em pleno vigor, decorrentes de atos jurídicos perfeitos e acabados, em virtude de finalidades que determinam a intervenção do Estado no domínio dos contratos privados (dirigismo contratual), por

60. Para Rachel Sztajn "eficiência significa a aptidão para obter o máximo ou melhor resultado ou rendimento, com a menor perda ou o menor dispêndio de esforços; associa-se a noção de rendimento, de produtividade; de adequação à função. Não se confunde com eficácia que é a aptidão para produzir efeitos" (Décio Zylberstajn e Rachel Sztajn (orgs.), *Direito & Economia: Análise Econômica do Direito e das Organizações*, cap. 4, notas, p. 83, notas).

61. Jorge Lobo, *O Princípio da Eqüidade na Lei de Recuperação de Empresa*, acesso em 1.3.2005, disponível em http//www.migalhas.com.br.

razões de ordem política, social e econômica.

Nesse contexto, a adoção de planos de recuperação extrajudiciais amplos que não apenas constituam dilação de prazo, devidamente homologados por sentença e juridicamente eficazes, com proteção contra futuras ações revocatórias ou declarações de ineficácia (inclusive *ex officio*, a teor do art. 129, parágrafo único da nova lei), certamente promoverão vantagens, principalmente, para as micro e pequenas empresas, impulsionando a sua reestruturação e o desenvolvimento de suas atividades, levando-se em conta, principalmente, a relevante função social que desempenham.

Ancorando-se nas lições sempre balizadas de Maximiliano,[62] "o espírito da norma há de ser entendido de modo que o preceito atinja completamente o objetivo para o qual a mesma foi feita". Prudente, então, é a interpretação sob os enfoques sistemático e teleológico da nova legislação recuperacional, cujo objetivo primordial é a preservação da empresa. Assim, se o plano extrajudicial é homologado por sentença, a recuperação é judicial e, como tal, a ela se aplica o disposto o art. 131 da LRFE, constituindo negócio jurídico existente, válido e eficaz.

A razoabilidade, portanto, quando da interpretação da nova lei deve estar sempre presente, "sob pena de não se obter o objetivo almejado, que é a tentativa real de recuperação da entidade empresarial".[63]

Referências bibliográficas

BAIR, Douglas G.; RASMUSSEN, Robert K. *The End of Bankrupcty*. Disponível em http://ssrn.com/abstract=359241.

BANDEIRA DE MELLO, Celso Antônio. *Curso de Direito Administrativo*. 12ª ed., São Paulo, Malheiros Editores, 2000.

62. Carlos Maximiliano, *Hermenêutica e Aplicação do Direito*, 18ª ed., p. 152.

63. Carlos Roberto Claro, *Revocatória Falimentar*, 3ª ed., p. 141.

BONAVIDES, Paulo. *Curso de Direito Constitucional*. 7ª ed., São Paulo, Malheiros Editores, 1997.

CLARO, Carlos Roberto. *Revocatória Falimentar*. 3ª ed., Curitiba, Juruá, 2005, p. 141.

COELHO, Fábio Ulhoa. *Comentários à Nova Lei de Falências e de Recuperação de Empresas*. 2ª ed., São Paulo, Saraiva, 2005.

FIUZA, César. *Direito Civil: Curso Completo*. 8ª ed., Belo Horizonte, Del Rey, 2004.

FREITAS, Juarez. *A Interpretação Sistemática do Direito*. São Paulo, Malheiros Editores, 1995.

GONÇALVES, Carlos Roberto. *Direito Civil Brasileiro*. São Paulo, Saraiva, 2003.

LOBO, Jorge. *O Princípio da Eqüidade na Lei de Recuperação de Empresa*. Acesso em 1.3.2005. Disponível em http//www.migalhas.com.br.

MACHADO, Rafael Bicca. "Cada um em seu lugar. Cada um com sua função: apontamentos sobre o atual papel do Poder Judiciário brasileiro, em homenagem ao Ministro Nelson Jobim", in TIMM, Luciano Benetti (org.), *Direito e Economia*. São Paulo, IOB Thomson, 2005, pp. 41-49.

MAXIMILIANO, Carlos. *Hermenêutica e Aplicação do Direito*. 18ª ed., Rio de Janeiro, Forense, 1988.

MELLO, Marcos Bernardes. *Teoria do Fato Jurídico: Plano da Eficácia*. 1ª Parte. 2ª ed., São Paulo, Saraiva, 2004.

NADER, Paulo. *Curso de Direito Civil*. v. 1, 2ª ed., Rio de Janeiro, Forense, 2004.

PAIVA, Luiz Fernando Valente de (coord.). *Direito Falimentar e a Nova Lei de Falências e Recuperação de Empresas*. São Paulo, Quartier Latin, 2005.

PINHEIRO, Armando Castelar. "Direito e economia num mundo globalizado: cooperação ou confronto?", in TIMM, Luciano Benetti (org.). *Direito e Economia*. São Paulo, IOB Thomson, 2005, pp. 51-59.

______; SADDI, Jairo. *Direito, Economia e Mercados*. Rio de Janeiro, Campus/Elsevier, 2005.

SCHWARTZ, Alan. *A Normative Theory of Business Bankrupcty*. Disponível em http://ssrn.com/abstract=683273.

SILVA, José Afonso da. *Curso de Direito Constitucional Positivo.* 12ª ed., São Paulo, Malheiros Editores, 1996.

TEPEDINO, Gustavo; BARBOZA, Heloisa Helena; MORAES, Maria Celina Bodin de. *Código Civil Interpretado.* Rio de Janeiro, Renovar, 2004.

TIMM, Luciano Benetti (org.). *Direito e Economia.* São Paulo, IOB Thomson, 2005.

VELOSO, Zeno. *Invalidade do Negócio Jurídico: Nulidade e Anulabilidade.* 2ª ed., Belo Horizonte, Del Rey, 2005.

VENCELAU, Rose Melo. "O negócio jurídico e suas modalidades", in *A Parte Geral do Novo Código Civil: Estudos na Perspectiva Civil-Constitucional.* 2ª ed., Rio de Janeiro, Renovar, 2003, pp. 179-228.

VENOSA, Sílvio de Salvo. *Direito Civil: Parte Geral.* v. I, 3ª ed., São Paulo, Atlas, 2005.

VILLELA, João Baptista. "Do fato ao negócio: em busca da precisão conceitual", in *Estudos de Homenagem ao Professor Washington de Barros Monteiro.* São Paulo, Saraiva, 1982, pp. 251-266.

ZYLBERSTAJN, Décio; SZTAJN, Rachel (orgs.). *Direito & Economia: Análise Econômica do Direito e das Organizações.* São Paulo, Campus/Elsevier, 2005.

UMA ANÁLISE DO PRINCÍPIO DA PRESERVAÇÃO DA EMPRESA VIÁVEL NO CONTEXTO DA NOVA LEI DE RECUPERAÇÃO DE EMPRESAS

EDUARDO ZILBERBERG

1. A evolução do Direito Falimentar e a origem do princípio da preservação da empresa. 2. O princípio da preservação da empresa no ordenamento jurídico brasileiro e seu papel na elaboração, interpretação e aplicação das normas de Direito Falimentar. 3. O conceito de empresa viável e a correta exegese do princípio da preservação da empresa. 4. Meios extrajudiciais de preservação da empresa. 5. A adaptação da sociedade brasileira ao novo Direito Falimentar: uma questão cultural.

1. A evolução do Direito Falimentar e a origem do princípio da preservação da empresa

Com a entrada em vigor da nova Lei de Falências ou Lei de Recuperação de Empresas (Lei n. 11.101/2005), surgem, na teoria e na prática, controvérsias em torno da interpretação e aplicação de determinados dispositivos legais da nova lei, sejam elas relativas à assembléia de credores, ao plano de recuperação, à classificação dos créditos na falência e outros temas.

Nesse contexto, o que se percebe é que, não raro, a solução pode ser encontrada na correta aplicação do princípio da preservação da empresa viável, que tende a ser cada vez mais utilizado pelos operadores do direito em estratégias de defesa e no embasamento de decisões judiciais.

Observe-se que esse princípio não teve sua origem em uma lei específica. É fruto de uma lenta evolução e foi sendo desenvolvido na medida em que o interesse da coletividade voltava-se para a preservação das empresas.

Com efeito, se considerarmos a evolução histórica do Direito Falimentar, verifica-se que, num primeiro momento, o interesse coletivo estava restrito à procura de meios eficazes para o pagamento dos credores, mediante a arrecadação e a alienação da totalidade do patrimônio do falido.

Somente após a Primeira Guerra Mundial é que foi possível verificar, em alguns países, o início de uma maior preocupação com a preservação das empresas, notadamente nos Estados Unidos, onde a aguda crise de 1929 levou ao surgimento de uma nova política, o *New Deal*, acompanhado pela promulgação do *Chandler Act* de 1938, que modificou o *National Bankruptcy Act* norte-americano para prever a reabilitação do devedor como alternativa para a liquidação.[1]

Outro marco da evolução do princípio da preservação da empresa foi a publicação, em 1965, na França, do relatório da

1. Nelson Abrão, *O Novo Direito Falimentar: Nova Disciplina Jurídica da Crise Econômica da Empresa*, p. 10.

Inspetoria-Geral de Finanças, que teve por objeto a análise da eficácia da regulamentação da falência. Tendo revelado o descompasso entre a norma e a realidade, bem como o fracasso do sistema do ponto de vista econômico, as conclusões do referido estudo serviram de base para a reforma da legislação concursal francesa com a promulgação, em 1967, da Lei 67-563 e da Ordenação n. 820.[2]

Assim, na medida em que crescia o papel da empresa no meio social, o Direito Falimentar foi evoluindo de regras com o único propósito de liquidação e pagamento dos credores para a busca de mecanismos voltados para a preservação da atividade empresarial.

2. *O princípio da preservação da empresa no ordenamento jurídico brasileiro e seu papel na elaboração, interpretação e aplicação das normas de Direito Falimentar*

Com efeito, na realidade em que vivemos, a empresa, criada para satisfazer as necessidades da coletividade através da produção e circulação de bens e serviços, passou a desempenhar funções sócio-econômicas de enorme importância.

Entretanto, no Brasil, a mudança para uma cultura jurídica de preservação das empresas ocorreu de maneira lenta e gradual. O Decreto-lei n. 7.661, de 1945, que vigorou por mais de meio século, e que continuará sendo aplicado aos processos de falência e concordata ajuizados antes da nova lei, continha, essencialmente, regras que revelavam um sistema legalista, no qual predominava a preocupação com a satisfação dos credores, em detrimento da preservação da empresa.

Verificou-se, portanto, que o Decreto-lei n. 7.661 estava em completa desconformidade com os problemas da modernidade, evidenciando-se a necessidade de criação de mecanismos que viabilizassem a recuperação das empresas em dificuldades financeiras.

Como uma tentativa de resposta aos anseios sociais, a promulgação da Constituição Federal de 1988 foi o pontapé inicial para a reforma da legislação concursal brasileira. Com seus valores e princípios, a Constituição revelou-se um marco fundamental para a consolidação do princípio da preservação da empresa, na medida em que fixou as bases e diretrizes que passariam a nortear a elaboração, interpretação e aplicação da legislação infraconstitucional.

Ao dispor sobre a ordem econômica e financeira, a Carta Magna estabelece, em seu art. 170, os princípios gerais da atividade econômica, dentre os quais o da propriedade privada, da função social da propriedade e a busca do pleno emprego.

Nesse contexto, a preocupação com a preservação da empresa, na medida em que esta permanece no exercício de suas funções sociais, constitui uma das principais formas de dar eficácia aos demais princípios enunciados, bem como de concretizar a finalidade constitucional da ordem econômica, qual seja, assegurar a todos uma existência digna.

Acrescente-se ainda que a promulgação da Constituição teve forte repercussão na interpretação da legislação já em vigor, abrindo caminho para uma nova tendência da jurisprudência, que passou a observar o princípio da preservação da empresa na aplicação das leis ao caso concreto.

Nessa linha, ao interpretar a antiga regra do art. 335, V, do Código Comercial de 1850, segundo a qual as sociedades reputavam-se dissolvidas por vontade de um dos sócios, no caso de terem sido celebradas por tempo indeterminado, a jurisprudência, pautada pelo princípio da preservação da empresa, pacificou-se no sentido de que, se um dos sócios pretende dar continuidade às atividades da sociedade, a dissolução será apenas parcial, mesmo que contra a vontade majoritária. A respeito, veja-se o seguinte julgado:

2. Idem, p. 18.

> Se um dos sócios de uma sociedade por quotas de responsabilidade limitada pretende dar-lhe continuidade, como na hipótese, mesmo contra a vontade da maioria, que busca a sua dissolução total, deve-se prestigiar o princípio da preservação da empresa, acolhendo-se o pedido de sua desconstituição apenas parcial, formulado por aquele, pois a sua continuidade ajusta-se ao interesse coletivo, por importar em geração de empregos, em pagamento de impostos, em promoção do desenvolvimento das comunidades em que se integra, e em outros benefícios gerais.[3]

Já no campo do Direito Falimentar, a jurisprudência abandonou a interpretação meramente literal das regras do Decreto-lei n. 7.661/1945, partindo para uma interpretação moderna e compatível com os princípios constitucionais, que levasse em conta os anseios e as necessidades atuais da coletividade, dentre as quais a de preservar as empresas capazes de trazer benefícios à sociedade, como bem observou Ricardo Tepedino: "Fiel ao primado da preservação da empresa viável, a jurisprudência, por exemplo, não obriga a confissão de falência pelo simples fato de o comerciante deixar de pagar obrigação líquida após 30 dias do respectivo vencimento (arts. 8º e 140, II), admitindo a impetração de concordata preventiva a despeito da existência de protestos (art. 158, IV) e deferindo prazo razoável para a exibição de documentos que deveriam instruir a sua inicial (art. 159, § 1º) (...)".[4]

A nova Lei de Recuperação de Empresas, por sua vez, já nasceu com instrumentos voltados para a preservação da empresa, como a suspensão de ações e execuções contra a sociedade em recuperação judicial pelo prazo de cento e oitenta dias (art. 6º, § 4º), a possibilidade de afastamento, em determinadas hipóteses, dos administradores da sociedade (art. 64) e a possibilidade de alienação da empresa sem que ocorra a sucessão do arrematante nas obrigações do devedor (art. 141).

Não obstante, o modo de concretização desses instrumentos e a interpretação de determinados dispositivos da lei certamente serão alvo de inúmeras controvérsias. Nessas situações, a correta aplicação do princípio da preservação da empresa viável poderá ser fundamental para a solução dos conflitos envolvendo credores e devedores.

3. O conceito de empresa viável e a correta exegese do princípio da preservação da empresa

Não obstante o fortalecimento do princípio da preservação no cenário econômico atual, sua utilização na interpretação e aplicação das leis com vistas a garantir a possibilidade de recuperação da empresa não pode ser irrestrita, sob pena de acabar muitas vezes por prejudicar ao invés de beneficiar a coletividade.

Como bem ressaltou Fábio Ulhoa Coelho, "quando o aparato estatal é utilizado para garantir a permanência de empresas insolventes inviáveis, opera-se uma inversão inaceitável: o risco da atividade empresarial transfere-se do empresário para os seus credores".[5]

Tendo isso em mente, a doutrina aponta como critério fundamental para limitar a aplicação do princípio em questão o da viabilidade econômica, ou seja, somente as empresas economicamente viáveis, passíveis de recuperação, é que devem ser preservadas.

Além disso, deve-se levar em conta a relevância da empresa do ponto de vista social, verificando-se os benefícios que a recuperação da empresa trará para seus acionistas, credores e para a sociedade como um todo no longo prazo.. Tal análise, em

3. STJ, 4ª T., Recurso Especial 61.278-SP, Rel. Ministro César Asfor Rocha, Brasília, 25.11.1997.

4. Ricardo Tepedino, "A recuperação da empresa em crise diante do Decreto-lei 7.661/1945", *RDM* 128/168.

5. Fábio Ulhoa Coelho, *Curso de Direito Comercial*, v. 3, p. 218.

muitos casos, será de extrema importância para justificar a não decretação da falência.

Verifica-se, dentro da nova ótica do Direito Falimentar, que a utilização do critério da viabilidade econômica ou da relevância social para determinar se a empresa insolvente deve ou não ser preservada é mais condizente com a realidade social vigente, na medida em que o foco passa a ser a possibilidade de reerguimento da atividade empresarial em prol dos interesses envolvidos, ao invés de simplesmente analisar se os atos praticados pelo devedor autorizam ou não a decretação da falência.

Deste modo, o princípio em tela deve ser lido sempre como o princípio da preservação da empresa viável ou de relevante interesse social, devendo essas duas características nortear sua aplicação.

Delimitada a aplicação do princípio, deve-se enfrentar ainda a seguinte questão prática: como determinar se uma empresa é ou não economicamente viável?

São vários os critérios que podem ser utilizados para se responder a esta questão. Entretanto, será necessário identificar, em primeiro lugar, quais são os problemas apresentados pela empresa e suas respectivas causas, e ainda, se a crise é econômica ou de liquidez.

Além disso, deverá ser feita uma análise detalhada dos ativos e dos passivos que integram o patrimônio da empresa, tanto sob o ponto de vista quantitativo como qualitativo, ou seja, verificar quais são seus bens, suas dívidas, bem como o valor de seus produtos e serviços no mercado.

Outro dado importante é o potencial de venda dos produtos no mercado frente à concorrência, tendo-se em vista ainda a receita, os custos e os resultados envolvidos. Deve-se levar em conta ainda a forma pela qual os recursos da empresa vêm sendo administrados, avaliando-se a eficácia do modelo de gestão adotado.

Acrescente-se que o critério da viabilidade econômico-financeira deve também ser observado na fase de aprovação de um eventual plano de recuperação para uma empresa em estado de insolvência.

Como se verá adiante, várias são as soluções que se apresentam na prática com vistas à recuperação da empresa, podendo variar de uma simples extensão do prazo para pagamento das dívidas até as mais complexas formas de reestruturação societária.

Entretanto, é evidente que nem todas as soluções serão possíveis, devendo a solução desejada ajustar-se às peculiaridades do caso concreto. Não basta, portanto, a constatação de que a empresa é viável se o respectivo plano de recuperação, quando necessário, não se mostra igualmente viável. De fato, ao questionar-se a aplicabilidade de um plano de recuperação a determinada empresa, é crucial que sejam levados em conta os custos de sua manutenção no mercado, os quais deverão ser sempre inferiores aos de sua liquidação.

Na verdade, ao falar-se em custos de manutenção, não está se tratando apenas dos custos financeiros. Sem prejuízo da importante verificação da possibilidade da empresa remunerar normalmente os capitais nela aportados,[6] a análise da viabilidade do plano de recuperação deve abranger também a verificação da relação custo-benefício em sua totalidade, ponderando-se os impactos sócio-econômicos positivos e negativos decorrentes da conservação da empresa.

Quanto ao critério do relevante interesse social na preservação da empresa, este deverá ser analisado no caso concreto, visto que pode variar de acordo com os interesses da coletividade local em determinado momento, ou seja, deve-se apurar, em cada caso, o grau de importância da empresa do ponto de vista os interesses sociais, políticos e econômicos envolvidos.

6. Jean Paillusseau *apud* Paulo Penalva Santos, "O novo projeto de recuperação da empresa", *RDM* 117/130.

Assim, a aplicação do princípio da preservação da empresa deve sempre ser feita de modo inteligente e razoável, evitando-se a todo custo a permanência de empresas ruinosas para o mercado e a coletividade, para as quais remédio correto é a falência, conforme assinalado por Manuel Olivencia Ruiz: "Porém, se trata de salvar o salvável, de sanear o saneável, e de não manter a qualquer custo organismos inertes, que deixaram de ser produtivos. Não se trata de manter 'lugares' quando a aguda situação crítica demonstre que não mais pode haver 'trabalho' naquela empresa; nem de investir a perder de vista recursos da comunidade na certeza de seu esbanjamento. Uma empresa em tal situação não se deve conservar, senão que deve cessar, e aí reside o interesse público".[7]

4. Meios extrajudiciais de preservação da empresa

De um simples aporte de capital, passando pelas mais complexas formas de financiamento, reorganizações societárias ou intervenções estatais, são inúmeras as estratégias passíveis de serem adotadas de modo a evitar a falência de empresas, e sem que haja necessidade de recorrer ao Poder Judiciário.

Uma das primeiras soluções que se apresenta para a sociedade que se encontra em crise de insolvência, enfrentando dificuldades para contrair empréstimos bancários, é a captação de novos recursos através do autofinanciamento, que pode se dar de diversas formas, dentre as quais a capitalização mediante a emissão de novas quotas ou ações ou ainda, no caso das companhias, a emissão de outros valores mobiliários como as debêntures.

Além das possibilidades de autofinanciamento, as técnicas de aquisição, incorporação, fusão, cisão e outras modalidades de reorganização societária podem consistir em excelentes alternativas para solucionar a crise de uma empresa.

A doutrina aponta ainda outros meios de reorganização, como a formação de consórcios entre os bancos e o Estado, em que este concede garantias aos bancos particulares para que estes financiem empresas deficitárias, ou ainda a criação de órgãos públicos para adquirir o controle da empresa, saneá-la e revender suas ações ao mercado, como, por exemplo, o IRI (*Instituto per la Riconstruzione Industriale*) da Itália, o NEB (*National Enterprise Board*) da Inglaterra e o IDF (*Institut pour le Développement Industrial*) da França.[8]

Observe-se, desde logo, que não existe uma ordem correta para o estudo dos diferentes mecanismos de preservação de empresas, ou seja, não é necessário esgotar as possibilidades de obtenção de empréstimos ou autofinanciamento para só então verificar a viabilidade de reestruturação da empresa.

Com efeito, as técnicas de reestruturação são freqüentemente utilizadas como uma forma de evitar o agravamento das dificuldades financeiras da sociedade ou até mesmo resguardar a empresa contra uma crise econômica, financeira ou patrimonial antes mesmo de sua ocorrência.

Nesse contexto, a nova Lei de Recuperação, preocupada em facilitar a utilização dos meios extrajudiciais em prol da preservação da empresa, retirou a convocação de credores do rol de atos que podem ensejar a decretação da falência, permitindo que o devedor negocie livremente com seus credores sem correr o risco de ter sua falência decretada em virtude das tentativas de negociação, podendo inclusive propor um plano de recuperação extrajudicial, sujeito a posterior homologação pelo Poder Judiciário.

7. Gerardo Santini *apud* Nelson Abrão, *O Novo Direito Falimentar:...*, cit., p. 43.

8. Jorge Lobo, "Direito da crise econômica da empresa", *Revista Forense* 334/74.

5. *A adaptação da sociedade brasileira ao novo Direito Falimentar: uma questão cultural*

Com a aprovação da nova Lei de Recuperação de Empresas, e a conseqüente introdução de uma nova sistemática no ordenamento jurídico pátrio, há pelo menos duas questões de extrema relevância a serem consideradas.

A primeira refere-se ao funcionamento do novo sistema na prática. Com efeito, a nova lei contém uma série de normas que, em tese, poderiam inviabilizar o instituto da recuperação judicial. O art. 57, por exemplo, condiciona a concessão da recuperação à apresentação pelo devedor, após a aprovação do plano, das certidões negativas de débitos tributários. Ora, se o objetivo da lei é a preservação de empresas viáveis, não seria razoável decretar a falência do devedor que não obteve as referidas certidões negativas, já que as dívidas fiscais não estão incluídas na recuperação judicial.

O art. 54, por sua vez, estabelece que o plano não poderá prever prazo superior a um ano para pagamento dos créditos trabalhistas. Entretanto, havendo acordo entre esses credores e o devedor, tal regra deve ser flexibilizada com vistas à aprovação do plano. Nesse ponto, vale ressaltar o papel do princípio da preservação da empresa viável que, se utilizado corretamente, poderá servir de base para que se chegue a uma interpretação razoável de determinados dispositivos.

Além disso, embora a nova lei tenha trazido a possibilidade de recuperação judicial da empresa com a participação dos credores, é intuitivo afirmar que não será fácil a inserção desse instituto na cultura brasileira, bem como o retorno a um sistema contratualista, onde credor e devedor concordariam em instituir um plano de recuperação visando o mútuo benefício, ainda que a longo prazo.

Não obstante, é inegável que a aprovação da Lei de Recuperação de Empresas representa um avanço, na medida em que consolida o princípio da preservação de empresa. Trata-se de verificar que a implementação de medidas com vistas à preservação, dentro de determinadas condições, da empresa viável, pode trazer benefícios maiores aos credores, devedores e à própria sociedade.

Bibliografia

ABRÃO, Nelson. *O Novo Direito Falimentar: Nova Disciplina Jurídica da Crise Econômica da Empresa.* São Paulo, Ed. RT, 1985.

______. *Curso de Direito Falimentar.* 3ª ed., São Paulo, Ed. RT, 1989.

______. "Algumas sugestões para uma nova lei concursal", *Revista de Direito Mercantil, Industrial, Econômico e Financeiro*, São Paulo, out. 1978.

BOBBIO, Norberto. *Teoria do Ordenamento Jurídico.* São Paulo, Ed. Polis; Brasília, Ed. UnB, 1990.

BORBA, José Edwaldo Tavares. *Direito Societário.* 8ª ed., Rio de Janeiro, Renovar, 2003.

BULGARELLI, Waldirio. "A Reforma da Lei das Falências e Concordatas", *O Novo Direito Empresarial.* Rio de Janeiro, Renovar, 1999.

CASTRO, Carlos Alberto Farracha de. "Uma nova visão do Direito Falimentar – A obrigatoriedade de adequação e interpretação à luz da Constituição Federal", *Revista de Direito Mercantil, Industrial, Econômico e Financeiro* 118/106-111, São Paulo, Ano XXXIX (Nova Série), abr.-jun. 2000.

COELHO, Fábio Ulhoa. *Curso de Direito Comercial.* v. 2. São Paulo, Saraiva, 2002.

______. *Curso de Direito Comercial.* v. 3. São Paulo, Saraiva, 2002.

COMPARATO, Fábio Konder. *Aspectos Jurídicos da Macro-Empresa.* São Paulo, Ed. RT, 1970.

GITMAN, Lawrence J. *Princípios de Administração Financeira*. 3ª ed., São Paulo, Harper & Row do Brasil, 1984.

LOBO, Jorge. *Da Recuperação da Empresa no Direito Comparado*. Rio de Janeiro, Lumen Juris, 1993.

______. *Direito Concursal: Direito Concursal Contemporâneo, Acordo Pré-Concursal, Concordata Preventiva, Concordata Suspensiva, Estudos de Direito Concursal*. Rio de Janeiro, Forense, 1996.

______. "Direito da crise econômica da empresa". *Revista Forense* 334/67-93, Rio de Janeiro, out.-dez. 1998.

NADER, Paulo. *Introdução ao Estudo do Direito*. Rio de Janeiro, Forense, 2000.

REALE, Miguel. *Lições Preliminares de Direito*. 24ª ed., São Paulo, Saraiva, 1998.

REQUIÃO, Rubens. *Curso de Direito Falimentar*. São Paulo, Saraiva, 1998.

SANTOS, Paulo Penalva. "O novo projeto de recuperação da empresa". *Revista de Direito Mercantil, Industrial, Econômico e Financeiro* 117/126-135, São Paulo, Ano XXXIX, jan.-mar. 2000.

SIMIONATO, Frederico Augusto Monte. "A disciplina da reorganização da empresa em crise econômica no Projeto de Lei Concursal". *Revista de Direito Mercantil, Industrial, Econômico e Financeiro* 111/138-156, São Paulo, Ano XXXVI (Nova Série), jul.-set. 1998.

______. "A reforma da Lei de Falências frente à reorganização econômica da empresa". *Revista de Direito Mercantil, Industrial, Econômico e Financeiro* 108/16-62, São Paulo, Ano XXXVI (Nova Série), out.-dez. 1997.

TEPEDINO, Ricardo. "A recuperação da empresa em crise diante do Decreto-lei 7.661/1945". *Revista de Direito Mercantil, Industrial, Econômico e Financeiro* 128/165-173, São Paulo, Ano XLI (Nova Série), out.-dez. 2002.

TOLEDO, Paulo Fernando Campos Salles de. "A disciplina jurídica das empresas em crise no Brasil: sua estrutura institucional". *Revista de Direito Mercantil, Industrial, Econômico e Financeiro* 122/168-172, São Paulo, Ano XL (Nova Série), abr.-jun. 2001.

FRAUDE CONTRA CREDORES: EFEITOS DA SENTENÇA NA AÇÃO PAULIANA

José Eli Salamacha

1. Introdução. 2. Definição. 3. Ação pauliana: 3.1 Anterioridade do crédito; 3.2 "Eventus damni"; 3.3 "Consilium fraudis". 4. Fraude contra credores e fraude à execução. 5. Efeitos da sentença na ação pauliana.

1. Introdução

Como regra geral prevista do art. 591 do Código de Processo Civil, vige em nosso sistema jurídico o princípio da responsabilidade patrimonial, que significa que, todo o patrimônio do devedor, pouco importando se os bens ou direitos que o compõem existiam quando a dívida foi contraída, responde por esta, no caso de inadimplemento voluntário, garantindo ao credor o exato cumprimento da obrigação através da tutela coativa do Estado.

O não cumprimento espontâneo da obrigação assumida pelo devedor permite o ajuizamento da ação de execução, que tem a finalidade de fazer com que o credor obtenha a satisfação de seu crédito, exigindo do Estado que retire do patrimônio do devedor tantos bens quantos bastem à satisfação do referido crédito. Enquanto não ocorrer inadimplemento, não há que se falar em sujeição dos bens do obrigado para com o credor, eis que não existe a execução para tanto, ou seja, até que exista inadimplemento, o patrimônio do obrigado estará a salvo da investida do credor.

A essa regra geral da responsabilidade patrimonial do devedor, existem poucas restrições permitindo que, em determinadas situações, alguns bens do patrimônio do devedor não respondam para o cumprimento de suas obrigações.[1] Entre as hipóteses previstas estão, entre outros, aqueles bens considerados absolutamente impenhoráveis (art. 649 do CPC) e os considerados relativamente penhoráveis (art. 650 do CPC), juntamente com algumas situações em que apenas bens de terceiros respondem por obrigações do devedor.

Os bens nos quais incidem a impenhorabilidade absoluta são aqueles que não podem ser penhorados em nenhuma hipótese, embora a própria lei traga algumas exceções, enquanto os bens relativamente penhoráveis são os que, em razão de determinadas situações, podem ser objeto de penhora.[2]

Por disposição da lei, que não permite seja atingido uma parte do patrimônio do devedor, em razão de atribuir a certos bens a condição de inalienáveis e impenho-

1. Art. 591 do CPC: "O devedor responde, para o cumprimento de suas obrigações, com todos os seus bens presentes e futuros, salvo as restrições estabelecidas em lei".

2. Araken de Assis explica que "existe a impenhorabilidade relativa quando alguns bens, normalmente subtraídos à expropriação, haja vista fatores diversos, e, em certas circunstâncias, se sujeitam à excussão" (*Manual do Processo de Execução*, p. 373).

ráveis, forma-se nas mãos do devedor um patrimônio separado daquele que pode ser atingido pela execução do credor.[3]

Ocorre que, muitas vezes, o devedor subtrai de seu patrimônio os bens que, por força do princípio da responsabilidade patrimonial, eram garantia geral do cumprimento de sua obrigação, com o propósito de levar prejuízo aos seus credores, praticando fraude em relação a estes.

Visando a coibir esses atos fraudulentos, neutralizando perante o credor a oneração ou alienação dos bens realizada pelo devedor, nosso ordenamento jurídico[4] disciplinou a proteção ao credor através dos seguintes institutos: (1) fraude contra credores, que é instituto de direito material,[5] previsto no capítulo dos defeitos dos negócios jurídicos (arts. 158 a 165 do CC),[6] e que consiste em causa para a desconstituição dos atos praticados pelo devedor, após ter contraído dívidas, mesmo antes do início do processo, e (2) da fraude à execução, que é de direito processual, previsto no CPC, arts. 592 e 593, e se configura ante a existência de um processo judicial.

A doutrina, na esteira da lei, segue dividindo o sistema de fraudes, em relação aos direitos de crédito, em *fraude contra credores* e *fraude à execução*. Tanto em uma como em outra, em termos gerais, pode-se afirmar que há uma diminuição do patrimônio do devedor, tornando-o insuficiente para a satisfação de seus credores.[7]

3. (1) Humberto Theodoro Júnior afirma que "a lei exclui também da execução alguns bens patrimoniais, qualificando-os de impenhoráveis por motivos de ordem moral, religiosa, sentimental, pública, etc." (*Processo de Execução*, p. 187); (2) Enrico Tullio Liebman ensinava que "por motivos vários, de ordem jurídica e humanitária, a lei exclui da responsabilidade alguns bens do executado" (*Processo de Execução*, p. 102); (3) da mesma forma, J. S. Fagundes Cunha afirma que "a lei, por questão de política social, visando à proteção da pessoa do devedor, ou sua família, retira da incidência de penhora bens que enumera. A espada de Dâmocles da execução não os ameaça. Sabem os credores ou futuros credores que não podem contar com tais bens para garantia da execução" (*Bem de Família – Comentários à Lei 8.009/90*, p. 58).

4. Humberto Theodoro Júnior afirma que três são as principais fontes normativas de repressão à fraude contra credores no direito brasileiro: (a) o Código Civil, que cuida da Ação Pauliana; (b) a Lei de Falências, que cuida da revocação dos atos do devedor antes de quebrar, via ação revocatória, conforme arts. 52 a 58; e (c) o CPC, que prevê a fraude de execução, reconhecível incidentalmente no processo, independentemente de ação autônoma e sentença ("Fraude contra credores e fraude de execução", *Revista Síntese de Direito Processual Civil* 11/146).

5. Esse também é o entendimento de Pontes de Miranda (*Tratado de Direito Privado*, Parte Geral, t. IV, 4ª ed., p. 416).

6. (1) Art. 158, CC: "Os negócios de transmissão gratuita de bens ou remissão de dívida, se os praticar o devedor já insolvente, ou por eles reduzido à insolvência, ainda quando o ignore, poderão ser anulados pelos credores quirografários, como lesivos dos seus direitos. § 1º. Igual direito assiste aos credores cuja garantia se tornar insuficiente. § 2º. Só os credores que já o eram ao tempo daqueles atos podem pleitear a anulação dele"; (2) Art. 159, CC: "Serão igualmente anuláveis os contratos onerosos do devedor insolvente, quando a insolvência for notória, ou houver motivo para ser conhecida do outro contratante"; (3) Art. 160, CC: "Se o adquirente dos bens do devedor insolvente ainda não tiver pago o preço e este for, aproximadamente, o corrente, desobrigar-se-á depositando-o em juízo, com a citação de todos os interessados. Parágrafo único. Se inferior, o adquirente, para conservar os bens, poderá depositar o preço que lhes corresponda ao valor real"; (4) Art. 161, CC: "A ação, nos casos dos arts. 158 e 159, poderá ser intentada contra o devedor insolvente, a pessoa que com ele celebrou a estipulação considerada fraudulenta, ou terceiros adquirentes que hajam procedido de má-fé"; (5) Art. 162, CC: "O credor quirografário que receber do devedor insolvente o pagamento da dívida ainda não vencida, ficará obrigado a repor, em proveito do acervo sobre que se tenha de efetuar o concurso de credores, aquilo que recebeu"; (6) Art. 163, CC: "Presumem-se fraudatórias dos direitos dos outros credores as garantias de dívidas que o devedor insolvente tiver dado a algum credor"; (7) Art. 164, CC: "Presumem-se, porém, de boa-fé e valem os negócios ordinários indispensáveis à manutenção de estabelecimento mercantil, rural, ou industrial, ou à subsistência do devedor e de sua família"; (8) Art. 165, C: "Anulados os negócios fraudulentos, a vantagem resultante reverterá em proveito do acervo sobre que se tenha de efetuar o concurso de credores. Parágrafo único. Se esses negócios tinham por único objeto atribuir direitos preferenciais, mediante hipoteca, penhor ou anticrese, sua invalidade importará somente na anulação da preferência ajustada".

7. Nesse sentido também se manifesta Paulo Henrique dos Santos Lucon ("Fraude de execução,

Desta forma, a fraude contra credores e a fraude à execução estão estreitamente ligadas, pois, aliás, têm a mesma origem histórica, e para que se possa entender uma, faz-se necessário estudar também a outra.[8]

2. *Definição*

Para Caio Mário da Silva Pereira, constitui fraude contra credores "toda diminuição maliciosa levada a efeito pelo devedor, com o propósito de desfalcar aquela garantia, em detrimento dos direitos creditórios alheios. Não constitui fraude, portanto, o fato em si de reduzir o devedor seu ativo patrimonial, seja pela alienação de um bem, seja pela constituição de garantia em benefício de certo credor, seja pela solução de débito preexistente. O devedor, pelo fato de o ser, não perde a liberdade de disposição de seus bens. O que se caracteriza como defeito, e sofre a repressão da ordem legal, é a diminuição maliciosa do patrimônio, empreendida pelo devedor com ânimo de prejudicar os demais credores ou com a consciência de causar dano".[9]

Sílvio de Salvo Venosa entende que "é fraude contra credores qualquer ato praticado pelo devedor já insolvente, ou por esse ato levado à insolvência, em prejuízo de seus credores",[10] enquanto que para Luiz Rodrigues Wambier, Flávio Renato Correia de Almeida e Eduardo Talamini "consiste em ato de disposição de bens orientado pela vontade e consciência de prejudicar credores, na medida em que provoca a insolvência do disponente, diminuindo seu patrimônio de forma a impedir a satisfação do crédito".[11]

Seguindo a mesma linha de raciocínio, Sílvio Rodrigues diz haver fraude contra credores quando o devedor, já insolvente ou na iminência de tornar-se tal, pratica atos suscetíveis de diminuir seu patrimônio, reduzindo a garantia que este representa para seus credores,[12] enquanto que Washington de Barros Monteiro, num sentido amplo, define fraude a credores como o artifício malicioso empregado para prejudicar terceiro.[13]

3. *Ação pauliana*

Uma vez caracterizada a fraude contra credores, poderá o legitimado propor a ação pauliana, que é o meio através do qual o credor busca conservar no patrimônio do devedor determinados bens que são a garantia do cumprimento das obrigações assumidas por este. É ação pela qual os credores impugnam os atos praticados em fraude pelo devedor.

A lei, com o objetivo de proteger os credores e mediante determinados pressupostos, confere através da ação pauliana a prerrogativa de desfazer os atos praticados pelo devedor, restabelecendo a garantia dos credores. Disso resulta a possibilidade de se promover a execução sobre os bens alienados ou onerados em fraude contra credores, pois a ação pauliana não visa à sa-

responsabilidade processual civil e registro de penhora", *RePro* 98/161). A esse respeito, Teori Albino Zavascki afirma que é em razão disso que o "legislador impôs limites à faculdade de disposição dos bens por parte de quem tenha assumido obrigações, ainda que pendentes de cumprimento: o ato de disposição do patrimônio não pode ser feito com o intuito de eximi-lo da responsabilidade executiva, em prejuízo dos credores. Ato dessa natureza é fraudulento, cuidando o legislador de inibir seus efeitos danosos" (*Comentários ao Código de Processo Civil*, v. 8, p. 272).

8. Yussef Said Cahali também concorda que a fraude à execução seria um aspecto de fraude contra credores, ao afirmar que o "instituto da fraude à execução constitui uma 'especialização' da fraude contra credores" (*Fraudes Contra Credores*, p. 80). Pensa da mesma forma Alvino Lima, que afirma que "a fraude contra credores na execução é simples modalidade de fraude pauliana, presumindo-se, de modo irrefragável, a fraude do devedor decorrente do seu próprio ato; a intenção fraudulenta está *in re ipsa*" (*A Fraude no Direito Civil*, p. 272).

9. *Instituições de Direito Civil*, v. I, p. 466.

10. "Fraude contra credores", *Revista da Faculdade de Direito das Faculdades Metropolitanas Unidas de São Paulo*, p. 114.

11. *Curso Avançado de Processo Civil*, v. 2, p. 114.

12. *Direito Civil*, v. 1, p. 228.

13. *Curso de Direito Civil*, v. 1, p. 257.

tisfação do crédito por via direta da própria ação.

A fraude contra credores, também chamada de fraude pauliana, ocorre quando há a frustração do princípio da responsabilidade patrimonial, segundo o qual são os bens do devedor que respondem por suas dívidas.

Têm legitimidade para propor a ação pauliana somente os credores que já o eram ao tempo daqueles atos considerados fraudulentos.[14] Basta, assim, a existência do crédito, não havendo necessidade de que a dívida esteja vencida.

No entanto, além da existência do crédito, este deverá ser quirografário, conforme preceitua o *caput* do art. 158 do CC, ou seja, fica defeso aos credores com garantia real intentar a ação pauliana. Entretanto, no mesmo dispositivo legal, em seu § 1º, é admitida a propositura da ação pauliana pelo credor com garantia real, desde que a garantia se torne insuficiente para satisfação de seu crédito, e presentes os demais requisitos previstos em lei.

Em relação à legitimidade passiva, a ação pauliana poderá ser proposta contra o devedor insolvente, a pessoa que com ele celebrou a estipulação considerada fraudulenta, ou terceiros adquirentes que hajam procedido de má-fé (art. 161 do CC). Embora a lei utilize a expressão "poderá", o entendimento da doutrina[15] é de que a ação necessariamente "deve" ser proposta contra o devedor insolvente e contra quem se encontra na posse e propriedade da coisa que se quer reaver, ou contra o devedor insolvente e aquele que foi beneficiado, quando se tratar de remissão de dívida ou quando for dada garantia (penhor ou hipoteca) para algum credor, em detrimento de outros. Trata-se de litisconsórcio necessário.

Para configuração da fraude contra credores, são necessários três elementos: (a) um crédito anterior ao ato tido como em fraude contra credores; (b) o *eventus damni*, que é o ato que prejudica o credor, seja pela insolvência do devedor ao tempo da prática do ato tido como fraudulento, ou porque a prática deste ato o tenha levado à insolvência, e, (c) o *consilium fraudis*, que é a má-fé, a intenção de prejudicar terceiros.

3.1 Anterioridade do crédito

A existência do crédito ao tempo em que ocorreu o ato fraudulento é requisito que vem previsto no art. 158, § 2º, do CC, que dispõe que somente os credores que já o eram ao tempo em que se praticou o ato em fraude, podem pleitear sua anulação. Não sendo credor naquela oportunidade, não terá o autor da ação pauliana legitimidade, eis que ela é própria para tutelar direito de crédito existente quando ocorreu a fraude.[16]

Assim, não basta que o autor da ação pauliana seja credor. É necessário que o crédito seja anterior ao ato que se pretende tornar ineficaz.[17] Quem realiza negócio com pessoa já insolvente no momento da contratação, não encontra patrimônio que

14. Para Sílvio Rodrigues, os credores posteriores aos atos de transmissão de bens pelo devedor insolvente, já encontram seu patrimônio desfalcado, razão pela qual não podem reclamar contra uma situação conhecida, ou que só desconheciam por que foram negligentes quando da realização do negócio jurídico com o devedor (*Direito Civil*, v. 1, p. 236).

15. Neste sentido é o entendimento, entre outros, Yussef Said Cahali, *Fraudes Contra Credores*, pp. 361-362; Sílvio Rodrigues, *Direito Civil*, v. 1, p. 237; e Washington de Barros Monteiro, *Curso de Direito Civil*, v. 1, p. 263. Alvino Lima também opina no sentido de que a revocatória deve ser proposta "contra o devedor e o terceiro cúmplice da fraude" (*A Fraude no Direito Civil*, p. 181).

16. Dentre os que incluem a anterioridade do crédito como caracterizadora da fraude contra credores está Yussef Said Cahali, *Fraudes Contra Credores*, p. 349, e Sílvio Salvo Venosa, "Fraude contra credores", *Revista da Faculdade de Direito das Faculdades Metropolitanas Unidas de São Paulo*, p. 114. Entre os que não a incluem estão Sílvio Rodrigues, *Direito Civil*, v. 1, p. 229, e Washington de Barros Monteiro, *Curso de Direito Civil*, v. 1, p. 257.

17. Desta forma, se o crédito não existe mais em razão da prescrição, não tem o antigo credor legitimidade para pauliana. É o que decidiu o STJ, fundamentando a decisão em que "reconhecida, por decisão transitada em julgado, a prescrição da exe-

garanta seu crédito, e, portanto, não tem legitimidade para propor a ação pauliana.

Entretanto, embora seja essa a regra geral, Yussef Said Cahali afirma que a jurisprudência e parte da doutrina reconhecem que, em situações excepcionais, é afastável esse elemento da anterioridade do crédito, principalmente quando ocorre a fraude predeterminada para atingir credores futuros. Exemplo de fraude predeterminada é aquela em que o devedor induz em erro o mutuante, preenchendo ficha cadastral aparentemente correta, com indicação de propriedade de diversos bens imóveis, e, logo após, antes da assinatura do contrato e às vésperas de receber o empréstimo, doa seus bens aos filhos, restando insolvente.[18]

3.2 *"Eventus damni"*

O segundo requisito para que exista a fraude contra credores é o *eventus damni*, ou seja, a prática de ato que diminui o patrimônio do devedor, prejudicando o credor, seja porque o ato o tornou insolvente ou porque praticado quando já estava em estado de insolvência. O dano, aqui entendido como prejuízo decorrente do ato fraudulento do devedor, portanto, é o elemento objetivo da fraude contra credores.

Cândido Rangel Dinamarco afirma que, excetuadas as situações particulares constantes dos arts. 158 a 165 do CC, a fraude contra credores consiste, em geral, na situação econômica de insolvência do devedor, consubstanciada na diminuição patrimonial provocada por este, de modo que seu patrimônio seja menor que o valor de suas dívidas.[19] Assim, o autor da ação pauliana deverá comprovar que, com a alienação ou oneração de determinados bens, o devedor está insolvente, pois não manteve bens suficientes em seu patrimônio de forma a garantir o cumprimento de sua obrigação creditícia.[20]

Não se trata de limitar o direito de propriedade do devedor, do qual decorre a ampla disposição de seus bens. Enquanto o devedor estiver solvente, esse direito de livre disposição é intocável, somente sendo afetado quando ele está insolvente, em função do interesse de seus credores, pois, se levarmos em conta que o patrimônio do devedor responde por suas dívidas, quando ele o esvazia, diminui ou onera, tornando-se insolvente, de certo modo ele está dispondo de bens que não mais lhe pertencem, eis que vigente em nosso ordenamento jurídico o princípio de que o patrimônio do devedor responde por suas dívidas.[21]

O que caracteriza o dano para fins da ação pauliana é a existência do prejuízo do credor decorrente de ato fraudulento do devedor, ou seja, em virtude da ausência de bens suficientes no patrimônio do devedor, fruto de ato fraudulento, e da conseqüente frustração do recebimento do crédito daquele.

3.3 *"Consilium fraudis"*

O terceiro requisito para que se caracterize a fraude contra credores é o elemento subjetivo, ou seja, a intenção fraudulenta (*consilium fraudis*), o conhecimento dos danos resultantes da prática do ato.

cução que dera ensejo à propositura da ação revocatória, perdeu esta a sua razão de ser. Improcedência decretada. Recurso especial conhecido e provido" (REsp 53.765-SP, 4ª T., Rel. Ministro Barros Monteiro, *DJU* 21.8.2000, in *Juris Síntese*, CD – n. de série JS164-44, nov.-dez. 2003).

18. *Fraudes Contra Credores*, p. 143.

19. *Execução Civil*, p. 266. Na mesma obra, Dinamarco lembra, ainda, que a ação pauliana constitui o resultado de um processo de criação pretoriana, inserindo-se entre os remédios revocatórios com que o pretor romano procurou conter a liberdade de fraudar credores (p. 266).

20. No sentido de que é necessário se provar a insolvência no curso do processo da ação pauliana, destacamos as seguintes decisões: (1) TAMG, 4ª CC, AP 0338610-3-(49708)-Mateus Leme, Rel. Juiz Alvimar de Ávila, j. 17.10.2001; (2) TJSP, 3ª CDPriv., AC 113.770-4-Araçatuba, Rel. Desembargador Carlos Roberto Gonçalves, j. 14.3.2000; (3) TAPR, 8ª CC, AC 96986-6-(10315), Rel. Juiz Augusto Cortês, j. 10.4.2000, in *Juris Síntese*, CD – n. de série JS164-44, nov.-dez. 2003.

21. Esta é a opinião de Sílvio Rodrigues, *Direito civil*, v. 1, p. 229.

No *consilium fraudis* não tem relevância o *animus nocendi*, ou seja, não é necessário que haja a intenção deliberada do devedor em causar prejuízo aos credores. Basta que o devedor tenha ou deva ter ciência de seu estado de insolvência e da conseqüência que, do ato lesivo, resultará aos credores.

Da mesma forma, não se exige do terceiro envolvido no negócio (denominado de *particeps fraudis*) a intenção de prejudicar, bastando o conhecimento que ele tinha, ou devia ter, do estado de insolvência do devedor e do resultado lesivo causado aos credores.[22]

Desta forma, o Código Civil brasileiro procura reprimir a fraude contra credores, principalmente, nos negócios jurídicos de transmissão gratuita ou onerosa de bens, ou quando ocorre remissão ou pagamento antecipado de dívidas, ou, ainda, quando há constituição de direitos de preferência a um ou alguns dos credores quirografários.[23]

Nessas hipóteses, ora o autor da ação pauliana deve demonstrar que o terceiro adquirente ou beneficiado conhecia a situação de insolvência do devedor, ora a lei presume a existência do *consilium fraudis*, dispensando-se a prova de que o terceiro tinha ciência da insolvência. No entanto, excepcionalmente, a lei atribui presunção de boa-fé, e, portanto, considera válidos os negócios ordinários realizados pelo devedor, mesmo que insolvente, desde que indispensáveis à manutenção de estabelecimento mercantil, rural, industrial ou à subsistência do devedor e de sua família (art. 164 do CC).

4. Fraude contra credores e fraude à execução

A fraude contra credores e a fraude à execução apresentam muitos pontos em comum, a começar pela sua origem no direito romano, tendo a evolução histórica dos dois institutos se pautado por medidas conservatórias do patrimônio do devedor,[24] de forma que este poderia garantir a satisfação de seus credores, mediante a ineficácia dos atos fraudulentos praticados pelo devedor insolvente.

No entanto, um instituto se distingue do outro, a iniciar pelo fato de que a fraude contra credores é instituto de direito material, regulada pelo Código Civil, e sua decretação deverá ser efetuada em ação autônoma, enquanto que a fraude à execução é instituto de direito processual, regulada pelo Código de Processo Civil. Esta pressupõe a existência de demanda, razão pela qual a fraude pode ser declarada no próprio processo, não sendo necessário que seja realizada em processo autônomo, como ocorre com a fraude contra credores.[25]

22. Nesse sentido Washington de Barros Monteiro, que também afirma não ser necessário o propósito deliberado de prejudicar credores. Basta a consciência de que de seus atos advirão prejuízos (*Curso de Direito Civil*, v. 1, p. 257). Com o mesmo entendimento, Yussef Said Cahali, *Fraudes Contra Credores*, p. 221 e Orlando Gomes, *Introdução ao Direito Civil*, p. 425.

23. Parte da doutrina, da qual destacamos o pensamento dos autores Yussef Said Cahali (*Fraudes Contra Credores*, p. 273) e Washington de Barros Monteiro (*Curso de Direito Civil*, v. 1, p. 262), quando se referem à regra do art. 1.813 do CC, que prevê que, "quando o herdeiro prejudicar seus credores, renunciando à herança, poderão eles, com autorização do juiz, aceitá-la em nome do renunciante", afirmam que esse é mais um dispositivo de lei que visa combater a fraude contra credores.

24. Para Teori Albino Zavascki, as duas são espécies de fraudes atentatórias ao princípio da responsabilidade patrimonial (*Comentários ao Código de Processo Civil*, v. 8, p. 272).

25. Gelson Amaro de Souza é um dos raros doutrinadores que entendem que a fraude à execução não é instituto de direito processual e sim "de natureza material (eficácia da compra e venda). Assim como é matéria de direito substantivo o pagamento, a renúncia, o perdão, a remissão, assim também o é a compra e venda ou a oneração da coisa para garantir dívida. Não é pelo simples fato de estar contida dentro do CPC que seria matéria processual" ("Fraude de execução e o devido processo legal", *RT* 766/783). E complementa o referido autor que "a fraude de execução não atinge diretamente o processo como direito público, ela atinge o negócio jurídico de oneração ou alienação a ponto de torná-lo ineficaz. Não há predomínio de interesse público, pois qualquer ato que contrarie interesse público será nulo e não apenas ineficaz" (*Fraude à Execução e o Direito de Defesa do Adquirente*, p. 71).

Assim, além dos demais requisitos da fraude, para se caracterizar a fraude à execução é necessário um processo em curso, ou seja, exige-se a litispendência. Não existindo processo em andamento, resta ao credor tentar desconstituir a fraude através da ação pauliana, que não está subordinada à existência de demanda em andamento.

Alguns autores, entre os quais Washington de Barros Monteiro,[26] mantém posicionamento de que as duas diferem também porque a fraude contra credores teria como conseqüência a anulação do ato fraudulento, aproveitando, assim, a todos os credores, pois os bens fraudados retornariam ao devedor alienante, enquanto que, na fraude à execução, aproveitaria apenas ao exeqüente.

No entanto, não é essa posição que prevalece na doutrina moderna e na jurisprudência, pois, conforme veremos a seguir, o entendimento que domina é de que, também na fraude contra credores, ocorre a ineficácia relativa do ato fraudulento em relação ao credor (autor da ação pauliana). Isso quer significar que, assim como na fraude à execução, o ato é ineficaz em relação ao credor, permanecendo válido o negócio jurídico entre devedor alienante e terceiro adquirente, e, como conseqüência, não beneficia outros credores.

Para Teori Albino Zavascki, na fraude à execução ocorre a ineficácia *primária*, cujo resultado imediato é a sujeição do bem aos atos de execução, como se não tivesse existido qualquer ato de disposição ou gravame, cabendo ao terceiro adquirente ou beneficiado com o ato fraudulento defender seus interesses através de ação autônoma contra o devedor alienante. Já na fraude contra credores, a ineficácia é *sucessiva*, ou seja, o negócio jurídico fraudulento é eficaz e assim permanece até que o ato seja desconsiderado por sentença na ação pauliana, que deverá ser proposta pelo credor prejudicado.[27]

Uma terceira diferença que se apresenta é em relação ao *consilium fraudis*, que é o conhecimento pelo adquirente do bem de que do ato a ser praticado pelo devedor insolvente acarretará prejuízos aos credores.

O *consilium fraudis* é tido como requisito para configuração da fraude contra credores, quando decorrente de negócios jurídicos onerosos. Nessas hipóteses, se o terceiro adquirente, que celebrou contrato oneroso com o devedor, não teve conhecimento da insolvência do devedor, porque esta não era notória ou porque não havia razões para que tivesse conhecimento da mesma, presente estará a boa-fé do adquirente, o que retira o propósito fraudulento (*consilium fraudis*), e, portanto, não se considera que o ato terá ocorrido em fraude contra credores, restando ao credor prejudicado fazer prova do contrário.

Na fraude à execução, ao contrário, há presunção do *consilium fraudis*, e por essa razão, para desconsideração do ato, em razão dessa presunção, é dispensada a prova de que o ato foi fraudulento,[28] embora ve-

26. Conforme *Curso de Direito Civil*, v. 1, p. 264. Pensa assim também Sílvio Rodrigues, *Direito Civil*, v. 1, p. 238. Em sentido contrário Yussef Said Cahali, *Fraudes Contra Credores*, p. 91; Cândido Rangel Dinamarco, *Fundamentos do Processo Civil Moderno*, t. I, p. 575; Alvino Lima, *A Fraude no Direito Civil*, p. 183; e Humberto Theodoro Júnior, "Fraude contra credores e fraude de execução", *Revista Síntese de Direito Processual Civil* 11/153.

27. (1) *Comentários ao Código de Processo Civil*, v. 8, p. 273. O autor também é dos que sustenta que na fraude contra credores não há anulabilidade do negócio, mas que "é hipótese de ineficácia relativa, ou seja, de inoponibilidade do negócio em relação a certos credores apenas" (ob. cit., p. 274); (2) para Cândido Rangel Dinamarco "é acentuada a moderna tendência a considerar ineficaz e não anulável o ato de alienação fraudulenta a credores" (*Fundamentos do Processo Civil Moderno*, t. I, p. 550); (3) no mesmo sentido pensa Gelson Amaro de Souza (*Fraude à Execução e o Direito de Defesa do Adquirente*, p. 30).

28. Para Yussef Said Cahali, acontece na fraude à execução o mesmo que ocorre na fraude contra credores, no caso do ato gratuito ou de remissão de dívida, em que a participação do terceiro beneficiado no consílio fraudulento é estabelecida por presunção, sem necessidade da respectiva prova (*Fraudes Contra Credores*, p. 99). Para Cândido Rangel Dinamarco, o *consilium fraudis* é estranho ao instituto da fraude à execução, daí o porquê do juiz determinar o ato constritivo sobre o bem alienado, gerando ao terceiro adquirente o ônus de ofertar embargos de terceiro para defender seus direitos (*Fun-*

nha se acentuando na doutrina e jurisprudência mudança desse entendimento, em nome da segurança e estabilidade dos negócios jurídicos, e como forma de resguardar o direito do adquirente de boa-fé.[29]

A partir dessa proteção que o terceiro de boa-fé passou a receber, em razão da construção doutrinária e jurisprudencial, os dois institutos se aproximaram ainda mais. Se não forem levadas em conta as questões da prova do *consilium fraudis* e da existência de demanda pendente, a fraude à execução muito se aproxima da fraude contra credores.

Para Cândido Rangel Dinamarco, a fundamental diferença entre a fraude contra credores e a fraude à execução é "o ultraje que a segunda contém, e a primeira não, à dignidade da Justiça e a rebeldia que significa à autoridade estatal exercida pelo Poder Judiciário".[30]

O pensamento trazido por Dinamarco se justifica no sentido de que a fraude é muito mais grave quando praticada ante a existência de um processo contra o devedor, pois além de causar prejuízo aos credores, a disposição dos bens do devedor insolvente constitui verdadeiro atentado contra a atividade jurisdicional do Estado.[31]

damentos do Processo Civil Moderno, t. I, pp. 576 e 577).

29. Yussef Said Cahali, *Fraudes Contra Credores*, p. 677.

30. *Fundamentos do Processo Civil Moderno*, t. I, p. 579. A matéria é regulada no CPC através do art. 600, I, que considera ato atentatório à dignidade da justiça o ato do devedor que frauda a execução. José Frederico Marques também entende que na fraude à execução o ato é praticado em prejuízo do funcionamento da atividade jurisdicional do Estado (*Manual de Direito Processual Civil*, vol. IV, p. 48).

31. É o que nos ensinava Enrico Tullio Liebman, *Processo de Execução*, p. 108. Por sua vez, Gelson Amaro de Souza faz crítica no sentido de que, se os dois institutos são tão assemelhados, cujo objetivo se apresenta "com a mesma diretriz que é prejudicar o credor com o impedimento de recebimento de seu crédito, não se vê razão para tratamento tão diferenciado, para em uma modalidade (fraude ao credor) exigir-se ação e direito de defesa e em outra (fraude à execução) dispensar-se a ação própria e decidir pelo reconhecimento da fraude sem que as pessoas mais diretamente sejam ouvidas" (*Fraude à Execução e o Direito de Defesa do Adquirente*, p. 94).

5. Efeitos da sentença na ação pauliana

Pauliana é a ação proposta com a finalidade de atingir o ato em fraude contra credores, através do qual o credor busca destruir os efeitos do negócio jurídico fraudulento, visando a fazer com que os bens desviados retornem à disposição dos credores, como se não tivessem saído do patrimônio do devedor.

Os efeitos dessa revogação continuam sendo debatidos na doutrina, em razão de o legislador pátrio, mantendo-se fiel ao direito romano, ter utilizado no CC de 1916, cuja redação foi mantida no art. 165 do atual CC, a expressão "anulável", ou seja, proposta e julgada procedente a ação pauliana, serão "*anulados* os negócios fraudulentos, e a vantagem resultante reverterá em proveito do acervo sobre que se tenha de efetuar o concurso de credores" (g.n.).

Assim, a moderna doutrina[32] não acompanha o legislador do Código Civil, pois não considera anulável o ato praticado em fraude contra credores, mas entende que a sentença declara apenas a ineficácia relativa deste ato fraudulento, em benefício do credor que agiu judicialmente.[33]

32. (1) Assim pensam, entre outros, Yussef Said Cahali (*Fraudes Contra Credores*, p. 61), Cândido Rangel Dinamarco (*Fundamentos do Processo Civil Moderno*, t. I, p. 547) e Alvino Lima (*A Fraude no Direito Civil*, p. 183); (2) se há quase unanimidade no sentido de que o ato é ineficaz e não anulável, quanto à natureza da sentença há séria divergência entre os doutrinadores e na própria jurisprudência. De um lado os que entendem (entre eles, Yussef Said Cahali, *Fraudes Contra Credores*, p. 384) que a sentença é de natureza declaratória, pois apenas declara a ineficácia relativa do ato, o que permite a penhora dos bens pelo credor (autor da pauliana) junto ao terceiro adquirente ou beneficiado pela fraude. De outra parte, outros defendem que a natureza é constitutiva (entre eles, Cândido Rangel Dinamarco, *Fundamentos do Processo Civil Moderno*, t. I, p. 566), sob o fundamento de que somente é possível a penhora do bem fraudado, a partir da sentença na ação pauliana, o que constitui o direito do credor em realizar a penhora.

33. (1) Francisco Pereira de Bulhões Carvalho afirma que "coube a *Windscheid* a glória de fazer surgir, perante a ciência jurídica, a existência dum *tertium genus* de ineficácia, diferente da nulidade e da anulabilidade, ou seja, a chamada ineficácia sim-

Na fraude contra credores, em prevalecendo a letra da lei, o ato deveria ser anulado, e o resultado da ação pauliana seria a reintegração dos bens fraudados ao patrimônio do devedor insolvente, beneficiando o próprio fraudador.[34]

Nessa hipótese, poderia o devedor ser beneficiado se, por exemplo, o crédito do credor/autor da pauliana não viesse a ser executado, ou, mesmo que fosse executado, o devedor, através dos embargos à execução, obtivesse o reconhecimento da prescrição ou da extinção da obrigação. Nesse último caso, a penhora seria levantada e o bem, em razão da anulação do ato de transmissão, ficaria com o devedor, pois, até no Cartório de Registro de Imóveis já estaria cancelado o registro ao comprador. Ou, ainda, se o valor da dívida fosse inferior ao valor do bem, poderia o devedor pagá-la, retornando o bem ao seu patrimônio, prejudicando o comprador.

A respeito disso, Cândido Rangel Dinamarco se manifesta afirmando que se o ato fosse efetivamente anulado, criaria situações injustas, castigando o comprador além daquilo a que se visa com o instituto da fraude contra credores, e, de outro lado, trazendo um benefício ao devedor fraudador. Como interessa ao sistema jurídico a eficácia do processo, basta neutralizar a fraude com a ineficácia do ato, sujeitando os bens à garantia do credor, na medida necessária para assegurar a satisfação de seu crédito.[35]

Neste sentido, a 13ª Câmara Cível do Tribunal de Justiça do Paraná, declarou ineficaz compra e venda de imóvel em ação pauliana, tendo o Rel. Desembargador Antonio Domingos Ramina assim se manifestado em seu voto: "embora o Código Civil, tanto o atual (art. 171, II) como o de 1916 (art. 147, II) disponham que é anulável o negócio jurídico praticado em fraude contra credores, sabe-se que a melhor doutrina vem se definindo no sentido de que a fraude contra credores gera a ineficácia do ato lesivo, o que é aceito na jurisprudência com vistas à preservação dos interesses do credor e a evitar que o devedor fraudador se beneficie da sua própria torpeza" (Apelação Cível 181.839-1, j. 16.11.2005).

O que tem prevalecido na doutrina e jurisprudência é a ineficácia parcial do ato fraudulento em relação ao credor frustrado em sua garantia de adimplemento, de forma a possibilitar a penhora dos bens objeto da fraude, e, com isso, obter o pagamento da dívida do devedor fraudulento. O ato de transferência dos bens somente é inoponível ao credor em razão da "revogação" pela pauliana, não beneficiando o devedor que agiu em fraude.[36]

Nesse mesmo sentido, já se manifestava Enrico Tullio Liebman, ao se referir aos efeitos da fraude contra credores, afirmando que, "se olharmos para seus efeitos sem nos deixar influenciar pela tradição históri-

ples, e seus princípios foram desenvolvidos em todas as suas conseqüências pelos juristas alemães e consagrados no Código Civil alemão, que entrou em vigor em 1900 e no Código Civil suíço, entrado em vigor em 1907. Pode, com efeito, um ato reunir todas as condições intrínsecas de validade e, entretanto, não possuir eficácia, por falta dum elemento extrínseco ou complementar exigido pelo contrato ou pela lei" ("Falhas do anteprojeto de Código Civil", *RT* 453/125); (2) para José Carlos Barbosa Moreira "a ineficácia não é necessariamente conseqüência de um vício. O negócio pode ser perfeito e, não obstante, ineficaz" ("Invalidade e ineficácia do negócio jurídico", *Revista de Direito Privado* 15/227); (3) para Humberto Theodoro Júnior, na fraude contra credores "o fenômeno que se impõe é o da *ineficácia relativa*, único que se adapta à finalidade do instituto de manter o bem alienado pelo devedor sob a responsabilidade patrimonial que garante direitos do credor" ("A fraude à execução e o regime de sua declaração em juízo", *RePro* 102/79).

34. No mesmo sentido pensa Gelson Amaro de Souza, *Fraude à Execução e o Direito de Defesa do Adquirente*, p. 31.

35. *Fundamentos do Processo Civil Moderno*, t. I, p. 548.

36. Conforme Alvino Lima, *A Fraude no Direito Civil*, p. 183 e Yussef Said Cahali, *Fraudes Contra Credores*, p. 383. O TJSP decidiu que a sentença que julga procedente a ação pauliana, não anula a alienação de imóvel, nem lhe cancela o registro, mas declara a ineficácia em relação ao credor autor da ação. Cf. AC 69.205-4-Franca, 2ª CDPriv., Rel. Desembargador Cezar Peluso, j. 23.3.1999, e AC 28.204-4, 6ª CDPriv., Rel. Desembargador Octavio Helene, j. 19.3.1998, ambos in *Juris Síntese*, CD – n. de série JS164-38, nov.-dez. 2002.

ca, veremos que eles consistem simplesmente em permitir que a execução recaia nos bens alienados em fraude, na medida que for necessário para evitar prejuízo dos credores, e isso não porque esses bens tenham voltado ao patrimônio do alienante, ora executado, e sim, apesar de se encontrarem no patrimônio do terceiro adquirente".[37]

Desta forma, não acontece o restabelecimento da propriedade dos bens ao devedor alienante, mas tão-só a consideração desses bens como garantia da dívida, de maneira a serem alcançados pela execução. Ocorre a ineficácia relativa do ato fraudulento em relação ao credor (autor da ação pauliana), sendo válido o negócio jurídico entre o devedor alienante e o terceiro adquirente. Como conseqüência, a ineficácia do ato na ação pauliana não beneficia outros credores que, sentindo-se lesados, deverão também obter judicialmente a declaração de ineficácia do ato realizado em fraude contra credores.

Referências bibliográficas

ALMEIDA, Flávio Renato Correia de; TALAMINI, Eduardo; WAMBIER, Luiz Rodrigues. *Curso Avançado de Processo Civil*. 4ª ed., v. 2, São Paulo, Ed. RT, 2001.

ASSIS, Araken de. *Manual do Processo de Execução*. 7ª ed., São Paulo, Ed. RT, 2001.

BARBOSA MOREIRA, José Carlos. "Invalidade e ineficácia do negócio jurídico", *Revista de Direito Privado* 15, São Paulo, Ed. RT, 2003.

CAHALI, Yussef Said. *Fraudes Contra Credores*. 3ª ed., São Paulo, Ed. RT, 2000.

CARVALHO, Francisco Pereira de Bulhões. "Falhas do anteprojeto de Código Civil", *RT* 453. São Paulo, Ed. RT, 1973.

CUNHA, J. S. Fagundes. *Bem de Família – Comentários à Lei 8.009/90*. Curitiba, Juruá, 1992.

DINAMARCO, Cândido Rangel. *Execução Civil*. 7ª ed., São Paulo, Malheiros Editores, 2000.

______. *Fundamentos do Processo Civil Moderno*. ts. I e II, 5ª ed., São Paulo, Malheiros Editores, 2002.

GOMES, Orlando. *Introdução ao Direito Civil*. Rio de Janeiro, Forense, 1971.

LIEBMAN, Enrico Tullio. *Processo de Execução*. 5ª ed., trad. Joaquim Munhoz de Mello. São Paulo, Saraiva, 1986.

LIMA, Alvino. *A Fraude no Direito Civil*. São Paulo, Saraiva, 1965.

LUCON, Paulo Henrique dos Santos. "Fraude de execução, responsabilidade processual civil e registro de penhora", *Revista de Processo* 98. São Paulo, Ed. RT, 2000.

MARQUES, José Frederico. *Manual de Direito Processual Civil*. v. IV, 2ª ed., Campinas, Millennium, 2000.

MONTEIRO, Washington de Barros. *Curso de Direito Civil*. v. 1, 39ª ed., São Paulo, Saraiva, 2003.

PEREIRA, Caio Mário da Silva. *Instituições de Direito Civil*. v. I, 5ª ed., Rio de Janeiro, Forense, 1976.

PONTES DE MIRANDA, Francisco Cavalcanti. *Tratado de Direito Privado*. t. IV, 4ª ed., São Paulo, Ed. RT, 1983.

RODRIGUES, Sílvio. *Direito Civil*. v. 1, 34ª ed., São Paulo, Saraiva, 2003.

SOUZA, Gelson Amaro de. *Fraude à Execução e o Direito de Defesa do Adquirente*. São Paulo, Juarez de Oliveira, 2002.

TALAMINI, Eduardo; ALMEIDA, Flávio Renato Correia de; WAMBIER, Luiz Rodrigues. *Curso Avançado de Processo Civil*. v. 2, 4ª ed., São Paulo, Ed. RT, 2001.

THEODORO JR., Humberto. *Processo de Execução*. 19ª ed., São Paulo, Livraria e Editora Universitária de Direito, 1999.

______. "Fraude contra credores e fraude de execução", *Revista Síntese de Direito Processual Civil* 11. Ano II, São Paulo, 2001.

______. "A fraude à execução e o regime de sua declaração em juízo", *Revista de Processo* 102. São Paulo, Ed. RT, 2001.

VENOSA, Sílvio de Salvo. "Fraude contra credores", *Revista da Faculdade de Direito das Faculdades Metropolitanas Unidas de São Paulo*. São Paulo, 1986.

WAMBIER, Luiz Rodrigues; ALMEIDA, Flávio Renato Correia de; TALAMINI, Eduardo. *Curso Avançado de Processo Civil*. v. 2, 4ª ed., São Paulo, Ed. RT, 2001.

ZAVASCKI, Teori Albino. *Comentários ao Código de Processo Civil*. v. 8, São Paulo, Ed. RT, 2000.

37. *Processo de Execução*, p. 106.

INEXIGIBILIDADE DE MULTAS TRIBUTÁRIAS DO CONTRIBUINTE NA SUA FALÊNCIA

VINÍCIUS JOSE MARQUES GONTIJO

1. Introdução. 2. Escorço histórico do tema proposto. 3. Panorama geral da nova sistemática legal dos créditos na falência: concursais e extraconcursais. 4. As multas fiscais do falido e da massa falida. 5. Conclusões. 6. Referências bibliográficas.

1. Introdução

Com o advento da Lei n. 11.101, em 9 de fevereiro de 2005, que editou a chamada nova Lei de Falências e Recuperação de Empresas (LF), diversos questionamentos vêm sendo propostos pela doutrina que, certamente, refletirão em discussões jurisprudenciais.

Neste sentido, parece-nos que um dos questionamentos que deve ser formulado diz respeito à inclusão no inciso VII do art. 83 da Lei a exigibilidade das "penas pecuniárias por infração das leis penais e administrativas, inclusive as multas tributárias" na classe sub-quirografária.

Com este nosso trabalho, temos a pretensão de responder às seguintes perguntas: seria mesmo válida a exigência das multas tributárias devidas pelo falido, após a declaração da falência? Pode a massa falida ser chamada a honrar esta obrigação tributária assessória? São exigíveis as multas tributárias devidas pela massa falida? Como harmonizar o inciso VII do art. 83 da Lei n. 11.101/2005 com o sistema falimentar, fazendo uma interpretação conforme os preceitos constitucionais?

As respostas aos questionamentos propostos é o objeto deste nosso articulado, buscando-se, para tanto, fazer uso do método juspositivista kelseniano, segundo o qual: "Na afirmação evidente de que o objeto da ciência jurídica é o Direito, está contida a afirmação – menos evidente – de que são as normas jurídicas o objeto da ciência jurídica, e a conduta humana só o é na medida em que é determinada nas normas jurídicas como pressuposto ou conseqüência, ou – por outras palavras – na medida em que constitui conteúdo de normas jurídicas".[1]

2. Escorço histórico do tema proposto

Em que pese o processo falimentar representar modalidade de execução coletiva, existem, por diversas razões que extrapolam o objeto deste trabalho, obrigações e créditos que não podem ser reclamados na falência, estando postos fora do juízo universal.[2] Dentre estes créditos, na antiga Lei de Falências (Decreto-lei n. 7.661, de 21 de junho de 1945), estavam as penas pecuniárias por infração das leis pe-

1. Hans Kelsen, *Teoria Pura do Direito*, 4ª ed., p. 79.

2. Na Lei n. 11.101/2005 se tem, por exemplo, aqueles créditos prescritos pelo art. 5º.

nais e administrativas (art. 23, parágrafo único, III, do Decreto Falimentar – DF), isto sim relevante para o tema aqui proposto.

Com efeito, com a declaração da falência, surge a massa falida objetiva e a subjetiva,[3] que são diversas do falido. Ora, sendo entidades que não se confundem, "como terceiro, a massa defende os seus próprios direitos, seja contra o devedor, seja, contra qualquer interessado",[4] e, assim, a sanção atribuída ao falido não poderá passar do agente infrator da norma, se estendendo à massa falida que, reitere-se, é terceira em relação ao falido.[5]

Desde a Constituição Imperial, o preceito da não-transferência da sanção é previsto e reconhecido. Nesse sentido, colha-se: "A Constituição Imperial de 1824 (art. 179, n. 20) preceitua: 'Nenhuma pena passará da pessoa do delinqüente. Portanto, não haverá, em caso algum, confiscação de bens; nem a infâmia do réu se transmitirá aos parentes em qualquer grau que seja'. As Constituições de 1891 e 1946 seguiram a mesma linha, e nada preceituou a respeito a Carta de 1937".[6]

Naturalmente, em que pese não haver expressa prescrição na Constituição de 1937 (vigente à época da edição do Decreto Falimentar de 1945), este era um preceito tacitamente reconhecido, tanto que nosso legislador expressamente excluiu do processo falimentar as sanções por ilícitos *penais* e *administrativos* praticados pelo falido.

Ocorre que, antes do advento do Código Tributário Nacional (Lei n. 5.172, de 25 de outubro de 1966) havia uma discussão que envolvia a natureza jurídica da multa tributária. À época, imaginava-se que a multa tributária poderia ter dupla natureza jurídica: sanção (= inibitória da reiteração do ato por receio da pena) ou remuneratória (= remuneração pela indisponibilidade do numerário pelo fisco).

Esta discussão acerca da natureza jurídica da multa tributária fez com que o Supremo Tribunal Federal editasse duas súmulas, na primeira (Súmula n. 191), a Corte Excelsa fixou o entendimento de que a "multa fiscal simplesmente moratória" (= remuneratória) seria exigível da massa falida, enquanto que, na segunda (Súmula n. 192), consolidou o entendimento de que não se incluiria na falência a multa fiscal com

3. "Tendo em vista o processo de falência ser uma execução coletiva, sujeito ao princípio da *par condicio creditorum*, que proporciona tratamento igualitário a todos os credores da mesma categoria, devem todos eles concorrer ao juízo indivisível da falência, sejam comerciantes ou civis. São reunidos, em conseqüência, numa coletividade, conhecida por *massa falida subjetiva*. Como expõe o Prof. Otávio Mendes, é integrada pelos sujeitos dos direitos que compõem a comunhão dos credores, formada paralelamente à *massa falida objetiva*, que constitui o patrimônio do falido" (Rubens Requião, *Curso de Direito Falimentar*, v. 1, 14ª ed., p. 137).

4. Waldo Fazzio Júnior, *Nova Lei de Falência e Recuperação de Empresas*, 2ª ed., p. 284.

5. "Processual civil. Tributário. Inexistência de omissão no acórdão recorrido. Execução fiscal. Massa falida. Multa moratória. Não-incidência. Art. 23, parágrafo único, inciso III, da Lei de Falências. Súmulas 192 e 565 do STF. I – Não ocorreu na hipótese a alegada ofensa ao art. 535 do CPC apontada pelo Município recorrente, eis que o Tribunal *a quo* julgou satisfatoriamente a lide, solucionando a questão dita controvertida tal qual esta lhe foi apresentada. As questões trazidas a debate foram analisadas pelo Tribunal, que emitiu julgamento fundado nos preceitos legais que entendeu cabíveis à espécie. II – Destarte, não há que se falar em embargos de declaração cabíveis, por omissão, haja vista não ser o julgador obrigado a rebater um a um todos os argumentos trazidos pelas partes, visando à defesa da teoria que apresentaram, podendo decidir a controvérsia observando as questões relevantes e imprescindíveis à sua resolução. III – O acórdão atacado encontra-se em consonância tanto com a jurisprudência do Pretório Excelso quanto com a deste Superior Tribunal de Justiça, no sentido de ser afastada a exigência da multa moratória em execução fiscal contra a massa falida. *Isso porque se deve evitar que a penalidade em questão recaia sobre os credores habilitados no processo falimentar, que figuram como terceiros alheios à infração*. Nesse sentido, as Súmulas 192 e 565 do Supremo Tribunal Federal. IV – Agravo regimental improvido" (STJ, 1ª T., AgRg REsp 750.063-MG, v.u., Rel. Ministro Francisco Falcão, *DJ* 21.11.2005, p. 157 – grifo acrescido ao original).

6. Pinto Ferreira, *Comentários à Constituição Brasileira*, v. 1, p. 160.

natureza de pena administrativa, ou seja, com natureza jurídica de sanção.

De fato, tendo a multa natureza de sanção por infração decorrente de ação ou omissão de responsabilidade do falido, ela não poderia ser exigida da massa falida, sob pena de se sancionar agente diverso do infrator da norma tributária, qual seja, a comunidade de credores do falido (= massa falida subjetiva), que deixaria de perceber seus direitos creditórios que se transfeririam ao fisco em pagamento da sanção imposta ao terceiro: falido.[7]

Com a entrada em vigor do Código Tributário Nacional, a discussão que envolvia a natureza jurídica de multa tributária foi superada, doutrinária e jurisprudencialmente.[8] A multa tributária passa a ter uma única natureza jurídica: sanção! Portanto, pena administrativa.

Sobre a natureza da multa tributária, vale transcrever a lição de Sacha Calmon Navarro Coêlho, *literis*:

"Caracterizada a infração deve ser a sanção. Vimos de ver que a hipótese de incidência das normas sancionantes é precisamente o ilícito. Com a realização da infração *in concretu* incide o mandamento da norma sancionante. Vale dizer: realizado o 'suposto' advém a 'conseqüência', no caso da sanção, conforme prevista e nos exatos termos dessa mesma previsão.

"As sanções tributárias mais difundidas são *as multas* (sanções pecuniárias). Sancionam tanto a infração tributária substancial quanto a formal. As multas que punem a quem descumpriu obrigação principal são chamadas de 'moratórias' ou 'de revalidação'; e as que sancionam aos que desobedecem obrigação acessória respondem pelo apelido de 'formais' ou 'isoladas'.

"Ambas, para citar Carnelutti, possuem a característica de ser 'um evento danoso imposto a quem não cumpre o preceito' e, à semelhança da sanção penal, comportam duplo efeito: 'o intimidativo, (psicológico) que visa a evitar a violação do direito, e o repressivo, que se verifica após perpetrado o desrespeito à norma fiscal', no magistério de festejado autor brasileiro.

"A hipótese de incidência da norma sancionante que pune o descumprimento de obrigação principal é não ter o contribuinte – destinatário da multa – pago o tributo, tê-lo feito a destempo ou insuficientemente. As situações descritas se equivalem. A hipótese de incidência da norma sancionante, que aplica multa por descumprimento de obrigação acessória, é ter o contribuinte feito o que era proibido fazer ou não ter feito o que era obrigatório.

"No primeiro caso, há que constatar a mora ou a insuficiência do pagamento. No segundo caso é mister certificar a inexistência do ato obrigatório ou a inexistência do ato vedado, *em contraste com a lei*, por isso que *nullum tributo nulla poena sine lege*. A função básica da sanção tributária é a de tutelar o direito do Estado de receber tributos e de impor deveres secundá-

7. "Agravo regimental em recurso extraordinário. Tributário. Execução fiscal contra massa falida. Inclusão do crédito habilitado em falência da multa fiscal com efeito de pena administrativa. Inviabilidade da sua cobrança. Art. 23, parágrafo único, III, da Lei de Falências. Agravo regimental desprovido. 1. A falência tem a natureza de medida preventiva do prejuízo, para impedir a dissipação dos bens do devedor, que são a garantia comum dos seus credores. É também processo de execução extraordinária e coletiva, sobre a generalidade daqueles bens, com o objetivo de circunscrever o desastre econômico do devedor e igualar os credores quirografários (*sic*). 2. *Inexigibilidade da multa administrativa, que refletiria no montante da massa a ser partilhado pelos credores*. 3. Agravo regimental não provido" (STF, 2ª T., AgRg RE 212.839-RS, v.u., Rel. Ministro Maurício Corrêa, *DJ* 14.11.1997, p. 58.783 – grifo acrescido ao original).

8. "Multa moratória. Sua inexigibilidade em falência, art. 23, parágrafo único, III, da Lei de Falências. A partir do Código Tributário Nacional, Lei n. 5.172, de 25.10.1966, não há como se distinguir entre multa moratória e administrativa. Para a indenização da mora são previstos juros e correção monetária" (STF, Tribunal Pleno, RE 79.945-SP, m.v., Rel. Ministro Cordeiro Guerra, j. 8.7.1976, *DJ* 8.7.1976, p. 5.123).

rios, visando a evitar o *periculum in mora, sem necessidade de recorrer à lei penal*."[9]

Diante da compreensão da natureza jurídica da multa tributária unificada (sanção), o Supremo Tribunal Federal editou a Súmula n. 565, cujo texto não deixa margens para dúvidas: "A multa fiscal moratória constitui pena administrativa, não se incluindo no crédito habilitado em falência".[10] Com isso, restou superada a Súmula n. 191 do STF.[11]

Destarte, a jurisprudência nacional se consolidou no sentido de que, a declaração da falência geraria a inexigibilidade de quaisquer multas tributárias por atos ou omissões do falido (Súmulas ns. 192 e 565 do STF). Não poderia mesmo ser diferente, pois, em que pese o fisco não se sujeitar às normas processuais da falência, ele se sujeita às normas materiais do concurso falimentar, uma vez que "*a cobrança judicial* do crédito tributário não é sujeita a concurso" (*caput* do art. 186 do CTN),[12] portanto, ao processo; materialmente, o fisco deve se sujeitar a todos os efeitos da quebra do contribuinte.

> Processual civil. Execução fiscal. Embargos do devedor. Massa falida. Penhora posterior à decretação da falência. Multa e juros. Súmulas 192, 565 e precedentes do STF.
>
> 1. Decretada a falência em 15.12.93, antes da realização da penhora no executivo fiscal, é indevida a multa administrativa após aquela data e os juros ficam condicionados à suficiência do ativo apurado para atender ao principal no Juízo da Falência.
>
> 2. Recurso especial conhecido, porém, improvido.[13]

Não cabendo, é claro, ao juiz excluir, por ato de ofício, as multas tributárias:

> Execução fiscal. Falência. Multa moratória. Exclusão de ofício. Inadmissibilidade.
>
> Multa fiscal moratória. Falência. Exclusão de ofício. Impossibilidade.
>
> 1. Embora o entendimento majoritário da turma, na esteira deste tribunal, com base nas Súmulas 192 e 565 do STF, seja de que a multa fiscal moratória ou punitiva não se inclui no crédito habilitado na falência e, da mesma forma, é indevida na cobrança judicial do crédito tributário, que não está sujeito à habilitação em falência, certo é que o juiz não pode excluí-la de ofício. Precedentes da turma.
>
> 2. Agravo provido.[14]

9. Sacha Calmon Navarro Coêlho, *Teoria e Prática das Multas Tributárias – Infrações Tributárias – Sanções Tributárias*, 2ª ed., pp. 39 e 40.

10. Sobre a natureza de *sanção* da multa não há dúvida, uma vez que a própria antiga Lei de Falências equiparava a "pena pecuniária" à infração de leis penais e administrativas. Portanto, a sanção penal pecuniária é equivalente à administrativa. A prática de uma conduta criminal ou administrativa que gerasse uma sanção de ordem econômica (= multa) em ambos os casos não poderia extrapolar o agente infrator da norma: o falido. Razão da inexigibilidade de multa tributária da massa falida por infração cometida pelo falido.

11. "Multa moratória. Sua inexigibilidade em falência. Art. 23, parágrafo único, III, da Lei de Falências. A partir do Código Tributário Nacional, Lei n. 5.172, de 25.10.1966, não há como se distinguir entre multa moratória e administrativa. Para a indenização da mora são previstos juros e correção monetária. RE não conhecido" (STF, Tribunal Pleno, RE 79.625-SP, m.v., Rel. Ministro Cordeiro Guerra, j. 14.8.1975, *DJ* 8.7.1976, in *RTJ* 80-01/104).

"Multa fiscal moratória não se inclui no crédito habilitado em falência, divergência superada pelo julgamento, em Plenário, do RE 79.625, a 14.8.1975, quando foi cancelada a Súmula 191. Embargos não conhecidos" (STF, Tribunal Pleno, Embargos no RE 80.098-SP, v.u., Rel. Ministro Xavier de Albuquerque, *DJ* 26.9.1975).

"Em 14.8.1975, ao julgar o RE n. 79.625, o Plenário do STF decidiu cancelar o verbete 191 e manter o 192, ambos da Súmula, e, assim, firmou o entendimento de que a multa fiscal que tenha caráter de pena pecuniária não se inclui em crédito habilitado na falência, isso por causa do que exprime o art. 23, parágrafo único, III, do DL 7.661/1945" (STF, 1ª T., AgRg RE 80.517-SP, v.u., Rel. Ministro Antônio Neder, j. 18.11.1975, *DJ* 26.12.1975).

12. Grifo acrescido ao original.

13. STJ, 2ª T., REsp 235.396-SC, v.u., Rel. Ministro Francisco Peçanha Martins, j. 5.6.2001, *DJ* 8.10.2001, p. 196.

14. TRF-4ª R., 1ª T., AI 2000.04.01.065618-2-RS, v.u., Rel. Juiz José Luiz B. Germano da Silva, j. 5.9.2000, *DJU*-e 2 11.10.2000, p. 208, in *Repertório IOB de Jurisprudência*, 1ª quinz. dez. 2000, n. 23/2000, caderno 1, p. 592, *RJIOB* 1/15.405.

Observe-se que, inconformada com a inexigibilidade das multas fiscais da massa falida, a Fazenda Pública do Estado do Rio Grande do Sul argüiu a não-recepção pela Constituição Federal de 5 de outubro de 1988 tanto do art. 23, parágrafo único, III, do Decreto-lei n. 7.661/1945 quanto das Súmulas ns. 192 e 565 do STF. Contudo, a Suprema Corte entendeu pela recepção. Nesse sentido, tem-se:

> Execução fiscal. Massa falida. Débito fiscal. Juros e multa.
>
> Massa falida. Débito fiscal. Juros e multa.
>
> O afastamento dos juros e da multa, previsto no Decreto-lei n. 7.661/1945, não conflita os artigos 150, § 6º e 151, inciso III da Constituição Federal. Descabe confundir o tributo com possíveis acessórios decorrentes do inadimplemento.[15]

O argumento favorável à inexigibilidade das multas fiscais de massa falida não se pautava exclusivamente em seu aspecto legal (art. 23, parágrafo único, III, do Decreto-lei n. 7.661/1945), mas, segundo entendemos, principalmente no constitucional (art. 5º, XLV, da Carta de 1988).

Ora, sendo a sanção uma pena, e sendo a multa uma sanção, tem-se que a multa é uma pena e, como tal, ela não pode passar do agente infrator da norma, sob pena de se violar frontalmente o preceito constitucional estatuído no inciso XLV do art. 5º da Constituição Federal de 1988. "Sanção é pena, castigo, restrição ao homem, seus bens ou direitos. A norma jurídica estatuidora de sanção tem por hipótese a prática de um ato ilícito violador de dever legal ou contratual. Por hipótese uma infração, por conseqüência uma restrição à vida, liberdade ou direitos outros do homem. No caso da subespécie ***multa***, a norma sancionante tem por hipótese a prática de um ilícito – o descumprimento de algum dever legal ou contratual – e, por conseqüência, preceito que obriga o infrator a dar *dinheiro* a título de castigo (sanção). O titular da percepção, o sujeito ativo, pode ser particular ou pessoa política. *No caso da multa legal, é sempre o Estado ou pessoa sua*. É o que ocorre com a multa tributária e também com a multa penal".[16]

Portanto, na vigência do Decreto-lei n. 7.661/1945 (antiga Lei de Falências), as multas tributárias originadas de fatos decorrentes de atos ou omissões do falido eram inexigíveis da massa falida não apenas por prescrição legal, mas principalmente por preceito constitucional.

Observe-se que, por outro lado, em se tratando de concordata, se tivesse havido a infração tributária, a sanção seria exigível na forma da Súmula n. 250 do STJ.[17] Isso porque, não apenas não existia amparo legal para o afastamento de sua exigibilidade, mas também porque não haveria amparo constitucional a suportar tal privilégio, na medida em que seria o próprio infrator quem estaria sendo sancionado. De fato, o infrator da norma (= concordatário) teria de pagar a eventual multa pela infração que viesse ele mesmo a cometer.

Nesse sentido, o Supremo Tribunal Federal já externava que o critério para aferir se a multa tributária seria devida, ou não, estava intimamente ligado à imputação da pena ao agente infrator da norma:

> Ação rescisória. Acórdão que exclui multa fiscal da responsabilidade da concordatária, mediante interpretação extensiva da norma do art. 23, parágrafo único, inc. III, do Decreto-lei n. 7.661/1945. Alegada violação dos arts. 97, inc.

15. STF, 2ª T., AgRg em AI 181.245-1-RS, v.u., Rel. Ministro Marco Aurélio, j. 29.9.1997, *DJU*-I 21.11.1997, p. 60.591, in *Repertorio IOB de Jurisprudência*, 2ª quin. jan. 1998, n. 02/1998, caderno 1, p. 37, *RJIOB* 1/11.850.

16. Misabel Abreu Machado Derzi e Sacha Calmon Navarro Coêlho, *Direito Tributário Aplicado*, p. 129.

17. Em que pese haver respeitáveis entendimentos contrários, tanto na doutrina, *verbi gratia*: Misabel Abreu Machado Derzi e Sacha Calmon Navarro Coêlho, *Direito Tributário Aplicado*, pp. 121 *et seq.*, quanto na jurisprudência, antes da edição da Súmula: STJ, 1ª T., AgRg no REsp. 235.037-SP, m.v., Rel. Ministro José Delgado, j. 17.2.2000, *DJ* 29.5.2000, p. 123.

VI; 111 e 112, inc. II, do Código Tributário Nacional e do art. 23, parágrafo único, inc. III, da Lei de Falências.

A norma do art. 23, parágrafo único, inc. III, da Lei (*sic*) n. 7.661/45, que exclui da falência as multas penais e administrativas, não tem aplicação na concordata, que não sujeita a empresa ao regime de liquidação, razão pela qual o pagamento de ditas penalidades não se reflete senão sobre o próprio concordatário, não alterando os índices fixados para o saldo das contas de seus credores quirografários. Caso em que a decisão impugnada aplicou normas jurídicas que a espécie não comportava. Configuração da hipótese do art. 485, V, do CPC. Procedência da ação.[18]

A exigibilidade da multa tributária das concordatárias servia, inclusive, como inibidor da prática do ilícito que, em última análise, poderia redundar em concorrência desleal, uma vez que o devedor empresário poderia se sentir estimulado a não cumprir fielmente suas obrigações fiscais antes do pedido da concordata na medida em que, depois, simplesmente, gozaria da sua inexigibilidade sem qualquer fundamento técnico-legal.

Por tudo o quanto foi exposto até aqui, podemos concluir que a inexigibilidade das multas tributárias (como também seria das multas penais) é um corolário lógico do preceito constitucional de que a sanção não passa da pessoa do infrator da norma.

3. *Panorama geral da nova sistemática legal dos créditos na falência: concursais e extraconcursais*

Como se sabe, a Lei Complementar n. 118, de 9 de fevereiro de 2005, modificou o Código Tributário Nacional (CTN) a fim de implementar vários preceitos da nova Lei de Falências que necessitavam ser validados por via de lei complementar porque refletiam sobre as normas gerais da legislação tributária (art. 146, III, CF/1988).

Nessa perspectiva, fixou-se que os créditos tributários decorrentes de fatos geradores *in concreto* havidos no curso da ação de falência são extraconcursais[19] (art. 188, CTN) – nada tendo sido fixado acerca de eventuais acessórios desses créditos, que, conforme já vimos, com eles não se confundem.[20]

Foram, ainda, alteradas as preferências do crédito tributário do falido, prescrevendo-se que, na falência, o crédito tributário não prefere aos créditos extraconcursais ou às importâncias passíveis de restituição, nem aos créditos com garantia real até o limite do bem dado em garantia (art. 186, parágrafo único, I, do CTN).[21]

18. STF, Tribunal Pleno, Ação Rescisória 1.316-SP, v.u., Rel. Ministro Ilmar Galvão, j. 5.3.1993, *DJ* 7.5.1993, p. 8.328.

19. "A esses créditos [extraconcursais] o legislador atribui preferência sobre os constantes da classificação do artigo 83, de forma que serão pagos na ordem em que dispostos nos incisos do artigo 84, antes de qualquer outro classificado no artigo antecedente (83)" (Palmyrita Sammarco Junqueira, *Comentários à Nova Lei de Falências e Recuperação de Empresas*, p. 236).

"Não precisam eles de habilitação e não se submetem a pagamento junto com os credores da falência, ou seja, aqueles que constam do quadro-geral de credores. Eles devem ser pagos imediatamente, conforme vá entrando o dinheiro em caixa" (Sebastião José Roque, *Direito de Recuperação de Empresas*, pp. 60 e 61).

20. Como já reconhecido pelo próprio STF, não há como se confundir a natureza do crédito tributário com a de eventuais acessórios dele: "Execução fiscal. Falência. Multa moratória. Súmula 565 do STF. Alegada violação aos arts. 1º; 150, § 6º; e 155, II, da Constituição Federal. Decisão que está em consonância com precedentes desta Corte no sentido de que, sendo de natureza administrativa a multa a que se refere o art. 23, III, da Lei de Falências (Súmula 565 do STF) e não de débito tributário, é incabível a alegada afronta ao art. 150, § 6º, da Constituição Federal. Incidência, ainda, da Súmula 282 e 356 desta Corte. Agravo desprovido" (STF, 1ª T., AgRg AI 388.247-MG, v.u., Rel. Ministro Ilmar Galvão, *DJ* 11.4.2003, p. 29).

21. Naturalmente, os créditos decorrentes da legislação do trabalho e dos acidentes de trabalho preferem aos tributários ainda que não haja falência do devedor (*caput* do art. 186 do CTN), sendo que, havendo falência (art. 186, parágrafo único, II, CTN), é possível limitar o privilégio do crédito trabalhista,

Finalmente, prescreveu-se que "multa tributária prefere apenas aos créditos subordinados" (art. 186, parágrafo único, III, do CTN) – nada tendo sido fixado sobre a origem da sanção que estaria na classe subquirografária, ou seja, se a infração sancionada seria do falido ou da massa falida.

Portanto, é necessário que, inicialmente, se constate a existência de duas situações completamente diversas: 1ª) os tributos e acessórios devidos pelo falido (= fatos geradores *in concreto* havidos antes da sentença de falência, bem como infrações por ela cometidas); e 2ª) os tributos e acessórios devidos pela massa falida (tais como aqueles havidos em decorrência da continuação do negócio até que se implemente a realização do ativo arrecadado – art. 99, XI, da Lei n. 11.101/2005). Com efeito, não se podem confundir as obrigações assumidas pelo falido e aquelas assumidas pela massa falida,[22] outrossim, o crédito tributário e os acessórios daí emergentes.

Compreendida a situação fático-jurídica que envolve a falência no que se refere ao falido e à massa falida, temos agora que examinar a natureza dos créditos concursais (art. 83 da LF) e dos extraconcursais (art. 84 da LF).

Em uma leitura que pensamos ser precipitada da nova Lei de Falências, poder-se-ia, inadvertidamente, imaginar que créditos extraconcursais seriam aqueles decorrentes de encargos da gestão da massa falida.[23] No entanto, não é bem assim, uma vez que o inciso V do art. 84 da Lei n. 11.101/2005[24] determina que será considerado crédito extraconcursal as obrigações resultantes de atos jurídicos válidos praticados durante a recuperação judicial, nos termos do art. 67 da novel legislação falimentar. Portanto, temos aí um caso que não se trata de obrigações emergentes da gestão da massa, mas sim do devedor recuperando, e anteriores à convolação em falência, que, ainda assim, são extraconcursais.

Com efeito, nosso legislador, com a finalidade de manter as relações jurídicas havidas entre os fornecedores e o devedor em recuperação judicial, determina duplo benefício para aqueles que não suspenderem suas transações com o devedor em recuperação judicial:[25] 1º) os créditos emergentes de obrigações surgidas no curso da ação de recuperação, em caso de convolação em falência, são extraconcursais; 2º) se classe superior já não detiverem, aqueles créditos que estavam sujeitos aos termos da recuperação ascenderão à classe com privilégio geral em caso de convolação

e efetivamente há limitação: cento e cinqüenta salários mínimos (art. 83, I, da Lei n. 11.101/2005).

22. Nesse sentido, bem observava José Xavier Carvalho de Mendonça quando lecionava: "Daí se conclui que a massa é capaz de contrair obrigações ativas e passivas. Surgem, assim, duas ordens de credores: credores concorrentes, que constituem a massa, credores *na massa*, e credores da massa" (J. X. Carvalho de Mendonça, *Tratado de Direito Comercial Brasileiro*, v. 5, t. 1, p. 372).

23. Nesse sentido é, por exemplo, a doutrina de Bezerra Filho, quando afirma: "Esta figura de crédito extraconcursal inexistia na lei anterior, sem embargo de criação pretoriana que permitia o reembolso imediato das despesas necessárias à administração da massa falida. Do exame de cada um dos incisos abaixo, verifica-se que a Lei preocupou-se em determinar o pagamento preferencial dos valores despendidos com a administração prestada após o decreto da falência, por serviços prestados à massa ou por despesas decorrentes destes serviços" (Manoel Justino Bezerra Filho, *Nova Lei de Recuperação e Falências Comentada*, 3º ed., p. 211).

24. "Duplo enfoque a dicção normativa, o primeiro diante das obrigações emergentes da recuperação judicial, e o segundo concernente aos atos praticados depois da quebra realizada, abrangendo ainda os fatos geradores dos tributos. Bem assim, guarnece o legislador maior segurança com os credores que mantiveram suas linhas de fornecimento – produtos ou serviços, na consecução da recuperação, para que tenham natureza extraconcursal. De modo parelho, os tributos posteriores à quebra se consideram preferenciais e se coadunam com a regra geral do art. 83, privilegiando o Fisco, mas na graduação geral estabelecida no mencionado dispositivo legal" (Carlos Henrique Abrão, *Comentários à Lei de Recuperação de Empresas e Falência*, pp. 217 e 218).

25. Naturalmente, aqueles fornecedores de bens ou serviços que não continuarem a prover normalmente o devedor em recuperação judicial não gozarão dos privilégios mencionados.

da ação de recuperação judicial em ação de falência (art. 67 da LF).

Evidentemente, a primeira modalidade de crédito extraconcursal acima mencionada nada tem em comum com os encargos da gestão da massa falida, demonstrando à toda evidência que nem todos os créditos extraconcursais dizem respeito à essa gestão.

Em verdade, o elemento que orientou a fixação dos créditos extraconcursais é o benefício da própria comunidade de credores do devedor e, não, os encargos da gestão da massa falida.

São créditos extraconcursais aqueles que permitiriam à comunidade de credores auferir vantagens (ou mesmo conservação) dos ativos do devedor comum. Diz-se do devedor e, não, do falido, porque a recuperação é, em regra, melhor que a falência para os credores – e não há recuperação possível sem a preservação das relações dos fornecedores com o devedor (daí porque este crédito é extraconcursal na forma do inciso V do art. 84 da LF) –, da mesma maneira, após a falência, a conservação da empresa com a gestão da massa falida e o afastamento do devedor na falência é do interesse de todos, com isso se implementando também o princípio da preservação da empresa que foi insculpido no art. 75 da nova Lei de Falências.

Logo, ao se analisar com profundidade os incisos do art. 84 da Lei n. 11.101/2005, constata-se que o elemento teleológico de nosso legislador foi proteger a própria comunidade de credores do devedor e, não, simplesmente, facilitar a gestão da massa falida (ou mesmo privilegiar os créditos daí decorrentes). Isso somente se compreenderia tutelado indiretamente, enquanto, na falência, tutelada a própria massa falida subjetiva (e, claro, também a massa objetiva).

De modo semelhante, os chamados créditos concursais nem sempre se referem a relações jurídicas havidas com o falido ou decorrentes de atos ou omissões que ele implementou. Pode-se perceber a existência de obrigações que seriam da massa falida (surgidas em função de sua gestão), mas sujeitas ao rateio de credores. De fato, são obrigações que não implicam tutela direta dos interesses da massa falida subjetiva, mas, quando muito, da massa falida objetiva e, por isso mesmo, constantes do elenco do art. 83 da LF e, como tais, créditos concursais.

Nessa linha de raciocínio, observe-se que, ao teor do que prescrevem os arts. 117 e 118 da Lei n. 11.101/2005, o administrador judicial da massa falida, mediante autorização do Comitê de Credores (acaso existente) poderá, ou não, cumprir os contratos bilaterais e unilaterais. Para tanto, ele avaliará os interesses objetivos da massa, ou seja, se honrar os contratos significará reduzir o passivo da massa ou mesmo evitar o seu aumento ou, ainda, se forem necessários à manutenção e preservação dos ativos da entidade.

Destarte, na gestão da massa falida, ao administrador judicial é facultado rescindir os contratos e, com sua atitude, poderá gerar despesas, tais como multas contratuais e indenizações civis (art. 117, § 2º, da LF), que são créditos concursais. Observe-se que estas multas serão devidas porque a sanção estará se dando em relação ao agente infrator, qual seja: a própria massa falida que exerceu sua prerrogativa de rescindir os contratos celebrados pelo falido.

"Dessa forma, como regra geral, os contratos continuam intactos, mesmo após a declaração da falência de uma das partes contratantes, não se extinguindo as obrigações assumidas pelo falido perante terceiros, que são transmissíveis à massa, sucessora daquele.

"Caso o administrador judicial considere que o cumprimento do contrato não é conveniente para a massa, poderá resolvê-lo, extinguindo a relação contratual.

"Todavia, nesta hipótese, estaríamos diante de uma resolução voluntária, uma vez que, como visto, a falência *per se* não autoriza o término da relação contratual. Por ser voluntária a resolução, cabe ao terceiro contratante o direito a uma indenização perante a massa.

"Observe-se que caberá ao administrador judicial a decisão quanto ao cumprimento ou quanto à rescisão do contrato bilateral, ouvido o Comitê."[26]

Nessa mesma linha, temos ainda:

"O contratante interpelará o administrador judicial para que este diga se cumpre ou não o contrato. Se a deliberação for no sentido de não cumprir – ou se não houver manifestação expressa pelo cumprimento – restará à outra parte contratante demandar, 'em processo ordinário', o direito à indenização, cujo montante constituirá crédito quirografário."[27]

Esses encargos gerados na gestão da massa falida não são extraconcursais e estão sujeitos ao rateio normal do crédito. Portanto, eles deverão ser habilitados pelo credor, por serem considerados, repita-se, créditos concursais, mesmo as multas contratuais (art. 83, VII, da Lei n. 11.101/2005). Tudo isso em que pese decorrentes da gestão da massa falida pelo administrador judicial: "É comum a inserção de cláusula contratual prevendo a obrigatoriedade do pagamento de multa em caso de rescisão contratual por culpa de uma das partes contratantes, portanto, caso a resolução do contrato seja voluntária. Caso o contrato preveja multa por infração contratual, será exigível caso, falida uma das partes contratantes, deixe o administrador judicial de cumprir o contrato".[28]

Diante de tudo o quanto expusemos até aqui, constatamos que, no panorama geral da nova sistemática da Lei de Falências, não é possível confundir as obrigações do falido e da massa falida, bem como tanto há obrigações de uma e de outra que são concursais e extraconcursais, não sendo a origem da assunção da obrigação o vetor que norteou nosso legislador ao prescrever a dicotomia estudada dos créditos na falência: concursais e extraconcursais, mas sim os interesses da própria comunidade de credores do devedor comum (falido e/ou massa falida).

4. As multas fiscais do falido e da massa falida

Iniciamos este trabalho indagando se seria mesmo válida a exigência das multas tributárias devidas pelo falido, após a declaração de sua falência e, diante de tudo que examinamos, somente podemos concluir que *não*.

A sanção não poderá passar do agente infrator da norma e, sendo o infrator o falido e, não, a massa falida, esta não poderia ser sancionada por causa de infração de outrem, sancionando, por linhas travessas, os credores subordinados que deixariam de receber seu crédito. Até mesmo o pagamento dos juros devidos a todos os credores poderia se perder com o pagamento das multas, quando eventualmente a massa viesse a suportar o pagamento (art. 124 da LF), uma vez que a quantia seria vertida no pagamento das sanções penais e administrativas do falido. Estas multas, quando muito, somente poderiam ser exigidas do próprio falido após o trânsito em julgado da sentença de encerramento do processo falimentar e desde que sua exigibilidade não esteja extinta por qualquer razão jurídica.

De fato, a multa é uma obrigação acessória do crédito tributário que se caracteriza como *pena* e que não teria como ser impu-

26. Ecio Perin Júnior, *Curso de Direito Falimentar e Recuperação de Empresas*, 3º ed., pp. 298 e 299.

27. Paulo Salvador Frontini, *Comentários à Lei de Recuperação de Empresas e Falência*, pp. 436 e 437.

28. Ecio Perin Júnior, *Curso de Direito Falimentar e Recuperação de Empresas*, 3ª ed., p. 300. Este autor, em nota de rodapé, na mesma página citada, apresenta curioso precedente: "*RTJ* 4/302: as multas moratórias adicionais, decorrentes de atraso nos pagamentos devidos, são inconfundíveis com as penas pecuniárias que não podem ser reclamadas da massa falida. A multa por infração contratual deve ser computada na dívida do falido".

tada senão ao próprio infrator da norma. Portanto, a multa devida pelo falido é inexigível da massa falida mesmo na vigência da Lei n. 11.101, de 9 de fevereiro de 2005. Naturalmente, outros acessórios que não tenham natureza jurídica de sanção poderiam ser exigíveis, tais como: juros e correção monetária, sempre em conjugação com a lógica e as regras de cunho material constantes da nova Lei de Falências.

Por outro lado, não há qualquer impedimento de se exigir da massa falida as multas tributárias por ações ou omissões imputáveis a esta entidade, sancionando-a. Muito pelo contrário, a lei é expressa. Como, aliás, são exigíveis as multas contratuais por ato ou omissão imputáveis à massa falida.[29]

O inciso III do parágrafo único do art. 186 do Código Tributário Nacional determina a exigibilidade da multa tributária que deverá preferir apenas aos créditos subordinados.[30] Foi, nessa linha, que a nova Lei de Falências prescreveu no inciso VII do art. 83 a exigibilidade desta sanção exatamente preferindo aos créditos subordinados, tais como as debêntures subordinadas (art. 58, § 4º, da Lei n. 6.404/1976). Obviamente, isso não quer dizer que as multas tributárias imputáveis ao falido sejam exigíveis, mas apenas aquelas cujo infrator esteja sendo pessoalmente sancionado.

Note-se que todas as multas (= sanções) imputáveis à massa falida (contratuais, penais e administrativas – inclusive as tributárias) foram alocadas em uma mesma classe sub-quirografária que prefere apenas aos créditos subordinados (art. 83, VII, da Lei n. 11.101/2005) externando, também por interpretação lógico-sistemática, que as multas exigíveis na falência são sempre do mesmo nível e apenas aquelas de responsabilidade da própria massa falida.

Portanto, as multas tributárias exigíveis em caso de falência são apenas aquelas imputáveis à própria massa falida e, reitere-se à exaustão, nunca aquelas imputáveis ao falido, na medida em que a pena não pode passar do agente infrator da norma (art. 5º, XLV, da Carta de 1988). Veja-se que a Lei n. 11.101/2005 tanto teve isso em mente que não distinguiu entre a multa por crime e a multa de ordem administrativa (art. 83, VII, da LF) porque todas são sanções e, portanto, não transferíveis a terceiros.

Somente uma interpretação conforme a Constituição Federal é possível, sendo esta exatamente aquela que propormos neste nosso trabalho, pois, do contrário, a exigibilidade da multa fixada no inciso VII do art. 83 da Lei n. 11.101/2005 seria inconstitucional por transferir sanção (multa) imputável a alguém (falido) para agente diverso do infrator (massa falida).

Destarte, fazendo uma interpretação conforme a Constituição Federal de 1988, temos que concluir que as multas tributárias (como as multas penais) por infrações do falido são inexigíveis da massa falida e as multas tributárias por infrações da massa falida são exigíveis como crédito concursal que prefere apenas aos créditos subordinados.

5. Conclusões

Ante tudo o quanto expusemos neste nosso articulado e tendo respondido às indagações propostas na introdução, podemos concluir:

a) As multas tributárias (como também as penais) por ação ou omissão imputáveis ao devedor, em caso de sua falência, por terem natureza jurídica de sanção, são inexigíveis da massa falida em qualquer circunstância.

29. Observe-se que, ao analisar o § 3º do art. 83 da nova Lei de Falências, Celso Marcelo de Oliveira registra que "as cláusulas penais dos contratos unilaterais não serão atendidas se as obrigações neles estipuladas se vencerem em virtude da falência" (Celso Marcelo de Oliveira, *Comentários à Nova Lei de Falências*, p. 357). Por outras palavras: se não houve ação ou omissão imputável à massa falida, a multa é inexigível.

30. Naturalmente, aquela imputável ao próprio infrator, *in casu*, a massa falida.

a.1) Suas cobranças se caracterizariam como inconstitucionais por violarem o prescrito pelo inciso XLV do art. 5º da Constituição Federal/1988, transferindo a sanção a agente diverso do infrator da norma.

b) O inciso VII do art. 83 da Lei n. 11.101/2005 determina a exigibilidade das "penas pecuniárias por infração das leis penais e administrativas, inclusive as multas tributárias" na classe sub-quirografária, antes dos subordinados, por ações ou omissões imputáveis à massa falida.

b.1) Portanto, as multas tributárias exigíveis na falência serão apenas aquelas havidas por ações ou omissões da massa falida e, repita-se, nunca do falido.

6. Referências bibliográficas

ABRÃO, Carlos Henrique. *Comentários à Lei de Recuperação de Empresas e Falência*. São Paulo, Saraiva, 2005 (coord. Paulo F. C. Sales de Toledo).

BEZERRA FILHO, Manoel Justino. *Nova Lei de Recuperação e de Falências Comentada*. 3ª ed., São Paulo, Ed. RT, 2005.

COÊLHO, Sacha Calmon Navarro. *Teoria e Prática das Multas Tributárias – Infrações Tributárias – Sanções Tributárias*. 2ª ed., Rio de Janeiro, Forense, 1998.

DERZI, Misabel Abreu Machado; e COÊLHO, Sacha Calmon Navarro. *Direito Tributário Aplicado*. Belo Horizonte, Del Rey, 1997.

FAZZIO JÚNIOR, Waldo. *Nova Lei de Falência e Recuperação de Empresas*. 2ª ed., São Paulo, Atlas, 2005.

FERREIRA, Pinto. *Comentários à Constituição Brasileira*. v. 1. São Paulo, Saraiva, 1989.

FRONTINI, Paulo Salvador. *Comentários à Lei de Recuperação de Empresas e Falência*. São Paulo, Ed. RT, 2005 (coord. Francisco Satiro de Souza Júnior e Antônio Sérgio A. de Moraes Pitombo).

JUNQUEIRA, Palmyrita Sammarco. *Comentários à Nova Lei de Falências e Recuperação de Empresas*. São Paulo, Quartier Latin, 2005 (coord. Rubens Approbato Machado).

KELSEN, Hans. *Teoria Pura do Direito*. 4ª ed., São Paulo, Martins Fontes, 1994.

MENDONÇA, José Xavier Carvalho de. *Tratado de Direito Comercial Brasileiro*. v. 5, t. 1. Campinas, Russell Editores, 2005.

OLIVEIRA, Celso Marcelo de. *Comentários à Nova Lei de Falências*. São Paulo, IOB Thomson, 2005.

PERIN JÚNIOR, Ecio. *Curso de Direito Falimentar e Recuperação de Empresas*. 3ª ed., São Paulo, Método, 2006.

ROQUE, Sebastião José. *Direito de Recuperação de Empresas*. São Paulo, Ícone, 2005.

A TRIBUTAÇÃO DA RENDA NAS OPERAÇÕES PRATICADAS NO ÂMBITO DO MERCADO FINANCEIRO E DE CAPITAIS E OS NOVOS TÍTULOS PARA FINANCIAMENTO DO AGRONEGÓCIO

ANDRÉ RICARDO PASSOS DE SOUZA

1. Tema em debate. 2. O conceito de renda tributável no direito brasileiro. 3. Tributação da renda nas operações no mercado financeiro e de capitais. 4. A tributação nas operações financeiras de renda fixa: 4.1 Aspectos gerais da hipótese de incidência; 4.2 Elementos quantitativos da hipótese de incidência; 4.3 Retenção e recolhimento do imposto; 4.4 Investidores estrangeiros. 5. A tributação nas operações de renda variável: 5.1 Aspectos gerais da hipótese de incidência; 5.2 Elementos quantitativos da hipótese de incidência; 5.3 Retenção e recolhimento do imposto; 5.4 Investidores estrangeiros. 6. Tratamento fiscal na apuração da renda tributável das pessoas físicas e jurídicas. 7. Regime jurídico dos novos títulos do agronegócio. 8. Regime tributário dos novos títulos do agronegócio. 9. Conclusão.

1. Tema em debate

Buscamos neste trabalho traçar algumas linhas em torno da sistemática de tributação pelo Imposto sobre a Renda dos resultados positivos gerados a partir de negócios jurídicos praticados no âmbito do mercado financeiro e de capitais no Brasil e, principalmente, tratar dos aspectos tributários mais relevantes acerca da tributação da renda gerada a partir dos investimentos nos novos títulos para financiamento do agronegócio, introduzidos pela Lei n. 11.076, de 30 de dezembro de 2004.

2. O conceito de renda tributável no direito brasileiro

Não há como se tratar de tributação sobre a renda sem, em primeiro lugar, definirmos o que é "renda" no direito brasileiro e como ela é tratada no nosso sistema jurídico para fins de incidência do Imposto sobre a Renda.

O conceito de renda no direito brasileiro tem sede constitucional e se ramifica pela legislação complementar e pela legislação de regência do Imposto sobre a Renda.

O art. 153, inciso III, da Constituição Federal de 1988, dispõe que "Compete à União instituir impostos sobre a renda e proventos de qualquer natureza".

O § 2º do art. 153 da Constituição Federal de 1988 dispõe que "O imposto previsto no inciso III será informado pelos critérios da generalidade, da universalidade e da progressividade, na forma da lei".

O Código Tributário Nacional, por sua vez, dispõe, nos incisos I e II de seu art. 43, que "O imposto, de competência da União, sobre a renda e proventos de qualquer natureza tem como fato gerador a aquisição da disponibilidade econômica ou jurídica de renda, assim entendido o produto do capital, do trabalho ou da combinação de ambos; e de proventos de qualquer natureza, assim entendidos os acréscimos patrimoniais não compreendidos no inciso anterior".

Note-se que, fundamental na definição da hipótese de incidência do Imposto sobre a Renda, na forma prevista nas normas acima transcritas, é o auferimento de acréscimo patrimonial por parte do sujeito passivo na forma prescrita em lei.

Extrai-se daí, uma idéia central, um núcleo básico da hipótese de incidência do Imposto sobre a Renda que é a verificação da ocorrência, em determinado lapso temporal, no patrimônio de um ente jurídico, de acréscimo disponível, conforme previsão contida em lei.

Em outras palavras, é premissa básica para o nascimento da obrigação de um determinado ente jurídico pagar Imposto sobre a Renda, a ocorrência de um *plus*, uma mais-valia patrimonial, que, necessariamente, esteja disponível[1] ao contribuinte, e seja apurado dentro de determinado lapso temporal, cuja previsão de ocorrência deve estar, necessariamente, estabelecida em lei válida e eficaz a respaldar a cobrança da exação.

Nesse sentido é a valiosa lição do professor Ives Gandra da Silva Martins que, acerca do tema, assim ensina, *verbis*: "Uma empresa adquire sua disponibilidade econômica ou jurídica no exato momento em que encerra seu balanço, isto é, quando apura o seu lucro. Neste instante se dá, pois, a aquisição da disponibilidade jurídica ou econômica. Em nenhum outro, nem antes, nem depois".[2]

Ademais, além da ocorrência do acréscimo patrimonial disponível relacionado a uma universalidade de bens e de direitos (patrimônio) pertencente a um ente jurídico em determinado espaço de tempo, é necessário também que este acréscimo patrimonial seja informado pelos critérios da generalidade (todas as rendas), universalidade (todos os indivíduos) e progressividade (aumento da carga proporcional ao aumento da base de incidência).

Pois bem, a partir destes contornos jurídicos a doutrina e a jurisprudência pátrias desenvolveram um conceito do que possa ser definido como "renda" tributável pelo Imposto sobre a Renda.

A jurisprudência recente do Pretório Excelso define "renda" para efeitos tributários como: "O conceito de 'renda' para efeitos tributários, é o legal".

"(...).

"Está no Código Tributário Nacional como sendo '(...) o produto do capital, do trabalho ou da combinação de ambos' (art. 43, I, da Lei n. 5.172/1966).

"Para efeitos tributários, não há que se falar em um 'lucro real' que não seja o decorrente da definição legal.

"É o Código Tributário Nacional que introduz os dois tipos de disponibilidade: a 'econômica' e a 'jurídica'.

"A doutrina adverte para a polissemia constitucional do conceito.

"A Constituição Federal, redação de 1988, utiliza dezessete vezes a expressão 'renda', em seis diferentes sentidos:

"a) 'receita pública auferida, arrecadada, de natureza tributária ou não' (arts. 30, III, e 48, I);

"b) 'renda regional' (arts. 43, § 2º, IV; e 192, VII);

"c) 'poder aquisitivo de certa pessoa' (art. 201, II);

"d) 'remuneração de títulos públicos' (art. 151, II);

"e) 'base tributável' (arts. 153, III; 157, I; 158, I; 159, I; 159, § 1º);

"f) 'somatório de remuneração e ganhos de rendimentos' (arts. 150, VI, *a* e *c*, §§ 2º, 3º e 4º; 153, § 2º, II).

1. Conforme definiu o Plenário do STF no julgamento do Recurso Extraordinário n. 172.058-1.

2. Ives Gandra da Silva Martins, *Direito Empresarial – Pareceres*, 2ª ed., Rio de Janeiro, Forense, 1986, p. 150.

"O que aqui nos interessa é o *conceito de renda como base tributável*.

"Basta, para o caso, constatar que a expressão *renda*, ao fim e ao cabo, designa o *acréscimo de valor patrimonial* e não *fluxo de renda*" (grifamos)."[3]

Sobre o tema, Bulhões Pedreira, em sua clássica obra assim delimita o conceito de renda posto na legislação complementar, *verbis*:

"A definição de renda como produto do capital; do trabalho ou da combinação de ambos é clássica, e já constava da legislação do imposto (art. 10 do DL n. 5.844/1943). Produto é aquilo que resulta para a pessoa, respectivamente, do fornecimento de serviços produtivos de capital de sua propriedade, da prestação do seu trabalho ou da organização – no próprio nome – de atividade produtiva (que combina serviços do trabalho e do capital). Esse resultado é dinheiro ou valor em dinheiro de outros direitos patrimoniais adquiridos no processo de repartição da renda. E capital significa – nessa definição – qualquer fonte de renda.

"(...).

"O Código Tributário Nacional definiu 'proventos de qualquer natureza' como acréscimos patrimoniais que não resultam de pagamentos de renda. Na verdade, acréscimo patrimonial é efeito de qualquer modalidade de renda financeira, que é repartida mediante dinheiro e outros direitos patrimoniais que fluem para o patrimônio da pessoa, aumentando o valor de patrimônio líquido."[4]

Na mesma linha de raciocínio, Roque Antonio Carrazza assim se posiciona diante da questão: "Em suma, o *Imposto de Renda* caracteriza-se por: (a) seu aspecto material ser o acréscimo de patrimônio (a disponibilidade de riqueza nova) do contribuinte; e (b) seu aspecto temporal exigir um termo inicial e um termo final. Sobremais, em relação a ele ganham relevo os critérios da progressividade, da universalidade e da generalidade (art. 153, § 2º, I, da CF), que, conjugados, imprimem-lhe caráter pessoal, graduando-o de acordo com a capacidade econômica dos contribuintes (art. 145, § 1º, da CF) – circunstância que, melhorando a distribuição da carga fiscal entre eles, torna-o mais justo".[5]

Destarte, renda, segundo a doutrina e a jurisprudência, pressupõe acréscimo patrimonial tributável na forma do disposto na legislação de regência do Imposto sobre a Renda.

3. Tributação da renda nas operações no mercado financeiro e de capitais

No âmbito do mercado financeiro e de capitais, são tributáveis como "renda" os resultados positivos (acréscimos patrimoniais) auferidos pelos aplicadores de recursos financeiros na realização de operações com tomadores de recursos financeiros.

Nesse sentido cumpre-nos definir o alcance das expressões "mercado financeiro" e "mercado de capitais", de forma a delinearmos os contornos específicos da tributação que recai sobre tais operações.

Primeiramente devemos perquirir, então, o conteúdo jurídico da expressão "mercado" que, no entender do mestre J. X. Carvalho de Mendonça, tem a seguinte gênese:

"As feiras e mercados apareceram com a divisão do trabalho, quando os produtores tiveram excesso de mercadorias, e sentiram a necessidade de permutá-las. Representam a forma inicial do comércio. Foi aí que este deu os primeiros passos. O fato social que chamamos feira, disse Spencer, é a onda comercial na primitiva forma. Nos

3. Trecho do voto proferido pelo excelentíssimo Ministro Nelson Jobim, nos autos da Ação Direta de Inconstitucionalidade n. 2.588-DF.

4. Bulhões Pedreira, *Imposto Sobre a Renda – Pessoas Jurídicas*, v. I, Rio de Janeiro, Justec, 1979, pp. 175-176.

5. Roque Antonio Carrazza, *Imposto Sobre a Renda – Perfil Constitucional e Temas Específicos*, São Paulo, Malheiros Editores, 2005, p. 47.

séculos XII, XIII e XIV chegaram ao apogeu, quando eram, geralmente, pobres as populações e difíceis os meios de comunicação. Durante o regímen feudal da Idade Média, como na antigüidade, a feira correspondia à absoluta necessidade das trocas.

"Crescendo a população, aumentando a produção em qualidade e variedade das mercadorias, aproximando-se as distâncias com as estradas de ferro e as estradas aperfeiçoadas de rodagem, facilitando-se o uso do automóvel, desenvolvendo-se o telégrafo e o telefone e aperfeiçoando-se a navegação, a Bôlsa, com a sua organização especial, tornou-se o grande mercado mundial; as exposições universais e nacionais oferecem o majestoso espetáculo de feiras colossais, onde os produtores e consumidores exibem o fruto de seu trabalho, procurando para ele colocação. Tudo isso concorreu para que as feiras e mercados perdessem o seu esplendor, tendendo mesmo a desaparecer na nossa civilização atual."[6]

Nesse diapasão, ao tratar do fato jurídico "mercado" e de seu estrito conceito para efeito de aplicação das normas jurídicas a ele atinentes, Marcos Paulo de Almeida Salles, assim ensina: "O fato do mercado depreende-se, pois, da singeleza da junção dos interesses dos ofertantes e dos aceitantes, que livremente buscam se encontrar. Porém, à medida que o crescimento, a habitualidade, o volume e tantos outros fatores vão surgindo à frente dessa 'junção de interesses', as suas correntes vão conduzindo as partes envolvidas para a instituição ou implantação de um sistema, onde passam a aparecer órgãos e funções destinados à organização dos mercados, de modo a torná-los mais eficientes e onde, necessariamente, cresce a busca pela informação".[7]

Portanto, quando aludimos ao termo "mercado" para fins jurídicos, trazemos sempre a noção subjacente de um sistema organizado de liquidação de obrigações reciprocamente consideradas, onde partes vendedora e compradora de bens se encontram para liquidar obrigações e buscar a satisfação de necessidades econômicas (aquisição e venda de bens, busca de proteção contra riscos etc.).

O "mercado financeiro", por sua vez, caracteriza-se por ser aquele em que é praticada a intermediação financeira, operação na qual se envolve uma instituição financeira e as partes tomadora e aplicadora de recursos financeiros.

Neste "mercado" uma instituição financeira (banco ou assemelhado) interpõe-se entre o aplicador e o tomador de recursos financeiros para exercer sua atividade econômica de intermediação de recursos. A instituição financeira é remunerada através do *spread* que é a "margem de lucro" entre os juros que a instituição financeira paga ao aplicador de recursos e os juros que a instituição financeira cobra do tomador dos recursos financeiros.

Roberto Quiroga Mosquera, por seu turno, define o "mercado financeiro" como sendo: "(...) o conjunto de operações realizadas entre as instituições financeiras, bancos e demais entidades financeiras e o público em geral, consistentes, dentre outras atividades acessórias, na captação de recursos financeiros junto à economia popular, para posterior concessão de créditos a terceiros. Este mercado é norteado por princípios protecionistas da economia popular e da estabilidade da comunidade financeira e sob regime jurídico do direito do mercado financeiro".[8]

Já o "mercado de capitais" caracteriza-se, justamente, pela desintermediação financeira. É o oposto do mercado finan-

6. J. X. Carvalho de Mendonça, *Tratado de Direito Comercial Brasileiro*, v. I, t. I, 6ª ed., Rio de Janeiro, Freitas Bastos, 1957, pp. 378-379.

7. Marcos Paulo de Almeida Salles, *O Contrato Futuro*, 1ª ed., Cultura, 2000, pp. 23 e 24.

8. Roberto Quiroga Mosquera, *Tributação no Mercado Financeiro e de Capitais*, 2ª ed., São Paulo, Dialética, 1999, p. 22.

ceiro. Nele os recursos são tomados diretamente do aplicador pelo tomador através da emissão de títulos representativos de valores mobiliários que tem o condão de "cristalizar" e representar as relações jurídicas a eles subjacentes.

É, no dizer de Roberto Quiroga Mosquera: "(...) o conjunto de operações, realizadas entre pessoas físicas e/ou jurídicas, que consistem na captação de capitais de forma direta entre os poupadores de recursos financeiros e aqueles tomadores de capital, no qual as entidades financeiras aparecem como intervenientes obrigatórias nos negócios realizados. Este mercado é norteado por princípios protecionistas da economia popular e da estabilidade da comunidade financeira e sob o regime jurídico do mercado de capitais".[9]

Os negócios realizados em ambientes bursáteis (bolsas de valores) são bons exemplos de operações típicas dos mercados de capitais. Nelas, o tomador emite papéis representativos de valores em dinheiro e recebe, diretamente do aplicador, os recursos necessários ao giro de seus negócios.

O mercado de capitais divide-se em primário e secundário.

"Mercado primário" é aquele em que o tomador de recursos financeiros coloca-se diretamente diante do aplicador dos recursos financeiros na realização da operação. Como exemplo deste mercado, podemos citar uma emissão de debêntures através da qual uma pessoa jurídica capta recursos dos compradores das debêntures emitidas para financiamento de suas necessidades de investimento.

Como conceitua João Francisco Bianco, o mercado primário: "(...) abrange as operações de subscrição dos títulos emitidos pelas companhias. Trata-se da primeira negociação ocorrida com o título, ou seja, sua colocação inicial no mercado".[10]

No denominado "mercado secundário", por sua vez, realizam-se as operações de compra e venda dos títulos que foram objeto da emissão primária por parte do tomador de recursos.

Nesse sentido, vale citar, mais uma vez, a lição de Marcos Paulo de Almeida Salles, que discorre também sobre o aparecimento do mercado secundário e sua origem nas operações realizadas no âmbito do mercado de capitais, *verbis*: "Os mercados organizados sob a forma de bolsa dão nascimento a uma série de contratos que complementam aqueles originados da compra e venda, cuja regulação, porém, é fruto de uma participação conjunta do poder público e das entidades bursáteis, estando sua regulação específica a dar-se pelas Leis 4.595/1964 4.728/1965, seguidas das resoluções do Conselho Monetário Nacional, antes e depois da promulgação da Lei n. 6.385/1976, criadora da Comissão de Valores Mobiliários e reguladora do mercado de valores mobiliários, que passou a delimitar a atual área de atuação das bolsas de valores, dividindo o mercado entre estas e o mercado de balcão".[11]

Definido o alcance da expressão "mercado financeiro e de capitais", cabe-nos, ainda, dentro do escopo deste trabalho, analisar o regime jurídico a ele atinente de forma a se perquirir o regime tributário aplicável às rendas geradas em operações praticadas no âmbito destes mercados e suas conseqüências lógico-jurídicas.

Como todo sistema normativo, o sistema jurídico do mercado financeiro e de capitais apóia-se em princípios norteadores e normas jurídicas de regência.

O conjunto normativo sobre o qual se apóia a estrutura jurídica das operações realizadas no âmbito do mercado financeiro e de capitais tem por base a Constituição Federal, as normas que regem o funcionamen-

9. Roberto Quiroga Mosquera, ob. cit., p. 25.

10. João Francisco Bianco em *Tributação Internacional e dos Mercados Financeiros e de Capitais*, Eurico Marcos Diniz de Santi, Fernando Aurélio Zilveti e Roberto Quiroga Mosquera (coords.), São Paulo, Quartier Latin, 2005, p. 197.

11. Marcos Paulo de Almeida Salles, ob. cit., p. 29.

to das instituições financeiras (Lei n. 4.595/1964) e o mercado de capitais (Lei n. 6.385/1976 e alterações) e as normas administrativas emanadas das autoridades reguladoras destes mercados.

Tais normas conferem organicidade ao sistema jurídico do mercado financeiro e de capitais e disciplina a competência dos órgãos fiscalizadores das operações realizadas em seu âmbito, bem como disciplinam a regulação destes mercados por estes órgãos.

Tal organicidade é bem apontada por Roberto Quiroga Mosquera:

"No Brasil, o direito de mercado financeiro e de capitais apresenta essa figura escalonada das normas, tendo como norma superior o texto constitucional de 1988. É no texto maior que as demais normas do sistema buscam seu fundamento de validade.

"O art. 192 da Constituição Federal é o comando normativo de maior relevância no trato da matéria atinente ao mercado financeiro e de capitais. Nele encontraremos as diretrizes maiores que a nação brasileira pretende ver efetivadas nesses mercados. No aludido texto normativo estão referidos os vetores fundamentais que deverão nortear o legislador infraconstitucional na elaboração das regras jurídicas que disciplinam o também denominado Sistema Financeiro Nacional.

"Em posição não tão prestigiada na aludida estrutura hierarquizada, mas não menos importante, encontraremos as leis complementares como comandos normativos reguladores da atividade financeira. O art. 192 antes mencionado determina que a matéria atinente ao Sistema Financeiro Nacional seja veiculada por intermédio de lei complementar, determinação esta que, até os dias de hoje, não foi cumprida pelo Congresso Nacional. Em vista disso, devem ser consideradas como leis complementares no atual perfil constitucional, as leis vigentes no antigo sistema que materialmente disponham sobre matérias relacionadas ao mercado financeiro e de capitais. Trata-se da aplicação do princípio da recepção das normas quando da mudança de um determinado ordenamento constitucional. No caso específico temos as Leis ns. 4.595/1964, 4.728/1965 e 6.385/1976 que estipulam as regras básicas da atividade bancária no país.

"Em níveis inferiores ao texto supremo e às leis complementares identificaremos no sistema jurídico atinente ao mercado financeiro e de capitais as leis ordinárias, as medidas provisórias, as resoluções do Conselho Monetário Nacional, as circulares do Banco Central do Brasil, as deliberações da Comissão de Valores Mobiliários etc."[12]

Destarte, em se realizando operações (negócios jurídicos) que venham a ser disciplinadas pelo referido plexo de normas componentes deste sistema, tais operações estarão sendo praticadas no âmbito do mercado financeiro e de capitais e estarão sujeitas, portanto, à regulação jurídica e tributária das normas que compõem este sistema.

A legislação do Imposto sobre a Renda, por seu turno, em sintonia com a organicidade das normas que compõem esse sistema, disciplina através de normas específicas a tributação das rendas auferidas pelos aplicadores de recursos financeiros nas operações realizadas no âmbito deste mercado.

Nesse sentido, a legislação do Imposto sobre a Renda trata os rendimentos auferidos no âmbito do mercado financeiro e de capitais pelo resultado decorrente do investimento realizado. O tratamento conferido ao referido resultado pela legislação tributária está adstrito, ademais, à natureza da operação financeira realizada, se de renda fixa ou de renda variável.

Se o resultado positivo decorrer de uma renda predeterminada (rendimento), estipulada no título ou contrato de que se

12. Roberto Quiroga Mosquera, *Aspectos Atuais do Direito do Mercado Financeiro e de Capitais*, São Paulo, Dialética, 1999, p. 262.

origina sem importar se derivada de um negócio realizado no mercado de capitais ou de um título emitido por instituição financeira no âmbito do mercado financeiro, a legislação do Imposto sobre a Renda trata esta renda como uma renda decorrente de operação de "renda fixa" e trata esta renda dentro da sistemática própria deste rendimento.

Se, ao contrário, a renda auferida pelo investidor decorrer de ganho que não corresponda a remuneração predeterminada estipulada em contrato ou título, mas de "mais-valia" obtida pelo investidor em razão de alienação do título, contrato ou de sua "posição" (ativa ou passiva) no negócio jurídico, a legislação do Imposto de Renda trata tal resultado positivo como "renda variável" e lhe outorga tratamento específico no âmbito de sua aplicação, conforme sintetiza Renato A. Gomes de Souza, "para fins de Imposto de Renda, a lei divide as aplicações financeiras (e cria um sistema de normas distinto para cada qual) em de renda fixa e de renda variável".[13]

Ademais, fato que não podemos olvidar na avaliação da legitimidade da incidência do Imposto de Renda sobre os resultados positivos auferidos pelos investidores nas operações realizadas no âmbito mercado financeiro e de capitais é que o regime jurídico aplicável aos rendimentos e ganhos nas operações de renda fixa ou variável deve estar sempre subsumido aos princípios constitucionais que informam a tributação da renda e ao conceito de renda delimitado pela vigente Constituição Federal e pelo Código Tributário Nacional, sob pena de ferir os quadrantes jurídicos sobre os quais se assenta a cobrança do imposto, conforme bem observa Ricardo Mariz de Oliveira ao comentar a sistemática de tributação introduzida pela Lei n. 8.541/1992 que tributou em separado dos demais rendimentos da pessoa jurídica os rendimentos de aplicações financeiras, *verbis*:

"Em suma, a tributação das rendas e dos ganhos de aplicações financeiras, na forma da Lei n. 8.541, fere ao tempo todos estes princípios constitucionais.

"Com efeito:

"– não atende à generalidade das rendas do contribuinte;

"– não é progressiva, porque é por alíquota fixa;

"– também exclui a progressividade sobre a totalidade do acréscimo patrimonial, porque ter-se-á impostos em valores sempre diferentes em razão das espécies de rendas; dois contribuintes com o mesmo valor de renda total podem ter impostos em valores diferentes, e até mesmo quem ganhou mais pode pagar menos imposto;

"– não atende à própria essência do fato gerador, porque pode ser obrigado a pagar imposto em situação em que não haja lucro, mas, sim, prejuízo;

"– não atende ao caráter pessoal e à capacidade econômica da pessoa do contribuinte, pois pode ser devido imposto em situação de redução patrimonial global;

"– distingue com tributações diferentes espécies de renda, não atendendo ao princípio da igualdade."[14]

Dentro da lógica acima exposta, trataremos de analisar os aspectos em torno da sistemática vigente da tributação das operações financeiras de renda fixa e de renda variável realizadas no âmbito do mercado financeiro e de capitais.

Nesse sentido, trataremos, então, em primeiro lugar, dos aspectos atinentes à tributação dos resultados positivos considerados *de per si*, para, ao final da exposição, adentrar nos aspectos relativos à tributação das operações no âmbito do conjunto das rendas auferidas pelas pessoas físicas e jurídicas.

Cumpre-nos ressaltar, ademais, que não adentraremos neste trabalho na celeuma

13. Renato A. Gomes Souza, ob. cit., p. 285.

14. Ricardo Mariz de Oliveira, *Repertório IOB de Jurisprudência* 4/1993, 2ª quinzena de fevereiro, p. 69.

doutrinária em torno dos vocábulos "operações" ou "aplicações" financeiras que, apesar de, semanticamente, designarem situações distintas (a primeira, a realização de negócios comerciais e, a segunda, a realização de investimentos com o intuito de lucro), juridicamente, em se tratando dos investimentos realizados no âmbito do mercado financeiro e de capitais, têm sido utilizados indiscriminadamente pela legislação tributária para designar todos os negócios jurídicos praticados no âmbito do mercado financeiro e de capitais.

4. A tributação nas operações financeiras de renda fixa

4.1 Aspectos gerais da hipótese de incidência

O regime de tributação da renda auferida nas operações financeiras de renda fixa está fulcrado na sistemática introduzida pela Lei n. 8.981/1995 e legislação posterior.

Conforme anteriormente aludido o termo "renda fixa" pressupõe o recebimento pelo investidor de rendimento "predeterminado". Sem a estipulação de rendimento predeterminado, anteriormente ao recebimento do rendimento por parte do investidor, não há que se falar em "renda fixa" e, portanto, na incidência de Imposto de Renda sobre esta modalidade de acréscimo patrimonial do investidor.

Nessa linha de raciocínio é a lição de Roberto Quiroga Mosquera que se posiciona sobre o assunto, *verbis*:

"Assim, uma determinada operação será considerada de 'renda fixa' quando da sua realização houver estipulação de remuneração ou juros, não a tornando sujeita, portanto, a variações de natureza aleatória. Nas aplicações financeiras de renda fixa, há necessidade de se estipular a remuneração quando da contratação da operação. Nessa oportunidade, as partes contratantes já fixam o valor, em percentuais, da renda a ser auferida, não havendo qualquer hipótese da existência de um evento sujeito à álea ou à imprevisibilidade.

"Portanto, o critério material da regra-matriz de incidência tributária do Imposto sobre a Renda, sobre ganhos auferidos em aplicações financeiras de renda fixa é auferir rendimentos ou ganhos de capital (rendimentos) predeterminados (renda fixa), em negócios jurídicos regidos pelo direito do mercado de capitais e financeiro (aplicações financeiras)."[15]

De fato, o critério material da hipótese de incidência do Imposto sobre a Renda sobre rendimentos auferidos em aplicações financeiras de renda fixa repousa na remuneração predeterminada conferida pelo negócio jurídico realizado no âmbito do mercado financeiro e de capitais ao investidor.

Tais operações financeiras se apresentam em várias modalidades distintas, desde a aquisição de direitos relacionados a títulos de crédito emitidos por instituições financeiras ou pessoas jurídicas não-financeiras, até a realização de simples contratos de mútuo entre pessoas jurídicas e negócios jurídicos em mercados de balcão ou bolsa que permitam o auferimento de rendimentos predeterminados, tais como as operações comumente denominadas como *box*.

O fato gerador da obrigação de pagar o Imposto sobre a Renda nas operações de renda fixa é "auferir rendimentos".

Os "rendimentos" sujeitos ao imposto na modalidade jurídica das operações de "renda fixa" são aqueles decorrentes de investimentos em títulos, de renda fixa, fundos de investimentos (caracterizados pela legislação como de renda fixa) e de qualquer remuneração adicional aos rendimentos predeterminados, bem como os ganhos obtidos com a alienação, repactuação, cessão ou resgate da aplicação financeira.

É que, com o advento do art. 65 da Lei n. 8.981/1995, o termo "rendimentos"

15. Roberto Quiroga Mosquera, ob. cit., p. 185.

passou a significar, além da remuneração dos títulos de renda fixa, os juros sobre o capital investido, qualquer remuneração adicional aos rendimentos prefixados, bem como os ganhos de capital auferidos na alienação do investimento, que compreende qualquer forma de transmissão da propriedade, liquidação, resgate, cessão ou repactuação do título ou aplicação, conforme se depreende da simples leitura dos §§ 1º e 3º do art. 65 da citada lei que dispõe, *verbis*:

> § 1º. A base de cálculo do imposto é constituída pela diferença positiva entre o valor da alienação, líquido do imposto sobre operações de crédito, câmbio e seguro, e sobre operações relativas a títulos ou valores mobiliários – IOF, de que trata a Lei n. 8.894, de 21 de junho de 1994, e o valor da aplicação financeira.
>
> (...).
>
> § 3º. Os rendimentos periódicos produzidos por título ou aplicação, bem como qualquer remuneração adicional aos rendimentos prefixados, serão submetidos à incidência do Imposto de Renda na fonte por ocasião de sua percepção.

Desta forma, todos os rendimentos produzidos por aplicação financeira de renda fixa de titularidade de contribuinte residente ou domiciliado no país e do investidor estrangeiro são tributáveis pelo Imposto de Renda, na forma das normas que lhes são aplicáveis.

4.2 Elementos quantitativos da hipótese de incidência

A base de cálculo do imposto será constituída pelo valor do rendimento ou a diferença positiva entre o valor da alienação, líquido do imposto sobre operações de crédito, câmbio e seguro, e sobre operações relativas a títulos ou valores mobiliários (IOF), e o valor originário do título ou aplicação financeira (§ 1º do art. 65 da Lei n. 8.981/1995).

No que concerne às alíquotas do Imposto sobre a Renda incidentes sobre os rendimentos auferidos nas operações financeiras de renda fixa, após o advento das Leis ns. 11.033 e 11.053, ambas de 2004, referidos rendimentos ficaram submetidos aos seguintes regimes:

A) *Fundos de longo prazo* – Aqueles cuja carteira de títulos tenha prazo médio superior a 365 (trezentos e sessenta e cinco) dias (à exceção daqueles classificados pela legislação como de "renda variável") – e outras operações tributadas às alíquotas dos fundos de longo prazo – aplicações financeiras de renda fixa e a elas equiparadas (*box*, mútuos, reembolso ou devolução de CPMF, operações de transferência de dívidas e operações com ouro como ativo financeiro):

a.1) 22,5% (vinte e dois inteiros e cinco décimos por cento), em aplicações com prazo de até 180 (cento e oitenta) dias;

a.2) 20% (vinte por cento), em aplicações com prazo de 181 (cento e oitenta e um) dias até 360 (trezentos e sessenta) dias;

a.3) 17,5% (dezessete inteiros e cinco décimos por cento), em aplicações com prazo de 361 (trezentos e sessenta e um) dias até 720 (setecentos e vinte) dias;

a.4) 15% (quinze por cento), em aplicações com prazo acima de 720 (setecentos e vinte) dias.

B) *Fundos de curto prazo* – Aqueles cuja carteira de títulos tenha prazo médio igual ou inferior a 365 (trezentos e sessenta e cinco) dias, à exceção daqueles classificados pela legislação como de "renda variável":

b.1) 22,5% (vinte e dois inteiros e cinco décimos por cento), em aplicações com prazo de até 180 (cento e oitenta) dias; e

b.2) 20% (vinte por cento), em aplicações com prazo de 181 (cento e oitenta e um) dias até 360 (trezentos e sessenta) dias.

C) *Fundos de Investimento em Participações, Fundos de Investimento em Quotas de Fundos de Investimento em Participações e Fundos de Investimento em Empresas Emergentes* (à exceção daqueles classificados pela legislação como de "renda variável") – 15% (quinze por cento) sobre os rendimentos.

4.3 Retenção e recolhimento do imposto

O imposto será recolhido pelo responsável pela retenção e recolhimento do imposto, a fonte pagadora dos rendimentos, por ocasião do pagamento destes valores.

São responsáveis pela retenção e recolhimento do imposto nas hipóteses que a lei lhes atribui: (i) a pessoa jurídica pagadora dos recursos; (ii) a pessoa jurídica recebedora dos recursos, nos casos das operações de transferências de dívidas (art. 65, § 8º, da Lei n. 8.981/1995); (iii) as bolsas e entidades autorizadas a operar no mercado; e (iv) o administrador do fundo.

4.4 Investidores estrangeiros

A legislação ainda estabelece, no art. 78 da Lei n. 8.981/1995, que os residentes e domiciliados no exterior sujeitam-se às mesmas normas de tributação pelo Imposto de Renda, previstas para os residentes e domiciliados no país, inclusive, no que concerne aos investimentos de renda fixa.

A alíquota do imposto é reduzida para 15% (quinze por cento) nas operações de renda fixa (art. 29 da IN/SRF n. 208/2002), inclusive nas hipóteses de operações conjugadas que permitam a obtenção de rendimentos predeterminados, tais como as realizadas nos mercados de opções em bolsas de valores, mercadorias e futuros, e mercados a termo e de balcão (incs. I a III do § 1º do art. 30 da IN/SRF n. 208/2002).

Tal alíquota, entretanto, somente se aplica aos investimentos realizados através da sistemática estabelecida na Resolução/CMN n. 2.689, de 26 de janeiro de 2000, ou seja, nas operações efetuadas fora deste âmbito regulatório (aquelas realizadas diretamente no mercado financeiro e de capitais pelos investidores estrangeiros) e nas operações realizadas por residentes e domiciliados em países considerados como de tributação favorecida (países que não tributam a renda ou que a tributam à alíquota máxima inferior a vinte por cento[16]), a tributação será a mesma aplicável aos residentes e domiciliados no Brasil.

Cumpre ressaltar que, com o advento da Lei n. 11.312, de 27 de junho de 2006, a alíquota do Imposto de Renda na fonte sobre os rendimentos decorrentes de títulos públicos federais, auferidos por residentes e domiciliados no exterior, exceto em país que não tribute a renda ou que a tribute à alíquota máxima inferior a vinte por cento, ficou reduzida a zero (art. 1º). A redução a zero também se aplica às quotas de fundos de investimento, exclusivos para investidores não-residentes, que possuam no mínimo 98% (noventa e oito por cento) de títulos públicos federais.

Além da redução à zero das alíquotas nas operações mencionadas no parágrafo anterior, a Lei n. 11.312/2006 reduziu a zero, também, a alíquota do imposto de renda na fonte sobre os rendimentos e ganhos líquidos de não-residentes em operações com Fundos de Investimento em Participações, Fundos de Investimento em Quotas de Fundos de Investimento em Participações e Fundos de Investimento em Empresas Emergentes.

5. A tributação nas operações de renda variável

5.1 Aspectos gerais da hipótese de incidência

Nas operações de renda variável, por sua vez, a ocorrência do fato gerador do imposto de fonte está adstrita ao fato do contribuinte auferir ganhos líquidos nestas operações, ganhos estes, que significam a mais-valia (acréscimo patrimonial) de seu investimento quando da realização (cessão,

16. A Instrução Normativa/SRF n. 188/2002 enumera taxativamente os países ou dependências considerados pela legislação brasileira com tributação favorecida ou que oponham sigilo relativo à composição societária de pessoas jurídicas.

liquidação ou resgate) em relação ao custo de aquisição do mesmo.

As operações que, segundo a legislação tributária, compõem o mercado de "renda variável", estão relacionadas na Lei n. 8.981/1995 e legislação posterior.

Assim, são consideradas como operações de "renda variável" pela legislação do imposto de renda as seguintes:

a) operações praticadas por fundos de investimento, clubes de investimento e semelhantes que investem em ações (abrangidos mútuos, fundos de privatização, FGTS, fundos fechados, investimentos cultural e artístico, financiamento da indústria cinematográfica e fundos de investimento imobiliário);

b) *swaps* (de índices, preços, taxas etc.); e

c) operações negociadas à vista, a termo ou a futuro realizadas nas bolsas de valores, mercadorias e futuros ou fora de bolsa (mercados à vista, futuro, de opções e a termo, inclusive com ouro, ativo financeiro).

Cumpre ressaltar, ademais, que para fins tributários, para que um fundo seja considerado como de "renda variável", segundo a legislação (art. 744 do RIR/1999), deve ter em sua carteira, pelo menos, 67% (sessenta e sete por cento) de ações cotadas em bolsa, ou manter, no mínimo, 95% (noventa e cinco por cento) de seus recursos aplicados em quotas representativas de fundos de investimento em ações.

Os fundos que não obedeçam a referida configuração e que tenham seus recursos aplicados em operações de renda variável, tais como *swaps*, opções e futuros, são tidos pela legislação como fundos de "renda fixa" e adstritos às suas normas.

Os *swaps* se constituem em trocas de posições financeiras entre os agentes de mercado que são liquidadas (fluxo de caixa) no vencimento de cada contrato que, conforme conceituam Arnaldo Luiz Corrêa e Carlos Raíces, se constituem em "um acordo de troca ou permuta de contrato no qual (as partes) concordam em liquidar, em uma data futura, uma operação realizada no presente, com a intenção de eliminar riscos – por descompassos entre ativo e passivo – e rentabilidade".[17]

Vale destacar também a boa diferenciação do significado das expressões "mercado a termo" e "mercado futuro" que fazem estes mesmos autores que assim discorrem sobre o tema, exemplificando:

"Contrato a termo é um contrato de compra e venda com entrega em uma data futura, por um preço determinado previamente. Quando você compra um vinho que já está pronto mas ainda não foi engarrafado, e define a data de entrega e o pagamento para dali a um ano, você realiza um contrato a termo.

"(...).

"O mercado futuro é uma evolução do mercado a termo. Os dois partem do mesmo princípio e sinalizam na mesma direção. Fixam hoje o preço que será recebido na liquidação do contrato, em determinada data futura (...) nele o comprador se obriga a comprar (não a pagar por uma compra já pactuada), enquanto o vendedor se obriga a vender (não a entregar um produto de acordo com uma operação já realizada). O contrato futuro não é realizado com a intenção primária de entrega efetiva da mercadoria pelo vendedor."[18]

Existem também aquelas operações realizadas nas bolsas de valores, de mercadorias e de futuros e assemelhadas, iniciadas e encerradas no mesmo dia, com o mesmo ativo, em que a quantidade negociada é liquidada, total ou parcialmente, denominadas *day-trade*, que nas modalidades sujeitas a rendimentos de "renda variável" são consideradas como aplicações financeiras desta modalidade e tributadas na fonte e sobre o montante dos ganhos líquidos apurados no mês, conforme disposição expres-

17. Arnaldo Corrêa e Carlos Raìces, *Derivativos Agrícolas*, São Paulo, Globo, 2005, p. 223.
18. Ibidem, pp. 10 e 12.

sa da norma contida no inciso I do art. 2º da Lei n. 11.033/2004).

A partir de janeiro de 2005 para as operações realizadas em bolsas de valores, de mercadorias, de futuros e assemelhadas (exceto *day-trade*) foi instituída tributação na fonte (imposto de renda na fonte) à alíquota de 0,005% (cinco milésimos por cento) sobre ajustes diários, prêmios pagos e valores de liquidação, a depender da modalidade de operação praticada, ficando responsável pela retenção e recolhimento a instituição intermediadora, pagadora ou a bolsa (registradora) das operações, a depender do caso (§§ 1º a 8º do art. 2º da Lei n. 11.033/2004).

Referido imposto de fonte é tratado como antecipação do imposto de renda incidente sobre os ganhos ou na declaração de rendimentos da pessoa física ou jurídica.

As operações de renda variável podem ser realizadas no mercado financeiro e de capitais brasileiro por investidores nacionais ou estrangeiros, sendo que a legislação do imposto sobre a renda confere tratamento específico às operações praticadas por estrangeiros por intermédio da Resolução/CMN n. 2.689/2000, conforme aludiremos abaixo.

5.2 Elementos quantitativos da hipótese de incidência

A base de cálculo do imposto será sempre o "ganho líquido" que é determinado pela diferença positiva entre o resultado positivo auferido nas operações realizadas em cada mês diminuído dos custos e despesas incorridas necessários à realização das operações e da compensação de prejuízos ocorridos no mesmo período, em uma ou mais operações, à exceção das operações de *day-trade* (operações iniciadas e terminadas no mesmo dia) e daquelas realizadas no mercado à vista de ações cujos resultados serão apurados em separado dos demais para fins de apuração da base de cálculo do imposto (arts. 1º, § 3º, e 2º da IN/SRF n. 161/1999).

Entretanto, existem regras específicas de determinação do ganho líquido, base do imposto, para cada uma das modalidades de operações de renda variável. É o caso das operações praticadas nos mercados à vista, onde, por exemplo, a base de cálculo do imposto é o resultado da diferença positiva entre o valor de venda e o valor de aquisição do bem (art. 761, *caput*, do RIR/1999).

Nas operações de *swap*, por sua vez, a base de cálculo do imposto é o resultado positivo auferido nestas operações (art. 74 da Lei n. 8.981/1995).

Após o advento da Lei n. 11.033/2004 (inc. II do art. 2º) os ganhos líquidos auferidos pelos investidores residentes e domiciliados no Brasil nas operações de renda variável realizadas em bolsas de valores, mercadorias, futuros e assemelhadas, passaram a ser tributados à alíquota de 15% (quinze por cento), sendo que nas demais modalidades fora de bolsa (mercado de balcão), os ganhos passaram a ser tributados de acordo com o prazo de resgate das operações, na mesma forma (alíquotas progressivas) que nas operações de "renda fixa".

Os fundos de renda variável são tributados à alíquota de 15% (quinze por cento) no resgate das quotas pelo quotista (inc. I do § 3º do art. 1º da Lei n. 11.033/2004).

As operações de *day-trade* realizadas em bolsas de valores, de mercadorias, de futuros e assemelhadas seguem a seguinte sistemática de tributação: (i) imposto de renda na fonte à alíquota de 1% (um por cento); (ii) à alíquota de 20% (vinte por cento) sobre os ganhos líquidos auferidos mensalmente (art. 2º, I, e § 3º, da Lei n. 11.033/2004 e art. 12 da IN/SRF n. 487/2004).

5.3 Retenção e recolhimento do imposto

O imposto será recolhido pelo responsável pela retenção e recolhimento do imposto que pode ser: (i) a pessoa jurídica pagadora dos ganhos líquidos; (ii) as bolsas e entidades autorizadas a operar no mercado; e (iii) o administrador do fundo de renda variável.

5.4 Investidores estrangeiros

Tal qual aludimos no item relativo às operações de renda fixa, também para as operações de renda variável, a legislação estabelece, no art. 78 da Lei n. 8.981/1995, que os residentes e domiciliados no exterior sujeitam-se às mesmas normas de tributação pelo imposto de renda, previstas para os residentes e domiciliados no país, o que faz exsurgir a obrigação de retenção na fonte do imposto de renda sobre os ganhos líquidos auferidos pelos residentes e domiciliados no exterior nas operações realizadas no mercado financeiro e de capitais brasileiro.

A alíquota do imposto é de *dez por cento* nas aplicações em fundos de investimento em ações, em operações de *swap*, registradas ou não em bolsa, e nas operações realizadas em mercados de liquidação futura, fora de bolsa (art. 29 da IN/SRF n. 208/2002).

Não há incidência do imposto de fonte sobre os ganhos de capital apurados pelo investidor não-residente nas operações realizadas em bolsas de valores, de mercadorias, de futuros e assemelhadas e nas operações com ouro, ativo financeiro, fora de bolsa (art. 30 da IN/SRF n. 208/2002).

Os demais rendimentos (ganhos) auferidos em quaisquer outras aplicações realizadas no mercado de balcão ou em bolsa serão tributados à alíquota de *quinze por cento*, mesma alíquota aplicável aos rendimentos decorrentes de aplicações financeiras de renda fixa obtidos por não-residentes (art. 29 da IN/SRF n. 208/2002).

Tais alíquotas benéficas, entretanto, somente se aplicam aos investimentos realizados através da sistemática estabelecida na Resolução/CMN n. 2.689, de 26 de janeiro de 2000.

Nas operações efetuadas fora deste âmbito regulatório (aquelas efetuadas diretamente por pessoas físicas estrangeiras, por exemplo) e nas operações realizadas por residentes e domiciliados em países considerados como de tributação favorecida (países que não tributam a renda ou que a tributam à alíquota máxima inferior a vinte por cento), a tributação será a mesma aplicável aos residentes e domiciliados no Brasil.

6. Tratamento fiscal na apuração da renda tributável das pessoas físicas e jurídicas

Segundo o disposto no art. 76 da Lei n. 8.981/1995, o imposto de renda retido na fonte sobre os rendimentos de aplicações financeiras de renda fixa e de renda variável, ou pago sobre os ganhos líquidos mensais auferidos em aplicações financeiras deverá ser tratado da seguinte forma: (i) deduzido do imposto sobre a renda apurado no encerramento do período ou na data da extinção, no caso de pessoa jurídica submetida ao regime de tributação com base no lucro real; e (ii) definitivo (exclusivo de fonte), no caso de pessoa jurídica não submetida à tributação no regime do lucro real, inclusive isenta (e imune), e de pessoa física.

As pessoas jurídicas que desenvolvam atividades financeiras (bancos, seguradoras, corretoras etc.) não estão submetidas à tributação na fonte dos rendimentos e ganhos líquidos apurados em operações de renda fixa e de renda variável (art. 77, I, da Lei n. 8.981/1995), tributando-os apenas em seu balanço na modalidade do lucro real.

As perdas apuradas em operações de renda variável, entretanto, de acordo com disposição expressa da norma do art. 772 do Regulamento do Imposto de Renda de 1999 (Decreto n. 3.000/1999), somente serão dedutíveis na determinação do lucro real até o limite dos ganhos obtidos pela pessoa jurídica nas operações de mesma natureza.

As pessoas jurídicas sujeitas à apuração do imposto de renda da pessoa jurídica na modalidade do lucro real não podem deduzir as perdas incorridas em operações de *day-trade*, à exceção das instituições financeiras e sociedades seguradoras (art. 771 e § 1º do RIR/1999).

7. *Regime jurídico dos novos títulos do agronegócio*

Os novos títulos do agronegócio surgem na esteira do desenvolvimento do mercado agropecuário e do aprimoramento do sistema negocial dos ativos gerados a partir da produção dos insumos derivados deste mercado.

O Brasil vem experimentando desde as décadas de 1970, 1980 e 1990 um crescimento vertiginoso de sua produção agrícola que se refletiu no aprimoramento dos sistemas negociais do agronegócio, no aparecimento e aperfeiçoamento da Bolsa de Mercadorias e Futuros e no desenvolvimento de títulos de crédito destinados a lastrear a negociação das *commodities* agrícolas.

Em agosto de 1994, com a edição da Lei n. 8.929, surgiram a Cédula de Produtor Rural (CPR), título representativo da promessa de entrega de produtos rurais, e a Cédula de Produtor Rural com liquidação financeira (CPR-F), representativa da obrigação de pagar determinada soma em dinheiro equivalente ao preço dos produtos rurais a ela vinculados.

Em dezembro de 2004, com o advento da Lei n. 11.076, foram criados os denominados "novos títulos do agronegócio" com a finalidade de fomentar o desenvolvimento dos negócios com produtos agrícolas e com os títulos que os representam, colocando à disposição de produtores e investidores novos mecanismos de financiamento da produção agropecuária.

Nesse sentido vale citar a lição de Renato Buranello que, em trabalho sobre o tema, assim discorreu sobre os novos títulos do agronegócio, *verbis*: "A Lei n. 11.076, de 30 de dezembro de 2004, passou a regular os cinco novos títulos de financiamento ao agronegócio, os quais têm por objetivo permitir a captação de recursos no âmbito do mercado de capitais, constituindo relevante fonte de financiamento para o setor do agronegócio, além de configurar modalidade de investimento adicional para o público investidor, nomeadamente os investidores institucionais, dentre os quais se destacam os fundos de investimento, uma vez que os ganhos de produtividade e eficiência gerados pelo setor não foram acompanhados pelo incremento do modelo de financiamento até então vigentes".[19]

Referidos títulos são:

a) *Certificado de Depósito Agropecuário* (CDA) – É o título de crédito representativo de promessa de entrega de produtos agropecuários, seus derivados, subprodutos e resíduos de valor econômico, depositados em armazéns integrantes do sistema de armazenagem de produtos agropecuários (§ 1º do art. 1º da Lei n. 11.076/2004);

b) *Warrant Agropecuário* (WA) – É o título de crédito que confere direito de penhor sobre o produto descrito no Certificado de Depósito Agropecuário a ele correspondente (§ 2º do art. 1º da Lei 11.076/2004);

c) *Certificado de Direitos Creditórios do Agronegócio* (CDCA) – É o título de crédito nominativo, de livre negociação, representativo de promessa de pagamento em dinheiro e constitui título executivo extrajudicial. Sua emissão é exclusiva das cooperativas de produtores rurais e outras pessoas jurídicas que exerçam a atividade de comercialização, beneficiamento ou industrialização de produtos e insumos agropecuários ou de máquinas e implementos utilizados na produção agropecuária (art. 24 da Lei n. 11.076/2004);

d) *Letra de Crédito do Agronegócio* (LCA) – É o título de crédito nominativo, de livre negociação e de emissão exclusiva

19. Renato Buranello, "Novos títulos para financiamento do agronegócio", *RDM* 137/163, Ano XLIV (Nova Série), jan.-mar. 2005, Malheiros Editores.

das instituições financeiras, representativo de promessa de pagamento em dinheiro e constitui título executivo extrajudicial (art. 26 da Lei n. 11.076/2004); e

e) *Certificado de Recebíveis do Agronegócio* (CRA) – É o título de crédito nominativo, de livre negociação, de emissão exclusiva das companhias securitizadoras de direitos creditórios do agronegócio, representativo de promessa de pagamento em dinheiro e constitui título executivo extrajudicial (art. 26 da Lei n. 11.076/2004).

Estes títulos têm natureza jurídica de títulos de crédito e regem-se pelos princípios gerais a eles aplicáveis, desde há muito consagrados pela legislação civil e comercial brasileira.

Para reforçar este conceito recorremos novamente à abalizada lição de Renato Buranello que assim atesta acerca da subsidiariedade da aplicação da legislação pretérita aos novos títulos do agronegócio: "Por fim, ainda no aspecto legal, entendemos que o capítulo referente aos títulos de crédito, trazido pelo novo Código Civil em seus arts. 887 a 926, compõe as normas gerais do direito cambial no âmbito interno, devendo-se aplicar subsidiariamente e no que couberem, as normas sobre os títulos representativos dentro do sistema de armazenagem de produtos agropecuários. Com essa mesma interpretação concluímos que, em relação ao regime de armazenagem, continuam aplicáveis as disposições do Decreto n. 1.102, de 21 de novembro de 1903, que não conflitarem com as disposições específicas aqui estudadas. *A contrario sensu*, as disposições citadas se afastam integralmente, mesmo de aplicação subsidiária, quando referidas à emissão e circulação dos novos títulos agropecuários".[20]

A própria Lei n. 11.076/2004 determina expressamente no *caput* do seu art. 44 que aplicam-se ao Certificado de Direitos Creditórios do Agronegócio (CDCA), à Letra de Crédito do Agronegócio (LCA) e ao Certificado de Recebíveis do Agronegócio (CRA), no que forem cabíveis, as normas de direito cambial, o que só corrobora o posicionamento acima expresso.

As negociações com estes títulos se darão no âmbito do mercado de capitais, por se tratarem de títulos em que o tomador de recursos (emissor) coloca diretamente os títulos perante os tomadores e os troca por recursos financeiros.

Entretanto, em nosso entendimento, uma emissão de Letra de Crédito do Agronegócio (LCA), por se tratar de título de emissão privativa de instituição financeira, poderia configurar uma operação realizada e cursada no âmbito do mercado financeiro, com o objetivo de captação de recursos para utilização por parte da instituição financeira emissora em suas operações de intermediação no âmbito do mercado financeiro.

Ademais, cumpre ressaltar que para a definição do regime tributário aplicável a cada um dos títulos acima referidos cabe verificar, primeiramente, que modalidade de obrigação cada um deles encerra de forma que os títulos representativos de obrigação de pagamento em dinheiro (CDCA, LCA e CRA) tenham tratamento fiscal de "aplicações financeiras" ou "ativos financeiros" que são, e aqueles representativos de promessa de entrega de produtos (CDA) ou que encerrem direito de penhor sobre coisas (WA), tenham tratamento tributário condizente com a sua natureza de títulos creditícios representativos das obrigações a eles inerentes.

8. Regime tributário dos novos títulos do agronegócio

Desta forma, cabe-nos, na definição do regime tributário adstrito à renda obtida pelos investidores na negociação de cada um dos novos títulos do agronegócio, perquirir as obrigações concernentes aos res-

20. Ibidem, p. 169.

pectivos títulos e as modalidades de negociação às quais estes estão submetidos nos mercados primário e secundário, de modo a delimitarmos os contornos da tributação sobre a renda gerada a partir dos negócios jurídicos efetuados pelos investidores e detentores destes títulos.

Para tanto, é preciso que repisemos a noção de que os rendimentos decorrem, necessariamente, de um negócio jurídico que, a depender das características, gere para o investidor renda decorrente de aplicação financeira de "renda fixa" ou de "renda variável".

O investidor nos novos títulos do agronegócio, de acordo com a natureza dos mesmos, pode auferir rendimentos decorrentes de remuneração baseada em taxas de juros ou preços de mercadorias fixados nos títulos, ou até mesmo a partir da negociação destes títulos no mercado secundário.

Desta forma, exemplificando, nos rendimentos periódicos auferidos pelos investidores residentes e domiciliados no Brasil, a partir da fixação de taxas de juros relacionadas à liquidação em dinheiro dos títulos representativos de obrigação de pagamento em moeda corrente, teremos a incidência do imposto de renda na fonte na modalidade "renda fixa" e, portanto, a aplicação das alíquotas regressivas do imposto de fonte conforme tratamos no anterior item 4.2.

De outro modo, caso os rendimentos decorram da negociação destes títulos no mercado secundário, porém, em ambiente bursátil (bolsa), aonde este mesmo investidor venha auferir um "ganho de capital" decorrente da alienação do mesmo, o ganho líquido do investidor será tributado pelo imposto de fonte à alíquota de *quinze por cento*.

Assim, apesar destes títulos ainda não terem sido negociados em bolsa, em tese tal tributação é possível na medida em que a própria Lei n. 11.076/2004, em seus arts. 16 e 43, trata de forma expressa da possibilidade de os novos títulos do agronegócio virem a ser distribuídos publicamente e negociados em bolsas de valores e de mercadorias e futuros e em mercados de balcão organizados autorizados a funcionar pela Comissão de Valores Mobiliários (CVM).

Nos negócios jurídicos praticados por pessoas físicas investidoras ou detentoras destes títulos há isenção expressa na legislação para a remuneração produzida por certificado de depósito agropecuário (CDA), *warrant* agropecuário (WA), certificado de direitos creditórios do agronegócio (CDCA), letra de crédito do agronegócio (LCA) e certificado de recebíveis do agronegócio (CRA), tanto no que concerne ao imposto de fonte quanto no que tange ao imposto devido na declaração anual de ajuste, conforme disposição incorporada ao inciso IV do art. 3º da Lei n. 11.033/2004, pelo art. 7º da Lei n. 11.311, de 13 de junho de 2006.

Da mesma forma a isenção se aplica às pessoas físicas detentoras de cédulas de produtor rural na modalidade financeira que obtiverem remuneração produzida por estes títulos, conforme se verifica da simples leitura do inciso V do art. 3º da Lei n. 11.033/2004 pela mesma Lei n. 11.311/2006.

Note-se que o termo "remuneração", utilizado nas normas isentivas comentadas, é dotado de significativa amplitude semântica e abarca as noções de "rendimentos" e "ganhos" o que, em nossa opinião, na prática, faz com que a isenção veiculada se aplique a qualquer mais-valia produzida a partir dos títulos abarcados no patrimônio das pessoas físicas que os possuem. Portanto, se aplicando tanto aos rendimentos designados pela legislação como de "renda fixa", quanto àqueles de "renda variável".

Nesse sentido é a definição dada por De Plácido e Silva, *verbis*:

"*Remuneração*. Do latim *remuneratio*, de *remunerare* (remunerar, compensar, retribuir), em sentido amplo exprime a recompensa, o pagamento ou a retribuição feitos por serviços prestados ou em sinal de agradecimento.

"Nesta razão, tudo que se recebe ou tudo que se paga, em retribuição ou pagamento é, sem dúvida, uma remuneração.

"Assim, são remunerações os salários, as diárias, os vencimentos, as comissões, os honorários, os soldos, as corretagens etc.

"Originariamente, portanto, remuneração contém sentido amplo e genérico, referindo-se a qualquer espécie de retribuição ou compensação, sem indagação da procedência nem do motivo porque se realizou."[21]

Destarte, em se considerando que as remunerações geradas pelos novos títulos do agronegócio para as pessoas físicas residentes e domiciliadas no país estão isentas do imposto de fonte, tanto sobre a "renda fixa" quanto sobre a "renda variável" gerada a partir destes títulos, apenas as operações (negócios jurídicos) praticadas pelas pessoas jurídicas e pelos residentes e domiciliados no exterior estarão gravadas pelo imposto sobre a renda que, na modalidade do imposto de fonte, pode ter a sua incidência resumida nos seguintes quadrantes:

	REMUNERAÇÃO	**RENDIMENTOS PERIÓDICOS (EMISSÃO PRIMÁRIA)**	**NEGOCIAÇÃO NO MERCADO BURSÁTIL**	**NEGOCIAÇÃO PRIVADA**
TÍTULO DE CRÉDITO	Taxas fixas: rendimento predeterminado.	Pessoa jurídica e estrangeiros, inclusive paraísos fiscais: regra geral, a fonte de pagamento dos rendimentos deve reter e recolher o IRF, às alíquotas regressivas de acordo com o prazo da aplicação: i) até 180 dias: 22,5%; ii) de 181 a 360 dias: 20%; iii) de 361 a 720 dias: 17,5%; e iv) após 720 dias: 15%. Estrangeiros (Resolução 2.689): 15%. Pessoas físicas: isenção.	Pessoa jurídica e estrangeiros, inclusive paraísos fiscais: imposto de renda de 15%, na sistemática de ganhos líquidos. Estrangeiros (Resolução 2.689): 15%. Pessoas físicas: isenção.	Pessoa jurídica e estrangeiros, inclusive paraísos fiscais: regra geral, a fonte de pagamento do preço deve reter e recolher o imposto de renda de fonte (IRF) sobre o ganho, às alíquotas regressivas de acordo com o prazo de aplicação: i) até 180 dias: 22,5%; ii) de 181 a 360 dias: 20%; iii) de 361 a 720 dias: 17,5%; e iv) após 720 dias: 15%. Estrangeiros (Resolução 2.689): 15%. Pessoas físicas: isenção.
WA **CDCA** **LCA** **CRA**	Taxas flutuantes: rendimento variável e ganhos de capital.	Pessoa jurídica e estrangeiros, inclusive paraísos fiscais: regra geral, a fonte de pagamento dos rendimentos deve reter e recolher o IRF, às alíquotas regressivas de acordo com o prazo da aplicação: i) até 180 dias: 22,5%; ii) de 181 a 360 dias: 20%; iii) de 361 a 720 dias: 17,5%; e iv) após 720 dias: 15%. Estrangeiros (Resolução 2.689): 15%. Pessoas físicas: isenção.	Pessoa jurídica e estrangeiros, inclusive paraísos fiscais: IR de 15%, na sistemática de ganhos líquidos. Estrangeiros (Resolução 2.689): não-incidência. Pessoas físicas: isenção.	Pessoa jurídica e estrangeiros, inclusive paraísos fiscais: regra geral, a fonte de pagamento do preço deve reter e recolher o IRF sobre o ganho, às alíquotas regressivas de acordo com o prazo de aplicação: i) até 180 dias: 22,5%; ii) de 181 a 360 dias: 20%; iii) de 361 a 720 dias: 17,5%; e iv) após 720 dias: 15%. Estrangeiros (Resolução 2.689): 15% ou 10% (liquidação futura). Pessoas físicas: isenção.
CDA	Não aplicável.	Não aplicável.	Pessoa jurídica e estrangeiros, inclusive paraísos fiscais: IR de 15%, na sistemática de ganhos líquidos. Estrangeiros (Resolução 2.689): não-incidência. Pessoas físicas: isenção.	Pessoa jurídica e estrangeiros, inclusive paraísos fiscais: regra geral, a fonte de pagamento do preço deve reter e recolher o IRF sobre o ganho, às alíquotas regressivas de acordo com o prazo de aplicação: i) até 180 dias: 22,5%; ii) de 181 a 360 dias: 20%; iii) de 361 a 720 dias: 17,5%; e iv) após 720 dias: 15%. Estrangeiros (Resolução 2.689): 15%. Pessoas físicas: isenção.

21. De Plácido e Silva, *Vocabulário Jurídico*, 18ª ed., Rio de Janeiro, Forense, p. 699.

9. Conclusão

O regime tributário ao qual estão adstritos os rendimentos e ganhos produzidos nas negociações dos novos títulos do agronegócio está inserido no contexto do regime tributário das rendas geradas a partir das aplicações financeiras efetuadas nos mercados financeiros e de capitais brasileiro pelos investidores nestes títulos, sejam eles pessoas físicas ou jurídicas, residentes e domiciliadas no Brasil ou no exterior.

Destarte, cada renda auferida pelo detentor ou investidor nos novos títulos do agronegócio terá o tratamento que lhe é conferido pela legislação vigente, seja ela caracterizada como "rendimento", sujeito à sistemática de tributação das aplicações financeiras de "renda fixa", seja a renda caracterizada como "ganho", sujeito à tributação nos moldes dos investimentos em aplicações de "renda variável".

Referida sistemática aplica-se tão-somente às rendas auferidas pelas pessoas jurídicas e investidores estrangeiros nos negócios com os novos títulos do agronegócio, na medida em que as pessoas físicas residentes e domiciliadas no Brasil foram beneficiadas, a partir de junho de 2006, por isenção que abarca todas as remunerações, leia-se, a nosso ver, espécies de rendas que possam vir a ser obtidas por aquelas que detêm estes títulos.

São Paulo, 30 de agosto de 2006.

A DISCIPLINA DAS VENDAS CASADAS NO DIREITO ANTITRUSTE: ELEMENTOS PARA A CARACTERIZAÇÃO DA CONDUTA COMO INFRAÇÃO À ORDEM ECONÔMICA

PAULO EDUARDO LILLA

1. Introdução. 2. Definição das vendas casadas sob a ótica antitruste: 2.1 Definição jurídica: 2.1.1 Vendas casadas na Lei 8.884/1994 (Lei Antitruste) – 2.1.2 Vendas casadas na Lei de Defesa do Consumidor – 2.2 Definição econômica. Teorias tradicionais e o revisionismo pós-Chicago. 3. Elementos essenciais para a caracterização das vendas casadas como ilícito antitruste: 3.1 O caso "Jefferson Parish" e a "regra 'per se' modificada" – 3.2 Dois produtos distintos: 3.2.1 A questão da integração de produtos em mercados dinâmicos – 3.3 Poder de mercado: 3.3.1 Poder de mercado e direitos de propriedade intelectual – 3.3.2 Dependência econômica e assimetrias de informação: o caso "Kodak" – 3.3.3 Dependência econômica e compra posterior do produto vinculado – 3.3.4 Dependência econômica e contratos de distribuição – 3.4 Coerção – 3.5 Fechamento do mercado – 3.6 Justificativas. 4. Considerações finais.

1. Introdução

Algumas condicionantes contratuais impostas por fornecedores de bens e serviços para impedir que seus adquirentes comercializem com fornecedores rivais podem vir a se constituir infrações à ordem econômica. Essas infrações, dentro da doutrina antitruste, são definidas como *foreclosure restraints*, uma vez que são capazes de provocar o "fechamento" ou obstrução do mercado, de modo a restringir a livre concorrência.

As *foreclosure restraints* são práticas restritivas verticais, por se tratar de restrições impostas por ofertantes de bens ou serviços – sejam eles produtores, fornecedores ou distribuidores – sobre mercados verticalmente relacionados. As restrições verticais, conforme disciplina a Resolução 20/1999 do CADE, são "restrições impostas por produtores/ofertantes de bens ou serviços em determinado mercado (de origem) sobre mercados relacionados verticalmente – a montante ou a jusante – ao longo da cadeia produtiva (mercado alvo)". Em outras palavras, trata-se de restrições impostas no mercado a montante para restringir a concorrência no mercado a jusante.[1]

As vendas casadas, os acordos de exclusividade e de reciprocidade são exemplos clássicos de práticas causadoras dos efeitos de fechamento do mercado. Essas restrições verticais impedem que fornecedores concorrentes comercializem com de-

1. Para Lawrence A. Sullivan e Warren S. Grimes, "foreclosure restraints are considered distribution or vertical restraints because they operate as restraints that the seller imposes on the buyer" (*The Law of Antitrust: an Integrated Handbook*, p. 381).

terminado adquirente, seja ele um distribuidor ou consumidor final. Isso ocorre porque o fornecedor, impondo uma condicionante contratual, obriga o adquirente a não negociar com outros fornecedores rivais. Estes, por sua vez, acabam sendo excluídos do mercado.

Por se revestirem em condicionantes contratuais restritivas, essas práticas são também conhecidas como "negociações compulsórias", que, para o professor Calixto Salomão Filho, consistem na "determinação das condições essenciais do negócio por uma das partes contratantes, em decorrência da inexistência de alternativa economicamente viável para a outra parte".[2] Como bem lembra o eminente Professor, a negociação compulsória pode ocorrer tanto na imposição de um negócio, como ocorre nas vendas casadas e nos acordos de reciprocidade, quanto na negativa de conclusão de um negócio, como nos acordos de exclusividade e na recusa de venda.

É importante ressaltar que, tal como em qualquer restrição vertical, o agente econômico que impõe esse tipo de prática deve deter poder de mercado suficiente no mercado de origem, a montante, de modo a que seja possível coagir o adquirente a aceitar condicionantes contratuais restritivas e, dessa forma, reduzir a concorrência no mercado alvo, a jusante. Caso contrário, na ausência de poder de mercado do fornecedor, bastaria que o adquirente procurasse fornecedores alternativos capazes de oferecer o mesmo tipo de produto ou serviço.

O presente estudo tem como objetivo a análise da prática de vendas casadas, que é uma das restrições verticais mais notórias a provocar o fechamento do mercado. Mais precisamente, o trabalho concentra-se no exame dos requisitos essenciais para a configuração das vendas casadas como ilícito antitruste, ou seja, na verificação dos elementos que poderiam auxiliar as autoridades de defesa da concorrência na análise dos indícios para a caracterização da prática de vendas casadas como infração à ordem econômica.

Na jurisprudência norte-americana encontramos solo fértil para a verificação desses elementos. Considerando que o tema foi pouco explorado pela doutrina e jurisprudência pátria, os elementos de análise presentes na jurisprudência norte-americana poderiam servir como rica fonte de pesquisa e referência para o nosso direito da concorrência, principalmente no que concerne à investigação das vendas casadas pelos órgãos antitruste brasileiros (SDE, SEAE e CADE).

Dessa forma, o trabalho será dividido em duas partes. Na primeira, trataremos da definição das vendas casadas sob a ótica antitruste, apontando conceitos jurídicos e teorias econômicas tradicionais. Na segunda parte, a partir do caso "Jefferson Parish", julgado pela Suprema Corte norte-americana, abordaremos os elementos essenciais para a caracterização das vendas casadas como ilícito antitruste.

2. Definição das vendas casadas sob a ótica antitruste

2.1 Definição jurídica

A prática de vendas casadas – também conhecida como *tying arrangements* – pode ser definida como um acordo restritivo vertical pelo qual um vendedor ou prestador de serviço se compromete a vender um bem ou a prestar um serviço sob a condição de que o comprador também adquira outro bem ou serviço.[3] Geralmente a prática envolve dois produtos: o produto principal, ou *tying product*, e o produto vinculado, ou *tied product*.[4] Pode-se afirmar, portan-

2. Calixto Salomão Filho, *Direito Concorrencial: as Condutas*, p. 199.

3. É possível também que o vendedor, ou prestador de serviço, condicione a venda de um produto, ou a prestação de um serviço, a que o comprador não adquira o produto ou serviço de um vendedor ou prestador de serviços concorrente.

4. Neste trabalho a palavra "produto" será utilizada de forma genérica para designar tanto bens quanto serviços.

to, que a prática de vendas casadas consiste em condicionar a compra do produto principal à aquisição do produto vinculado.

Em tese, praticamente todos os produtos ou serviços podem ser divididos em componentes menores capazes de serem vendidos separadamente.[5] No entanto, nem sempre é economicamente viável a venda de componentes separados ao invés da venda do produto inteiro. É difícil imaginar, por exemplo, a venda de um carro sem as rodas, a venda de um casaco sem botões, de uma mesa sem as gavetas ou de um microcomputador sem seu monitor, uma vez que os consumidores desejam adquiri-los por inteiro, e não em partes separadas. Além disso, a economia de custos de fabricação e venda de produtos inteiros reflete significativamente no preço final em benefício do adquirente, o que não ocorre com a venda do produto em componentes separados, que resulta quase sempre em custos adicionais. Ora, dois produtos podem ser embalados em apenas um pacote e negociados em conjunto, sendo que produtos separados demandam duas embalagens distintas e negociações distintas. É claro que estes custos adicionais, assim como outros custos que também poderão ser incorridos, serão repassados aos adquirentes no preço final que lhes é cobrado.

Por outro lado, se fosse conferido aos consumidores o direito de adquirir todos os produtos em componentes separados, o mercado entraria em colapso, conforme explica Hovenkamp: "The market would come to a standstill, however, if the antitrust laws gave every customer a legal right to atomize his purchases as much as he chooses".[6]

É claro que pode existir um consumidor individual interessado em adquirir um carro sem as rodas, por preferir, por exemplo, adquirir rodas especiais de um determinado fabricante. No entanto, esse seria um caso excepcional, pois normalmente se adquirem carros com rodas. Se o fabricante de carros fosse obrigado a vender alguns carros sem rodas, para satisfazer clientes específicos, o que faria com o estoque de rodas que se formaria em decorrência disso? Certamente, os custos incorridos em retirar essas rodas, armazená-las e procurar adquirentes para as mesmas seriam repassados a todos os consumidores. Assim, ao beneficiar um consumidor marginal, o fabricante estará prejudicando o interesse de todo um grupo de consumidores que deseja adquirir o carro por inteiro, com as rodas. Uma política formulada no sentido de maximizar o bem-estar dos consumidores não deverá, necessariamente, assegurar a satisfação de cada um dos consumidores individualmente. Ao contrário, deve concentrar-se no bem-estar dos consumidores de forma geral.

Não obstante, o grande desafio das autoridades antitruste é identificar as situações em que o casamento ou vinculação de produtos é resultado de uma prática ilícita de vendas casadas, a prejudicar a livre concorrência e os consumidores. Contudo, diferenciar a vinculação lícita e eficiente daquela ilícita e ineficiente não é tarefa das mais fáceis.

A professora Paula Forgioni, ao procurar uma solução a essa indagação, afirma que, "embora essa seja uma questão difícil de ser resolvida, na maioria das vezes podemos assumir que estaremos diante de apenas um produto quando não houver procura compensatória para ambos separados,

5. No dizer de Robert H. Bork: "Every person who sells anything imposes a tying arrangement. This is true because every product or service could be broken down into smaller components capable of being sold separately, and every seller either refuses at some point to break the product down any further or, what comes to the same thing, charges a proportionally higher price for the smaller unit" (*The Antitrust Paradox: A Policy at War with Itself*, p. 378).

6. Herbert Hovenkamp, *Federal Antitrust Policy: the Law of Competition and its Practice*, 3ª ed., p. 394.

ou seja, quando não for proveitosa para o adquirente padrão a compra de uma coisa sem a outra".[7]

Para a eminente Professora, se a procura pelo produto principal for independente da procura pelo produto vinculado, estaremos diante de potencial prática de venda casada. Seguindo essa lógica, carros e rodas podem ser considerados apenas um produto, pois a grande maioria dos consumidores deseja adquiri-los em conjunto.

Ademais, uma venda casada ilícita será caracterizada a partir do momento em que o comprador, para adquirir um produto, for *obrigado* a adquirir um outro que *não deseja*, ou seja, quando for *coagido* a fazer algo que não queira fazer, para que possa adquirir um determinado produto. Portanto, a venda casada resulta na redução das possibilidades de escolha do adquirente por meio de uma coerção imposta pelo fornecedor.

Pode-se afirmar que é o *poder de mercado* do fornecedor no mercado do produto principal que lhe permite condicionar a venda desse produto à aquisição do produto vinculado. Como já mencionado anteriormente, na ausência desse poder de mercado, o adquirente, diante de uma subordinação ilícita de venda, poderia simplesmente dirigir-se a outro fornecedor que não imponha essa condicionante.[8] O poder de mercado detido pelo fornecedor lhe permite impor essa condicionante ao adquirente, que, sem alternativas, acaba aceitando um produto não desejado, para que possa adquirir o produto desejado.

Nesse sentido, sob a ótica antitruste, o efeito dessa prática será a exclusão dos demais concorrentes do mercado do produto vinculado. A racionalidade da conduta está no fato de que o fornecedor, por gozar de elevada participação no mercado de origem, a montante, mas enfrentando ferrenha concorrência no mercado alvo, a jusante, emprega uma estratégia de vendas casadas para transferir ou *alavancar* seu poder no mercado a montante para o mercado a jusante. A conseqüência imediata será a exclusão de seus concorrentes do mercado a jusante – e, conseqüentemente, o aumento de suas vendas.

Pela *teoria da alavancagem*, ou *leverage theory*, o agente econômico que detém poder no mercado de determinado produto poderá, por meio do uso estratégico de vendas casadas, *alavancar* esse poder para outro mercado, restringindo seu acesso para agentes econômicos rivais.[9]

Exemplo disso é o titular da patente de determinado produto que condiciona seu licenciamento à aquisição de outro produto não-patenteado. Nesse caso, o poder de mercado detido pelo titular da patente do produto principal poderá ser alavancado para o mercado de um produto vinculado não-patenteado. É claro que a simples existência de uma patente jamais poderá levar à suposição de que seu titular detenha poder de mercado, uma vez que, dentre outros fatores, isso somente ocorreria na ausência de produtos substitutos.[10]

Miguel Moura e Silva, citando as lições de Kitch, identifica três formas de pressão competitiva que impedem o titular de uma patente de obter um lucro de mo-

7. Paula Forgioni, *Os Fundamentos do Antitruste*, 2ª ed., p. 373.

8. Segundo Paula Forgioni, "o grau de fechamento do mercado derivado da venda casada dependerá do poder detido pela empresa que lida com o produto principal. Por exemplo, um açougue de determinada cidade que vincule a venda de carne boviną à de carne suína. Ora, o consumidor que não se interessar pela aquisição conjunta simplesmente dirigir-se-á a outra loja" (*Os Fundamentos do Antitruste*, 2ª ed., p. 373).

9. Sullivan e Grimes definem a *teoria da alavancagem* da seguinte forma: "Briefly stated, leverage theory provides that a seller with market power in a tying product could extend that power into another product or line through a tie-in" (*The Law of Antitrust: an Integrated Handbook*, p. 384).

10. Embora existam casos em que a patente poderá conferir poder de mercado ao seu titular, principalmente se a invenção for inovadora ou de alta tecnologia, não havendo substitutos no mercado.

nopólio: "Em primeiro lugar, o titular da patente irá enfrentar a concorrência de produtos substitutos ou sucedâneos. Por outro lado, a continuação da utilização pelos restantes concorrentes da tecnologia anterior pode criar uma pressão concorrencial significativa, sobretudo quando a nova tecnologia não acarreta uma redução substancial de custos. Por fim, a entrada iminente dos concorrentes à medida que o período de proteção chega ao fim obrigará o titular a reduzir seus preços".[11]

É interessante observar que os primeiros casos de venda casada julgados nos Estados Unidos da América, na primeira metade do século XX, envolveram o uso de patentes.[12] Richard Posner lembra que estes eram casos de *patent misuse*, em que a questão era verificar se o titular estendia de forma indevida o direito de exclusividade conferido pela patente a produtos não-patenteados, oferecidos como condição para a aquisição do produto patenteado.[13]

Um dos casos mais notórios de *patent misuse* é o "Motion Pictures Patents Co. *vs.* Universal Film Manufacturing Co." (1917).[14] A *Motion Pictures*, titular da patente de projetores de filmes, licenciava esses projetores sob a condição de que somente fossem utilizados para projetar os filmes por ela produzidos. Assim, a Suprema Corte norte-americana entendeu que a prática era ilícita, uma vez que o titular da patente estendeu o escopo do monopólio legal de sua patente para materiais necessários à sua operação, mas que não faziam parte da invenção patenteada. Em outras palavras, o titular da patente procurou aumentar seus lucros não por meio de uma patente obtida legalmente, mas sim pelo fornecimento de produtos não-patenteados que estavam absolutamente fora do escopo da patente. Abordaremos mais adiante a questão das vendas casadas envolvendo direitos de propriedade intelectual.

Outras práticas típicas podem ser apontadas, tais como condicionar a venda de impressoras à aquisição de *toner*, condicionar a venda de peças de reposição à aquisição dos serviços de manutenção, condicionar a venda de um produto de fácil comercialização à aquisição de um produto de difícil comercialização – enfim, são infinitas as formas pelas quais as vendas casadas podem ser impostas.

De qualquer maneira, uma prática ilícita de vendas casadas somente será possível se o agente econômico fornecedor tiver poder de mercado suficiente para forçar ao adquirente um produto não desejado. Na ausência desse poder, uma venda casada seria provavelmente pró-competitiva, sendo bem aceita pelo mercado e pelos consumidores.

2.1.1 *Vendas casadas na Lei 8.884/1994 (Lei Antitruste)*

A prática de vendas casadas pode ser caracterizada como uma das espécies de infrações à ordem econômica, previstas na Lei 8.884/1994, a Lei Antitruste brasileira.

De forma geral, as infrações à ordem econômica, tratadas nos arts. 20 e 21 da Lei Antitruste, podem ser definidas como quaisquer atos que tenham por objeto ou efeito prejudicar a livre concorrência, independentemente de sua forma. Tais atos podem ter a forma de acordos – escritos ou orais, expressos ou implícitos –, práticas concer-

11. Miguel Moura e Silva, *Inovação, Transferência de Tecnologia e Concorrência: Estudo Comparado do Direito da Concorrência dos Estados Unidos e da União Européia*, p. 71.

12. Citamos como exemplo os seguintes casos: (i) "Henry *vs.* A.B. Dick Co.", 224 U.S. 1, 32 S.Ct. 364, 56 L.Ed. 645 (1912); (ii) "Motion Pictures Patents Co. *vs.* Universal Film Manufacturing Co.", 243 U.S. 502 (1917); (iii) "International Business Machines Corporation (IBM) *vs.* United States", 298 U.S. 131 (1936); e (iv) "International Salt Co. *vs.* United States", 332 U.S. 392 (1947).

13. Cf. Richard Posner, *Antitrust Law*, 2ª ed., p. 198. No mesmo sentido, Bork afirma que "although these cases were decided under the law of patent misuse, they became precedent for antitrust decisions" (*The Antitrust Paradox: a Policy at War with Itself*, p. 366).

14. 243 U.S. 502 (1917).

tadas, decisões de associações de classe, estratégias de vendas, dentre outros.

Assim, de acordo com o art. 20, constituem infração à ordem econômica, independentemente de culpa, os atos, sob qualquer forma manifestados, que tenham por objeto ou possam produzir os seguintes efeitos, ainda que não sejam alcançados: (i) limitar, falsear ou de qualquer forma prejudicar a livre concorrência ou a livre iniciativa; (ii) dominar mercado relevante de bens ou serviços; (iii) aumentar arbitrariamente os lucros; (iv) exercer de forma abusiva posição dominante.

O art. 21, por sua vez, traz uma lista não-exaustiva de possíveis condutas anticoncorrenciais que somente caracterizarão infração à ordem econômica se as hipóteses previstas no art. 20 estiverem presentes.[15]

Dessa forma, ao contrário dos sistemas antitruste norte-americano e europeu, não há no Brasil ilícito antitruste *per se*, uma vez que qualquer das práticas listadas no art. 21 deve, obrigatoriamente, produzir pelo menos um dos efeitos descritos no art. 20, e ainda assim somente ocorrerá ilícito na ausência de possíveis eficiências econômicas que justifiquem a conduta.[16]

Nesse sentido, conforme o disposto no art. 21, XXIII, da Lei Antitruste, constitui infração à ordem econômica "subordinar a venda de um bem à aquisição de outro ou à utilização de um serviço, ou subordinar a prestação de um serviço à utilização de outro ou à aquisição de um bem". É claro que, como já mencionado acima, para a caracterização do ilícito é necessária a presença de pelo menos uma das hipóteses previstas no art. 20 do mesmo diploma legal.

Segundo terminologia adotada pelo professor Calixto Salomão Filho, a segunda hipótese prevista no art. 20, por tratar dos comportamentos que podem levar à formação de posições de poder de mercado, refere-se aos atos tendentes a dominar mercado relevante de bens ou serviços. Já a quarta hipótese prevista no art. 20 refere-se aos ilícitos que, para serem configurados, pressupõem a existência de poder no mercado, e, portanto, a expressão utilizada pela lei é "exercer de forma abusiva posição dominante".[17] Já para os ilícitos que não requerem a existência de poder no mercado a lei se refere de forma genérica a atos que possam "limitar, falsear ou de qualquer forma prejudicar a livre concorrência ou a livre iniciativa" – primeira hipótese prevista no dispositivo legal.

Na segunda hipótese prevista no art. 20 o poder de mercado é uma conseqüência da prática, tendo em vista que o comportamento ilícito visa à dominação do mercado. Já na segunda hipótese o poder de mercado é um pressuposto para a ocorrência da prática, pois o abuso de posição

15. Conforme lembra João Bosco Leopoldino da Fonseca, "o legislador faz neste artigo uma descrição de condutas, colocando-as em estreita ligação com as hipóteses elencadas no art. 20. Aqui será importante ressaltar um critério importante fixado no *caput* do artigo. Há uma ligação entre condutas tipificadas no art. 21 e as hipóteses previstas no art. 20. Do que se deduz que poderá ocorrer uma conduta tipificada no art. 21, sem que se considere infração à ordem econômica, porque não se concretizou a hipótese prevista no art. 20" (*Lei de Proteção da Concorrência: Comentários à Legislação Antitruste*, 2ª ed., p. 160). No mesmo sentido, Paula Forgioni assevera que "é perfeitamente possível, pois, dentro do sistema estabelecido pela Lei 8.884, de 1994, que se verifique algum acordo previsto no art. 21 sem que haja infração à ordem econômica. Basta, para tanto, que não se dê a incidência de qualquer dos incisos do art. 20. Da mesma forma, um ato não tipificado no referido art. 21 poderá ser ilícito se tiver por objeto ou produzir efeito previsto no art. 20" (*Os Fundamentos do Antitruste*, 2ª ed., p. 328).

16. É importante observar que os cartéis têm sido tratados, na prática, como ilícitos *per se* pelas autoridades brasileiras de defesa da concorrência.

17. O professor Calixto Salomão Filho lembra que no primeiro caso "não se parte de uma posição de poder no mercado e nem tampouco a posição a que se chegará é economicamente mensurável. Trata-se de um comportamento que a lei não considera *per se* ilícito, mas contrário ao ordenamento apenas na medida em que possa levar à formação de uma posição de poder no mercado". Já no segundo caso "o poder no mercado, ao contrário da hipótese anterior, é um pressuposto, e não uma conseqüência dos comportamentos" (Calixto Salomão Filho, *Direito Concorrencial: as Estruturas*, pp. 234-235).

dominante é requisito para a configuração do ilícito.[18]

Dessa forma, podemos afirmar que as vendas casadas estão ligadas à hipótese de abuso de posição dominante, uma vez que o poder no mercado é um pressuposto e não uma conseqüência da prática. Mesmo assim, a hipótese de abuso de posição dominante não exclui a possibilidade de que outras hipóteses previstas no art. 20 da Lei Antitruste também estejam presentes – o que dependerá do caso concreto.

2.1.2 *Vendas casadas na Lei de Defesa do Consumidor*

A prática de vendas casadas também está prevista na Lei 8.078/1990, o Código de Defesa do Consumidor (CDC). Não se pode negar a estreita ligação entre a política de concorrência e a política de defesa do consumidor, pois é justamente o consumidor o destinatário final das normas antitruste.[19] Nesse sentido, o bem-estar do consumidor é o elemento central a justificar a atuação repressora das autoridades antitruste contra práticas anticompetitivas.

No entanto, deve-se entender o real significado da expressão "bem-estar do consumidor", uma vez que diversas são as teorias formuladas para sua conceituação. De um lado temos a teoria focada no conceito de *eficiência econômica*, desenvolvida pela Escola de Chicago, e do outro temos a liberdade de escolha, formulada mais recentemente pelas teorias pós-Chicago.

Em artigo sobre a tutela dos interesses dos consumidores pelo direito da concorrência, Ana Paula Martinez conclui que "a liberdade de escolha como objetivo último da legislação antitruste vem sendo apontada por muitos teóricos, especialmente pelos norte-americanos, como o novo paradigma antitruste".[20] A autora afirma, ainda, que a soberania do consumidor está na existência de opções efetivas de escolha proporcionadas pela concorrência e na possibilidade de os consumidores escolherem livremente entre essas opções.

Da mesma forma, Arthur Badin, atual Procurador-Geral do CADE, apoiando-se nas lições de Averitt e Lande, afirma que as normas antitruste e de defesa do consumidor são o verso e o reverso de uma mesma política que visa, em última instância, ao bem-estar dos consumidores: "(...) as normas de proteção ao consumidor e à concorrência compõem uma unidade, na medida em que partilham do mesmo objetivo, qual seja, garantir a escolha (ou soberania) do consumidor. De um lado, as normas antitruste visam a assegurar que o mercado permaneça competitivo e que, assim, coloque à disposição dos consumidores uma variada gama de opções no mercado a preços razoáveis. De outro, as normas de defesa do consumidor visam a assegurar que os consumidores possam efetivamente escolher, dentre aquelas opções, sem ter suas faculdades críticas prejudicadas. Nesse sentido, a interação dos dois microssistemas é imprescindível para garantir que a economia e o mercado continuem a operar efetivamente".[21]

É importante ressaltar que manutenção das opções efetivas de escolha somente é possível com a garantia da concorrência. Portanto, podemos afirmar que o bem jurídico tutelado pelo direito antitruste é a concorrência, e não o mercado. Apenas a concorrência efetiva é capaz de garantir a livre possibilidade de escolha ao consumidor, uma vez que é a própria concorrência que supre as falhas de mercado relativas às deficiências de informação sobre um deter-

18. Calixto Salomão Filho, *Direito Concorrencial: as Estruturas*, pp. 234-235.

19. Para o professor Calixto Salomão Filho, "toda a teorização econômica do direito concorrencial baseia-se na proteção do consumidor" (*Direito Concorrencial: as Condutas*, p. 81).

20. Ana Paula Martinez, "A defesa dos interesses dos consumidores pelo direito da concorrência", *Revista do IBRAC* 11-01/72.

21. Arthur Badin, "Vendas casadas: interface entre a defesa da concorrência e do consumidor", *Revista de Direito da Concorrência* 5/53.

minado produto ou serviço a ser adquirido. O mercado, por si só, não supre essas deficiências, e é por essa razão que a política antitruste se volta para a proteção da ordem concorrencial. Assim, visando à tutela da concorrência efetiva é que será possível garantir o desejado bem-estar do consumidor, objetivo final da ação antitruste.

O professor Calixto Salomão Filho elucida de forma clara essa questão: "Se é assim, então, o único instrumento capaz de suprir essa carência informacional do consumidor é exatamente a concorrência. Só um sistema econômico baseado na concorrência é capaz de suprir o enorme vazio informativo proporcionado pelo mercado. Conseqüentemente, *a concorrência – e não o mercado – é o valor a ser protegido pelo direito concorrencial.* A possibilidade de escolha tem um valor social, que não pode ser negado e que deve ser necessariamente reconhecido pelo Direito. O mercado, por outro lado, não necessariamente leva a esse resultado. É aí que o Estado deve intervir, garantindo a primeira, e não o segundo".[22]

As falhas de mercado resultantes das deficiências de informação são extremamente relevantes para a análise dos potenciais efeitos anticompetitivos das vendas casadas. Para Sullivan e Grimes, "informational deficiencies are probably the most widespread and consequential in determining if a tie has anticompetitive consequences".[23] É por essa razão que a prática de vendas casadas é combatida pelas autoridades antitruste, independentemente de também ser objeto de repressão por parte das autoridades responsáveis pela proteção do consumidor.

O Código de Defesa do Consumidor prevê a repressão das vendas casadas ao dispor sobre as práticas abusivas. Nesse sentido, o art. 39, I, dispõe que "é vedado ao fornecedor de produtos ou serviços, dentre outras práticas, condicionar o fornecimento de produto ou de serviço ao fornecimento de outro produto ou serviço, bem como, sem justa causa, a limites quantitativos".

Enquanto a lei antitruste visa à tutela da concorrência para garantir de forma indireta o bem-estar do consumidor, o Código de Defesa do Consumidor visa a tutelar de forma direta o consumidor, punindo o fornecedor que se vale das vendas casadas para manipular a oferta de um produto ou serviço, coagindo o consumidor a adquirir um produto que não deseja.

Já a atuação das autoridades antitruste justifica-se pelo fato de que a conduta poderá provocar o fechamento do mercado do produto vinculado, seja pela exclusão de concorrentes, seja pela imposição de barreiras à entrada – o que certamente prejudicará a concorrência nesse mercado, resultando em prejuízos aos consumidores finais.

De qualquer forma, é importante salientar que é necessário que o fornecedor goze de poder no mercado do produto principal para que uma estratégia de vendas casadas seja bem sucedida. Na ausência de poder de mercado não há como coagir o consumidor a adquirir um produto que não deseja.[24]

No entanto, o Código de Defesa do Consumidor silencia a respeito da necessidade de comprovação do poder de mercado do fornecedor e, ainda, trata as vendas casadas como um ilícito *per se*, ao contrário da Lei Antitruste, que, conforme já demonstrado, determinada uma análise antitruste sob a regra da razão, devendo necessariamente demonstrar pelo menos uma

22. Calixto Salomão Filho, *Direito Concorrencial: as Condutas*, p. 50.

23. Lawrence A. Sullivan e Warren S. Grimes, *The Law of Antitrust: an Integrated Handbook*, p. 406.

24. Ana Paula Martinez lembra que, "se assim não for, o agente econômico que praticou a conduta será o único lesado, uma vez que perderá fatia de mercado, havendo a migração dos consumidores de seus produtos ou serviços para os dos concorrentes" ("A defesa dos interesses dos consumidores pelo direito da concorrência", *Revista do IBRAC* 11-01/83).

das hipóteses previstas no art. 20, bem como verificar se há eficiências econômicas que possam justificar a conduta.

Para Arthur Badin essa disparidade entre o Código de Defesa do Consumidor e a Lei Antitruste pode criar não apenas conflito entre as duas normas, mas também poderá "levar ao absurdo de sancionar prática ou informar políticas públicas que sejam mais benéficas para o próprio consumidor".[25] Ademais, Badin entende que a condenação da prática sem levar em consideração eventuais eficiências poderia vir a prejudicar o interesse difuso de todos os potenciais consumidores em favor de um consumidor marginal; e, portanto, os mesmos requisitos exigidos pela Lei Antitruste para a verificação da ilicitude da prática deveriam ser também exigidos pelo Código de Defesa do Consumidor.[26]

De qualquer forma, é importante observar que, se o fornecedor não gozar de poder de mercado, não será capaz de forçar ao consumidor uma venda casada – e, portanto, não há que se falar em ilícito nesse caso. Esse entendimento deveria prevalecer, mesmo não havendo menção expressa a esse respeito no Código de Defesa do Consumidor.

2.2 Definição econômica. Teorias tradicionais e o revisionismo pós-Chicago

A teoria da alavancagem, que explica a habilidade do fornecedor de transferir seu poder no mercado do produto principal para o mercado do produto vinculado, foi objeto de constantes debates nos Estados Unidos da América, em meados dos anos 70, entre os estruturalistas da Escola de Harvard e os neoclássicos da Escola de Chicago.

A Escola de Harvard defendia que o agente econômico detentor de poder de monopólio no mercado do produto principal poderia se valer da coerção para obrigar o comprador a adquirir o produto vinculado, de modo a transferir seu poder de um mercado para o outro. Portanto, os estruturalistas entediam que a mera imposição de um determinado produto ao adquirente já seria suficiente para demonstrar o abuso do poder econômico – e, por essa razão, as vendas casadas deveriam ser consideradas ilícitas *per se*.[27]

Já os estruturalistas da Escola de Chicago, apoiando-se nas lições de Bowman,[28] defendiam que o poder de monopólio detido por um agente econômico no mercado do produto principal não poderia ser estendido para o mercado do produto vinculado, pelo fato de o consumidor sempre ter a opção de adquirir o produto vinculado a preços mais competitivos oferecidos por agentes econômicos rivais. Em outras palavras, o comprador não pagaria pelos dois produtos mais que a soma do preço de monopólio do produto principal e o preço competitivo do produto vinculado; ou seja, o agente econômico jamais conseguiria cobrar um preço de monopólio pelo produto vinculado – e, portanto, a alavancagem de poder de monopólio de um mercado para outro não seria economicamente viável.

Pela teoria das somas fixas, em oposição à teoria da alavancagem, o vendedor poderia cobrar valores diversos pelos produtos principal e vinculado, mas o máximo que poderia ser cobrado equivaleria à soma desses dois valores.[29] Em outras palavras, o agente econômico poderia cobrar preços de monopólio apenas pelo produto principal, mas jamais pelo produto vinculado, que seria sempre vendido a preços competitivos.

25. Arthur Badin, "Vendas casadas: interface entre a defesa da concorrência e do consumidor", *Revista de Direito da Concorrência* 5/53.

26. Idem, p. 81.

27. Cf. Calixto Salomão Filho, *Direito Concorrencial: as Condutas*, p. 200.

28. Bowman, "Tying arrangements and the leverage problem", *Yale Law Journal* 67.

29. Cf. Lawrence A. Sullivan e Warren S. Grimes, *The Law of Antitrust: an Integrated Handbook*, p. 384.

Isso não significa, no entanto, que o agente econômico não teria incentivos para se engajar nessa prática. O que os opositores da teoria da alavancagem diziam é que um monopolista jamais poderia estender seu monopólio de um mercado para o outro por meio de uma estratégia de vendas casadas. A racionalidade da conduta estaria na possibilidade de reduzir custos de transação, melhorar a qualidade dos produtos e, assim, garantir uma maior eficiência alocativa a ser aproveitada pelo consumidor.[30] Nesse sentido, na impossibilidade de causar efeitos anticompetitivos no mercado, as vendas casadas deveriam ser consideradas *per se* lícitas.

Contudo, mais recentemente, a partir da década de 90, surgem as teorias pós-Chicago, que acabam criticando diversas conclusões neoclássicas. Primeiramente, as teorias desenvolvidas por Bowman, que fundamentam as argumentações da Escola de Chicago para criticar a ilicitude das vendas casadas, baseavam-se em modelos de concorrência perfeita, e não em condições reais de mercado. A teoria das somas fixas partia do pressuposto equivocado de que o mercado do produto vinculado é perfeitamente competitivo, hipótese em que o preço do produto corresponderia ao seu custo marginal, o que raramente ocorre na realidade.[31]

Nesse sentido, Hovenkamp explica que as vendas casadas são implausíveis em mercados perfeitamente competitivos, uma vez que a concorrência reduziria os preços de determinado produto ao seu custo marginal, de modo a que a venda forçada de um determinado produto seria vista pelo consumidor como um aumento no preço.[32]

Ademais, os economistas pós-Chicago, baseando-se em estruturas mais realistas de mercado, demonstraram que um agente econômico que detenha poder de monopólio no mercado do produto principal poderá valer-se de uma estratégia de vendas casadas para excluir seus rivais do mercado do produto vinculado ou, alternativamente, para preservar seu poder de monopólio no mercado do produto principal.[33] Dessa forma, a racionalidade da conduta estaria na possibilidade de aumentar os custos dos rivais provocando o fechamento do mercado do produto vinculado, e não na mera transferência de poder de monopólio de um mercado para o outro.

O trabalho de Whinston, publicado na *American Economic Review* em 1990,[34] foi o primeiro a apontar a possibilidade de utilização das vendas casadas como estratégia de exclusão de rivais, em oposição à teoria das somas fixas, desenvolvida pelos neoclássicos. Whinston demonstra que a alavancagem de poder de monopólio de um mercado para o outro pode ser lucrativa quando o mercado do produto vinculado for sujeito a economias de escala e, portanto, imperfeitamente competitivo, hipótese em que a prática poderá levar à exclusão dos rivais e ao aumento das barreiras à entrada de novos concorrentes, provocando, assim, o fechamento desse mercado.

Ademais, vale ressaltar uma outra falha presente nas teorias neoclássicas, qual seja, a de que os consumidores são tão bem informados a ponto de serem capazes de medir a utilidade dos produtos e seu ciclo

30. Cf. Christian Ahlborn, David S. Evans e Jorge Padilla, "The antitrust economics of tying: a farewell to *per se* illegality", in *AEI-Brookings Joint Center For Regulatory Studies*, p. 37.

31. Cf. Lawrence A. Sullivan e Warren S. Grimes, *The Law of Antitrust: an Integrated Handbook*, p. 402.

32. No original: "Anticompetitive tie-ins are implausible in competitive markets. Competition drives prices to marginal costs, and the forced purchase of an unwanted product will be treated by a purchaser as a price increase" (Herbert Hovenkamp, *Federal Antitrust Policy: the Law of Competition and its Practice*, 3ª ed., p. 395).

33. Cf. Christian Ahlborn, David S. Evans e Jorge Padilla, "The antitrust economics of tying: a farewell to *per se* illegality", in *AEI-Brookings Joint Center For Regulatory Studies*, p. 39.

34. Michael D. Whinston, "Tying, foreclosure and exclusion", *American Economic Review* 80.

de vida.[35] Os neoclássicos não vislumbraram a possibilidade de as vendas casadas serem facilitadas pela presença de assimetrias de informação no mercado, a distorcer as possibilidades de escolha do adquirente, como veremos mais adiante.

O embate entre estruturalistas e neoclássicos demonstra que uma análise antitruste baseada tão-somente em modelos econômicos simplistas não proporciona um resultado satisfatório. Enquanto a teoria da alavancagem, tal como tradicionalmente concebida, é frágil, por não explicar adequadamente a forma pela qual o vendedor poderá explorar os compradores por meio do uso de vendas casadas, a teoria das somas fixas é falha por não basear suas constatações em situações reais de mercado. As teorias pós-Chicago, entretanto, sugerem que a análise antitruste das vendas casadas deveria seguir modelos econômicos adaptados à realidade de cada mercado e para as circunstâncias factuais de cada caso concreto, uma vez que esse tipo de prática, tal como qualquer outro tipo de restrição vertical, pode gerar tanto efeitos anticompetitivos como pró-competitivos.

3. Elementos essenciais para a caracterização das vendas casadas como ilícito antitruste

3.1 O caso "Jefferson Parish" e a "regra 'per se' modificada"

Na a década de 80, durante o governo Reagan, as teorias neoclássicas dominaram o pensamento da Suprema Corte norte-americana e, portanto, nesse período as vendas casadas passaram a ser analisadas com menos rigor. No direito antitruste norte-americano a prática de vendas casadas, conhecida como *tying arrangements*, sempre foi considerada ilícita *per se*, ou seja, condenável pela mera comprovação da conduta, independentemente de possíveis eficiências.

Em 1984, o caso "Jefferson Parish" trouxe um novo paradigma para a análise antitruste das vendas casadas, tendo em vista que pela primeira vez definiu os elementos ou requisitos essenciais para a configuração da prática como ilícito antitruste. Dessa forma, as vendas casadas seriam ilícitas *per se* somente se fossem comprovados os seguintes requisitos: (i) existência de dois produtos distintos; (ii) habilidade especial do fornecedor – usualmente chamada de "poder de mercado" – para forçar o comprador a fazer algo que não faria em um mercado competitivo; e (iii) fechamento de um volume substancial do comércio. Pode-se observar que o segundo requisito trata de forma conjunta os elementos "poder de mercado" e "coerção", tendo em vista que ambos são inter-relacionados pelo fato de que somente será possível coagir o adquirente se o fornecedor tiver poder de mercado. Contudo, analisaremos esses dois requisitos de forma separada, para sua melhor compreensão.

No caso "Jefferson Parish" quatro juízes opinaram por uma análise mais aprofundada, baseada na regra da razão, mas foram vencidos pela maioria, que optou por uma análise *per se* que levava em consideração possíveis eficiências. Essa nova abordagem passou a ser denominada de "regra *per se* modificada", que aparentemente seria uma mistura da regra *per se* pura com a regra da razão. Pela "regra *per se* modificada", uma prática de vendas casadas é ilícita desde que apresente os elementos descritos acima.

Ernest Gellhorn e William E. Kovacic criticam essa decisão e entendem que "the Court's refusal to abandon the *per se* label constitutes one of the more deliberate missed opportunities in modern antitrust deci-

35. O professor Calixto Salomão Filho assevera que, "se assim fosse, seria possível saber quanto e a que preço o consumidor está disposto a utilizar o bem. Daí por que todo o modelo de coerção deveria, para os neoclássicos, ser necessariamente baseado no poder no mercado. Só ele daria aos agentes econômicos controle sobre a curva da demanda previamente conhecida, isto é, sobre a utilidade do consumidor" (*Direito Concorrencial: as Condutas*, p. 202).

sionmaking".[36] Na verdade, a decisão majoritária da Suprema Corte parece ter sido influenciada muito mais pela obediência aos precedentes que por uma real convicção de que a regra *per se* seria a melhor abordagem para a análise das vendas casadas.[37]

Nesse caso, a Suprema Corte analisou a validade de um contrato de exclusividade celebrado entre o hospital *East Jefferson* e uma firma de anestesistas. Em decorrência desse contrato, os pacientes internados no hospital, para sofrerem cirurgia, eram obrigados a utilizar somente os serviços de anestesia dessa firma, de modo que o hospital condicionava o uso de suas salas de cirurgia (produto principal) à utilização dos serviços daquela firma de anestesistas (produto vinculado).

Após uma investigação[38] detalhada, a Corte entendeu que não havia violação antitruste, pois, embora existissem dois produtos separados (serviços de hospital para cirurgia e serviços de anestesia), o hospital não tinha poder de mercado suficiente para impor a prática, uma vez que atraía somente 30% dos pacientes de sua região. Ademais, não houve demonstração de efeitos adversos sobre a concorrência.

Por outro lado, em seu voto dissidente, a Juíza O'Connors, além de opinar pela aplicação da regra da razão, chegou a conclusões um pouco diferentes, embora também desfavoráveis à condenação do hospital. Concluiu, assim, que (i) o hospital tinha poder de mercado em seu distrito, tendo considerado que o *market share* de 30% já seria suficiente para se comprovar o poder de mercado; (ii) serviços de cirurgia e de anestesia não são dois "produtos" distintos, uma vez que os pacientes estão interessados em adquirir um pacote de serviços hospitalares, em que a anestesia esteja incluída (não há procura por cirurgia sem anestesia); e (iii) as eficiências justificariam a prática.[39]

Dessa forma, o caso "Jefferson Parish" pode ser considerado um divisor de águas na jurisprudência mundial das vendas casadas, pois pela primeira vez foram definidos os requisitos essenciais para a caracterização da prática como ilícito antitruste.

Esses elementos, que passaram a servir de paradigma para outros casos de *tying arrangements* julgados desde então nos Estados Unidos da América, podem também ser aplicados pelas autoridades brasileiras de defesa da concorrência na análise antitruste das vendas casadas. Portanto, passaremos a examinar, a seguir, cada um desses elementos, indicando as formas pelas quais poderão ser aplicados.

3.2 Dois produtos distintos

A prática de vendas casadas pressupõe a existência de dois produtos distintos, um principal e outro vinculado. No entanto, nem sempre é fácil saber quando estamos realmente diante de dois produtos distintos. Em muitas situações um pacote de produtos oferecido ao consumidor pode ser uma prática totalmente pró-competitiva. Em outras, principalmente quando se trata de mercados de alta tecnologia, os produtos podem estar de tal maneira integrados fisicamente entre si que é quase

36. Ernest Gellhorn e Willian E. Kovacic, *Antitrust Law and Economics*, 4ª ed., p. 337.

37. Cf. Christian Ahlborn, David S. Evans e Jorge Padilla, "The antitrust economics of tying: a farewell to *per se* illegality", in *AEI-Brookings Joint Center For Regulatory Studies*, p. 9.

38. Conforme o voto do Juiz Stevens, citado por Eleanor M. Fox, Lawrence A. Sullivan e Rudolph J. R. Peritz, "any inquiry into the validity of a tying arrangement must focus on the market or markets in which the two products are sold, for that is where the anticompetitive forcing has impact. Thus, in this case our analysis of the tying issue must focus on the hospital's sale of services to its patients, rather than its contractual arrangements with the providers of anesthesiological services. In making that analysis, we must consider whether they have used their market power to force their patients to accept the tying arrangement" (*Cases and Materials on U. S. Antitrust in Global Context*, 2ª ed., p. 555).

39. Cf. Eleanor M. Fox, Lawrence A. Sullivan e Rudolph J. R. Peritz, *Cases and Materials on U. S. Antitrust in Global Context*, 2ª ed., pp. 558-559.

impossível vislumbrar a existência de dois produtos distintos.

Ademais, fornecer um produto inteiro, já montado na fábrica, pode ser mais eficiente que fornecer os componentes para que a montagem seja feita pelo consumidor. Os custos incorridos na venda de um produto inteiro, já montado, podem ser muito inferiores do que os custos para a venda dos componentes separados, o que acaba refletindo no preço final a ser cobrado.[40] Além disso, um produto montado pelo consumidor pode ter sua qualidade comprometida, ao contrário do que ocorre quando o produto já vem montado de fábrica.

Assim, na determinação da existência de dois produtos, deve-se diferenciar as situações em que um pacote de produtos é pró-competitivo e desejado pelos consumidores das situações em que o pacote interfere nas possibilidades de escolha do consumidor, sendo, portanto, prejudicial à concorrência.

No caso "Jefferson Parish" a Suprema Corte norte-americana afirmou que "whether one or two products are involved turns not on the functional relation between them, but rather on the character of the demand for the two items".[41] Portanto, a definição sobre a existência, ou não, de dois produtos distintos deve se concentrar na verificação sobre a existência de demanda para os dois produtos separadamente.[42]

Dessa forma, se não houver demanda por um produto sem o outro, não será compensatório ao fornecedor vendê-los em separado, de modo que estaremos diante de apenas um produto para fins de aplicação do teste da demanda direta. Assim, carros e rodas devem ser entendidos como um único produto, pois não há um mercado para carros sem rodas, sendo que o consumidor comum espera adquiri-los em conjunto. Por outro lado, se a demanda por um produto for independente em relação à demanda pelo outro, conclui-se que estaremos diante de dois produtos separados, tendo em vista que há dois mercados distintos para ambos.

Vale ressaltar que na verificação do teste da demanda direta o importante é observar se o produto principal é normalmente vendido sem o produto vinculado, e não o inverso. Por exemplo, automóveis não são normalmente vendidos sem as rodas, mas rodas são freqüentemente vendidas sem os automóveis. Há um mercado específico para rodas, que são vendidas em unidades, embora a recíproca não seja verdadeira, pois não há um mercado específico para carros sem rodas.[43]

Costuma-se apontar a possibilidade de verificação da prática de vendas casadas em contratos de franquia, tendo em vista que nesses contratos o franqueador condiciona o licenciamento de sua marca à aquisição dos produtos que serão distribuídos pelo franqueado ou insumos utilizados na fabricação desses produtos. Nesses casos a venda casada é inerente ao contrato, sendo que tanto o licenciamento da marca do franqueador quanto a aquisição de seus produtos ou insumos pelo franqueado fazem parte de um negócio único – qual seja, a franquia empresarial.

A lição do professor Calixto Salomão Filho parece corroborar esse entendimento: "Na franquia há, via de regra, uma negociação casada obrigatória. Há a cessão do uso de marca, cumulada obrigatoriamente como os serviços de manutenção, às ve-

40. A venda conjunta de dois produtos pode significar, por exemplo, uma economia de custos de embalagem e comercialização, como afirma Paula Forgioni (*Contratos de Distribuição*, p. 290).

41. "Jefferson Parish Hospital *vs.* Hyde", 466 U.S. 2 (1984).

42. A Suprema Corte norte-americana chegou a conclusões semelhantes no caso "Eastman Kodak": "For service and parts to be considered two distinct products, there must be sufficient consumer demand so that it is efficient for a firm to provide service separately from parts" ("Eastman Kodak Co. *vs.* Image Thecnical Services, INC", 504 U.S. 451 – 1992).

43. Cf. Herbert Hovenkamp, *Federal Antitrust Policy: the Law of Competition and its Practice*, 3ª ed., p. 410.

zes até mesmo com a aquisição de produtos. Essa vinculação é essencial, e é o fundamento econômico próprio da franquia. O franqueador quer expandir seu negócio. Deve, ao mesmo tempo, garantir a preservação de sua reputação. É importante notar que essa garantia da reputação tem um efeito extremamente pró-competitivo".[44]

Por outro lado, ambos – o licenciamento da marca e a aquisição de produtos – devem ser considerados apenas um produto para fins de aplicação do teste da demanda direta, uma vez que o franqueado visa à aquisição do negócio como um todo, o que inclui a cessão da marca, o fornecimento de insumos e produtos a serem distribuídos.[45] Se o franqueado visasse apenas à cessão da marca, estaríamos diante de um contrato de licenciamento de marcas, e não de franquia. Por outro lado, se o franqueado não tivesse interesse na cessão da marca, mas apenas na distribuição dos produtos do franqueador, estaríamos diante de um contrato de distribuição. Assim, como o franqueado tem interesse tanto na cessão da marca do franqueador quanto na aquisição de seus produtos para revenda, estaremos diante de um típico contrato de franquia, devendo ser afastada a idéia de venda casada ilícita.[46]

3.2.1 *A questão da integração de produtos em mercados dinâmicos*

O teste da demanda direta do consumidor para determinar a existência de dois produtos separados pode não ser eficaz em alguns casos, como, por exemplo, no caso de produtos recentemente integrados, ou seja, que antes eram vendidos separadamente, mas a dinâmica do mercado fez com que fossem integrados fisicamente em um único produto. Esses produtos são comercializados em mercados dinâmicos, marcados pela presença de inovação tecnológica, onde os agentes econômicos concorrem muito mais pela diferenciação de produtos que por preços. Exemplo típico são as indústrias de alta tecnologia, principalmente no que concerne a produtos eletro-eletrônicos e de informática.

Vale citar como exemplo o mercado de telefones celulares. Há pouco tempo atrás foram lançados no mercado aparelhos celulares com dispositivos para acoplar câmeras fotográficas que eram vendidas separadamente. No entanto, mais recentemente, a dinâmica do mercado permitiu a integração física das câmeras aos celulares, que passaram a ser vendidos como um único produto. Embora exista um mercado separado para as câmeras fotográficas, sua integração nos aparelhos celulares teve uma reposta positiva por parte dos consumidores, não sendo difícil imaginar, num futuro próximo, as câmeras como um componente essencial de qualquer aparelho celular.

Outro exemplo é a integração de *softwares* em sistemas operacionais de infor-

44. Calixto Salomão Filho, *Direito Concorrencial: as Condutas*, p. 230.

45. No caso "Khrel *vs.* Baskin-Robbins", por exemplo, o franqueado poderia usar a marca de sorvetes *Baskin-Robbins*, desde que adquirisse o sorvete fornecido pela própria *Baskin-Robbins* – no caso, o franqueador. O franqueado alegou que poderia adquirir sorvetes mais baratos no mercado e ainda assim manter a marca do franqueador. No entanto, se é a marca que permite a identificação do produto, ambos, a marca e o produto, não devem ser considerados como dois produtos distintos. Ora, o consumidor aceitará pagar mais caro por um sorvete vendido em uma sorveteria *Baskin-Robbin*, uma vez que este liga o nome da marca *Baskin-Robbin* ao sabor do sorvete (cf. Herbert Hovenkamp, *Federal Antitrust Policy: the Law of Competition and its Practice*, 3ª ed., p. 413).

46. Conforme ensinamento do eminente professor Fábio Konder Comparato: "A aparente contradição, a meu ver, seria resolvida se se fizesse a distinção curial entre *franchise* e concessão de venda. Nesta última, como salientei, o fundamental não é o uso da marca, mas a distribuição dos produtos assinalados. Aí, sim, como disse a *Federal Trade Comission*, não se pode, conceitualmente, atribuir à marca a função de produto separado e vinculante. No *franchising*, porém, sendo a licença de uso de marca o elemento essencial, e podendo o franqueado ser, ele próprio, produtor ou fabricante, não há nenhuma vinculação essencial de marca com equipamentos ou insumos utilizados na fabricação, pelo franqueado, do produto assinalado" ("Franquia e concessão de venda no Brasil: da consagração ao repúdio?", *RDM* 18/62).

mática. O caso mais notório é o da *Microsoft*, que oferece seu navegador de Internet, o "Internet Explorer" (IE), já integrado à plataforma "Windows" (sistema operacional).

Nesse sentido, a questão que se coloca é a seguinte: a integração de novas funcionalidades a um determinado produto, anteriormente fornecidas de forma separada e, portanto, sujeitas ao "teste da demanda direta", é, ou não, eficiente sob a ótica da defesa da concorrência?

Essa questão foi enfrentada pela Justiça Federal norte-americana no caso "Microsoft III",[47] quando justamente a licitude da integração do IE ao sistema operacional "Windows" foi questionada. A acusação era de que a *Microsoft*, líder absoluta de mercado, condicionava a venda da plataforma "Windows" à aquisição do IE, o que constituiria uma venda casada ilícita. Para o *Department of Justice* (DOJ) esse pacote não proporcionava eficiências substanciais, podendo, ao contrário, excluir concorrentes inovadores e eficientes do mercado de navegadores de Internet (Internet *browsers*). Em defesa, os advogados da *Microsoft* alegaram que o pacote seria um produto eficientemente integrado e, portanto, desejado pelos usuários de computador, e que qualquer tentativa no sentido de impedir a venda do pacote, que inclui o sistema operacional ("Windows 98") e o navegador de Internet (IE), seria prejudicial ao progresso tecnológico e, conseqüentemente, aos consumidores.[48]

Comentando o caso, Sullivan e Grimes entendem que ambos os argumentos são em parte verdadeiros, posto que um pacote integrado de *softwares* que inclua o navegador de Internet pode ser eficiente e bem aceito pelos consumidores. No entanto, as eficiências relacionadas ao pacote poderiam ser relativamente insignificantes se o dano causado a outros agentes econômicos que desenvolvem e comercializam *softwares* inovadores fosse substancial, uma vez que os mesmos teriam dificuldades para desenvolver e fornecer navegadores de Internet concorrentes e, possivelmente, de qualidade superior. Os autores apontam, ainda, que a grande preocupação do DOJ não era tanto o mercado de navegadores de Internet, mas, principalmente, o mercado de sistemas operacionais, que já era dominado pela *Microsoft*. Dessa forma, para o DOJ a prática serviria não apenas para excluir concorrentes do mercado do produto vinculado (navegadores de Internet) mas, principalmente, para consolidar a posição dominante da *Microsoft* no mercado do produto principal (sistemas operacionais).[49]

O *District Court*, ao analisar o caso sob a regra *per se* e aplicar o teste da demanda direta, concluiu ser a combinação do IE com o "Windows" uma prática ilícita de venda casada, por se tratar de dois produtos distintos. No entanto, a Corte de Apelação (*D. C. Circuit*) rejeitou essa decisão, por entender que esse caso deveria ser analisado sob a regra da razão, pois a análise *per se* não levaria em consideração possíveis eficiências que a integração de produtos poderia trazer para a inovação tecnológica.[50]

47. "United States *vs.* Microsoft Corp.", 253 F.3d (D. C. Cir. 2001).

48. Cf. Lawrence A. Sullivan e Warren S. Grimes, *The Law of Antitrust: an Integrated Handbook*, p. 392.

49. Nas palavras de Sullivan e Grimes: "Of course, both propositions may be true in part. An integrated software package that includes an Internet browser might be efficient to produce and market and, all other factors being equal would be preferred by consumer users. At the same time, the efficiencies related to bundled production and marketing may be relatively insignificant and the potential injury to others that would develop and market innovative software applications quite substantial. The Justice Department argued that the bundled sale of *Microsoft*'s operating programs and *Microsoft*'s Internet browser was harmful not only to competition in the browser market, but also tended to further entrench *Microsoft*'s monopoly in operating programs" (*The Law of Antitrust: an Integrated Handbook*, p. 392).

50. "The integration of new functionality into platform software is a common practice and that

Ao referir-se ao caso "Broadcast Music *vs.* CBS", em que a Suprema Corte concluiu que somente após experiência considerável (*considerable experience*) em certas relações comerciais é que as Cortes podem classificá-las como violações *per se*, o *D. C. Circuit* entendeu que a regra *per se* não seria apropriada em casos como o "Microsoft III", por levantarem uma série de novas questões, que exigem dos julgadores uma experiência considerável. Dessa forma, o *D. C. Circuit*, citando casos precedentes de vendas casadas julgados pela Suprema Corte, demonstrou que o caso "Microsoft III" era diferente, por duas razões: (i) em nenhum dos casos precedentes o produto vinculado estava fisicamente e tecnologicamente integrado ao produto principal; e (ii) a integração entre os produtos poderia melhorar a qualidade do produto principal (sistema operacional), em benefício de usuários e fabricantes de produtos complementares; ou seja, a integração entre o IE e o "Windows" faria deste último uma melhor plataforma para *softwares* fabricados por terceiros.[51]

No entanto, o *D. C. Circuit* acabou não analisando o mérito da questão, limitando-se a afirmar que a análise *per se* é inadequada, tendo em vista a ausência de "experiência judicial considerável" sobre o mercado de *softwares*, o que exigiria uma investigação mais aprofundada sob a regra da razão, levando em consideração possíveis eficiências. Ademais, acatou os argumentos da *Microsoft* de que o teste da demanda direta não seria adequado, pois sua aplicação poderia prejudicar a inovação em detrimento dos consumidores, uma vez que os agentes econômicos passariam a ser impedidos de integrar novas funcionalidades em seus produtos, antes vendidas separadamente, e, por definição, sujeitas à demanda separada.[52]

Logo após sua decisão, o *D. C. Circuit* delegou o caso novamente ao *District Court* para que fosse feita uma análise mais aprofundada sob a regra da razão. Como não houve apelação à Suprema Corte, o processo acabou sendo arquivado, após um acordo entre o DOJ e a *Microsoft*.

O caso "Microsoft III" é um exemplo valioso de como os testes podem ser inadequados diante das peculiaridades de cada caso concreto. O teste da demanda direta não terá eficácia em mercados dinâmicos e complexos, marcados pela inovação tecnológica, em que uma venda casada potencialmente anticompetitiva poderia ser justificada pela presença de eficiências econômicas.

3.3 Poder de mercado

Outro elemento essencial para a análise antitruste das vendas casadas é a verificação da existência de poder no mercado do produto principal. Conforme já mencionado, na Lei Antitruste as vendas casadas estão ligadas à hipótese de abuso de posição dominante prevista no art. 20, IV. O § 2º do mesmo dispositivo dispõe que "ocorre posição dominante quando uma empresa ou grupo de empresas controla parcela substancial de mercado relevante, como fornecedor, intermediário, adquirente ou financiador de um produto, serviço ou tecnologia a ele relativa".

Para a professora Paula Forgioni, "a posição dominante é decorrência e, ao mes-

wooden application of per se rules in this litigation may cast a cloud over platform innovation for PCs, network computers and information appliances" ("United States *vs.* Microsoft Corp., 253 F.3d – D. C. Cir. 2001, item 4.B, p. 77, disponível em *http://laws.lp.findlaw.com/dc/005212a.html*).

51. Cf. Christian Ahlborn, David S. Evans e Jorge Padilla, "The antitrust economics of tying: a farewell to *per se* illegality", in *AEI-Brookings Joint Center For Regulatory Studies*, p. 16.

52. "In fact there is merit to *Microsoft*'s broader argument that Jefferson Parish's consumer demand test would chill innovation to the detriment of consumers by preventing firms from integrating into their products new functionality previously provided by standalone products – and hence, by definition, subject to separate consumer demand" ("United States *vs.* Microsoft Corp.", 253 F.3d – D. C. Cir. 2001 –, item 4.A, p. 70, disponível em *http://laws.lp.findlaw.com/dc/005212a.html*).

mo tempo, se identifica com o poder detido, pelo agente econômico, no mercado, que lhe assegura a possibilidade de atuar um comportamento independente e indiferente em relação a outros agentes, impermeável às leis do mercado".[53]

No entanto, para se verificar a existência de posição dominante, deve-se, em primeiro lugar, delimitar o mercado relevante afetado pela prática, tanto em sua dimensão material, atinente ao produto envolvido, quanto em sua dimensão geográfica, que corresponde à área afetada pela possível prática anticoncorrencial.[54] É preciso incluir no mesmo mercado relevante todos os agentes econômicos que ofereçam produtos substitutos, de modo que a variação no preço de um desses produtos, dentro de uma área, possa afetar a concorrência.[55] A posição dominante será observada a partir do momento em que um agente econômico for capaz de aumentar substancialmente seus preços sem levar em consideração a reação dos concorrentes e consumidores dentro do mercado relevante em questão.[56] Nesse caso estará comprovada a existência de posição dominante, sendo que seu abuso poderá resultar em prejuízos à livre concorrência.

A nossa Lei Antitruste determina que a posição dominante decorre do grau de participação no mercado detido por um determinado agente econômico. O § 3º do art. 20 da Lei de Concorrência dispõe que a posição dominante será presumida "quando a empresa ou grupo de empresas controla 20% de mercado relevante, podendo este percentual ser alterado pelo CADE para setores específicos da economia". Nota-se, portanto, que a nossa Lei Antitruste adota um critério flexível para determinar a existência de posição dominante no mercado, pois, ao mesmo tempo em que determina um referencial (20% de *market share*) a ser seguido pelas autoridades antitruste, permite que esse referencial seja alterado, caso seja necessário.

Assim, se o agente econômico detiver uma parcela substancial do mercado relevante, poder-se-ia presumir que há poder de mercado suficiente para que o mesmo atue de forma independente e indiferente em relação aos outros agentes. No entanto, o fato de ter ou não elevada participação no mercado não significa necessariamente que o agente econômico detém posição

53. Paula Forgioni, *Os Fundamentos do Antitruste*, 2ª ed., p. 318. No mesmo sentido, Sérgio Varella Bruna afirma que "poder econômico é a capacidade de determinar comportamentos econômicos alheios, em condições diversas daquilo que decorreria do sistema de mercado, se nele vigorasse um sistema concorrencial puro. Poder econômico é não só, mas fundamentalmente, o controle sobre os preços, uma vez que a concorrência, muito embora também possa ocorrer em relação à qualidade dos produtos (*concorrência não de preços ou concorrência pela qualidade*), com muito maior freqüência terá nos preços seu foco principal" (*O Poder Econômico e a Conceituação do Abuso em seu Exercício*, p. 104).

54. Na lição da professora Paula Forgioni, "o mercado relevante é aquele em que se travam as relações de concorrência ou atua o agente econômico cujo comportamento está sendo analisado. Sem sua delimitação é impossível determinar a incidência de qualquer das hipóteses contidas nos incisos do art. 20 da Lei 8.884 de 1994. A partir do momento em que o texto normativo faz menção à restrição da 'concorrência', para a caracterização do ilícito devemos determinar de qual concorrência estamos tratando (com o escopo de verificar se a prática analisada teve por objeto ou por efeito restringi-la)" (*Os Fundamentos do Antitruste*, 2ª ed., p. 231).

55. Cf. Ana Maria de Oliveira Nusdeo, *Defesa da Concorrência e Globalização Econômica: o Controle de Concentração de Empresas*, p. 28.

56. Para tanto, deve-se fazer uma investigação econômica ampla dos possíveis produtos substitutos à disposição do consumidor, bem como da possibilidade de entrada de novos concorrentes no mercado. Trata-se, respectivamente, da *elasticidade cruzada* pelo lado da demanda e da *elasticidade cruzada* pelo lado da oferta. Ou seja, mesmo que o agente econômico detenha parcela substancial do mercado (*market share*), não terá posição dominante se não houver produtos substitutos à disposição do consumidor e/ou se não houver possibilidade de entrada de novos concorrentes no mercado. Nesse caso, o abuso de posição dominante seria impossível, uma vez que, se o agente econômico optar por aumentar preços, rapidamente os consumidores passarão a obter produtos substitutos e novas empresas entrarão no mercado oferecendo esses produtos substitutos a preços mais competitivos.

dominante. Mesmo tendo participação elevada no mercado, pode não ter poder suficiente para impor preços sem levar em consideração as pressões competitivas.[57] Contudo, em muitos casos a posição dominante pode ser resultado da elevada participação de um agente econômico no mercado.[58]

No caso das vendas casadas, o fornecedor abusa de sua posição dominante no mercado do produto principal para forçar a venda do produto vinculado ao adquirente. Quanto maior seu poder de mercado, maiores serão suas possibilidades para impor uma venda casada ilícita.[59]

Para fins de análise antitruste das vendas casadas, há uma série de formas pelas quais será possível determinar se o fornecedor tem poder de mercado. Diversos casos julgados pela Suprema Corte norte-americana envolveram agentes econômicos titulares de patentes que forçavam os compradores a adquirir produtos não-patenteados como condição para o licenciamento do produto patenteado. Em outros casos julgados pela Suprema Corte o poder de mercado foi inferido pela presença de características particulares que tornavam um determinado produto especialmente atrativo, ou único, ao adquirente, fazendo com que o fornecedor obtivesse vantagens competitivas em relação aos seus concorrentes. Se o produto é único pelo fato de que nenhum outro agente econômico é capaz de produzi-lo, o poder de mercado do fabricante desse "produto único" poderia ser inferido.

Hovenkamp lembra que algumas Cortes norte-americanas entenderam que as características que tornam um produto "único" somente criarão uma presunção de poder de mercado se as evidências sugerirem que os concorrentes são incapazes de duplicar esse produto, de modo que essa incapacidade operaria como uma barreira à entrada. Outras Cortes sugeriram que a prova sobre as características que tornam um produto único deve ser combinada com a prova que demonstre elevada participação de mercado, sendo que somente as duas evidências, em conjunto, podem sugerir que há poder de mercado.[60]

No caso "Northern Pacific Railway" a Suprema Corte norte-americana considerou que a mera existência de uma grande quantidade de vendas casadas impostas por um agente econômico já seria uma evidência convincente de elevado poder de mercado.[61]

De qualquer forma, não importa se o poder de mercado decorre de uma patente, de elevada participação no mercado ou de

57. Para o professor Calixto Salomão Filho, "mesmo uma empresa com grande participação nas vendas de determinado produto pode não ter qualquer poder de aumentar os preços. Basta que existam (a) vários substitutos para seu produto ou, então, (b) vários concorrentes prontos a entrar no mercado, tão logo os preços mais elevados tornem maiores as possibilidades de sucesso e de lucro daquele mercado" (*Direito Concorrencial: as Estruturas*, p. 86).

58. De qualquer forma, existem diversos critérios para determinar se o agente econômico tem posição dominante, sendo que o grau de participação no mercado é apenas um desses critérios. Segundo a professora Paula Forgioni, "em resumo, no Brasil, comprovado que o agente econômico detém e abusa de poder que lhe garante a posição dominante, ainda que não detenha 20% do mercado, seu comportamento poderá vir a ser sancionado. Existe, portanto, a necessidade da convergência de várias outras evidências, além da parcela de mercado detida pelo agente econômico, para constar se o poder por ele detido é apto a lhe assegurar a posição dominante. Nossa lei é bastante aberta a todos esses fatores, fornecendo instrumentos para a aplicação de teorias econômicas atualmente em voga" (*Os Fundamentos do Antitruste*, 2ª ed., pp. 333-334).

59. No caso "Northern Pacific Railway", a Suprema Corte norte-americana afirmou que "the relevant question was whether a party has sufficient economic power with respect to the tying product to appreciably restrain free competition in the market for the tied product" ("Northern Pacific Railway Co. et Al. *vs.* United States", 356 U.S. 1 – 1958).

60. Herbert Hovenkamp, *Federal Antitrust Policy: the Law of Competition and its Practice*, 3ª ed., p. 402.

61. Cf. Christian Ahlborn, David S. Evans e Jorge Padilla, "The antitrust economics of tying: a farewell to *per se* illegality", in *AEI-Brookings Joint Center For Regulatory Studies*, p. 6.

características particulares que tornem um produto único. Relevante é saber se o poder de mercado é suficiente para permitir que o agente econômico aumente preços indiscriminadamente ou imponha condições onerosas ao adquirente – o que não seria possível na presença de concorrência efetiva. Nesse sentido, vale citar a decisão da Suprema Corte no caso "Jefferson Parish" no sentido de que poder de mercado "is the power to force a purchaser to do something that he would not do in a competitive market" – ou seja, o poder de mercado pode ser definido simplesmente como o poder de forçar o adquirente a fazer algo que não faria em um mercado competitivo.[62]

3.3.1 *Poder de mercado e direitos de propriedade intelectual*

Vimos que a Suprema Corte norte-americana presumiu algumas vezes o poder de mercado do fornecedor quando o produto principal era protegido por direitos de propriedade intelectual, principalmente quando se tratava de patentes.[63] No entanto, atualmente há uma tendência contrária a essa presunção, tendo em vista que a maioria das patentes não confere absolutamente qualquer poder de mercado aos seus titulares.[64]

Sabe-se que os direitos de propriedade intelectual são constantemente negociados no mercado por meio de contratos de licenciamento de marcas e patentes, contratos de transferência de tecnologia, contratos de franquia, dentre outros. Esses contratos permitem uma circulação eficiente de novos produtos e tecnologias protegidos por direitos de propriedade intelectual.

Com os avanços em pesquisa e desenvolvimento (P&D) de novas tecnologias bem como o surgimento de novas marcas, hoje em dia praticamente tudo é protegido por direitos de propriedade intelectual, que constitui um ativo de extrema importância para as empresas. Como ensina Hovenkamp, "the rules creating market power presumptions for patented, copyrighted or trademarked goods ignore the fact in the world of brand-specific products almost everything is protected by intellectual property rights".[65] O professor da *University of Iowa* lembra, ainda, que esses mecanismos permitem aos consumidores distinguir entre diferentes marcas, de modo que automóveis, equipamentos de som, microcomputadores, redes de *fast food*, roupas etc. geralmente são protegidos por direitos de propriedade intelectual, embora sejam comercializados em mercados competitivos.

O caso das patentes é um pouco mais polêmico. Tal como qualquer outro direito de propriedade intelectual, as patentes conferem aos seus titulares um direito de exclusividade temporário para produzir, usar, vender e licenciar os produtos patenteados. Essa exclusividade, também conhecida como um tipo de monopólio legal, visa a que o titular da patente recupere seus investimentos e seja recompensado por proporcionar novos produtos e tecnologias à sociedade. Assim, pode-se afirmar que os direitos de exclusividade criam um incentivo para novos investimentos em P&D, ao mesmo tempo em que protegem os titulares da patente da concorrência desleal daqueles que se aproveitam da tecnologia alheia para fabricar e comercializar imitações, sem investir um centavo para tanto.

Entretanto, muitos acreditavam que a exclusividade garantida pela patente poderia conferir ao seu titular um monopólio

62. "Jefferson Parish", 466 U.S. at 14.

63. A mesma presunção ocorreu em poucos casos envolvendo marcas ("Photovest Corp *vs.* Fotomat Corp.", 606 F.2d 704 – 7th Cir. 1979, cert. Denied, 445 U.S. 917, 100 S.Ct. 1278 - 1980) e direitos autorais ("United States *vs.* Paramount Pictures, Inc.", 333 U.S. 131, 158, 68 S.Ct. 915, 929 – 1948).

64. Cf. Herbert Hovenkamp, *Federal Antitrust Policy: the Law of Competition and its Practice*, 3ª ed., p. 400.

65. Idem, ibidem.

prejudicial à livre concorrência. Dessa forma, o titular de uma patente, por ter direito de exclusividade sobre o produto patenteado, manteria uma posição dominante no mercado, pelo fato de nenhuma outra empresa concorrente poder utilizar ou comercializar esse produto sem sua prévia autorização. Haveria, portanto, um conflito entre propriedade intelectual e concorrência, sendo a primeira incentivadora e a segunda repressora de monopólios.

Contudo, o simples fato de uma empresa ser titular de uma patente não significa necessariamente que tem um monopólio no sentido econômico. Primeiramente, é necessário verificar se há produtos substitutos no mercado. Ainda, com os avanços tecnológicos, há sempre novas tecnologias sendo desenvolvidas, tornando novos produtos rapidamente obsoletos, substituídos por outros mais avançados. Ademais, na medida em que o prazo de exclusividade se aproxima do fim, a tendência será a redução progressiva dos preços.[66]

Finalmente, deve-se destacar que o direito de exclusividade conferido pela propriedade intelectual promove a concorrência, uma vez que as empresas investirão cada vez mais em P&D para a criação de novas invenções e tecnologias, visando a ser remuneradas pela inovação trazida à sociedade e pelo enriquecimento ao patrimônio científico. A concorrência, nesse caso, ocorre muito mais pela diferenciação de produtos que por preços; daí ser equivocado presumir que a propriedade intelectual entra em conflito com a concorrência.

Apesar disso, há casos em que o licenciamento e a transferência de direitos de propriedade intelectual podem vir a causar problemas concorrenciais. Cláusulas contratuais podem vir a impor vendas casadas, de modo a condicionar o licenciamento de produtos protegidos por direitos de propriedade intelectual à aquisição de produtos não protegidos. De qualquer forma, é muito frágil o argumento em favor da presunção de existência de poder de mercado suficiente para coagir o consumidor a adquirir um produto que não deseja pelo simples fato de o produto desejado ser protegido por um direito de propriedade intelectual.[67]

3.3.2 *Dependência econômica e assimetrias de informação: o caso "Kodak"*

Para o professor Calixto Salomão Filho o poder de mercado do agente econômico não é o elemento principal para a verificação da prática de vendas casadas. A prática de vendas casadas, tal como qualquer forma de negociação compulsória, nas palavras do eminente Professor, "não é uma forma de utilização ilícita do poder econômico, mas sim uma maneira de conquistá-lo".[68] Dessa forma, o elemento central para a análise antitruste das vendas casadas "é a dependência econômica, sendo que o poder de mercado é uma das possíveis fontes de dependência".[69]

Ainda, o professor aponta que a dependência econômica é caracterizada pela

66. As *Antitrust Guidelines for the Licensing of Intellectual Property*, formuladas pela *Federal Trade Commission* norte-americana para a análise antitruste de contratos de licenciamento de direitos de propriedade intelectual, corroboram esse entendimento: "Market power is the ability profitably to maintain prices above, or output below, competitive levels for a significant period of time. The agencies will not presume that a patent, copyright, or trade secret necessarily confers market power upon its owner. Although the intellectual property right confers the power to exclude with respect to the specific product, process, or work in question, there will often be sufficient actual or potential close substitutes for such product, process, or work to prevent the exercise of market power" (item 2.2).

67. Conforme lição de Hovenkamp: "The economic case for 'presuming' sufficient market power to coerce consumer acceptance of an unwanted tied product simply because the tying product is patented, copyrighted, or trademarked is very weak" (*Federal Antitrust Policy: the Law of Competition and its Practice*, 3ª ed., p. 401).

68. Calixto Salomão Filho, *Direito Concorrencial: as Condutas*, p. 203.

69. Idem, p. 205.

inexistência de alternativas razoáveis e suficientes para o adquirente sujeito à prática de vendas casadas, além de ser gerada, primordialmente, pela presença de falhas na transmissão de informação, que distorcem as possibilidades de escolha do adquirente.[70]

O primeiro caso a abordar diretamente o problema da dependência econômica gerada pela presença de assimetrias de informação é o caso "Kodak",[71] julgado pela Suprema Corte norte-americana em 1992. A *Kodak* fabricava e comercializava máquinas copiadoras e enfrentava ferrenha concorrência nesse mercado. Ao mesmo tempo, a *Kodak* fornecia peças de reposição a empresas independentes de prestação de serviços, denominadas ISOs (*independent services organizations*), que prestavam serviços de manutenção aos consumidores das copiadoras comercializadas pela *Kodak*.

No entanto, em determinado momento a *Kodak* parou de fornecer as peças de reposição para as ISOs e comunicou aos seus clientes que somente lhes forneceria peças de reposição se adquirissem também os serviços de manutenção prestados pela própria *Kodak* ou, alternativamente, se concordassem em não utilizar serviços prestados por terceiros. Dessa forma, uma dessas ISOs, após ser excluída do mercado, processou a *Kodak* por práticas de recusa de venda e venda casada.[72]

Apesar de não ter poder no mercado de máquinas copiadoras, a *Kodak* detinha poder no *aftermarket* derivado, ou seja, no mercado secundário de peças de reposição para copiadoras *Kodak*.[73] No entanto, a *Kodak* argumentou que, por não haver demanda pelas peças de reposição sem a prestação de serviços de manutenção, o teste da demanda direta não evidenciaria a existência de dois produtos distintos, sendo as peças de reposição e os serviços de manutenção um único produto. Ademais, a *Kodak* alegou que enfrentava ferrenha concorrência no mercado de máquinas copiadoras, e, portanto, não detinha poder nesse mercado, fato que a impediria de aumentar os preços de peças de reposição e dos serviços de manutenção. Para reforçar seus argumentos, a *Kodak* apoiou-se no conceito de *elasticidade cruzada* da demanda, afirmando que eventual aumento de preços de peças de reposição ou de serviços de manutenção afastaria seus consumidores, que passariam a optar por produtos substitutos fornecidos por concorrentes. Dessa forma, a concorrência no mercado original, de copiadoras, impediria um aumento de preços no mercado secundário (*aftermarket*). A estratégia poderia até ser lucrativa num primeiro momento, mas devastadora a longo prazo.

No entanto, a Suprema Corte entendeu que os argumentos levantados pela *Kodak* não explicam de forma adequada a verdadeira relação entre os mercados original e derivado para bens duráveis dotados de certa complexidade – a existência de significantes custos de informação e de troca. Assim, para que o preço dos serviços de manutenção possa afetar a demanda das copiadoras é preciso que os consumidores, no momento da aquisição, tenham pleno conhecimento do preço do ciclo de vida do produto (*lifecycle pricing*), que equivale aos custos do pacote inteiro, que inclui equipamento, peças e serviços de manutenção.[74] Contudo, saber o preço do

70. Idem, ibidem.

71. "Eastman Kodak Co. *vs.* Image Technical Services, INC", 504 U.S. 451 (1992).

72. Ao mesmo tempo em que a *Kodak* recusava às ISOs a venda de peças de reposição, condicionava aos seus clientes a venda dessas peças à prestação de serviços de manutenção.

73. Nesse caso, o mercado relevante foi definido de forma extremamente limitada, sendo considerado o mercado de prestação de serviços de manutenção para copiadoras *Kodak*. Como a *Kodak* era a única a oferecer esses serviços, tinha 100% de participação nesse mercado – e, portanto, detinha posição dominante, apesar de deter apenas 23% de participação no mercado de copiadoras.

74. Hovenkamp define *lifecycle pricing* da seguinte forma: "Lifecycle pricing – that is, pricing

ciclo de vida de bens duráveis e complexos pode ser muito difícil e custoso. Além disso, durante o ciclo de vida de um produto, empresas podem modificar os preços das peças e dos serviços e desenvolver produtos com características mais avançadas. Além disso, o nível de informação varia entre os consumidores[75] e depende do tipo de equipamento e da intensidade de seu uso.[76]

Assim, a Suprema Corte concluiu que a *Kodak* tinha poder de mercado suficiente para aumentar preços e eliminar a concorrência no *aftermarket* derivado, uma vez que os consumidores menos informados, no momento em que adquirem a copiadora no mercado original, não levam em consideração os preços cobrados pela sua manutenção no mercado secundário. Estariam esses consumidores, portanto, "trancados" (*locked*-in) ao produto em questão, seja pelo fato de já estarem familiarizados com sua tecnologia – o que lhes garantiria um certo nível de conforto –, seja pelos elevados custos com que terão de arcar com a troca desse produto por um outro de marca diversa. Na ausência de alternativas plausíveis, esses consumidores menos informados acabam optando por arcar com os preços mais elevados cobrados pela *Kodak*, mesmo sabendo dos preços mais competitivos cobrados pelas ISOs, pois os custos incorridos em abandonar suas copiadoras para adquirir outras concorrentes seriam ainda superiores aos custos das peças de reposição e dos serviços de manutenção da *Kodak*.[77] Em outras palavras, quando percebem o real preço do produto, que inclui a copiadora, as peças de reposição e os serviços de manutenção, já é tarde demais, pois já estão trancados (*locked-in*) ao produto e, portanto, obrigados a utilizar os serviços de manutenção prestados pela *Kodak*.[78]

Contudo, Hovenkamp levanta um ponto importante que deve ser levado em consideração no estudo do caso *Kodak*. As informações sobre os custos de manutenção no *aftermarket* derivado não são tão difíceis de ser obtidas pela maioria dos consumidores. A *Kodak* detinha apenas 23% de um mercado marcado pela presença de outras fortes concorrentes, tais como a *Canon* e a *Xerox*. Se há concorrência efetiva no mercado original de copiadoras e a *Kodak* passa a cobrar mais que seus rivais pelos serviços de manutenção no mercado secundário, certamente esses rivais não hesitarão em apontar a comparação entre os preços de seus serviços de manutenção e os

that takes both the price of the original good and the cost of subsequent maintenance into account" (*Federal Antitrust Policy: the Law of Competition and its Practice*, 3ª ed., p. 398).

75. Há os consumidores mais sofisticados – e, portanto informados –, como, por exemplo, as empresas que elaboram estudos profundos sobre os preços dos equipamentos antes de adquiri-los, enquanto há também os consumidores menos sofisticados, não informados, geralmente pessoas físicas, que constituem a maioria dos adquirentes.

76. "(...). For the service-market price to affect equipment demand, consumers must inform themselves of the total cost of the 'package' – equipment, service, and parts – at the time of purchase; that is, consumers must engage in accurate lifecycle pricing. Life-cycle pricing of complex, durable equipment is difficult and costly. (...). Much of this information is difficult – some of it impossible – to acquire at the time of purchase" (504 U.S. 451 , II.B.2).

77. "(...). If the cost of switching is high, consumers who already have purchased the equipment, and are thus 'locked in', will tolerate some level of service-price increases before changing equipment brands" (504 U.S. 451, II.B). Segundo Hovenkamp, "the lock-in would make at least some customers willing to pay a higher price for *Kodak*'s parts, given the costs of abandoning their existing machines and purchasing others" (*Federal Antitrust Policy: the Law of Competition and its Practice*, 3ª ed., p. 398).

78. Conforme a lição do professor Calixto Salomão Filho: "O poder de mercado é conseqüência da verificação de uma venda casada bem sucedida, e não o inverso – isto é, é possível saber que o agente detém monopólio do mercado secundário exatamente porque se verifica que, em presença de uma venda casada, o consumidor não acha razoável trocar o produto principal só para obter um serviço de manutenção mais barato. Negado está, portanto, o pressuposto marginalista básico para a definição do poder no mercado, isto é, a predefinição da utilidade dos consumidores" (*Direito Concorrencial: as Condutas*, p. 209).

preços cobrados pela *Kodak*. Ora, se uma empresa cobrar mais que as outras pelos serviços de manutenção no mercado secundário, não há motivos para acreditar que essa informação não vazaria para a maioria dos consumidores.[79]

Ainda, o professor lembra, com propriedade, que para que os consumidores realmente estejam *locked-in* aos produtos adquiridos é preciso (i) que o produto vinculado seja adquirido posteriormente à aquisição do produto principal (as peças de reposição e os serviços de manutenção da *Kodak* eram adquiridos algum tempo depois da compra da copiadora) e (ii) que o agente econômico em questão tenha modificado sua política de preços no *aftermarket* após um número significante de consumidores já ter adquirido o produto no mercado original (a *Kodak* permitia que outras empresas independentes, as ISOs, prestassem os serviços de manutenção de suas copiadoras no mercado secundário, mas essa política foi modificada posteriormente, quando vários consumidores já haviam adquirido as copiadoras no mercado original).[80]

Assim, não há que se falar de *locked-in* se o consumidor adquire, ao mesmo tempo, os produtos no mercado original e no mercado secundário. Ainda, se há concorrência efetiva no mercado original, não há razão para acreditar que os consumidores, de forma geral, não estarão razoavelmente informados sobre preços no mercado secundário, de modo que estarão *locked-in* apenas se houver mudança de política de preços no *aftermarket* depois de um grande número de consumidores já ter adquirido o produto no mercado original.

3.3.3 *Dependência econômica e compra posterior do produto vinculado*

O caso "Kodak" demonstra que as deficiências de informação podem servir de instrumento para uma estratégia de vendas casadas, criando situações em que o consumidor se encontra "trancado", ou *locked-in*, ao produto adquirido no mercado original quando se dá conta dos preços cobrados pelos serviços de manutenção no mercado secundário. A casuística norte-americana demonstra que diversos casos anteriores ao caso "Kodak" trataram desse problema, mesmo sem abordar diretamente a questão das assimetrias de informação.

Os casos de *locked-in* não ocorrem apenas nas situações envolvendo *aftermarkets* derivados dos respectivos mercados originais, pois são também comuns no comércio de produtos complementares quando a compra do produto vinculado ocorre em momento posterior à aquisição do produto principal.

Um caso emblemático sobre vendas casadas na compra posterior do produto vinculado é o "International Business Machines Corporation (IBM) *vs.* United States".[81] Nesse caso, a *IBM* foi condenada pela prática de vendas casadas, pela Suprema Corte norte-americana, em 1936. A *IBM* era titular da patente de tabuladores (*tabulating machines*) e também fabricava os cartões perfurados (*tabulating cards*) utili-

79. Para Hovenkamp, "information about repair costs is common to large classes of consumers; it does not have to be gathered individually for each. In a competitive primary market, rivals would be quick to point out comparisons between their own repair prices and the prices charged by *Kodak*. If a firm persistently charged more than other firms for aftermarket services, there is no obvious reason why this information would not leak out to most consumers who are at least moderately attentive" (*Federal Antitrust Policy: the Law of Competition and its Practice*, 3ª ed., p. 399).

80. "Subsequent decisions have generally limited *Kodak* to situations where (1) the alleged tied product must be purchased after customers are 'locked-in' by virtue of a previous purchase; and (2) where the defendant changed its aftermarket pricing policy after a significant number of customers had made their purchase, or a significant number of customers can actually show that they were misinformed about aftermarket prices" (Hovenkamp, *Federal Antitrust Policy: the Law of Competition and its Practice*, 3ª ed., p. 399).

81. 298 U.S. 131 (1936).

zados para inserir dados. Além de ser titular da patente dos tabuladores, a *IBM* detinha uma elevada participação nesse mercado, apesar de enfrentar concorrência ferrenha no mercado de cartões perfurados. No entanto, o poder de mercado da *IBM* era ameaçado pelo surgimento de novas tecnologias desenvolvidas por seus concorrentes. Assim, ao invés de explorar o legítimo direito de exclusividade obtido pela patente, o que lhe permitiria cobrar preços mais elevados pelo *leasing* dos tabuladores, a *IBM* optou por uma estratégia de vendas casadas, condicionando o *leasing* dos tabuladores à aquisição dos cartões perfurados, com o intuito de aumentar sua participação no mercado de cartões.

Ademais, a *IBM* passou a cobrar preços mais baixos pelo *leasing* na medida em que cobrava preços mais elevados pelos cartões perfurados, de modo que os consumidores eram atraídos pelos preços baixos dos tabuladores, sem perceber os elevados preços cobrados pelos cartões, uma vez que estes eram adquiridos em momento posterior à aquisição dos tabuladores.

Assim, a prática permitia uma discriminação de preços entre os adquirentes que utilizavam os computadores com mais intensidade e aqueles que utilizavam com menos intensidade. Os que utilizavam mais pagavam um preço mais elevado, pois usavam uma quantidade maior de cartões, enquanto aqueles que utilizavam menos pagavam um preço mais baixo, pois utilizavam poucos cartões.[82]

O caso "IBM" é um exemplo ilustrativo de como os agentes econômicos podem explorar as assimetrias de informação existentes em determinados mercados para "trancar" os adquirentes ao produto principal. Ora, no momento da aquisição dos tabuladores, um adquirente menos informado pode não se dar conta do preço que será cobrado posteriormente pelos cartões, tendo em vista que não saberá o preço do ciclo de vida do produto (*lifecycle pricing*) no momento de sua aquisição. Nesse caso, o *lifecycle pricing* inclui a intensidade do uso do tabulador e os preços cobrados pelos cartões perfurados adquiridos posteriormente. Ao perceber que o preço dos cartões era elevado, o adquirente já estava *locked-in* ao tabulador da *IBM*, uma vez que os elevados custos incorridos na troca por tabuladores concorrentes faziam com que o adquirente optasse por suportar os custos dos cartões perfurados da *IBM*.[83]

O caso "IBM", apesar de não ter tratado diretamente do problema das assimetrias de informação, demonstra que, nos casos de compra posterior do produto vinculado, quanto menor o fluxo de informações para o adquirente, mais provável será o sucesso de uma estratégia de vendas casadas, a provocar situações de "trancamento", ou *locked-in*.

82. É comum a utilização de vendas casadas para medir o uso do produto principal, o que ocorre quando esse produto não é utilizado em proporção ao uso do produto vinculado. Por exemplo, o fabricante de uma copiadora poderia condicionar sua venda à aquisição de *toners*, cobrando preços mais baixos pela copiadora, encorajando sua compra, e mais elevados para os *toners*, garantindo um retorno variável, baseado na intensidade do uso da copiadora. Há quem sustente que essa prática garantiria uma alocação mais eficiente de recursos, por facilitar o acesso do produto principal, vendido a preços mais baixos, permitindo que essa discriminação de preços seja baseada no valor que os próprios adquirentes atribuem aos produtos. No entanto, a prática de discriminação de preços é prejudicial à concorrência, por permitir a transferência de riquezas em prejuízo do adquirente (cf. Lawrence A. Sullivan e Warren S. Grimes, *The Law of Antitrust: an Integrated Handbook*, pp. 394-395).

83. Para Sullivan e Grimes, "IBM Corp. *vs.* United States involved a tie that required users of *IBM*'s tabulating machines to purchase all tabulating cards from *IBM*. A number of circumstances suggested the likelihood of the buyer's informational deficiencies. The deferred purchase of the tabulating cards increased the likelihood that some buyers would make a purchase decision without full information about the *IBM* package and available competing offers. A first-time buyer of a tabulating machine might lack information critical to life-cycle pricing, including the intensity of use the machine and the cost at which competitors might offer the tabulating cards" (*The Law of Antitrust: an Integrated Handbook*, p. 419).

Vale lembrar que diversos casos de vendas casadas julgados pelas Cortes norte-americanas envolveram a aquisição posterior do produto vinculado, mas somente a partir do caso "Kodak" é que a questão das assimetrias de informação passou a ser tratada diretamente.[84]

3.3.4 *Dependência econômica e contratos de distribuição*

Deve-se levar em consideração as situações de dependência econômica em contratos de distribuição nos quais um fornecedor, abusando de sua posição dominante em relação aos seus próprios distribuidores, poderá lhes impor cláusulas contratuais abusivas que incluam vendas casadas.

Segundo a professora Paula Forgioni, "tal como ocorre com os consumidores nas vendas casadas em geral, aquelas operadas no seio de um contrato de distribuição podem significar um abuso de poder do fornecedor em face de seus distribuidores. Por óbvio, inicialmente deveremos concluir se há ou não posição dominante do fornecedor sobre a sua rede. Mas é também possível considerar a existência de uma posição de dependência econômica do distribuidor em relação ao fornecedor e, assim, vislumbrar o abuso dessa posição".[85]

Apesar de a dependência econômica relacionada às vendas casadas nos contratos de distribuição ser semelhante àquela em relação aos consumidores finais, há uma diferença peculiar entre as duas situações. No caso dos consumidores finais as deficiências de informação podem dificultar suas possibilidades de escolha, enquanto no caso dos distribuidores, mesmo tendo maior acesso à informação, por serem, geralmente, adquirentes mais sofisticados, poderão ser constrangidos a aceitar cláusulas abusivas, dependendo do grau de dependência econômica em relação aos seus fornecedores.[86]

Esses fornecedores podem forçar o distribuidor a aceitar a imposição de vendas casadas sob pena de suspensão do fornecimento de produtos ou até de rompimento do vínculo contratual ou sua não-renovação. Contudo, é bom lembrar que essa imposição somente será ilícita se ocorrer posteriormente à assinatura do contrato. Ora, antes da assinatura do contrato o fornecedor não terá qualquer posição dominante em relação a distribuidores interessados no negócio, pois estes, diante de uma condicionante restritiva, sempre terão a possibilidade de optar por outras oportunidades de negócios. Se o distribuidor teve a oportunidade de ler o contrato antes de assinar, não pode reclamar, após sua assinatura, de uma condicionante que já era de seu conhecimento antes da conclusão do negócio.

Porém, após a assinatura da avença, quando o distribuidor já houver realizado os investimentos necessários para a consecução do negócio, ficará sem opções se o fornecedor resolver impor uma venda casada, seja por meio de aditivo contratual ou nas negociações para a renovação do contrato. Nesse caso, o distribuidor também estará "trancado", ou *locked-in*, à relação contratual com o fornecedor, e, portanto, optará por aceitar a imposição ao invés de perder um negócio em que já investiu.[87]

84. Diversos foram os casos julgados em que a aquisição do produto vinculado ocorria posteriormente à aquisição do produto principal. Por exemplo, no caso "Northern Pacific Railway" a Suprema Corte condenou a prática de condicionar a venda ou o *leasing* de terras detidas pela *Northern Pacific* à aquisição de serviços de transporte de mercadorias via estradas de ferro, prestados pela mesma empresa. Os serviços de transporte eram prestados, muitas vezes, décadas após a venda ou *leasing* das terras.

85. Paula Forgioni, *Contratos de Distribuição*, p. 303.

86. Idem, pp. 303-304.

87. No caso "Queen City Pizza *vs.* Domino's Pizza" as franqueadas da rede *Domino's Pizza* alegaram que o contrato de franquia as obrigava a adquirir os ingredientes da massa da pizza fornecidos pela franqueadora a preços mais elevados que os pra-

3.4 Coerção

Não basta que o fornecedor detenha posição dominante no mercado do produto principal. É preciso que o elemento "coerção" esteja presente, ou seja, que o fornecedor obrigue o comprador a adquirir um produto que não deseja. Vale citar novamente a decisão do caso "Jefferson Parish", em que a Suprema Corte norte-americana, utilizando-se do elemento "poder de mercado", definiu coerção como "some special ability – usually called 'market power' – to force a purchaser to do something that he would not do in a competitive market"; ou seja, o agente econômico, valendo-se de seu poder de mercado, poderá coagir o adquirente a fazer algo que não faria em um ambiente competitivo, eliminando suas possibilidades de escolha.

Deve-se lembrar que o elemento "coerção" está inter-relacionado ao elemento "poder de mercado", pois o fornecedor somente será capaz de coagir o adquirente se tiver domínio sobre o mercado. No caso "Jefferson Parish" a Suprema Corte tratou esses dois elementos de maneira conjunta, considerando o poder de mercado como um meio para atingir o fim principal, qual seja, coagir o adquirente a comprar um produto não desejado.

Pode-se afirmar que a essência da coerção está na eliminação das alternativas, em detrimento do adquirente. A coerção é, na verdade, a recusa de vender o produto principal sem o produto vinculado.[88]

Nesse sentido, conforme a lição do professor Calixto Salomão Filho: "Como visto antes, a constatação da insuficiência da explicação marginalista leva à reafirmação do subjetivismo da escolha econômica. Se assim é, a possibilidade efetiva de escolha (concorrência) é o elemento central organizativo de todo o funcionamento do mercado. Então, é fundamental que a escolha seja livre. Ela não pode ser determinada por qualquer força externa que não seja a vontade do consumidor. Daí o valor da coerção como critério de determinação da existência de ilícito".[89]

Dessa forma, mesmo que existam dois produtos e que o fornecedor detenha poder de mercado, a venda casada somente será ilícita na presença de coerção. No entanto, não é tarefa das mais simples identificar as situações em que o elemento "coerção" está presente. Um exemplo típico é a prática conhecida como *mixed bundling*, que consiste na oferta dos produtos tanto de forma separada como de forma conjunta, deixando que o adquirente escolha entre as duas opções.[90] Geralmente o fornecedor oferece os produtos em um pacote promocional, com desconto, ou, alternativamente, de forma separada e sem desconto. Nesse caso, como não há coerção, tendo em vista que não há eliminação das alternativas, não há que se falar em venda casada ilícita.

Vale citar como exemplo a *Microsoft*, que oferece os aplicativos "Word", "Excel", "Power Point" e "Microsoft Outlook" tanto dentro do pacote "Office", com desconto, como separadamente, sem desconto. Caso semelhante, envolvendo a própria

ticados no mercado. No entanto, o principal argumento que fez com que o caso fosse arquivado foi o de que as franqueadas sabiam dessa condicionante no momento em que assinaram o contrato (US 3rd Circuit Court of Appeals, n. 96-1638).

88. Para Hovenkamp, "the buyer must somehow be forced, or coerced, into accepting the tied product. This coercion could result from (1) an absolute refusal to sell the tying product without the tied product; (2) a discount, rebate or other financial incentive given to buyers who also take the tied product; (3) technological design that makes it impossible to sell the tying product without the tied product" (*Federal Antitrust Policy: the Law of Competition and its Practice*, 3ª ed., p. 405). Ainda, o autor lembra o seguinte: "The act of coercion is not the agreement that results in an actual sale, but the refusal to sell one product without another" (idem, p. 407).

89. Calixto Salomão Filho, *Direito Concorrencial: as Condutas*, p. 204.

90. Cf. Lawrence Sullivan e Warren Grimes, *The Law of Antitrust: an Integrated Handbook*, p. 390.

Microsoft, já foi julgado pelo CADE.[91] A *Microsoft* oferecia, por meio de uma promoção temporária, o aplicativo financeiro "Money 97" já incluído no pacote "Microsoft Office for Small Business" ("Office SBE"), que incluía também os aplicativos "Word", "Excel", "Outlook Express" e "Publisher 97". A empresa *Paiva Piovesan*, fabricante do programa de gerenciamento financeiro "Finance for Windows", concorrente do aplicativo "Money 97", alegou que a *Microsoft*, dentre outras práticas, estaria impondo uma venda casada ilícita, pelo fato de incluir seu aplicativo financeiro no pacote "Office SBE". No entanto, como o "Money 97" era oferecido também de forma separada, a prática não foi considerada ilícita, pelo fato de ter sido preservada a possibilidade de escolha do consumidor.[92]

Contudo, vale destacar que a prática de *mixed bundling* poderá ser uma venda casada ilícita se o preço cobrado pelos produtos separadamente for exorbitante em comparação ao preço do pacote. Nesse caso, há coerção, uma vez que o preço cobrado pelos produtos separados é tão exagerado, que a compra acaba não sendo compensatória – e, portanto, o adquirente se vê obrigado a adquirir o pacote.[93]

É bom lembrar que nem sempre a coerção coincide com o momento da aquisição do produto principal. Vimos que há casos em que a aquisição do produto vinculado ocorre posteriormente à aquisição do produto principal, o que permite a ocorrência de casos de *locked-in*, tal como se pode observar nos casos "IBM" e "Kodak".

De qualquer forma, a comprovação do elemento "coerção", independentemente do momento em que ocorre, é fundamental na análise antitruste das vendas casadas, por causar a eliminação das possibilidades de escolha do adquirente. Na ausência de coerção, não há que se falar em ilícito.

3.5 Fechamento do mercado

O último elemento essencial para caracterização da prática de vendas casadas como ilícito antitruste é o fechamento do mercado do produto vinculado. Na verdade, o fechamento do mercado é muito mais um efeito da prática que propriamente um requisito para sua configuração. Dessa forma, podemos afirmar que a análise desse elemento implica a verificação dos possí-

91. Processo Administrativo 08012.001182/98-31.

92. Conforme voto do ex-Conselheiro Thompson Andrade, que foi o Relator desse processo, "no presente caso, não houve imposição de compra dos pacotes. O Money 97, ao preço de R$ 60,00, podia ser comprado isoladamente, contra o preço de R$ 520,00 do pacote Office SBE, com o Money. Assim, conforme enfatizado pela SEAE e SDE, não se verificam no presente caso as condições necessárias para a caracterização de venda casada". Ainda, segundo o ex-Conselheiro, "da análise acima, depreende-se que os ganhos competitivos obtidos pela *Microsoft* no mercado de aplicativos financeiros, ao oferecer adicionalmente o Money 97 aos clientes do pacote Office SBE, não acarretaram efeitos anticoncorrenciais, tendo em vista que foi preservada a possibilidade de opção do consumidor, não se configurando a hipótese de que esta conduta tenha integrado uma estratégia ilegal de dominação do mercado".

93. Segundo o professor Calixto Salomão Filho, a venda casada pode existir também "quando o preço cobrado pelo produto vendido separadamente é exorbitante, isto é, não corresponde nem aproximadamente ao acréscimo de custo causado ao vendedor pela separação dos produtos. Nesse caso a coerção não é jurídica, mas sim econômica. O consumidor sente-se constrangido a comprar os produtos em conjunto para evitar o prejuízo decorrente da compra separada do produto que lhe interessa. Não assim se o preço cobrado pelo produto separado for igual aos custos da separação. Nesta hipótese não há qualquer coerção econômica, sentindo-se o consumidor absolutamente livre para adquirir os produtos em separado ou em conjunto, segundo sua utilidade" (*Direito Concorrencial: as Condutas*, p. 226). No mesmo sentido, Sullivan e Grimes asseveram que "as long as there is effective competitive discipline, the seller's decision to sell a product solely in bundled or simultaneously in bundled and unbundled fashion should not be considered a tie. Sellers that offer products both in bundled and unbundled fashion may still be engaging in a tie-in, however, if the terms on which two products are sold separately are much less favorable than for a bundled sale – reflecting a lack of competitive discipline in the pricing of the unbundled or separate sales" (*The Law of Antitrust: an Integrated Handbook*, p. 391).

veis efeitos anticoncorrenciais das vendas casadas sobre o mercado do produto vinculado, seja pela exclusão de rivais, seja pela criação de dificuldades à entrada de novos concorrentes.

Como afirma a professora Paula Forgioni, o grau de fechamento do mercado do produto vinculado depende do poder de mercado detido pelo fornecedor no mercado do produto principal. No caso "Kodak", por exemplo, vimos que a prática de condicionar a venda de peças de reposição à aquisição de serviços de manutenção no *aftermarket* derivado provocou a exclusão dos ISOs do mercado de prestação de serviços de manutenção das copiadoras *Kodak*. De qualquer forma, as autoridades antitruste devem se valer de modelos econômicos para verificar até que ponto as vendas casadas poderão causar a exclusão de concorrentes do mercado do produto vinculado.

Foram diversas as teorias desenvolvidas pelos revisionistas pós-Chicago na tentativa de buscar modelos econômicos para analisar a racionalidade da prática de vendas casadas, de modo a demonstrar que a mera alavancagem ou transferência de posição dominante de um mercado para outro, por si só, não seria suficiente para garantir a monopolização do mercado do produto vinculado, o que somente seria possível se a prática resultasse no fechamento desse mercado e na conseqüente exclusão dos demais concorrentes.[94]

O fechamento do mercado do produto vinculado ocorre da seguinte forma: os adquirentes do produto principal, ao serem coagidos a adquirir o produto secundário, deixam de demandar esse produto de forma separada, e, conseqüentemente, o concorrente que desejar entrar no mercado do produto secundário será obrigado a entrar também no mercado do produto principal, já dominado pelo agente econômico engajado na prática de vendas casadas.[95] Destarte, podemos afirmar que o fechamento do mercado a jusante será mais provável se os produtos principal e vinculado forem complementares, embora esse efeito também seja possível em algumas situações de venda de produtos não-complementares.[96]

Ainda, o fechamento do mercado será mais provável na presença de barreiras à entrada de novos competidores tanto no mercado do produto principal quanto no mercado do produto vinculado.[97] É verdade que as próprias vendas casadas, por si sós, já podem ser consideradas uma barreira à entrada no mercado do produto vinculado, mas é preciso levar em consideração também a presença de barreiras já existentes nesse mercado antes mesmo da imposição da prática, tal como a presença de economias de escala ou de escopo.

Deve-se também verificar a presença de barreiras à entrada no mercado do produto principal. Segundo o professor Calixto Salomão Filho, "o casamento dos produtos representa, na verdade, um aumento de preços, criando a oportunidade para que no-

94. O modelo de Whinston, como já mencionamos, demonstra que a alavancagem ou transferência de posição dominante no mercado do produto principal para o mercado do produto vinculado pode ser lucrativa se esse mercado for marcado pela presença de economias de escala e, portanto, imperfeitamente competitivo.

95. Cf. Calixto Salomão Filho, *Direito Concorrencial: as Condutas*, p. 228.

96. Para um estudo mais aprofundado das vendas casadas de produtos não-complementares, v. Thomas Fujiwara, "O uso estratégico de vendas casadas de bens não-complementares para monopolizar mercados", *Revista do IBRAC* 11-01/pp. 17-31.

97. Entende-se por *barreiras à entrada* qualquer fator em um mercado que ponha um potencial competidor eficiente em desvantagem com relação aos agentes econômicos já estabelecidos. Dentre esses fatores podem ser apontados a existência de custos fixos elevados, custos afundados, barreiras regulatórias, recursos de propriedade das empresas instaladas, economias de escala ou de escopo, grau de integração da cadeia produtiva, fidelidade dos consumidores às marcas estabelecidas, ameaça de reação dos competidores instalados, dentre outros (cf. *Glossário Básico de Defesa da Concorrência*, disponível no *site* da SEAE, *http://www.fazenda.gov.br/seae/documentos/Glossario.html*).

vos competidores, mais eficientes, adentrem para vender o produto primário isoladamente".[98] Por exemplo, em mercados em que a concorrência se dá pela diferenciação de produtos, sendo freqüente o surgimento de novas tecnologias, é improvável que determinado agente econômico mantenha uma posição dominante sem a presença de barreiras à entrada. Na ausência dessas barreiras, novos concorrentes poderão entrar no mercado do produto principal, tornando a prática inviável. Contudo, na presença de barreiras à entrada em ambos os mercados, uma estratégia de vendas casadas imposta por um agente econômico poderia permitir não apenas o fechamento do mercado do produto vinculado, mas também a manutenção de sua posição dominante no mercado do produto principal.[99]

Assim, o fechamento do mercado do produto vinculado somente será provável na presença de barreiras à entrada de novos competidores tanto no mercado do produto principal quanto no mercado do produto vinculado. Vale ressaltar que a verificação da existência dessas barreiras deve seguir modelos econômicos adaptados às realidades de cada mercado.

3.6 Justificativas

Na presença dos elementos essenciais para a análise antitruste das vendas casadas – quais sejam: (i) existência de dois produtos; (ii) existência de poder de mercado; (iii) coerção; e (iv) fechamento do mercado do produto vinculado –, as autoridades antitruste poderão constatar que a prática de vendas casadas é potencialmente anticoncorrencial.

Contudo, como no Brasil as vendas casadas são sujeitas à análise antitruste pela regra da razão, é preciso verificar se a prática, mesmo potencialmente anticoncorrencial, é justificada pela presença de eficiências econômicas. Mesmo que os testes comprovem que a prática de vendas casadas é prejudicial à livre concorrência, as autoridades deverão verificar se há eficiências que justifiquem a conduta.[100]

Diversas são as justificativas plausíveis para a imposição de uma venda casada. Se não vejamos: (i) manutenção da qualidade do produto e reputação do fabricante; (ii) redução dos custos de transação; (iii) aumento dos retornos pela inovação; (iv) facilitação de entrada em mercados de difícil penetração – dentre outras. Sem dúvida, uma das justificativas mais utilizadas é a manutenção da qualidade dos produtos e reputação do fornecedor no mercado.

Geralmente o agente econômico que se utiliza dessa justificativa procura demonstrar que a venda casada é um instrumento para garantir a qualidade de seus produtos, permitindo-lhe zelar pela sua reputação e imagem no mercado. No caso "Kodak", por exemplo, a necessidade de manutenção de qualidade foi um dos argumentos da defesa. Ao condicionar a aquisi-

98. Calixto Salomão Filho, *Direito Concorrencial: as Condutas*, p. 228.

99. É importante observar que uma venda casada que provoque a exclusão de agentes econômicos dos mercados dos produtos principal e vinculado somente será capaz de causar efeitos anticoncorrenciais se a entrada nesses mercados for difícil e complexa. Ora, na ausência de barreiras à entrada, mesmo que a venda casada efetivamente resulte na exclusão dos concorrentes que já atuavam nos respectivos mercados, novos competidores poderão vir a se instalar, tornando inviável o sucesso da prática (cf. Herbert Hovenkamp, *Federal Antitrust Policy: the Law of Competition and its Practice*, 3ª ed., p. 418).

100. Em seu voto dissidente no caso "Jefferson Parish", a Juíza O'Connor aborda a questão dos testes na análise antitruste pela regra da razão: "These three conditions – market power in the tying product, a substantial threat of market power in the tied product, and a coherent economic basis for treating the products as distinct – are only threshold requirements. Under the rule of reason a tie-in may prove acceptable even when all three are met. Tie-ins may entail economic benefits as well as economic harms, and if the threshold requirements are met these benefits should enter the rule-of-reason balance" (Eleanor M. Fox, Lawrence A. Sullivan e Rudolph J. R. Peritz, *Cases and Materials on U. S. Antitrust in Global Context*, 2ª ed., p. 558).

ção das peças de reposição à prestação de serviços de manutenção, a *Kodak* estaria, de certa forma, garantindo o funcionamento adequado do produto após sua manutenção. No entanto, essa justificativa foi rejeitada pela Suprema Corte, por ter sido comprovado que as ISOs prestavam esse mesmo serviço de forma eficiente e a preços mais competitivos que aqueles praticados pela *Kodak*.

Conforme se pode aferir da jurisprudência norte-americana, argumentos baseados na manutenção da qualidade do produto para justificar a imposição de uma venda casada não costumam ser acatados pelos julgadores, uma vez que existiriam outros meios menos nocivos à concorrência que poderiam ser utilizados para esse fim, tal como a especificação prévia de requisitos mínimos de qualidade para bens e serviços.[101]

No entanto, a manutenção da qualidade será quase sempre uma justificativa plausível nas relações entre franqueador e seus franqueados, tendo em vistas que estes deverão cumprir uma série de condicionantes necessárias, inerentes a esse tipo de relação contratual – dentre elas, zelar pela qualidade dos produtos distribuídos ou fabricados sob a marca do franqueador. Resta evidente, nesse caso, que o franqueador, por ser titular da marca, deve garantir um certo controle de qualidade sobre os produtos comercializados por sua rede de franqueados.[102]

101. Segundo Sullivan e Grimes, "in most instances, a manufacturer confronting a potential quality control image problem can adequately address that problem without imposition of a tie. For example, a manufacturer can specify the nature of input products or replacement parts that must be used in order for the product to function well" (*The Law of Antitrust: an Integrated Handbook*, pp. 399-400).

102. O professor Fábio Konder Comparato, ao abordar esse assunto, lembra que "há casos evidentes, em que a complexidade e a novidade do produto a ser fabricado pelo licenciado, com a marca do licenciador, justificam a imposição de uso de determinado insumo ou equipamento, para garantia de manutenção do mesmo nível de qualidade do produto" ("Franquia e concessão de venda no Brasil: da consagração ao repúdio?", *RDM* 18/63).

4. Considerações finais

A verificação dos elementos essenciais para a análise antitruste das vendas casadas pode ser um instrumento valioso a auxiliar as autoridades de defesa da concorrência na investigação dos indícios necessários para sua caracterização como ilícito antitruste, sendo que a jurisprudência norte-americana é uma valiosa fonte de pesquisa para o estudo desses elementos.

No caso "Jefferson Parish" os testes aplicados pela Suprema Corte norte-americana acabaram por estabelecer um paradigma que até hoje influencia autoridades antitruste do mundo todo. Assim, os elementos para a análise antitruste das vendas casadas poderão ser obtidos por meio de testes que comprovem a existência de (i) dois produtos; (ii) poder de mercado; (iii) coerção; e (iv) fechamento do mercado. Comprovada a presença desses elementos, a prática poderá ser considerada uma infração à ordem econômica.

Contudo, vale ressalvar que a prática pode ser facilitada pela presença de assimetrias de informação no mercado, que, se bem exploradas pelo fornecedor, podem distorcer as possibilidades de escolha do adquirente, principalmente nos casos de dependência econômica, que se caracteriza pela inexistência de alternativas razoáveis. Dessa forma, podemos afirmar que, quanto menor o fluxo de informações para o consumidor, mais provável será o sucesso de uma estratégia de vendas casadas.

Ademais, a prática também terá maior probabilidade de sucesso na presença de barreiras à entrada de novos competidores, tanto no mercado do produto principal quanto no mercado do produto vinculado. No mercado do produto principal as barreiras à entrada permitem que o fornecedor mantenha sua posição dominante, enquanto no mercado do produto vinculado possibilitam a exclusão efetiva de seus concorrentes e impedem também a entrada de novos agentes econômicos.

Por fim, é sempre bom lembrar que, mesmo que os testes comprovem a presença dos elementos para a caracterização das vendas casadas como infração à ordem econômica, deve-se verificar se há eficiências econômicas que justifiquem a conduta. Na presença dessas eficiências a conduta não deverá ser considerada ilícita, mas sim uma prática bem aceita pelo mercado e pelos consumidores.

Bibliografia

AHLBORN, Christian, EVANS, David S., e PADILLA, Jorge. "The antitrust economics of tying: a farewell to *per se* illegality". In: *AEI-Brookings Joint Center for Regulatory Studies*. 2004.

BADIN, Arthur. "Vendas casadas: interface entre a defesa da concorrência e do consumidor". *Revista de Direito da Concorrência* 5. 2005.

BORK, Robert H. *The Antitrust Paradox: a Policy at War with Itself*. Nova York: The Free Press, 1993.

BRUNA, Sérgio Varella. *O Poder Econômico e a Conceituação do Abuso em seu Exercício*. São Paulo: Ed. RT, 1997.

COMPARATO, Fábio Konder. "Franquia e concessão de venda no Brasil: da consagração ao repúdio?". *RDM* 18. São Paulo: Ed. RT, 1975.

EVANS, David S., AHLBORN, Christian, e PADILLA, Jorge. "The antitrust economics of tying: a farewell to *per se* illegality". In: *AEI-Brookings Joint Center for Regulatory Studies*. 2004.

FAGUNDES, Jorge, e PONDÉ, João Luiz. "Economia institucional: custos de transação e impactos sobre a política de defesa da concorrência". In: POSSAS, Mário (coord.): *Ensaios sobre Economia e Direito da Concorrência*. São Paulo: Singular, 2002.

FORGIONI, Paula. *Contratos de Distribuição*. São Paulo: Ed. RT, 2005.

__________. *Os Fundamentos do Antitruste*. 2ª ed. São Paulo: Ed. RT, 2005.

FOX, Eleanor M., PERITZ, Rudolph J. R., e SULLIVAN, Lawrence A. *Cases and Materials on U. S. Antitrust in Global Context*. 2ª ed. Saint Paul/Minn.: Thomson West, 2000.

FUJIWARA, Thomas. "O uso estratégico de vendas casadas de bens não-complementares para monopolizar mercados". *Revista do IBRAC* 11-01/17-31. 2004.

GELLHORN, Ernest, e KOVACIC, Willian E. *Antitrust Law and Economics*. 4ª ed. St. Paul/Minn.: West Group, 1994.

GRIMES, Warren S., e SULLIVAN, Lawrence A. *The Law of Antitrust: an Integrated Handbook*. Saint Paul/Minn.: West Group, 2000.

HOVENKAMP, Herbert. *Federal Antitrust Policy: the Law of Competition and its Practice*. 3ª ed. Saint Paul/Minn.: Thomson West, 2005.

KOVACIC, Willian E., e GELLHORN, Ernest. *Antitrust Law and Economics*. 4ª ed. St Paul/Minn.: West Group, 1994.

LEOPOLDINO DA FONSECA, João Bosco. *Lei de Proteção da Concorrência: Comentários à Legislação Antitruste*. 2ª ed. Rio de Janeiro: Forense, 2001.

MARTINEZ, Ana Paula. "A defesa dos interesses dos consumidores pelo direito da concorrência". *Revista do IBRAC* 11-01/72-99. 2004.

MOURA E SILVA, Miguel. *Inovação, Transferência de Tecnologia e Concorrência: Estudo Comparado do Direito da Concorrência dos Estados Unidos e da União Européia*. Coimbra: Livraria Almedina, 2003.

NUSDEO, Ana Maria de Oliveira. *Defesa da Concorrência e Globalização Econômica: o Controle de Concentração de Empresas*. São Paulo: Malheiros Editores, 2001.

NUSDEO, Fábio. *Curso de Economia: Introdução ao Direito Econômico*. 2ª ed. São Paulo: Ed. RT, 2000.

OLIVEIRA, Gesner, e RODAS, João Grandino. *Direito e Economia da Concorrência*. Rio de Janeiro: Renovar, 2004.

PADILLA, Jorge, AHLBORN, Christian, e EVANS, David S. "The antitrust economics of tying: a farewell to *per se* illegality". In: *AEI-Brookings Joint Center for Regulatory Studies*. 2004.

PERITZ, Rudolph J. R., FOX, Eleanor M., e SULLIVAN, Lawrence A. *Cases and Materials on U. S. Antitrust in Global Context*. 2ª ed. Saint Paul/Minn.: Thomson West, 2000.

PONDÉ, João Luiz, e FAGUNDES, Jorge. "Economia institucional: custos de transação e impactos sobre a política de defesa da concorrência". In: POSSAS, Mário (coord.). *Ensaios sobre Economia e Direito da Concorrência*. São Paulo: Singular, 2002.

POSNER, Richard. *Antitrust Law*. 2ª ed. Chicago: The University of Chicago Press, 2001.

POSSAS, Mário. "Os conceitos de mercado relevante e de poder de mercado no âmbito da defesa da concorrência". In: POSSAS, Mário (coord.). *Ensaios sobre Economia e Direito da Concorrência*. São Paulo: Singular, 2002.

RODAS, João Grandino, e OLIVEIRA, Gesner. *Direito e Economia da Concorrência*. Rio de Janeiro: Renovar, 2004.

SALOMÃO FILHO, Calixto. *Direito Concorrencial: as Condutas*. São Paulo: Malheiros Editores, 2003.

——————. *Direito Concorrencial: as Estruturas*. São Paulo: Malheiros Editores, 2002.

SULLIVAN, Lawrence A., e GRIMES, Warren S. *The Law of Antitrust: an Integrated Handbook*. Saint Paul/Minn.: West Group, 2000.

SULLIVAN, Lawrence A., FOX, Eleanor M., e PERITZ, Rudolph J. R. *Cases and Materials on U. S. Antitrust in Global Context*. 2ª ed. Saint Paul/Minn.: Thomson West, 2000.

WHINSTON, Michael D. "Tying, foreclosure and exclusion". *American Economic Review* 80. 1990.

Espaço Discente

INADIMPLEMENTO NOS CONTRATOS EMPRESARIAIS: UM ESTUDO SOBRE A MORA E AS PERDAS E DANOS NO CÓDIGO CIVIL DE 2002

TARCISIO TEIXEIRA

1. Inadimplemento: 1.1 Introdução; 1.2 Modalidades de inadimplemento; 1.3 Mora: 1.3.1 Mora do devedor – Mora "solvendi": 1.3.1.1 Efeitos da mora do devedor; 1.3.2 Mora do credor – "Creditoris vel accipiendi": 1.3.2.1 Efeitos da mora do credor; 1.3.3 Mora "ex re"; 1.3.4 Mora "ex persona"; 1.3.5 Mora decorrente de ato ilícito; 1.3.6 Mora simultânea; 1.3.7 Purgação da mora e contratos empresariais: 1.3.7.1 Purgação por terceiro; 1.3.7.2 Momento da purgação. 2. Perdas e danos: 2.1 Danos emergentes – "Damnus emergens"; 2.2 Lucros cessantes – "Lucrum cessans": 2.2.1 Lucros cessantes e atividade empresarial; 2.3 Dano moral. Bibliografia.

1. Inadimplemento

1.1 Introdução

Inadimplemento nada mais é do que o não cumprimento da obrigação, também denominado de inexecução da obrigação, e mais comumente de mora. O adimplemento da obrigação é a regra, sendo o inadimplemento a exceção.

Para melhor estudar inadimplemento, mister se faz um breve comentário a respeito de obrigação.

Uma obrigação[1] é firmada entre partes e feita para ser cumprida, sendo que uma vez não cumprida, ou cumprida de forma parcial, gera-se um "mal-estar" para uma das partes (um transtorno, uma crise).

A obrigação descumprida ou mal cumprida, ou cumprida com atraso, equivale a uma célula doente no organismo social; célula essa que pode contaminar vários órgãos do organismo. É a patologia da obrigação, conforme Sílvio de Salvo Venosa.[2]

No entanto, o mal-estar de uma parte muitas vezes funciona como um vírus, que se tratando de atividades negociais, se espalha para outros. Por exemplo, uma sociedade empresária, nada mais é do que o reflexo de sucessivos contratos que são firmados e executados de forma coordenada e com profissionalidade, para que assim possa fazer funcionar uma atividade, que é de risco, na busca de lucro. Então, uma sociedade empresária que transforma matéria-prima, uma vez não as recebendo ficará impossibilitada de produzir seu produto.

1. Sobre a noção de obrigação nos socorremos ao disposto no art. 397 do Código Civil português: "Obrigação é o vínculo jurídico por virtude do qual uma pessoa fica adstrita para com outra à realização de uma prestação".

2. *Direito Civil – Teoria Geral das Obrigações e Teoria Geral dos Contratos*, v. 2, 3ª ed., p. 235.

Logo, não poderá vendê-lo a clientes que os usam como insumo de um produto final, e assim sucessivamente, estendendo-se por toda cadeia produtiva.

Sem falar que o empresário não podendo exercer sua atividade não consegue pagar salários (o que prejudica não só trabalhadores, mas também suas famílias), não consegue recolher seus tributos (o que prejudica o Fisco), enfim, causa inúmeros transtornos sociais.

Na Roma antiga pelo inadimplemento de obrigação o devedor pagava até mesmo com o seu próprio corpo, podia inclusive sofrer mutilações ou tornar-se escravo do seu credor. No entanto, no decorrer da história percebeu-se que esse método era ineficaz.

A saída encontrada pelos ordenamentos então passou a ser que, pelo não cumprimento das obrigações, o devedor deveria pagar uma quantia em dinheiro. Que na perspectiva do direito empresarial nem sempre se releva uma solução adequada, pois às vezes uma das partes contratante é exclusiva detentora de determinado insumo, sendo que, mesmo o credor recebendo a indenização não conseguirá, pelo menos em curto prazo, encontrar no mercado o insumo necessário ao desenvolvimento de sua atividade.

O empresário sempre, mas notadamente com o advento do Código Civil de 2002 e suas cláusulas gerais, busca certeza e segurança nas suas relações obrigacionais, que não sendo cumpridas serão submetidas ao crivo do ordenamento jurídico, com indenização ou execução forçada, quando cabível.

1.2 Modalidades de inadimplemento

Ao se tratar de mora não se pode fugir dos ensinamentos de Agostinho Alvim,[3] que brilhantemente distingue inadimplemento relativo, ou mora, previsto no art. 394 do Código Civil, de inadimplemento absoluto, previsto no parágrafo único do art. 395 do mesmo Código.[4]

Então, a mora é considerada inadimplemento relativo, que por sua vez se diferencia do inadimplemento absoluto nos seguintes termos:

Modalidades	**Inadimplemento relativo (mora)**	**Inadimplemento absoluto**
Adimplemento posterior (purgação)	Possível	Impossível (resolve-se em perdas e danos)
Utilidade da prestação "a posteriori"	Sim. O cumprimento da obrigação ainda será *útil* e pode se dar mesmo que não nos exatos termos pactuados (tempo, lugar e forma)	Não. A obrigação tornou *inútil* por não ter sido cumprida nos termos pactuados (tempo, lugar e forma)
Critério	Objetivo, p.ex.: pagamento em dinheiro com correção	Subjetivo, p.ex.: decoração para festa com data fixa (casuística)
Previsão legal (Código Civil)	Art. 394	Parágrafo único do art. 395
Cláusula Penal (se houver)	Multa moratória	Multa compensatória

3. *Da Inexecução das Obrigações e suas Conseqüências*, 5ª ed.

4. "Art. 394. Considera-se em mora o devedor que não efetuar o pagamento e o credor que não qui-

O principal critério de distinção é o fato de ainda haver "utilidade" para o credor o cumprimento da prestação pelo devedor, pois, em tese, este poderia, sempre, cumprir sua obrigação (ainda que parcialmente), mas nem sempre será útil ao credor.

1.3 Mora

Mora é o não cumprimento relativo da obrigação. Mas, é importante lembrar que, a mora pode se dar quando o devedor não cumpre com sua obrigação (mora *solvendi*), como quando o credor não aceita o cumprimento (mora *accipiendi*).

O art. 394 do Código Civil (que na essência é o mesmo que estava disposto no Código Civil de 1916, art. 955[5]) ao abrir o capítulo sobre a mora trata do tempo, lugar e forma de cumprimento pelo devedor, e aceitação pelo credor da prestação.

Apesar da questão do "tempo" ser a maior preocupação, o "lugar" e a "forma" também são importantes, notadamente no meio empresarial, uma vez que hoje empresários trabalham com linha de produção com prazo certo de entrega. Muitas vezes recebem o pedido sem ter produto no estoque (*just in time*), pois têm sistemas de gerenciamento para a linha de produção, sendo que não só o atraso, mas também a entrega em outro local (em uma filial onde o insumo não tem utilidade) ou de forma não avençada[6] (insumo entregue parcialmente ou outra espécie) pode trazer enormes prejuízos.

Nos tempos atuais, mais do que nunca, o empresário é um profissional que não poderia errar diante de sua *expertise*, fazendo tudo de "caso pensado", além do fato de que o mercado é dinâmico e exigente. Assim, a mora (configuração da inadimplência) na vida dos negócios é muito mais desastrosa do que na vida comum (os contratos são para a empresa o que o ar é para o ser humano, por exemplo, no caso das montadoras de veículos automotores). Na vida comum, o prejuízo, "grosso modo", seria de um só; na vida dos negócios, as perdas são inúmeras, e vêm em efeito cascata muitas vezes (essa é uma das razões pela qual surgiu o instituto da falência na intenção de inibir a impontualidade/inadimplemento). Então, o fornecedor não poderia dar-se ao luxo de ser constituído em mora (uma vez que estará assumindo implicitamente que não é profissional competente para celebrar contratos empresariais). Com efeito, se assim acontecer, as penalidades provavelmente serão muito mais rigorosas do que as que seriam aplicadas ao civil inadimplente, notadamente as do mercado.

Aqui parece oportuno mencionar, ainda que de forma sucinta, a função econômica do contrato, uma vez que na vida negocial as relações são firmadas de forma rápida, sendo o contrato o mecanismo que fornece respaldo aos atos praticados nas negociações, de modo que é indispensável o pensamento de Caio Mário da Silva Pereira sobre a função econômica do contrato: "Com o passar do tempo, entretanto, e com o desenvolvimento das atividades sociais, a função do contrato ampliou-se. Generalizou-se. Qualquer indivíduo – sem distinção de classe, de padrão econômico, de grau de instrução – contrata. O mundo moderno

ser recebê-lo no tempo, lugar e forma que a lei ou a convenção estabelecer. Art. 395. Responde o devedor pelos prejuízos a que sua mora der causa, mais juros, atualização dos valores monetários segundo índices oficiais regularmente estabelecidos, e honorários de advogado. Parágrafo único. Se a prestação, devido à mora, se tornar inútil ao credor, este poderá enjeitá-la, e exigir a satisfação das perdas e danos."

5. "Art. 955. Considera-se em mora o devedor que não efetuar o pagamento, e o credor que o não quiser receber no tempo, lugar e forma convencionados (art. 1.058)."

6. "Mora. Caracterização. Contrato. Arrendamento mercantil. *Leasing*. Devedor inadimplente que pretende pagar as prestações em atraso, parceladamente. Inadmissibilidade. Credor que não pode ser obrigado a *receber por partes aquilo a que tem direito de receber por inteiro*" (TJDF, *RT* 814/293 – grifo nosso).

é o mundo do contrato. E a vida moderna o é também, e em tão alta escala que, se fizesse abstração por um momento do fenômeno contratual na civilização de nosso tempo, a conseqüência seria a estagnação da vida social. O *homo economicus* estancaria as suas atividades. É o contrato que proporciona subsistência de toda a gente. Sem ele, a vida individual regrediria, a atividade do homem limitar-se-ia aos momentos primários".[7]

1.3.1 Mora do devedor – Mora "solvendi"

A mora do devedor pode se dar de três formas:

(i) *dolosa*: voluntariamente não quis cumprir a obrigação;

(ii) *culposa*: não cumpriu por negligência ou por imprudência (apesar de não haver manifestação da doutrina, consideramos que pode ocorrer por imperícia, quando o devedor não for apto para o exercício de determinada atividade, como, por exemplo, no caso do corretor de seguros sem permissão da SUSEP – Superintendência de Seguros Privados);

(iii) *involuntária*: não cumpriu em razão de caso fortuito ou força maior.

O devedor responde pelos prejuízos a que sua mora der causa (salvo na mora involuntária), conforme o art. 395. Ou seja, deverá pagar uma indenização, a qual não supre a prestação, que tem o fim de atenuar os transtornos causados pelo atraso no cumprimento da obrigação (tratando-se de contratos entre empresários uma indenização por prejuízos nem sempre irá resolver o problema, pois há situações em que o dinheiro não consegue recuperar a imagem e reputação da empresa, por exemplo, quando ela fica sem condições de atender a demanda do mercado de insumo ou consumo, acarretando uma perda da credibilidade junto aos clientes).

O art. 395 traz substanciais alterações comparando-o com o art. 955 do Código Civil de 1916. Inclui no seu texto que o devedor pela sua mora responderá (além dos prejuízos) também pelos juros, atualização monetária conforme índices oficiais, e honorários advocatícios.[8]

Fábio Konder Comparato lembra que a jurisprudência do STF, na década de 1980, já era pacífica no sentido do cabimento de correção monetária pelo inadimplemento contratual.[9]

Na mora do devedor (mais comum) mister se faz a culpa – critério subjetivo –, conforme os arts. 396 e 399,[10] na mora do credor não. Logo, não responderá o devedor pelos ônus da mora quando não tenha concorrido para ela, por exemplo, em caso fortuito ou força maior não deverá o devedor pagar juros ou multa pelo atraso, conforme art. 396.

Quanto à culpa, Fábio Konder Comparato posiciona-se no sentido de que, ela não é elemento essencial da mora do devedor, e que para a caracterização da mora basta o descumprimento da obrigação.[11]

A mora do devedor se dá quando a obrigação é vencida, portanto exigível. A exigibilidade da prestação é requisito objetivo da mora.

7. *Instituições de Direito Civil – Contratos*, v. III, 12ª ed., p. 11.

8. Entendemos que tais acréscimos eram desnecessários tendo em vista o disposto no art. 389 – Disposições Gerais do Inadimplemento das Obrigações – que já prevê juros, atualização e honorários de advogado.

Para alguns doutrinadores o conteúdo do art. 395 (prejuízos, juros, correção e honorários) é tido como os efeitos da mora, como, p. ex., para Judith Martins-Costa (*Comentários ao Novo Código Civil – Do Inadimplemento das Obrigações*, v. V, t. II, p. 244).

9. "A mora no cumprimento de obrigações contratuais pecuniárias e suas conseqüências", *RDM* 74/79.

10. "Art. 396. Não havendo fato ou omissão imputável ao devedor, não incorre este em mora." "Art. 399. O devedor em mora responde pela impossibilidade da prestação, embora essa impossibilidade resulte de caso fortuito ou de força maior, se estes ocorrerem durante o atraso; salvo se provar isenção de culpa, ou que o dano sobreviria ainda quando a obrigação fosse oportunamente desempenhada."

11. "A mora no cumprimento de obrigações contratuais pecuniárias e suas conseqüências", *RDM* 74/78.

1.3.1.1 Efeitos da mora do devedor

Em regra o devedor não responde por caso fortuito ou força maior (art. 393[12]), no entanto, se ele já estiver em mora/atraso responderá, salvo se provar que o dano ocorreria mesmo sendo a obrigação cumprida ao seu tempo, conforme o disposto no art. 399, sendo isso os efeitos da mora do devedor.[13]

É o caso, por exemplo, do fornecimento de animais ao departamento de laboratório e pesquisa de uma empresa; se o rebanho se contaminar durante o tempo em que está atrasada a entrega, terá o devedor que provar que aquela peste afetaria o rebanho mesmo se ele já estivesse no laboratório. O que já não poderia o devedor alegar se fosse animal de corte, uma vez que chegando ao frigorífico os mesmos são imediatamente abatidos, o que impediria a prova de contaminação.

1.3.2 Mora do credor – "Creditoris vel accipiendi"

A mora do credor está prevista no art. 394, do qual se abstrai que o devedor ao querer cumprir sua obrigação é obstado pelo fato de que o credor não a aceita/recebe no tempo, lugar e forma convencionados.

Da mesma forma que a mora do devedor se constitui pelo simples fato de não efetuar o pagamento de sua prestação, o credor estará constituído em mora pela simples recusa, expressa ou tácita (através de impedimentos – imposição de barreiras – ou sua ausência) em receber a prestação do devedor[14] (nesse caso não é necessária a interpelação, no entanto, a mesma se faz eficiente para a efetiva caracterização).

O devedor, estando pronto para cumprir sua prestação, quer se libertar da obrigação. Para tanto, o meio mais eficaz é se utilizar do pagamento em consignação, previsto no art. 335 do Código Civil.[15]

1.3.2.1 Efeitos da mora do credor

Pode ocorrer também do credor estar impossibilitado de receber, por exemplo, em sede de ambiente empresarial por não ter local de armazenamento ou estoque ou inviabilidade logística, mas aí o devedor em nada pode sofrer por essa situação. Tanto que o referido dispositivo exime o devedor, sem dolo, da responsabilidade pela manutenção da coisa, dando o direito de receber do credor as despesas pela conservação, além de ser favorecido quanto ao preço no pagamento que possa sofrer oscilação. São os efeitos da mora do credor, conforme dispõe o art. 400.[16]

12. "Art. 393. O devedor não responde pelos prejuízos resultantes de caso fortuito ou força maior, se expressamente não se houver por eles responsabilizado. Parágrafo único. O caso fortuito ou de força maior verifica-se no fato necessário, cujos efeitos não era possível evitar ou impedir."

13. Previa o revogado art. 138 do Código Comercial de 1850: "Os efeitos da mora no cumprimento das obrigações comerciais, não havendo estipulação no contrato, começam a correr desde o dia em que o credor, depois do vencimento, exige judicialmente o seu pagamento".

14. "Contrato Mercantil. Fornecimento de mercadorias. Prazo determinado. Comprador vinculado a contrato administrativo. Execução continuada. Submissão à teoria da imprevisão. Alteração na legislação federal. Repercussão nas relações negociais das partes. Necessidade de adequação destas, com redução do preço. Acordo inexistente. Suspensão dos fornecimentos. Cumprimento exigido pelo vendedor. *Recusa do comprador em receber* os produtos. Inexecução que se resolveria em pedido de perdas e danos. Falta de legítimo interesse para propositura de ação de cobrança. Carência" (1º TACivSP, *RT* 616/89 – grifo nosso).

15. "Art. 335. A consignação tem lugar: I – se o credor não puder, ou, sem justa causa, recusar receber o pagamento, ou dar quitação na devida forma; II – se o credor não for, nem mandar receber a coisa no lugar, tempo e condição devidos; III – se o credor for incapaz de receber, for desconhecido, declarado ausente, ou residir em lugar incerto ou de acesso perigoso ou difícil; IV – se ocorrer dúvida sobre quem deva legitimamente receber o objeto do pagamento; V – se pender litígio sobre o objeto do pagamento."

16. "Art. 400. A mora do credor subtrai o devedor isento de dolo à responsabilidade pela conservação da coisa, obriga o credor a ressarcir as despe-

1.3.3 Mora "ex re"

Conforme dispõe o *caput* do art. 397[17] sendo a obrigação positiva (de dar ou fazer) e líquida (certa), e não sendo cumprida no seu termo (tempo, lugar e forma determinados) o devedor estará plenamente constituído em mora, pois o mero advento do dia do cumprimento da obrigação já o interpela. Então, mora *ex re* é aquela que não precisa de interpelação.

Sendo a obrigação negativa (de não fazer)[18] o devedor será considerado em mora desde o dia em que praticou o ato que deveria se abster, conforme o art. 390.[19]

A propósito, não conseguimos vislumbrar qual o intuito do legislador em alocar tal disposição (do art. 390), que prevê as obrigações negativas, para o Capítulo das Disposições Gerais, pois seria mais lógico que tal previsão viesse imediatamente após a das obrigações positivas, como estava disposto, de forma seqüencial, nos arts. 960 e 961 do Código Civil de 1916.

1.3.4 Mora "ex persona"

Por sua vez, sendo a obrigação ilíquida (incerta) sem termo (prazo, local e forma indeterminados), o devedor deverá ser constituído em mora, para tanto terá que ser interpelado judicial ou extrajudicialmente,[20] conforme o parágrafo único do art. 397.[21] Logo, mora *ex persona* é aquela que precisa de interpelação.

O contrato ou a lei (por exemplo: a lei do inquilinato) pode exigir interpelação do devedor mesmo quando a obrigação for de termo certo (prazo, local e forma determinados).

A constituição em mora é importante para, entre outras coisas, ensejar o pagamento de cláusula penal, conforme o disposto no art. 408 do Código Civil.[22]

Previa o revogado art. 137 do Código Comercial de 1850[23] quanto ao prazo que, quando ele fosse incerto, por não ter sido previsto pelas partes ou pelo próprio Código, a prestação mercantil era exeqüível depois de dez dias.

A regra para os contratos de compra e venda mercantis na vigência do art. 205 do Código Comercial[24] era da mora *ex per-*

sas empregadas em conservá-la, e sujeita-o a recebê-la pela estimação mais favorável ao devedor, se o seu valor oscilar entre o dia estabelecido para o pagamento e o da sua efetivação."

17. "Art. 397. O inadimplemento da obrigação, positiva e líquida, no seu termo, constitui de pleno direito em mora o devedor."

18. "Contrato. Cláusula de proibição negocial de concorrência. Descumprimento. Ocorrência. Constituição de nova empresa com o mesmo objeto social e com membros do órgão diretivo da sociedade anterior. Prova segura da violação contratual. *Obrigação de não fazer* cuja constituição em mora se confunde com o próprio inadimplemento. *Desnecessidade de interpelação*. Inteligência do art. 961 do Código Civil. Sentença confirmada. Recurso não provido. Nas obrigações *ad non faciendum* confunde-se a mora com o próprio inadimplemento. *O devedor constitui-se em mora desde o momento em que pratica o ato de que devia se abster*. A mora opera imediatamente, *ex re* em virtude da própria força das coisas, sem necessidade de qualquer interpelação" (apelação cível 255.439-2-Santos, Rel. Hermes Pinotti, CCiv., v.u., 28.3.1995, Biblioteca TJSP – grifos nossos).

19. "Art. 390. Nas obrigações negativas o devedor é havido por inadimplente desde o dia em que executou o ato de que se devia abster."

20. "Compra e venda mercantil. Contrato com reserva de domínio. Protesto de título realizado pela *serventia extrajudicial*. Forma de comprovação da mora do devedor. Magistrado que, de ofício e a pretexto de que a notificação não foi pessoal, invalida o ato. Inadmissibilidade, pois o oficial cartorário tem fé pública" (2º TACivSP, *RT* 772/277 – grifo nosso).

21. "Art. 397. (...) Parágrafo único. Não havendo termo, a mora se constitui mediante interpelação judicial ou extrajudicial."

22. "Art. 408. Incorre de pleno direito o devedor na cláusula penal, desde que, culposamente, deixe de cumprir a obrigação ou se constitua em mora."

23. O revogado art. 137 do Código Comercial de 1850 previa: "Toda a prestação mercantil que não tiver prazo certo estipulado pelas partes, ou marcado neste Código, será exeqüível 10 (dez) dias depois da sua data".

24. Código Comercial de 1850: "Art. 205. Para o vendedor ou comprador poder ser considerado em mora, é necessário que preceda *interpelação judicial* da entrega da coisa vendida, ou do pagamento do preço" (grifo nosso).

sona. Tendo em vista a unificação dos diplomas obrigacionais, aos contratos empresariais o regime jurídico do Código Civil de 2002 é mais benéfico em razão da firmação mora *ex re* como regra geral.

1.3.5 Mora decorrente de ato ilícito

O devedor estará em mora desde o momento que praticar ato ilícito, sendo que o art. 398[25] substituiu a palavra "delito" por "ato ilícito", a fim de evitar qualquer associação e/ou entendimento que delito fosse entendido como crime, e assim poderia o devedor, em matéria de defesa, alegar que estaria em mora somente se estivessem presentes elementos de uma infração penal. Isso no campo empresarial poderia ser um entrave aos negócios, uma vez que, entre outras coisas, poderia ter de aguardar, muitas vezes, a instrução/julgamento na esfera criminal para depois se apurar na espera civil, o que atrapalharia a dinâmica negocial.

1.3.6 Mora simultânea

O art. 401[26] se diferencia do art. 959 do Código Civil de 1916, somente por ter suprimido o inciso III que continha a seguinte redação: "Art. 959. Purga-se a mora: (...); III – por parte de ambos, renunciando aquele que se julgar por ela prejudicado os direitos da mesma lhe provierem".

Aqui estava presente o que se poderia dizer mora simultânea dos contratantes, o que a doutrina considera ser impossível, uma vez que estando ambos em mora elas se anulariam. Logo, não pode haver concomitância de mora, ou a mora é do devedor ou do credor. Tal preceito era inócuo, pois já estava implícita a possibilidade de renúncia, a qualquer das partes, de direitos que lhe seriam aproveitados em razão da mora do inadimplente, por exemplo, juros e/ou atualização monetária.

1.3.7 Purgação da mora e contratos empresariais

O ato de purgar a mora significa tirar os efeitos que a parte provocou pelo seu inadimplemento. É um procedimento espontâneo, que visa remediar a situação que se deu causa. "Emendar a mora" ou "reparar a mora" são também expressões conhecidas e utilizadas entre nós.

É uma tolerância do ordenamento jurídico – *favor debitoris* – em que ainda se pode cumprir a obrigação. Judith Martins-Costa, citando Miguel Reale, pondera no sentido do "plano da vivência social" por considerar que seria uma injustiça se não pudesse, em nenhuma hipótese, suspender os efeitos da mora.

Nos contratos empresariais a purgação da mora é importantíssima, pois ao empresário na maioria das vezes não interessa indenização, mas sim ver a prestação cumprida, ainda que no tempo, lugar ou forma não exatamente pactuadas, e assim possa dar continuidade as suas atividades.

A purgação da mora só é possível em caso de inadimplemento relativo, não no absoluto uma vez que neste o cumprimento da obrigação torna-se inútil, conforme já visto.

Os efeitos da purgação da mora são *ex nunc*, são para o futuro, não retroagem. Quanto aos efeitos passados, por exemplo: juros e atualização monetária, a parte continua responsável. Não se confunde com a cessação (nem com a novação ou a remissão) quando o credor renuncia seus efeitos.

A mora pode ser purgada pelo devedor como pelo credor. E, de acordo com a

25. "Art. 398. Nas obrigações provenientes de ato ilícito, considera-se o devedor em mora, desde que o praticou."

26. "Art. 401. Purga-se a mora: I – por parte do devedor, oferecendo este a prestação mais a importância dos prejuízos decorrentes do dia da oferta; II – por parte do credor, oferecendo-se este a receber o pagamento e sujeitando-se aos efeitos da mora até a mesma data."

leitura do art. 401 basta que se *ofereça* a prestação mais os prejuízos causados (no caso do devedor), ou se ofereça a receber o pagamento (no caso do credor) para cessar os efeitos da mora, por exemplo, quanto aos problemas decorrentes de caso fortuito ou de despesas efetuadas pelo devedor.

Quer dizer, basta a oferta (desde que compatível com o inicialmente avençado – tempo, lugar e forma) não necessita do efetivo cumprimento, pois a partir desse momento, da oferta, não corre contra a parte os efeitos da mora.

Eventuais deficiências da purgação são solucionadas com pagamento dos prejuízos ou cláusula penal.

1.3.7.1 Purgação por terceiro

A purgação pode ser feita por terceiro, tendo os mesmos efeitos como se feita pelo inadimplente.

1.3.7.2 Momento da purgação

A mora pode ser purgada até a propositura da ação para Orlando Gomes. Já Agostinho Alvim fala que é possível purgar a mora a qualquer tempo, ou melhor, até o prazo para apresentar contestação, pois do contrário haveria um cerceamento do ordenamento, sendo que quando é essa a intenção a norma traz expressamente a restrição, por exemplo, no caso de busca e apreensão em alienação fiduciária em garantia (Decreto-lei n. 911/1969, art. 3º, § 1º), e reintegração de posse em vendas a crédito com reserva de domínio (CPC, art. 1.071, § 2º), quando falam do pagamento mínimo de 40% para a purgação da mora[27] (sendo que este percentual tem sido flexibilizado pela jurisprudência).

2. *Perdas e danos*

A questão das "perdas e danos" (palavras que são sinônimas) é muito importante para a estabilidade das relações sócio-econômicas. Ocorre quando houver um dano – prejuízo/diminuição patrimonial – pelo descumprimento da obrigação, total ou parcial, que poderá ser reparado por uma indenização.[28]

A reparação de dano pode se dar pela: prática de um ato ilícito – art. 186[29] (responsabilidade extracontratual); ou, pelo descumprimento de uma obrigação – art. 389[30] (responsabilidade contratual). A responsabilidade extracontratual ou aquiliana pode ser subjetiva, embasada na teoria da culpa, ou objetiva, fundamentada na teoria do risco. Nesta não há necessidade de demonstrar a culpa do agente, diferente da responsabilidade subjetiva em que a (i) culpa é elemento essencial (independente do grau), a qual somada ao (ii) nexo causal e (iii) existência do dano formam as condições para pleitear a indenização.[31]

As perdas e danos envolvem a reparação do prejuízo efetivo (danos emergentes) e o que o prejudicado deixou de ganhar (lucros cessantes). É o dever de indenizar que está previsto no art. 402.[32]

27. Cf. relata Sílvio de Salvo Venosa (*Direito Civil – Teoria Geral das Obrigações e Teoria Geral dos Contratos*, v. 2, 3ª ed., pp. 245 e 246).

28. O instituto do seguro surgiu para atender necessidades dos comerciantes, *lato sensu*, sendo que atualmente são variadas as suas modalidades, p.ex., de responsabilidade civil, o que pode/deve ser largamente utilizado pelos empresários, de acordo com suas necessidades, no sentido de reparar eventuais danos. Pois, quando se está inadimplente é por que algo vai mal, e se não bastasse isso se o empresário tiver de pagar uma indenização poderá ser fatal à continuidade do seu negócio.

29. "Art. 186. Aquele que, por ação ou omissão voluntária, negligência ou imprudência, violar direito e causar dano a outrem, ainda que exclusivamente moral, comete ato ilícito."

30. "Não cumprida a obrigação, responde o devedor por perdas e danos, mais juros e atualização monetária segundo índices oficiais regularmente estabelecidos, e honorários de advogado."

31. Sobre os regimes jurídicos em sede de responsabilidade contratual e extracontratual é recomendável a leitura da obra de Fábio Konder Comparato, que, entre toda a sua riqueza, narra a tendência do direito moderno em superar tal dicotomia (*Essai d'Analyse Dualiste de l'Obligation en Droit Prive*).

32. "Art. 402. Salvo as exceções expressamente previstas em lei, as perdas e danos devidas ao credor abrangem, além do que ele efetivamente perdeu, o que razoavelmente deixou de lucrar."

Manuel Inácio Carvalho de Mendonça considera que há uma diferença entre a reparação civil e as perdas e danos. Ela se dá pelo fato daquela ser decorrente de atos ilícitos e esta decorrente de inadimplemento contratual. Na opinião do autor a reparação civil deve ser mais extensa e completa possível, já as perdas e danos têm um limite natural em razão da cláusula contratual não cumprida e nos prejuízos calculados pela inexecução.[33]

Aqui é pertinente a consideração de que todos têm liberdade para contratar, mas uma vez contratado tem a obrigação de cumprir o avençado – *pacta sunt servanda* – não podendo escapar de sua responsabilidade,[34] sob pena de ser condenado a pagar indenização.

2.1 Danos emergentes – "Damnus emergens"

É cabível quando houver uma diminuição patrimonial ao credor, ou seja, um prejuízo de ordem econômica. Mas não pode a reparação de danos servir como forma de aumento patrimonial, sob pena de enriquecimento ilícito.

A demonstração do dano emergente cabe ao credor, isto é, o credor deverá apontar qual foi o prejuízo causado pelo descumprimento da obrigação. No caso de prestação em dinheiro será acrescida atualização monetária conforme índices oficiais, juros, custas e honorários advocatícios, além de multa se houver previsão contratual, sendo nesse sentido o disposto no *caput* do art. 404.[35]

Judith Martins-Costa pondera que a atualização monetária se dá sobre a totalidade do débito, uma vez que os juros, custas, honorários e multa são devidos em razão das perdas e danos.[36]

Diferentemente do art. 1.061 do Código Civil de 1916, o art. 404 tem um parágrafo único, que se apresenta de forma bastante salutar, no qual prevê, caso não haja cláusula penal, uma indenização suplementar se os juros de mora não cobrirem o prejuízo.[37-38]

2.2 Lucros cessantes – "Lucrum cessans"

Por sua vez os lucros cessantes são cabíveis ao credor no que razoavelmente deixou de lucrar pelo não cumprimento da obrigação por parte do devedor.

Uma questão sempre presente nos lucros cessantes é quanto à prova de fato futuro, ou seja, quanto ganharia se a obrigação fosse devidamente cumprida. No entanto, o legislador foi feliz ao manter a palavra "razoavelmente" no texto do art. 402 do Código Civil, tendo em vista que a partir daí se consegue trilhar na busca dos prováveis lucros que seriam auferidos.

33. *Doutrina e Prática das Obrigações*, t. II, 4ª ed., p. 445.

34. Apoiado em Francesco Carnelutti, Sylvio Marcondes Machado afirma: "Enquanto a responsabilidade consiste num estado de sujeição a que o devedor não pode esquivar-se, pois se realiza mesmo contra a sua vontade, a obrigação pressupõe a livre manifestação da vontade. O devedor satisfaz espontaneamente a obrigação, ao passo que suporta a responsabilidade, sem poder afastá-la. A responsabilidade exclui a liberdade, enquanto a obrigação a supõe" (*Limitação da Responsabilidade de Comerciante Individual*, p. 258).

35. "Art. 404. As perdas e danos, nas obrigações de pagamento em dinheiro, serão pagas com atualização monetária segundo índices oficiais regularmente estabelecidos, abrangendo juros, custas e honorários de advogado, sem prejuízo da pena convencional."

36. *Comentários ao Novo Código Civil – Do Inadimplemento das Obrigações*, v. V, t. II, pp. 366-367.

37. "Art. 404. (...). Parágrafo único. Provado que os juros da mora não cobrem o prejuízo, e não havendo pena convencional, pode o juiz conceder ao credor indenização suplementar."

38. Tal disposição foi inovada pelos Códigos suíço e alemão; estava prevista no anteprojeto de Código das Obrigações brasileiro de 1941; e mais tarde foi também acolhida pelo Código Civil italiano.

Agostinho Alvim entende que, o uso pelo legislador da locução "o que razoavelmente deixou de lucrar" significa o que o credor lucraria de acordo com o bom senso, pois há uma presunção de que os fatos se desenrolariam dentro da normalidade, considerando os antecedentes.[39]

Arriscamos dizer que "razoavelmente" quer dizer seja algo racional e aceitável, um meio termo.

2.2.1 Lucros cessantes e atividade empresarial

Os lucros cessantes são muito relevantes, notadamente no mundo dos negócios, uma vez considerada que a atividade empresarial tem por escopo o lucro, e sendo este impedido pelo inadimplemento de outrem, é questão de plena justiça a sua reposição através desse instituto.

No campo empresarial muitas das vezes será necessária uma perícia especializada[40] para tal apuração diante da complexidade das atividades.[41]

Também, mister será verificar como se deu a afetação da atividade negocial pelo inadimplemento da obrigação, pois poderá haver uma completa ou parcial paralisação do negócio, sendo que os lucros cessantes serão indenizados na medida do lucro líquido que se apuraria.[42]

Só será indenizável o que efetivamente se perdeu, e o que deixou de ganhar por reflexo direto e imediato do inadimplemento da obrigação, não podendo o credor-prejudicado ter "aumento de patrimônio com a indenização". Tudo isso mesmo que seja resultado de dolo do devedor, conforme e disposto no art. 403 do Código Civil.[43]

O art. 403 de certa forma repete o 402, quando escreve os "prejuízos efetivos" sendo que naquele já está previsto o que "efetivamente perdeu".

Ainda quanto ao art. 403, na sua parte final utiliza-se da locução "sem prejuízo do disposto na lei processual", do que se compreende que, por exemplo, no caso de litigância de má-fé (processual) a sua condenação em nada se confunde com a de perdas e danos.[44]

2.3 Dano moral

O dano moral é algo diferente de patrimônio, pois não o afeta (pelo menos diretamente), mas sim o psíquico e/ou a reputação.

São divergentes (e muitas vezes omissas) as posições doutrinárias quanto ao cabimento do dano moral em sede de indenização por inadimplemento obrigacional. No entanto, entendemos que se pelo não cumprimento de um contrato isso causar prejuízos à reputação/imagem de um empresário,

39. *Da Inexecução das Obrigações e suas Conseqüências*, 5ª ed., p. 189.

40. "Indenização. Responsabilidade civil. *Lucros cessantes*. Determinados a partir do período em que o veículo esteve parado para reformas. Realização de *perícia contábil* que deve levar em conta a escrituração da própria empresa, para estimar, por comparação, o lucro auferido, no respectivo tempo por ônibus de igual característica e da mesma linha. Recurso parcialmente provido" (apelação cível 208.737-1-Rio Claro, Rel. Almeida Ribeiro, 26.5.1994, Biblioteca TJSP – grifo nosso).

41. "Indenização. Prestação de serviços. Publicação de anúncio propagandístico na lista telefônica. Incorreção quanto ao bairro e zona onde se localiza a empresa-autora. Ineficácia da propaganda. Devolução das parcelas pagas corrigidas monetariamente. *Lucros cessantes*, no entanto, *indevidos por não comprovados*. Sentença confirmada" (*JTJ* 154/98, Biblioteca TJSP – grifo nosso).

42. Nesse sentido é a tese de concurso à Livre-Docência, em Direito Comercial, pela Faculdade de Direito do Ceará, de Lincoln Mourão Mattos, *Das Perdas e Damnos no Direito Commercial*, pp. 85 e 86.

43. "Art. 403. Ainda que a inexecução resulte de dolo do devedor, as perdas e danos só incluem os prejuízos efetivos e os lucros cessantes por efeito dela direto e imediato, sem prejuízo do disposto na lei processual."

44. Nesse sentido Judith Martins-Costa, *Comentários ao Novo Código Civil – Do Inadimplemento das Obrigações*, v. V, t. II, pp. 363-364.

seja junto a clientes, colaboradores, etc., tem ele, em tese, o direito de pleitear dano moral ao devedor.[45]

Agostinho Alvim considera que a indenização por dano moral pode se dar pela violação do contrato ou pela culpa aquiliana.[46]

Tratando-se a atividade empresarial de risco, poderia até se pensar que nesse risco também poderia estar incluído o fato do empresário não ter alguns de seus contratos cumpridos. Ou melhor, o risco do inadimplemento contratual estaria dentro do risco da atividade negocial, o que impossibilitaria pleitear danos morais. No entanto, isso cai por terra quando lembramos que a regra é que os contratos são firmados para serem cumpridos, sendo exceção o inadimplemento.

Por sua vez quanto ao cabimento de dano moral à pessoa jurídica, o Superior Tribunal de Justiça já manifestou seu entendimento favoravelmente. Súmula 227 do STJ: "A pessoa jurídica pode sofrer dano moral".

45. Nesse sentido: "*Dano moral*. Protestos indevidos de letras de câmbio, decorrentes de contrato de câmbio. Debate de mérito abstraído pela coisa julgada, referente ao acórdão, que ordenou o cancelamento dos protestos. Ilicitude a acarretar, pelo ato em si, afronta à dignidade e perda de *respeitabilidade da protestada no contexto empresarial e negocial em que atua*. Lesão extrapatrimonial, que não se confunde com a de caráter material e aferível pelo abalo de crédito. *Pessoa jurídica, suscetível desse tipo de prejuízo*. Fixação adequada pela sentença, mantida nesse tópico" (apelação cível 84.450-4-São Paulo, 5ª Câmara de Direito Privado, Rel. Marcus Andrade, 10.12.1998, v.u., Biblioteca TJSP – grifos nossos).

Em sentido contrário: "*Dano moral*. Inocorrência. Pessoa jurídica. Abalo à *credibilidade empresarial ou mercantil*. Divulgação, inclusive na imprensa local, de que restaurante teria servido a seus clientes chocolates com prazo de validade vencido. Verba devida pelo fabricante dos produtos alimentícios adulterados ao estabelecimento comercial somente a título de lucros cessantes, uma vez que a *pessoa jurídica é imune a susceptibilidade dos sentimentos*. Voto vencido" (TJPB, *RT* 769/338 – grifos nossos).

46. *Da Inexecução das Obrigações e suas Conseqüências*, 5ª ed., p. 240.

Bibliografia

ALVIM, Agostinho. *Da Inexecução das Obrigações e suas Conseqüências*. 5ª ed., São Paulo, Saraiva, 1980.

ASCARELLI, Tullio. *Introducción al Derecho Comercial y Parte General de las Obligaciones Comerciales*. Buenos Aires, Ediar, 1947.

______. *Saggi di Diritto Commerciale*. Milão, Giuffrè, 1955.

BAREA, Margarita Castilla. *La Imposibilidad de Cumplir los Contratos*. Madri, Dykinson, 2000.

CARVALHO DE MENDONÇA, Manuel Inácio. *Doutrina e Prática das Obrigações*. t. II, 4ª ed., aumentada e atualizada por José de Aguiar Dias, Rio de Janeiro, Forense, 1956.

COMPARATO, Fábio Konder. *Essai d'Analyse Dualiste de l'Obligation en Droit Prive*. Paris, Dalloz, 1964.

______. "A mora no cumprimento de obrigações contratuais pecuniárias e suas conseqüências". *RDM* 74. São Paulo, Ed. RT, abr.-jun. 1989.

FORGIONI, Paula A. "A interpretação dos negócios empresariais no novo Código Civil brasileiro". *RDM* 130. São Paulo, Malheiros Editores, abr.-jun. 2003.

FÜHRER, Maximilianus Cláudio Américo. *Resumo de Obrigações e Contratos (Civis, Empresariais, Consumidor)*. 22ª ed., São Paulo, Malheiros Editores, 2003.

GHERSI, Carlos Alberto. *Contratos Civiles y Comerciales – Parte General y Especial*. t. I, 3ª ed., Buenos Aires, Astrea, 1994.

GOMES, Orlando. *Transformações Gerais do Direito das Obrigações*. São Paulo, Ed. RT, 1980.

______. *Obrigações*. 8ª ed., Rio de Janeiro, Forense, 1988.

GRASSO, Biagio. *Eccezione d'Inadempimento e Risoluzione del Contratto. Profili Generali*. Nápoles, Jovene, 1973.

MACHADO, Sylvio Marcondes. *Limitação da Responsabilidade de Comerciante Individual*. São Paulo, 1956.

MARTINS-COSTA, Judith. *Comentários ao Novo Código Civil – Do Inadimplemento das Obrigações* (coord. Sálvio de Figueiredo Teixeira). v. V, t. II, Rio de Janeiro, Forense, 2003.

MATTOS, Lincoln Mourão. *Das Perdas e Damnos no Direito Commercial*. Tese de concurso à Livre-Docência em Direito Comercial pela Faculdade de Direito do Ceará, 1930.

OPITZ, Oswaldo, e OPITZ, Silvia. *Mora no Negócio Jurídico. Doutrina e Jurisprudência*. 2ª ed., São Paulo, Saraiva, 1984.

PEREIRA, Caio Mário da Silva. *Instituições de Direito Civil – Contratos*. v. III, 12ª ed., Rio de Janeiro, Forense, 2006.

PERSICO, Giovanni. *L'Eccezione d'Inadempimento*. Milão, Giuffrè, 1955.

RICCIO, Angelo. "La mora non imputabile in matéria di obbligazioi pecuniarie", *Contratto e Impresa*. Pádua, Cedam, 2002.

RODRIGUES, Silvio. *Direito Civil – Parte Geral das Obrigações*. vol. 2, 23ª ed., São Paulo, Saraiva, 1995.

______. *Direito Civil – Dos Contratos e das Declarações Unilaterais da Vontade*. v. 3, 25ª ed., São Paulo, Saraiva, 1997.

ROQUE, Sebastião José. *Direito Contratual Civil-Mercantil*. São Paulo, Ícone, 1994.

VENOSA, Sílvio de Salvo. *Direito Civil – Teoria Geral das Obrigações e Teoria Geral dos Contratos*. v. 2, 3ª ed., São Paulo, Atlas, 2003.

ZACCARIA, Alessio. *La Prestazione in Luogo dell'Adempimento*. Milão, Giuffrè, 1987.

Pareceres

A EMPRESA QUE FINANCIA OUTRAS DO MESMO GRUPO NÃO SE CARACTERIZA COMO INSTITUIÇÃO FINANCEIRA

ARNOLDO WALD

I. A consulta. II. Levantamento das questões suscitadas. III. O grupo de sociedades como unidade econômica com repercussões jurídicas. IV. As operações financeiras intragrupais ("intercompany loans"). V. A definição da instituição financeira no direito brasileiro: A) A legislação brasileira; B) A interpretação da Administração e dos seus Consultores Jurídicos; C) A jurisprudência dos tribunais; D) A jurisprudência administrativa; E) A Doutrina; F) O Direito Comparado. VI. Conclusões.

"Ainsi, qu'ils se présentent sous une forme élémentaire ou sous la forme plus élaborée d'avances en compte courant, *les prêts entre sociétés membres constituent un aspect majeur de la vie du groupe, qui accède par ce moyen à la globalité souhaitable de la trésorerie.*

"(...) *la Commission de contrôle des banques, a admis que le fait par une société de recevoir des fonds d'une société apparentée ne portait pas atteinte au monopole bancaire.* La qualification de fonds reçus du *public* est écartée soit au profit des sociétés liées par un *rapport de filiation*, soit au profit des *sociétés 'unies dans leur patrimoine et leur activité'* (...)" Michel Cabrillac (Prefácio à obra de Daniel Ohl, *Les Prêts et Avances entre Sociétés d'un Même Groupe*, Librairies Techniques, Paris, 1982, p. 7).

* * *

"*Os negócios de um banqueiro*, seus negócios propriamente ditos não começam quando ele utiliza seu próprio capital; eles *só começam quando ele utiliza o capital dos outros*" (Bagehot, *apud* Carlos da Rocha Guimarães, in *Repertório Enciclopédico do Direito Brasileiro*, v. 5º, p. 314, n. 17).

* * *

"Ora, *a realização de empréstimos, com meios próprios e sem captação de recursos de terceiros, não se pode equiparar às atividades específicas das instituições financeiras, que consistem, como expresso no texto legal, na 'coleta, intermediação ou aplicação de recursos financeiros próprios ou de terceiros'. O traço característico das chamadas 'financeiras' é a captação de recursos do público em geral* para investimentos financeiros, cujos resultados são atribuídos aos respectivos subscritores" (Acórdão do Tribunal Federal de Recursos, 2ª Turma, HC 2.555-ES, Relator Ministro Godoy Ilha, 9.8.1971).

* * *

"*Vigora no seio deste Banco Central o entendimento de que a atividade financeira*, tal como concebida nos arts. 17 e 18 da Lei n. 4.595/1964 e art. 1º da Lei n. 7.492/1986, *exige que a sua captação, intermediação ou aplicação de recursos a que aludem tais dispositivos implique intromissão especulativa nos mercados financeiros e de capitais*, isto é, exploração do dinheiro como mercadoria, visando a obtenção de lucro" (Informação do Banco Central que consta no HC 4.783, julgado pela 5ª Turma do STJ, em 26.5.1997).

* * *

"(...) *para uma empresa se caracterizar como instituição financeira de fato*, em desrespeito assim aos termos do art. 17, combinado com o art. 18, da Lei n. 4.595/1964, *é imprescindível que se posicione como intermediadora, ou seja, capte recursos do público e os mutue a terceiros*" (Conselho de Recursos do Sistema Financeiro Nacional, Recurso 2.461, Relator Conselheiro Marcos Antonio Barreto Barbosa, in *DOU* 26.6.1998, p. 87).

Ementa: *O grupo societário constitui uma unidade econômica e financeira, sendo pois uma sociedade, ou uma "sociedade de sociedades", cujas relações jurídicas internas têm um regime jurídico próprio.*

As empresas integrantes do grupo não podem ser consideradas como sendo terceiros, umas em relação às outras, e não se caracterizam como sendo "o público" para fins de captação ou aplicação de recursos.

As operações bancárias que constituem o monopólio das instituições financeiras são aquelas nas quais há, sucessivamente, captação de recursos, mediante depósitos do público, intermediação dos mesmos e sua aplicação em favor de terceiros. É a interpretação que foi dada ao art. 17 da Lei n. 4.595/1964 pelo próprio Banco Central, seus consultores, a legislação posterior, a jurisprudência dos tribunais e do Conselho de Recursos do Sistema Financeiro Nacional e a doutrina, prevalecendo também no direito comparado.

Nas operações intragrupais, não há captação de recursos do público, nem utilização dos mesmos para financiar terceiros, não se caracterizando, pois, tais negócios jurídicos como sendo de caráter bancário, do mesmo modo que não o são os empréstimos realizados, no seio da família, entre pai e filhos e até entre irmãos.

A criação de companhia especializada na área financeira, dentro do grupo, para atender exclusivamente os seus interesses, não necessita, pois, de autorização do Banco Central, não tendo o caráter de instituição financeira, para os fins da Lei n. 4.595/1964.

I. A consulta

1. A *Companhia A* nos consulta a respeito da possibilidade de estruturar uma *holding* financeira dentro do *Grupo X*, que não seja considerada como instituição financeira pelo Banco Central para fins de aplicação da legislação bancária.

2. O Grupo detém participações majoritárias em três empresas operacionais (*Companhia A*, *Companhia B* e *Companhia C*) que seriam controladas por uma *holding*, na qual a *Companhia D* (empresa estrangeira) teria cerca de 60% e os minoritários 40%. A idéia que nos é submetida consiste na criação, ao lado da *holding* controladora, de outra empresa de caráter financeiro, subsidiária integral da *Companhia D*, que funcionaria como caixa única do grupo no Brasil. A empresa financeira deteria 2% da *holding* controladora. Assim, a *Companhia D* passaria a ficar, diretamente, com 58% e, indiretamente (pela empresa financeira), com 2% da *holding* acionária.

3. Segundo informa a Consulente, a criação da *holding* financeira se justifica por interesses ligados ao atendimento dos limites de endividamento global e permitiria obter créditos com menor custo, para repasse às empresas operacionais, além de dinamizar e rentabilizar a gestão financeira de todo o grupo no Brasil.

4. Em documento que nos foi apresentado o esquema acionário é pois o seguinte:

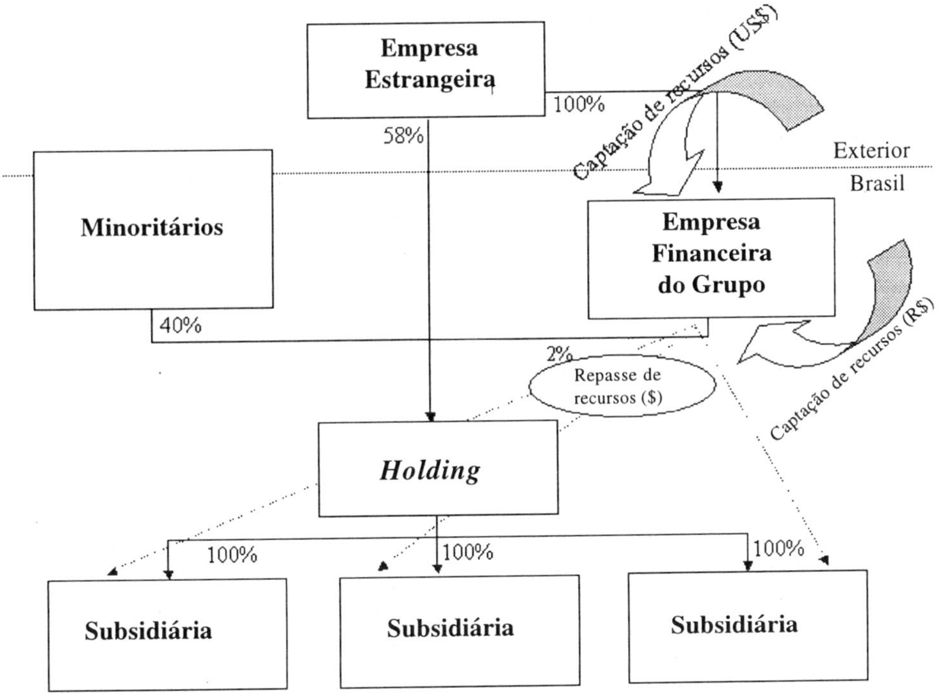

5. É preciso esclarecer que a empresa financeira que, a título hipotético, chamaremos de *X Project Finance* (XPF), atuará em nome próprio, no mercado internacional e nacional, assumindo, conforme o caso, o papel de mutuante (quando repassa os recursos às sociedades operacionais) ou de mutuária (quando delas recebe recursos para serem aplicados), sendo essa a sua única atividade. Deverá poder captar em condições mais favoráveis e repassará os recursos em condições de mercado, ou, até, abaixo do mesmo, sendo a sua margem de lucro relativamente reduzida, considerando-se os seus custos médios, de modo que não se poderá alegar que é instrumento de transferência de receita. A mencionada empresa não captará recursos do público em geral e só fará empréstimos às empresas do grupo, não ocorrendo repasse a terceiros. A sua atuação será eventual, atendendo às necessidades das empresas industriais e não tendo caráter especulativo.

6. O quesito único apresentado pela Consulente é o seguinte: "*Devido às operações de gestão financeira (captações e repasses de recursos) que realiza com as empresas operacionais ou com terceiros em favor das mesmas, (captação internacional), a holding financeira poderia correr o risco de ser equiparada a uma instituição financeira?*".

II. Levantamento das questões suscitadas

7. A questão básica que se suscita consiste em saber se o grupo societário pode ser equiparado a uma verdadeira unidade econômica e jurídica, considerando-se, pois, que as operações financeiras internas não são objeto do monopólio bancário legalmente estabelecido.

8. Conseqüentemente, tais operações não abrangeriam a intermediação à qual se refere o art. 17 da Lei n. 4.595/1964 nem se caracterizariam como financiamentos bancários.

9. Assim, a chamada *holding* financeira não necessitaria para funcionar de autorização do Banco Central, nem estaria sujeita às regras de direito bancário, obedecendo tão-somente às normas de direito comercial.

10. Examinaremos, pois, sucessivamente:

a) A unidade econômica e comercial do grupo societário e suas repercussões jurídicas;

b) O tratamento das operações intragrupais (*intercompany loans*);

c) A interpretação dos art. 17 da Lei n. 4.595, de 31.12.1964, e 1º da Lei n. 7.492, de 16.6.1986;

d) A posição da jurisprudência e das autoridades administrativas na matéria.

11. Finalmente, apresentaremos as nossas conclusões respondendo ao quesito que nos foi apresentado.

III. O grupo de sociedades como unidade econômica com repercussões jurídicas

12. A formação dos grupos econômicos originou-se da tendência de concentração de empresas, característica marcante da economia capitalista moderna, que se acentuou a partir da Segunda Guerra Mundial. O movimento concentracionista teve como finalidades a redução de custos e o aumento da produtividade e da rentabilidade.[1]

13. De fato, a realidade empresarial da nossa época comprova a existência de um movimento progressivo para a concentração econômica e a criação da grande empresa, das sociedades satélites, das coligadas, dos grupos de sociedades, das *holdings* e de suas filiais, das multinacionais e dos conglomerados. O fenômeno não é tipicamente brasileiro, mas reflete uma tendência da economia internacional. O progresso técnico, a automação, as facilidades de transporte e de comunicação, dentro do país e no exterior, a rápida obsolescência dos produtos ensejaram o gigantismo econômico e a diversificação que, por sua vez, diminuem os riscos existentes num mundo em transformação constante.[2] A mudança de dimensões da empresa não tem apenas caráter quantitativo, mas também qualitativo ensejando a formação de grupos e conglomerados e a especialização das funções das companhias que os integram.

14. Georges Ripert, na sua monografia sobre os aspectos jurídicos do capitalismo, define a criação da sociedade por ações como tendo sido essencial para a compreensão do capitalismo. Outros autores, entre os quais Nogaro, consideram que a primeira revolução industrial só foi possível graças à sociedade anônima, comparando-a à máquina a vapor e à eletricidade como uma das grandes descobertas dos tempos modernos. Dentro do mesmo espírito, podemos vincular o grupo de sociedades, o conglomerado e as multinacionais à nova revolução industrial dos anos 1960/1970, baseada na energia nuclear, na informática e no desenvolvimento das telecomunicações.

15. Um economista chegou a dividir o capitalismo em três fases: inicialmente o capitalismo comercial, depois o capitalismo industrial e finalmente o capitalismo de

1. Waldirio Bulgarelli, *O Direito dos Grupos e a Concentração de Empresas*, São Paulo, Leud, 1975, p. 8; e Arnoldo Wald, "Algumas considerações sobre sociedades coligadas e os grupos de sociedades na nova Lei das Sociedades por Ações", in *Revista Brasileira de Mercado de Capitais* 8/156-183, Rio de Janeiro, mai.-ago. 1977.

2. John Kenneth Galbraith, *The Age of Uncertainty*, Londres, British Broadcasting Corporation, 1977, especialmente o capítulo intitulado "The Big Corporation", p. 257. No mesmo sentido, na França, Jean-Jacques Schreiber, *Le Défi Americain*, Paris, Dunod, 1967, pp. 175 e ss.; e na Itália, Giorgio Ruffolo, *La Grande Impresa nella Società Moderna*, Torino, Giulio Ernandi, 1967, pp. 115 e ss.

grupos. Embora já houvesse, na segunda metade do século XIX, uma tendência para a concentração, geralmente sob a forma de trustes ou cartéis, é somente no século XX que passamos a conhecer a institucionalização do grupo de sociedades e, após a última Guerra Mundial, a proliferação das multinacionais, com importantes repercussões no mundo do Direito.[3]

16. Já se disse que passamos de uma concepção atomista para uma visão molecular da empresa, que, na maioria dos casos, abandonou a forma tradicional da sociedade isolada, que existia, no passado, para que fosse implantado o grupo societário.

17. É possível identificar duas principais fases no movimento concentracionista. A primeira, classificada por Champaud,[4] como de tipo primário, consiste num crescimento de dimensão da empresa, pela absorção das unidades, reduzindo-se o número das mesmas.

18. A partir do momento em que o gigantismo ameaçou suplantar os benefícios dessa expansão, desenvolveu-se, todavia, um outro tipo de concentração, através das coligações, aquisições de controle de outras sociedades e acordos entre concorrentes. *Esta segunda fase caracteriza-se pela integração das sociedades num agrupamento, subordinado à mesma direção econômica.*

19. No grupo, pode-se observar uma maior dificuldade de individualização das empresas, tendo em vista que se estabelece uma verdadeira comunhão de bens e interesses, com a definição, de fato ou de direito, da centralização do poder para dirigir as diversas sociedades.

20. No direito comparado, cabe citar a experiência alemã – que inspirou o legislador pátrio – adotando a figura do "Konzern", regulado no art. 15 da Lei Alemã de Sociedades por Ações. Assim, sociedades juridicamente independentes reúnem-se, para fins econômicos, integrando o "Konzern", que representa o grupo de sociedades, abrangendo a empresa dominante e as empresas dependentes. Do mesmo modo, os Estados Unidos conheceram os trustes e a França desenvolveu os vários tipos de grupos societários.[5]

21. Baseando-se nessa estrutura, as empresas, mesmo que independentes, concorrem, todas em conjunto, para a consecução de um único fim, e pode-se afirmar que elas formam, de fato, uma mesma unidade econômica.[6]

22. Observa-se, assim, que, em geral, as diversas sociedades que integram o grupo se harmonizam através de uma coordenação de gestão, sem prejuízo de que cada uma delas persiga objetivos próprios.

23. É o modelo denominado por Miguel Reale de *joint venture corporation*, em que: "a sociedade matriz ou *holding* não priva as sociedades, por ela coordenadas, da independência que lhes é própria, não se dando, pois, a sua integração ou absorção pelo ente coordenador".[7]

3. Há uma ampla bibliografia internacional e nacional a respeito dos aspectos jurídicos e econômicos dos grupos societários, destacando-se, entre outras obras, as seguintes: Anne Petitpierre-Sauvain, *Droit des Sociétés et Groupes de Sociétés*, Genève, Georg, 1972; Charley Hannoun, *Le Droit et les Groupes de Sociétés*, Paris, LGDJ, 1991; Edward R. Bagley, *Beyond the Conglomerates: the Impact of the Supercorporation on the Future of Life and Business*, New York, Amacom, 1975; Gianluca la Villa, *Società Strumentali e Profili di Responsabilità*, Milano, Dott. A. Giuffrè, 1981; e *Groupes de Sociétés: Contrats et Responsabilités, Actes de la Journée d'Études du 19 novembre 1993*, Paris, LGDJ, 1994. No Brasil, trataram do assunto, entre outros, Jorge Lobo, *Grupo de Sociedades*, Rio de Janeiro, Forense, 1978; e Waldirio Bulgarelli, *O Direito dos Grupos e a Concentração de Empresas*, cit.

4. Claude Champaud, *Le Pouvoir de Concentration de la Société par Actions*, Paris, Sirey, 1962, pp. 3-4.

5. Pierre Franceschini e Lucien Pélissier, *Droit et Pratique des Unions et Groupements d'Entreprises*, Paris, Moniteur, 1981, pp. 315-467.

6. Lino Azzini, *I Gruppi Aziendali*, Milano, Giuffrè, 1975, pp. 25-35.

7. Miguel Reale, "*Joint venture* e grupo de sociedades", in *Revista da Academia Brasileira de*

24. O que é, pois, *essencial*, no grupo societário de fato, que é previsto pela legislação brasileira (Capítulo XX da Lei n. 6.404/1976), *é o seu caráter unitário*, conforme reconhece a melhor doutrina.

25. Assim, Bulhões Pedreira reconhece que: "A vinculação de duas ou mais sociedades por relações de participação dá origem a uma estrutura de sociedades, e quando essa estrutura é hierarquizada (ou seja, uma sociedade tem o poder de controlar as outras), é designada 'grupo de sociedades', que pode ser 'de fato' (baseado apenas nas relações de participação societária e de controle) ou 'de direito' (se, além disso, é regulado por uma convenção de grupo acordada entre as sociedades)".[8]

26. Por sua vez José A. Engracia Antunes afirma que: "De facto, sem uma centralização junto da sociedade-mãe das competências de planificação, execução e fiscalização da política financeira do grupo, a coesão, eficiência lucrativa e sobrevivência deste enquanto unidade econômica estaria posta em causa (...)".[9]

27. A doutrina estrangeira foi acolhida pelos autores nacionais, que se têm manifestado na esteira do posicionamento abaixo transcrito: "a grande e média empresa raramente é constituída por uma única sociedade empresária, mas é uma estrutura de sociedades, com a forma de uma constelação ou, como diz Gustavo Minervini ('Società per azione; riforma anno zero', *Rivista delle Società*, Milano, anno 12, p. 1.283), 'um sistema planetário, em cujo âmbito giram planetas e satélites, e que se amplia com o desenvolver do seu centro solar'".[10]

28. Também na doutrina francesa, evoluiu-se no sentido de dar maior ênfase ao caráter organizacional da empresa para concluir que o grupo traduz uma unidade empresarial formada por um conjunto de sociedades.[11] Haveria, assim, no grupo, uma unidade de direção econômica e de controle, que cria *uma unidade econômica* sem prejuízo da *pluralidade jurídica*, reduzindo-se a autonomia patrimonial das empresas controladas, sem suprimi-la.[12]

29. Se até a segunda metade do século XX, a doutrina suscitava dúvidas quanto ao reconhecimento do grupo como sujeito de direito e alguns autores nele vislumbravam uma entidade que ainda estava nascendo no campo jurídico,[13] atualmente, o grupo societário é uma realidade econômica reconhecida pela legislação e cuja existência enseja importantes repercussões jurídicas.

30. No direito brasileiro, não há dúvida que *o grupo societário constitui*, em si mesmo, *uma sociedade de segundo grau* na qual se combinam recursos ou esforços para a realização dos respectivos objetos, conforme esclarece o art. 265 da lei societária.

31. Já era essa a posição de Fábio Konder Comparato que sustentava: "A nosso ver, *o grupo econômico constitui, em si mesmo, uma sociedade*. Os três elementos fundamentais de toda relação societária – a saber, a contribuição individual com esforços ou recursos, a atividade para lograr fins comuns e a participação em lucros ou prejuízos – encontram-se em todo grupo. *Ainda que o legislador não reconheça a personalidade jurídica dessa sociedade de segundo grau*, como propuseram os elaboradores do projeto de regulamento unitário da sociedade anônima européia, que é um grupo personalizado, *a relação societária* que se estabelece *entre as empresas ou sociedades agrupadas implica, necessaria-*

Letras Jurídicas 5/129, Rio de Janeiro, jan.-jun. 1994.

8. José Luiz Bulhões Pedreira, "Acordo de acionistas sobre controle de grupo de sociedades", in *Revista de Direito Bancário, do Mercado de Capitais e da Arbitragem* 15/243, São Paulo, 2002.

9. José Augusto Q. L. Engracia Antunes, *Os Grupos de Sociedade*, Coimbra, Almedina, 1993, p. 94.

10. José Luiz Bulhões Pedreira, ob. cit., p. 243.

11. Claude Champaud, ob. cit., p. 282.

12. Claude Champaud, ob. cit., p. 285.

13. Michel Vanhaecke, *Les Groupes de Sociétés*, Paris, LGDJ, 1959, pp. 498-499.

mente, uma unidade de direção e uma intercomunicação patrimonial. (...)".[14]

32. Em nota de rodapé acrescenta o autor que o projeto de lei sobre a sociedade anônima européia, no seu título VII, reconheceu a unidade do grupo empresarial societário, transcrevendo os seguintes comentários oficiais que constam do mesmo: "S'inspirant de l'opinion dominante dans les milieux économiques, le projet part du principe que *le groupe représente une unité d'entreprise* et qu'il est conduit selon des principes uniformes, les intérêts de ses diverses parties, c'est-à-dire des diverses entreprises qui en relèvent, étant subordonnés à celui du groupe; l'intensité avec laquelle se manifeste l'unité de direction par rapport aux entreprises dépendant du groupe varie d'un groupe à l'autre".[15]

33. Por sua vez, na apresentação do seu Anteprojeto de Lei das S/A, J. L. Bulhões Pereira e Alfredo Lamy Filho reconhecem que: "(...) *proclamaram que 'grupo de sociedades' é uma forma evoluída de inter-relacionamento de sociedades que*, mediante aprovação pelas assembléias gerais de uma 'convenção de grupo', *dão origem a uma 'sociedade de sociedades'*".

34. Chegou-se, aliás, a afirmar que essa estruturação é, muitas vezes, concebida para organizar do modo o mais eficiente possível o circuito do "cash flow" dentro do grupo.[16]

35. Podemos, pois, concluir que, inquestionavelmente, o grupo societário é uma unidade econômica, financeira e administrativa, sendo as operações realizadas dentro do grupo negócios *interna corporis* e justificando-se, assim, o regime jurídico próprio que o direito lhes atribui.

14. Fábio Konder Comparato, *O Poder de Controle na Sociedade Anônima*, 3ª ed., Rio de Janeiro, Forense, 1983, p. 290.

15. Fábio Konder Comparato, ob. e loc. cits.

16. Michel Fleuriet, *Pouvoir et Finance d'Entreprise*, Paris, Dalloz, 1977, p. 193.

IV. As operações financeiras intragrupais ("intercompany loans")

36. O grupo societário constitui, como vimos, um conjunto homogêneo que funciona em circuito fechado, sendo pois evidente o interesse de realizar o agrupamento das operações financeiras numa empresa que funciona como caixa única do grupo.

37. Nos grupos societários mais importantes, ocorre uma especialização de funções em virtude da qual uma das sociedades fica incumbida das operações financeiras, coletando os fundos excedentes ou atendendo as necessidades financeiras das empresas do grupo que necessitem de recursos, de acordo com a política fixada para o conjunto empresarial.

38. Como bem esclarece Daniel Ohl: "*Cette mission peut incomber d'abord à une société-mére ou à une holding qui*, accessoirement à son activité industrielle et/ou de controle, *assure la centralisation et la redistribution des capitaux dans le groupe*. Mais, *celui-ci peut également faire appel à des organismes spécialisés, par exemple des sociétés financières dont le rôle sera plus étendu*".[17]

39. E acrescenta o mencionado autor que: "La société interposée par le groupe, chargée d'effectuer toutes opérations de crédit au profit de ses membres, sera appelée, à l'occasion des développements qui concernent la réception des fonds du groupe, 'société de financement du groupe', quel que soit son statut juridique précis, en l'occurence indifférent (société-mère, *holding*, société financière)".[18]

40. O que caracteriza a entidade financeira do grupo é o fato de ser um instrumento do mesmo, sem finalidades próprias, atuando como se fosse uma prestadora de serviços destinada exclusivamente a fornecê-los às sociedades do grupo. Assim, não atua mediante captação de depósitos,

17. Daniel Ohl, ob. cit., n. 27, p. 32.

18. Daniel Ohl, ob. cit., nota 3 na p. 32.

nem empresta dinheiro a terceiros (não membros do grupo); não opera habitual e profissionalmente, sua receita líquida destinando-se tão-somente à sua manutenção, de modo que se pode até afirmar que ela não tem fins lucrativos, nem especulativos. As vantagens decorrentes de sua atuação revertem basicamente para o grupo. Por outro lado, ela não atua como operadora, nem no mercado financeiro, nem no mercado de capitais, sendo cliente em ambos.

41. As operações realizadas dentro do grupo permitem pois uma transferência lícita de ativos e passivos das sociedades que o compõem, ensejando o que já se denominou "uma espécie de tradução financeira do princípio de vasos comunicantes"[19] que é legítima, desde que respeitados os direitos dos minoritários e as normas de direito tributário.

42. Há, pois, nas operações financeiras *intercompany* um aspecto que lembra os contratos consigo mesmo, que são válidos quando realizados entre pessoas jurídicas distintas que estão sob o mesmo controle.[20]

43. Assim, do mesmo modo que a empresa, ou até a pessoa física, que capta e aplica recursos próprios, não pratica atos da competência exclusiva das entidades integrantes do sistema financeiro, também as operações financeiras dentro do mesmo grupo se regem exclusivamente pelo direito comercial e sobre elas não incidem as regras de direito bancário administrativo, ou seja, de autorização e controle pelo Banco Central, como em seguida veremos.

V. A definição da instituição financeira no direito brasileiro

44. Na análise da conceituação da instituição financeira, examinaremos sucessivamente:

a) os textos de lei;

b) a interpretação autêntica por parte das autoridades e as opiniões de consultores do Banco Central;

c) a jurisprudência dos tribunais;

d) a jurisprudência administrativa;

e) a doutrina;

f) o direito comparado.

A) A legislação brasileira

45. A Lei n. 4.595, de 31 de dezembro de 1964, também denominada "Lei da Reforma Bancária", dispõe sobre a política e as instituições monetárias, bancárias e creditícias, cria o Conselho Monetário Nacional e dá outras providências. Dentre outros, os objetivos da política do Conselho Monetário Nacional são: "adaptar o volume dos meios de pagamento às reais necessidades da economia nacional" e "propiciar o aperfeiçoamento das *instituições e dos instrumentos financeiros*, com vistas à maior *eficiência do sistema* de pagamentos e de mobilização de recursos" (art. 3º, I e V, da Lei n. 4.595/1964).

46. O poder de polícia delegado ao Banco Central do Brasil (BACEN) resulta do inciso V, art. 10, da Lei n. 4.595/1964. É de competência do BACEN "exercer o controle do crédito sob todas as suas formas". Compete ainda ao BACEN "*exercer permanente vigilância nos mercados financeiros e de capitais sobre empresas, que*, direta ou indiretamente, *interfiram nesses mercados* e em relação às modalidades ou processos operacionais que utilizem" (art. 11, VII, da Lei n. 4.595/1964).

47. O art. 17 da Lei n. 4.595/1964 trata especificamente da definição das instituições financeiras, ao dispor:

> Art. 17. *Consideram-se instituições financeiras*, para os efeitos da legislação em vigor, *as pessoas jurídicas públicas ou privadas, que tenham como atividade* principal ou acessória *a coleta, intermediação ou aplicação de recursos financeiros próprios ou de terceiros*, em moeda nacional ou estrangeira, e a custódia de valor de propriedade de terceiros.
>
> Parágrafo único. Para os efeitos desta Lei e da legislação em vigor, equipa-

19. Claude Champaud, ob. cit., n. 367, p. 275.

20. Michel Vanhaecke, ob. cit., n. 324 e ss., pp. 318 a 325.

ram-se às instituições financeiras as pessoas físicas que exerçam qualquer das atividades referidas neste artigo, de forma permanente ou eventual (grifamos).

48. Por sua vez, o art. 44 da Lei n. 4.595/1964 prevê as sanções às infrações cometidas aos dispositivos dessa lei, sanções estas que vão desde a advertência, passando pela multa e suspensão de cargos, até alcançar a cassação de funcionamento da instituição e a reclusão de seus diretores.

49. Cabe salientar, aliás, que segundo entendimento nosso, em parecer dado à ABEL – Associação Brasileira de Empresas de *Leasing*, a lei penal só pode incidir sobre as entidades do mercado na medida em que a sua atuação não for considerada legítima pelo direito administrativo bancário, que não pode ser modificado pelas normas de direito penal.[21]

50. Por outro lado, a Lei n. 7.492, de 16 de junho de 1986, define os crimes contra o sistema financeiro nacional, entre outras providências. Seu art. 1º reproduz parcialmente o disposto no art. 17 da Lei n. 4.595/1964 ao dizer que:

> Art. 1º. *Considera-se instituição financeira, para efeito desta Lei, a pessoa* jurídica de direito público ou privado, *que tenha como atividade principal ou acessória, cumulativamente ou não, a captação, intermediação ou aplicação de recursos financeiros* (*vetado*) *de terceiros*, em moeda nacional ou estrangeira, ou a custódia, emissão, distribuição, negociação, intermediação ou administração de valores mobiliários.
>
> Parágrafo único. Equipara-se à instituição financeira:
>
> I – a pessoa jurídica que capte ou administre seguros, câmbio, consórcio, capitalização ou qualquer tipo de poupança, ou recursos de terceiros;
>
> II – a pessoa natural que exerça quaisquer atividades referidas neste artigo, ainda que de forma eventual.

51. Esclarece a respeito o Professor Manoel Pedro Pimentel: "*Originariamente esse art. 1º* era ainda mais extenso, uma vez que *aludia também a 'recursos financeiros próprios* ou de terceiros'. (Grifamos). *A palavra 'próprios' foi vetada pelo Presidente da República*, na Mensagem 252, com a seguinte justificativa: 'No art. 1º, (*veto*) *a expressão 'próprios ou', porque é demasiado abrangente, atingindo o mero investidor individual, o que obviamente não é o propósito do legislador. Na aplicação de recursos próprios, se prejuízo houver, não será para a coletividade, nem para o sistema financeiro*; no caso de usura, a legislação vigente já apena de forma adequada quem a praticar. Por outro lado, o art. 16 do Projeto alcança as demais hipóteses possíveis, ao punir quem opera instituição financeira sem a devida autorização'".[22]

52. Deduz-se, portanto, que não cometem os delitos penais previstos pela Lei n. 7.492/1986 as pessoas que tenham, como atividade principal ou acessória, cumulativamente ou não, a captação, intermediação *ou aplicação de recursos financeiros próprios*.

53. Trata-se de lei especial que não revoga, modifica, nem altera o previsto no art. 17 da Lei n. 4.595/1964, mas serve para a sua melhor interpretação.

B) A interpretação da Administração e dos seus Consultores Jurídicos

54. Por várias vezes, as autoridades monetárias tiveram o ensejo de interpretar o art. 17 da Lei n. 4.595, esclarecendo que a instituição financeira era a que, cumulativamente, captava, intermediava e aplica-

21. Arnoldo Wald, "Da interpretação da Lei 7.492/1986 e das suas eventuais conseqüências em relação às operações das empresas de arrendamento mercantil", in *Revista dos Tribunais* 713/53 a 79.

22. Manoel Pedro Pimentel, *Crimes Contra o Sistema Financeiro Nacional (Comentários à Lei 7.492, de 16.6.1986)*, São Paulo, Ed. RT, 1987, p. 29.

va recursos alheios (e não próprios), funcionando como participante do mercado financeiro.

55. Assim, afirmou o Banco Central que: "O empréstimo de dinheiro só se caracteriza como operação privativa das instituições financeiras quando o emprestador se situar na posição de intermediário *recolhendo recursos de uns para emprestar a outros*. Nestas condições, *o empréstimo de recursos financeiros próprios, por ser matéria ligada à livre disposição de bens, que se atribui a todo homem civilmente capaz, não constitui atividade sob controle do Banco*".[23]

56. Temos também duas interpretações, que poderíamos denominar quase autênticas, oriundas de antigos consultores jurídicos do Banco Central e da SUMOC, os advogados Wilson do Egito Coelho e Jayme Bastan Pinto, que definiram com extraordinária precisão o alcance do art. 17.

57. O primeiro tratou da matéria em estudo que se refere ao empréstimo do dinheiro por particulares e nele afirma que só constitui operação bancária: "a intermediação ou intromissão especulativa na dinamização do crédito".

58. Wilson do Egito Coelho invoca a melhor doutrina nacional e estrangeira, de acordo com a qual quem emprega recursos próprios não é banqueiro. Para tanto informa:

"A Doutrina dá ampla cobertura a um entendimento desta ordem.

"Carabellese (*Tratado de Direito Comercial*, v. VI, Parte III, pp. 17-18) diz que, se alguém emprega os seus próprios fundos em empréstimos, praticando atos alistados entre as operações de bancos, não exerce o comércio bancário, não é banqueiro no técnico sentido. *O banqueiro é o intermediário do crédito*.

"Vivante (*Trattato di Diritto Commerciale*, 5ª ed., v. 1º, n. 53) assinala que os bancos são empresas comerciais cujo objetivo principal consiste na intromissão entre os quais dispõem de capitais e os que precisam obtê-los, isto é, em receber e concentrar capitais para, sistematicamente, distribuí-los por meio de operações de crédito ('... l'azienda commerciale che raccoglie i capitali per distribuirli sistematicamente com operazioni di credito').

"Carvalho de Mendonça (*apud* Carlos da Rocha Guimarães, in *Repertório Enciclopédico do Direito Brasileiro*, v. 5, p. 314) entende que *só é banco o estabelecimento ou a pessoa que recebe dinheiro de terceiros em depósito, utilizando-o para emprestar a outros terceiros*. Para ele esse princípio não admite controvérsia, citando a propósito Bagehot: 'Ainsi les affaires d'un banquier, ses affaires proprement dites, ne commencent pas, tant qu'il se sert de son propre capital: elles ne commencent que quand il se sert du capital des autres'.

"O grande comercialista brasileiro conceitua assim a operação bancária (ob. e v. cits., n. 1.430): '(...) os bancos recebem, em seu nome e por conta própria, na qualidade de devedores diretos, a crédito, capitais de uns para, ainda em seu nome e por sua conta, na qualidade de credores diretos, passá-los a crédito de terceiros'.

"Courcelle-Seneuil são da mesma opinião e chegam, inclusive, a admitir que essa função intermediadora, consubstanciada na relação necessária entre as duas espécies de operação (devedor direto – credor direto), referidas na transcrição supra, 'pode, com justo título, considerar-se o princípio fundamental da arte do banqueiro' (*Les Opérations de Banque*, p. 170)."

59. E conclui, reconhecendo que:

"Deste modo, a *aplicação de recursos financeiros, próprios* ou de terceiros, em moeda, *só será atividade, privativa* das instituições financeiras *quando ficar caracterizada a intermediação, ou coleta anterior dos mesmos recursos*.

23. Informações da Diretoria de Normas da Organização do Sistema Financeiro Nacional (DEORG), que consta no voto do Relator do recurso de *habeas corpus* n. 4.783-SP.

"A expressão – recursos financeiros próprios – está regida por coleta, intermediação ou aplicação, conjugadamente. *Não será possível admitir-se* – por absurdo – *coleta de recursos financeiros próprios, ou intermediação na aplicação de recursos financeiros próprios.*"[24]

60. Em complemento informa que o Banco Central poderá todavia intervir nas operações que interfiram nos mercados financeiros e de capitais.

61. O mencionado estudo exaustivo, posteriormente complementado por outro a respeito do *factoring*,[25] evidencia que a legislação bancária só se aplica a quem profissional e habitualmente, com espírito de lucro, faz a coleta, intermediação e aplicação de recursos de terceiros (não próprios).

62. Ora, como vimos, as empresas de um mesmo grupo não são terceiros, umas em relação às outras, havendo entre elas uma relação análoga à que existe, no direito de família, entre pais e filhos, ou entre irmãos, cujas relações financeiras evidentemente não estão sob a fiscalização do Banco Central e não constituem operações bancárias que só podem ser realizadas por instituições financeiras.

63. Posição idêntica encontramos em substancial estudo de Jayme Bastian Pinto a respeito do conceito de operações bancárias, baseado no direito estrangeiro (francês, italiano, alemão), que recentemente republicamos na *Revista de Direito Bancário*.[26]

C) A jurisprudência dos tribunais

64. A jurisprudência dos tribunais também interpretou restritivamente o art. 17 da Lei n. 4.595/1964.

65. Numa primeira fase, consolidou-se, entre 1970 e 1980, a jurisprudência do antigo Tribunal Federal de Recursos, em várias decisões, prevalecendo o entendimento do Ministro Godoi Ilha ao qual aderiu, em seguida, o Ministro Jarbas Nobre, exigindo, para que se caracterizasse a operação bancária, que houvesse, sucessivamente, a captação de recursos de terceiros, a intermediação e a aplicação (também em favor de terceiros).[27]

66. Posteriormente, o Ministério Público considerou que as operações de *factoring* eram da atribuição exclusiva de instituições financeiras, mas os tribunais divergiram. Assim, entendeu o Poder Judiciário que as cessões de crédito, assunções de débito, mútuos de ações e operações de *factoring* em geral podiam ser realizadas por empresas que não fossem instituições financeiras. Neste sentido, o Tribunal Regional Federal da 3ª Região, concedeu *habeas corpus*, no qual o voto vencedor do Desembargador Newton de Lucca estudou exaustivamente o conceito de instituição financeira, dando-lhe a interpretação mais adequada.[28]

67. Mais recentemente, os tribunais tiveram o ensejo de examinar o caso dos cartões de crédito. Assim, o Superior Tribunal de Justiça entendeu, em julgamento de *habeas corpus*, que a intermediação financeira feita por empresa administradora de cartão de crédito não constitui ato privativo de instituição financeira. No seu voto, o Ministro Cid Flaquer Scartezzini

24. Wilson do Egito Coelho, "Empréstimo de dinheiro por particulares; quando se caracteriza operação privativa dos bancos", in *Revista de Direito Mercantil* 41/71-73 e *Revista de Direito Bancário* 7/247-251.

25. Wilson do Egito Coelho, "O *factoring* e a legislação bancária brasileira", in *Revista de Direito Mercantil* 54/76 e ss.

26. Jayme Bastian Pinto, "Conceito de operações bancárias face ao direito administrativo", in *Revista de Direito Bancário* 24/371 e ss.

27. HC 2.555-ES, Relator o Ministro Godoi Ilha, e AC Rel. Ministro Jarbas Nobre, ambos citados por Wilson do Egito Coelho no seu artigo referido na nota n. 24.

28. Acórdão do 3º TRF no HC 96.03.046651-4-SP, in *Revista de Direito Mercantil* 115/142.

chegou a condenar o procedimento do Ministério Público que "assodadamente denunciou a paciente American Express do Brasil". A decisão da 5ª Turma foi unânime, tendo o Relator sido acompanhado pelos Ministros Edson Vidigal e José Arnaldo da Fonseca.[29]

68. No campo cível, a mesma matéria foi julgada pela 3ª Turma do STJ, que, por maioria, entendeu que a administradora de cartões de crédito devia ser considerada instituição financeira, mas tão-somente para o fim de poder cobrar juros acima da taxa fixada pela Lei de Usura, havendo, todavia, votos minoritários divergentes.[30]

69. Da evolução jurisprudencial, pode-se concluir que, *se não houver operação com terceiros, tanto na captação como na aplicação dos recursos, não se caracteriza a operação financeira* para o fim de aplicação da legislação administrativa bancária.

70. Ora, no caso da consulta, há duas possibilidades, mas, em ambas, só haverá negociação com terceiros numa das pontas da operação. Efetivamente, prevê-se:

a) *a captação de recursos de terceiros emprestados à empresa financeira do grupo*, que serão objeto de *repasse às demais empresas do grupo* (que não são terceiros); ou

b) *o recebimento de recursos das empresas do grupo (que não são terceiros) para colocação no mercado.*

71. Em qualquer das duas hipóteses, não há captação no mercado para colocação dos recursos perante o público, mas sempre uma operação que, ao menos em uma das pontas, é realizada dentro do grupo.

72. Veremos agora que a jurisprudência administrativa do Conselho de Recursos do Sistema Financeiro coincide com as decisões judiciais, sendo ainda mais precisa.

D) A jurisprudência administrativa

73. O Conselho de Recursos do Sistema Financeiro Nacional – CRSFN esclarece, no seu relatório de 2003, a evolução da sua jurisprudência nos seguintes termos:

> As decisões proferidas no período não indicam mudança de tendência do entendimento que o Conselho de Recursos tem assentado nos últimos anos a respeito do tema, no sentido de que *é necessário que haja a conjugação de três fatores para configuração de atividade típica de instituição financeira, a saber: captação, intermediação e aplicação de recursos de terceiros.* É bem de ver, também, que o próprio conceito de captação reveste-se de rigor de interpretação, a exigir, por exemplo, que *se há de falar em captação ampla, difusa perante o público.* Numa palavra, *a atividade a exigir autorização específica de autoridade supervisora é aquela exercida de forma habitual, especulativa e com o objetivo de auferimento de lucro.*
>
> (...).
>
> Empréstimos Vedados
>
> Embora se reconheça que o tema apresenta contornos polêmicos, o Conselho de Recursos consagrou entendimento de que *o princípio básico da vedação de empréstimos a pessoas ligadas à própria instituição financeira tem por objetivo socializar o acesso ao crédito, proteger a livre concorrência e preservar a higidez do sistema financeiro.*
>
> O favorecimento que a lei procurou coibir fica caracterizado, inclusive na hipótese de existência de negócio indireto de modo a *evitar trânsito de recursos entre empresas ligadas à instituição financeira integrante do mesmo conglomerado.*[31]

74. Verifica-se, pois, que, para a caracterização da operação bancária, não só se exige a sucessão das três fases como também que a captação deva realizar-se

29. *Lex Jurisprudência* do STJ e do TRF, v. 103, pp. 240 e ss.

30. REsp n. 450.453, com voto vencedor do Min. Aldir Passarinho Junior e voto vencido do Min. Carlos Alberto Direito.

31. *Relatório de Atividade do CRSFN*, ano base 2003, pp. 9 e 11.

de modo difuso "perante o público". Ou seja, *a contrario sensu, não constitui atividade típica e exclusiva de instituição financeira a captação perante algumas entidades internacionais, pois não são "o público". Excluem-se, assim, do rol das operações típicas as que a entidade financeira do grupo da Consulente pretende realizar.*

75. Também em relação *aos empréstimos vedados, trata-se tão-somente dos realizados com empresas ligadas a instituições financeiras e no caso de empréstimos ao público, o que não é o caso da consulta.*

76. Várias decisões específicas do Conselho que constam dos pareceres do Dr. Bulhões Pedreira e do Escritório Xavier, Bernardes, Bragança, salientam a importância da existência da *habitualidade*, da *profissionalidade* e do *intuito do lucro* para caracterizar e operação bancária.

77. Merecem, todavia, menção especial, pela síntese que fizeram da jurisprudência do Conselho, os acórdãos referentes aos Recursos ns. 2.461, 2.460, 2.511, 2.814 de 1998/2000 e, mais recentemente, o de n. 4.210/2003.

78. No julgamento do Recurso n. 2.461, foi salientado que devia ser arquivado o processo, pois: "(...) *para uma empresa se caracterizar como instituição financeira de fato, em desrespeito assim aos termos do art. 17, combinado com o art. 18, da Lei n. 4.595/1964, é imprescindível que se posicione como intermediadora, ou seja, capte recursos do público e os mutue a terceiros*".[32]

79. Exige-se, pois, a presença do *público* na captação e de *terceiros* como destinatários das aplicações.

80. Por sua vez, a decisão do Recurso n. 4.210 teve o seguinte fundamento: "Tem observado este Conselho que *o campo reservado às instituições financeiras é notadamente a intermediação de capitais, antecedidas de captação de recursos do público em geral e posterior aplicação desses recursos em atividades de financiamento a terceiros, sendo finalidade da norma proteção à poupança popular e rigidez do sistema financeiro*. Dessa forma, *não havendo captação indistinta do público investidor em geral, mas sim aplicação de recursos captados dentro de universo restrito*, desnaturada em regra estaria a intermediação de capital, *não havendo que se falar em ferimento ao art. 18 da Lei 4.595/1964* por falta de autorização para funcionar como instituição financeira pelo Banco Central".[33]

81. Verifica-se, pois, que tanto o entendimento dos órgãos administrativos do Banco Central como dos seus antigos consultores jurídicos e a jurisprudência dos tribunais e do Conselho de Recursos chegam à mesma solução, que é também a da doutrina e do direito estrangeiro.

E) A Doutrina

82. A existência de consenso na doutrina foi lembrada por Alberto Xavier[34] e os pareceres já apresentados no presente caso elencaram os vários estudos que foram feitos na matéria, chegando todos à mesma conclusão.

F) O Direito Comparado

83. Apenas para concluir a nossa análise, faremos uma breve alusão ao direito comparado, detendo-nos rapidamente so-

32. Recurso n. 2.461, Relator Conselheiro Marcos Antonio Barreto Barbosa, in *DOU* 26.6.1998, p. 87. No mesmo sentido, ver acórdãos proferidos nos seguintes recursos: Recurso n. 2.460, Relator Conselheiro Eli Loria, in *DOU* 23.9.1998, p. 15; Recurso n. 2.511, Relator Conselheiro Eli Loria, in *DOU* 23.9.1998, p. 20.

33. Decisão da qual foi Relator o Conselheiro Marcos Antonio Barreto Barbosa, in *DOU* de 26.6.1998.

34. Alberto Xavier, *Direito Tributário e Empresarial*, Rio de Janeiro, Forense, 1982, pp. 108 e ss.

bre as soluções do direito francês, que influenciaram a legislação brasileira.

84. O direito francês define os elementos fundamentais para a caracterização de um banco para, na seqüência, verificar se tais elementos poderiam também ser encontrados nas operações realizadas entre as sociedades de um grupo econômico não financeiro. Com base nas disposições legais, puderam os juristas franceses identificar o elemento diferencial da atividade bancária como sendo o recebimento de fundos do público,[35] que não ocorre nas operações intragrupais.

85. Em linhas gerais, o direito francês construiu a noção de "público", como sendo toda pessoa que merece a proteção da lei bancária, em virtude de entregar fundos seus em depósito a outrem e, conseqüentemente, perder a possibilidade de controlar o uso de tais recursos.[36] A doutrina, por sua vez, estendeu tal noção, entendendo que *todo terceiro* que entrega seus fundos à pessoa ou empresa, *deve*, em princípio, *ser considerado como "público"*. Em relação aos grupos, contudo, não se aplica a noção de público, pois a existência de grupamento acarreta uma espécie de "privatização" dos fundos de cada sociedade em favor do grupo. Dessa forma, os recursos passam a ser considerados privativos *do grupo* e podem, assim, circular dentro dele, desde que não constem das operações que a lei expressamente proibiu às instituições não bancárias.[37]

86. Daniel Ohl observa, ainda, que as autoridades bancárias, encarregadas de interpretar a legislação francesa de 1941 sobre a regulamentação dos bancos, foram as primeiras, já naquela época, a: "particularizar a situação dos grupos de sociedades, admitindo que uma atividade propriamente bancária – claramente, a recepção de empréstimos e adiantamentos de fundos – poderia não ofender o monopólio bancário *quando as operações efetuadas permanecessem restritas às sociedades dependentes de um mesmo grupo econômico.*

"Da mesma maneira, eles favoreceram a outorga de empréstimos entre sociedades ligadas por relações de grupos"[38] (grifamos).

87. Examinando a questão, Maggy Pariente questiona se: "les fonds provenants des societés liées étaient-ils considerés comme 'reçus du public' ou, au contraire, 'reçus d'une communauté ayant des intérêts convergents' et donc suscetibles de bénéficier d'un regime différent?".

88. A mencionada autora encontra a resposta na Instrução de 07 de outubro de 1941, do Comitê Permanente de Organização Profissional dos Bancos, segundo a qual os recursos que uma sociedade recebe de sua sociedade mãe, filial ou integrante do mesmo grupo econômico não podem ser entendidos como sendo recebidos do público.[39]

89. No mesmo sentido afirma-se que: "Abstraction faite de la situation de groupe, les fonds reçus par la société-mère devraient être considerés comme des 'fonds reçus du public'. *La solution était toutefois différente si l'on admettait que, les sociétés étant groupées, elles ne représentaient pas le public les unes vis-à-vis des autres*".[40]

90. Com a lei bancária de 24.1.1984, os empréstimos intragrupos receberam consagração, mantendo a conclusão a que as

35. Code Monétaire et Financier, de 14.12.2000: "Article L311-1. Les opérations de banque comprennent la réception de *fonds du public*, les opérations de crédit, ainsi que la mise à la disposition de la clientèle ou la gestion de moyens de paiement".

36. Daniel Ohl, *Les Prêts et Avances entre Sociétés d'un Même Groupe*, cit., p. 36.

37. "Sans doute, l'article 3 ne reserve-t-il aux banques que le *monopole de la réception en dépôt des fonds du public et le dépôt se distingue-t-il juridiquement du prêt ou de l'avance*" (Daniel Ohl, ob. cit., p. 37).

38. Tradução livre (Daniel Ohl, ob. cit., p. 34).

39. Maggy Pariente, *Les Groupes de Sociétés*, Paris, Litec, p. 178.

40. Charley Hannoun, *Le Droit et les Groupes de Sociétés*, Paris, LGDJ, 1991, p. 87.

autoridades bancárias já haviam chegado.[41] A regra foi mantida no Código Monetário e Financeiro atualmente em vigor.[42]

91. Podemos concluir que o direito francês explicitou, em texto legal, o que está implícito na lei brasileira, mas que foi reconhecido pelo consenso da nossa regulamentação administrativa, da jurisprudência e da doutrina.

VI. Conclusões

92. Evidencia-se, pois, que a empresa financeira do grupo não tem atividade bancária habitual, nem profissional e que não capta recursos do público, nem os repassa para terceiros que não integram o conjunto societário, atuando exclusivamente para o mesmo e no seu interesse.

93. Assim sendo, considerando a interpretação dada à legislação vigente tanto pelas autoridades administrativas competentes quanto pelos tribunais e pelo Conselho de Recursos do Sistema Financeiro Nacional, concluímos que a empresa que se limita a realizar operações de empréstimos com outras companhias do mesmo grupo não tem as características de instituição financeira.

94. São essas as considerações que nos parecem pertinentes.

41. Charley Hannoun, ob. cit., p. 86.

42. V. nota 35 (Code Monétaire et Financier, de 14.12.2000).

EXCLUSÃO DA BASE DE CÁLCULO DA COFINS DO IMPOSTO SOBRE CIRCULAÇÃO DE MERCADORIAS E SERVIÇOS

Renato Pelizzaro

Recurso Extraordinário 240.785-2-MG – Tribunal Pleno

Rel.: Ministro Marco Aurélio

Rcte.: Auto Americano S/A Distribuidor de Peças

Adv.: Roque Antonio Carrazza

Advs.: Raquel Cristina Ribeiro Novais e Outros

Rcda.: União

Adv.: PFN – Elyadir Ferreira Borges

j. 24.8.2006

RELATÓRIO

O Sr. Ministro Marco Aurélio: O recurso extraordinário foi interposto, com alegada base na alínea "a" do permissivo constitucional, contra acórdão proferido pelo Tribunal Regional Federal da 3ª Região que implicou a manutenção de entendimento sufragado em sentença, no sentido da harmonia da contribuição prevista na Lei Complementar n. 70/1991 com a Carta (folha 88 a 90).

Exsurgiram sucessivos embargos de declaração, nos quais a contribuinte pretendeu ver examinado o pedido sucessivo formulado na ação, relativo à exclusão da base de cálculo da Cofins do Imposto sobre Circulação de Mercadorias e Serviços. Ambos foram desprovidos mediante os acórdãos de folhas 99 a 101 e 115 a 118.

O Colegiado consignou ter sido a matéria amplamente analisada e discutida no âmbito desta Corte quando do julgamento da Ação Declaratória de Constitucionalidade n. 1-1-DF, "inclusive no que tange à previsão de se incluir o ICMS na base de cálculo do tributo, consoante disposto no art. 2º da Lei Complementar n. 70/1991, lei esta, reafirme-se, cuja constitucionalidade foi declarada e que, por força do art. 102, § 2º, da Constituição Federal, não é mais passível de discussão por órgãos jurisdicionais ou administrativos" (folha 116).

Nas razões do recurso, articula-se com a ofensa ao art. 195, inciso I, do Diploma Maior, insistindo-se na inconstitucionalidade do art. 2º, parágrafo único, da citada lei complementar, no que autorizada a inclusão do Imposto sobre Circulação de Mercadorias e Serviços na base de cálculo da Cofins, questão que não teria sido apreciada na ação declaratória de constitucionalidade. Salienta-se que se desvirtuou o conceito técnico de faturamento, ao incluir-se o referido tributo na base de cálculo. Noutro passo, assevera-se que, acaso esta Corte conclua pela falta de prequestionamento, deverá, antes, declarar a nulidade do julgado por ofensa aos princípios da ampla defesa e do devido processo legal (incisos LIV e LV do rol das garantias constitucionais), em face da recusa do Tribunal de origem de analisar a controvérsia (folha 120 a 134).

A União apresentou as contra-razões de folha 137 a 140, ressaltando o envolvimento de matéria legal e a harmonia da conclusão adotada com a "jurisprudência de nossos Tribunais".

O Juízo primeiro de admissibilidade disse da natureza infraconstitucional da discussão (folha 140), decorrendo o processamento do recurso do provimento dado a agravo, oportunidade na qual consignei:

Quando do julgamento da Ação Declaratória de Constitucionalidade n. 1, o Relator, Ministro Moreira Alves, apontou para o envolvimento, na espécie, apenas dos arts. 1º, 2º, 9º, 10 e 13 da Lei Complementar n. 70, de 30 de dezembro de 1991. Por isso mesmo, não foi objeto de deslinde a circunstância de o art. 2º, parágrafo único, da mencionada lei englobar, na base do cálculo da Cofins, o ICMS. A referência feita no voto do Ministro Sepúlveda Pertence ganhou contornos de simples opinião de Sua Excelência a respeito da matéria, no que, aludindo a memoriais distribuídos, afirmou estar a definição de faturamento no âmbito da legislação infraconstitucional. Confira-se com o acórdão publicado na *Revista Trimestral de Jurisprudência* n. 156, pp. 722 a 755. Por outro lado, o tema está a merecer o crivo de Colegiado desta Corte, definindo-se o alcance do inciso I do art. 195 da Constituição Federal.

A Procuradoria-Geral da República emitiu o Parecer de folha 166 a 169, preconizando o não-conhecimento do recurso.

É o relatório.

VOTO

O Sr. Ministro Marco Aurélio (Relator): Na interposição deste recurso, foram observados os pressupostos de recorribilidade. Os documentos de folhas 33 e 135 revelam a regularidade da representação processual e do preparo. A recorrente indicou o permissivo constitucional à folha 120, nos termos do art. 321 do Regimento Interno da Corte. Quanto à oportunidade, o acórdão proferido na apelação restou publicado no órgão oficial de imprensa do dia 27 de setembro de 1994 (folha 91), terça-feira.

A recorrente protocolou embargos de declaração em 4 de outubro de 1994 (folha 92), terça-feira, já que o dia 3, segunda-feira, foi feriado forense. As conclusões do acórdão prolatado nos embargos foram veiculadas no *Diário da Justiça* de 23 de maio de 1995 (folha 102), terça-feira. Em 29 imediato, segunda-feira, a recorrente interpôs novos embargos de declaração (folha 104), sendo que o acórdão daí resultante foi publicado no *Diário da Justiça* de 22 de agosto de 1995 (folha 119), terça-feira. Protocolou-se o extraordinário em 4 seguinte (folha 120), segunda-feira. Portanto, exsurge a tempestividade deste recurso, considerada a interrupção instituída pela Lei n. 8.950/1994, que deu nova redação ao art. 538 do Código de Processo Civil. Resta examinar o específico, ou seja, a violência ao art. 195, inciso I, da Constituição Federal.

Sob o ângulo do prequestionamento, não procede o óbice apontado pela Procuradoria-Geral da República. Se é certo que o acórdão inicialmente prolatado mostrou-se de simplicidade franciscana, apenas consignando que esta Corte assentou a constitucionalidade da Cofins, isso ao apreciar a Ação Declaratória n. 1-1-DF (folha 88 a 90), não menos correto é que a recorrente, atenta ao passo que se avizinhava, no sentido de adentrar a sede extraordinária, protocolou os embargos declaratórios de folha 92 à 94, reclamando manifestação sobre a inconstitucionalidade de incluir-se, na base de incidência da Cofins, o ICMS (folha 92 a 94).

Pois bem, analisando estes embargos, o Colegiado concluiu que seria de se presumir o exame do tema no julgamento da declaratória de constitucionalidade, aludindo à eficácia vinculante do pronunciamento. Já aqui entendeu, portanto, a Turma julgadora pela inexistência da pecha quanto à inclusão combatida (folha 99 a 101).

Mesmo assim, voltou a empresa a protocolar novos embargos declaratórios, mais uma vez reclamando prequestionamento explícito do tema (folha 104 a 112). Aí, a 4ª Turma do Tribunal Regional Federal da 1ª Região, na forma do acórdão de folha 115 a 117, refutou a argüição de inconstitucionalidade, tudo a partir, é certo, da premissa de que assim o teria feito este Plenário ao apreciar a Declaratória n. 1. Portanto, tem-se como prequestionada a matéria.

A defesa sustentada pela recorrente foi rechaçada pela Corte de origem, consagrando-se, destarte, a óptica de que a Cofins incide sobre o ICMS. Sob o ângulo do prequestionamento, exigir mais do que isso é adotar o fetichismo da forma, a utilização de formas sacramentais. A Corte já assentou que o prequestionamento, a encerrar o debate e a decisão prévios do tema jurígeno explorado, nas razões do recurso, como causa de pedir, a viabilizarem o cotejo, prescinde de referência a artigo, parágrafo, inciso e alínea – Recurso Extraordinário n. 128.519-2-DF.

Também não vinga o óbice relativo ao envolvimento, na espécie, de interpretação de norma estritamente legal. O que sustenta a recorrente é que o decidido pela Corte de origem discrepa da tipologia do tributo, tal como prevista no art. 195, inciso I, alínea "b", da Constituição Federal, considerado o teor primitivo do preceito, ou seja, anterior à Emenda Constitucional n. 20/1998, no que, na citada alínea, fez inserir como base de incidência da contribuição devida pelo empregador, juntamente com o faturamento, a receita, utilizando a adjuntiva "ou". Há de se examinar, assim, se a conclusão a que chegou a Corte de origem, refutando a defesa sobre a inconstitucionalidade de ter-se a incidência do tributo sobre o ICMS, incluindo este no que se entende como faturamento, conflita, ou não, com o dispositivo constitucional. A tríplice incidência da contribuição para financiamento da previdência social, a cargo do empregador, da empresa e da entidade a ela equiparada na forma da lei, foi prevista tendo em conta a folha dos salários, o faturamento e o lucro. As expressões utilizadas no inciso I do art. 195 em comento hão de ser tomadas no sentido técnico consagrado pela doutrina e jurisprudencialmente. Por isso mesmo, esta Corte glosou a possibilidade de incidência da contribuição, na redação primitiva da Carta, sobre o que pago àqueles que não mantinham vínculo empregatício com a empresa, emprestando, assim, ao vocábulo "salários", o sentido técnico-jurídico, ou seja, de remuneração feita com base no contrato de trabalho – Recurso Extraordinário n. 128.519-2-DF. Jamais imaginou-se ter a referência à folha de salários como a apanhar, por exemplo, os acessórios, os encargos ditos trabalhistas resultantes do pagamento efetuado. Óptica diversa não pode ser emprestada ao preceito constitucional, revelador da incidência sobre o faturamento. Este decorre, em si, de um negócio jurídico, de uma operação, importando, por tal motivo, o que percebido por aquele que a realiza, considerada a venda de mercadoria ou mesmo a prestação de serviços. A base de cálculo da Cofins não pode extravasar, desse modo, sob o ângulo do faturamento, o valor do negócio, ou seja, a parcela percebida com a operação mercantil ou similar. O conceito de faturamento diz com riqueza própria, quantia que tem ingresso nos cofres de quem procede à venda de mercadorias ou à prestação dos serviços, implicando, por isso mesmo, o envolvimento de noções próprias ao que se entende como receita bruta. Descabe assentar que os contribuintes da Cofins faturam, em si, o ICMS. O valor deste revela, isto sim, um desembolso a beneficiar a entidade de direito público que tem a competência para cobrá-lo. A conclusão a que chegou a Corte de origem, a partir de premissa errônea, importa na incidência do tributo que é a Cofins, não sobre o faturamento, mas sobre outro tributo já agora da competência de unidade da Federação. No caso dos autos, muito embora com a transferência do ônus para o contribuinte, ter-se-á, a prevalecer o que decidido, a incidência da Cofins sobre o ICMS, ou seja, a incidência de contribuição sobre imposto, quando a própria Lei Complementar n. 70/1991, fiel à dicção constitucional, afastou a possibilidade de incluir-se, na base de incidência da Cofins, o valor devido a título de IPI. Difícil é conceber a existência de tributo sem que se tenha uma vantagem, ainda que mediata, para o contribuinte, o que se dirá quanto a um ônus, como é o ônus fiscal atinente ao ICMS. O valor correspondente a este último não tem a natureza de faturamento. Não pode, então, servir à incidência da Cofins, pois não revela medida de riqueza apanhada pela expressão contida no preceito da alínea "b" do inciso I do art. 195 da Constituição Federal. Cumpre ter presente a advertência do Ministro Luiz Gallotti, em voto proferido no Recurso Extraordinário n. 71.758: "se a lei pudesse chamar de compra e venda o que não é compra, de exportação o que não é exportação, de renda o que não é renda, ruiria todo o sistema tributário inscrito na Constituição" – *RTJ* 66/165. Conforme salientado pela melhor doutrina, "a Cofins só pode incidir sobre o faturamento que, conforme visto, é o somatório dos valores das operações negociais realizadas". *A contrario sensu*, qualquer valor diverso deste não pode ser inserido na base de cálculo da Cofins. Há de se atentar para o princípio da razoabilidade, pressupondo-se que o texto constitucional mostre-se fiel, no emprego de institutos, de expressões e de vocábulos, ao sentido próprio que eles possuem, tendo em vista o que assentado pela doutrina e pela jurisprudência. Por isso mesmo, o art. 110 do Código Tributário Nacional conta com regra que, para mim, surge simplesmente pedagógica, com sentido didático, a revelar que:

A lei tributária não pode alterar a definição, o conteúdo e o alcance de institutos, conceitos e formas de direito privado utilizados, expressa ou implicitamente, pela Constituição Federal, pelas Constituições dos Estados, ou pelas Leis Orgânicas do Distrito Federal ou dos Municípios para definir ou limitar competências tributárias.

Da mesma forma que esta Corte excluiu a possibilidade de ter-se, na expressão "folha de salários", a inclusão do que satisfeito a administradores, autônomos e avulsos, não pode, com razão maior, entender que a expressão "faturamento" envolve, em si, ônus fiscal, como é o relativo ao ICMS, sob pena de desprezar-se o modelo constitucional, adentrando-se a seara imprópria da exigência da contribuição, relativamente a valor que não passa a integrar o patrimônio do alienante quer de mercadoria, quer de serviço, como é o relativo ao ICMS. Se alguém fatura ICMS, esse alguém é o Estado e não o vendedor da mercadoria. Admitir o contrário é querer, como salientado por Hugo de Brito Machado em artigo publicado sob o título "Cofins – Ampliação da base de cálculo e compensação do aumento de alíquota", em *Contribuições Sociais – Problemas Jurídicos*, que a lei ordinária redefina conceitos utilizados por norma constitucional, alterando, assim, a Lei Maior e com isso afastando a supremacia que lhe é própria. Conforme previsto no preceito constitucional em comento, a base de cálculo é única e diz respeito ao que faturado, ao valor da mercadoria ou do serviço, não englobando, por isso mesmo, parcela diversa. Olvidar os parâmetros próprios ao instituto, que é o faturamento, implica manipulação geradora de insegurança e, mais do que isso, a duplicidade de ônus fiscal a um só título, a cobrança da contribuição sem ingresso efetivo de qualquer valor, a cobrança considerado, isso sim, um desembolso.

Por tais razões, conheço deste recurso extraordinário e o provejo para, reformando o acórdão proferido pela Corte de origem, julgar parcialmente procedente o pedido formulado na ação declaratória intentada, assentando que não se inclui na base de cálculo da contribuição, considerado o faturamento, o valor correspondente ao ICMS. Com isso, inverto os ônus da sucumbência, tais como fixados na sentença prolatada.

Comentários de

Renato Pelizzaro

1. Os votos até aqui proferidos pelos Exmos. Ministros do Supremo Tribunal Federal, no julgamento do Recurso Extraordinário n. 240.785-2, no qual é discutida a inclusão do Imposto Sobre a Circulação de Mercadorias ("ICMS") na base de cálculo da Contribuição para o Financiamento da Seguridade Social ("COFINS"), em especial aquele do Exmo. Ministro Marco Aurélio, podem estabelecer modificações profundas na apuração daquela Contribuição.

2. Naquele julgamento, ainda não terminado, seis Ministros já votaram pela não inclusão do ICMS na base de cálculo da COFINS, o que pode significar modificação radical na jurisprudência a respeito da matéria, especialmente tendo em vista a jurisprudência desfavorável que vinha se formando sobre matérias correlatas.[1]

3. Certamente, a Constituição estabelece competência para a instituição da COFINS sobre a *receita* ou o *faturamento*,[2] e a legislação instituidora desta Contribuição sempre dispôs que ela incide sobre *o faturamento mensal, assim entendido o total das receitas (ou receita bruta) auferidas pela pessoa jurídica.*[3]

4. Faturamento e *receita* são termos que significam obtenção de riqueza própria, de valores que ingressam para o contribuinte, e o ICMS é imposto que apenas transita pelo seu patrimônio e pela sua contabilidade, pois, o valor lançado na nota fiscal, feita a apuração necessária, será recolhido aos cofres estaduais. O valor do ICMS recebido pelo contribuinte do adquirente das suas mercadorias ou serviços, será repassado aos ditos cofres e, portanto, não é *faturamento* nem *receita*.

5. Neste sentido é o voto proferido pelo Ministro Marco Aurélio no julgamento do Recurso Extraordinário anteriormente mencionado, do qual é Relator. Daquele voto destaca-se o seguinte trecho:

> O conceito de faturamento diz com riqueza própria, quantia que tem ingresso nos cofres de quem procede à venda de mercadorias ou à prestação dos serviços, implicando, por isso mesmo, o envolvimento de noções próprias ao que se entende como receita bruta. Descabe assentar que os contribuintes da Cofins faturam, em si, o ICMS. O valor deste revela, isto sim, um desembolso a beneficiar a entidade de direito público que tem a competência para cobrá-lo. A conclusão a que chegou a Corte de origem, a partir de premissa errônea, importa na incidência do tributo que é a Cofins, não sobre o faturamento, mas sobre outro tributo da competência de unidade da Federação. No caso dos autos, muito embora com a transferência do ônus para o contribuinte, ter-se-á, a prevalecer o que decido, a incidência da Cofins sobre o ICMS, ou seja, a incidência da e contribuição sobre imposto, quando a própria Lei Complementar n. 70/1991, fiel à dicção constitucional, afastou a possibilidade de incluir-se, na base de incidência da Cofins, o valor devido a título de IPI.

6. Aquele julgamento, ao que tudo indica, será favorável aos contribuintes, e deverá gerar a propositura de grande número de medidas judiciais buscando a não inclusão do ICMS na base de cálculo da COFINS nas operações futuras das pessoas jurídicas, e o ressarcimento dos valores indevidamente recolhidos por este mesmo motivo.

1. P. ex., as Súmulas ns. 68 e 94, do STJ.

2. Letra "b", do inciso I, do art. 195, da Constituição.

3. Art. 2º, da Lei Complementar n. 70, de 30.12.1991, art. 3º da Lei n. 9.718, de 27.11.1998 e art. 1º, da Lei n. 10.833, de 29.12.2003.

GRÁFICA PAYM
Tel. (011) 4392-3344
paym@terra.com.br